图版 1

纪念新中国辉县考古发掘70周年暨古代文明研讨会 2020.11.7

合影

图版 2

新乡市烟草局发掘场景 　　　　　　　发掘现场

老城遗址发掘现场 　　　　　　　　　墓葬整体搬迁

图版 3

标本挑选

勘探技术培训

卫辉古黄河大堤调查

图版 4

工地技术交流

工地现场交流

住在养猪大院里的新乡市文物考古研究所工作人员

考古工地安全警示教育

图版 5

动物考古

环境考古提取图样

植物浮选

图版 6

文物修复

文物修复培训

文物整理

序 一

韩国河

2020年的11月份，新乡市文物考古研究所承办召开了"纪念新中国辉县考古发掘70周年暨古代文明研讨会"，会上来了很多学术大家。其中，李伯谦先生和刘庆柱先生都做了很精彩的演讲，内容亦收入本书当中。6月5日，李慧萍所长来电嘱我写一个序，估计考虑到我的老家在新乡延津，又在新乡几个遗址发掘过的缘由（算是新乡考古的一员）。因为杂事繁多，拖沓两个多月才践言复嘱。简而言之，一是继续强调一下新乡考古历年来取得的突出成绩，值得学术界密切关注及合作；二是回顾一下包括郑州大学在内的文物考古单位和新乡文物考古研究的关系，新乡市文物考古研究所作为地方主力，不负众望一直在努力、在奋斗；三是说一下今后新乡考古研究的着力点，如何有一个更好的学术发展态势和方向性聚焦。都是一家之言，敬请批评指正。

新乡历史悠久，新石器时代以来就有先民在此繁衍生息，殷墟时期为商王朝畿内之地，周代先后属卫、晋、魏等诸侯国，汉代属河内郡。由于新乡的地理位置重要，自古以来人口稠密，所以历史上遗留下来的文化遗存极为丰富。该地区的考古工作在全国地市级中也是开始时间较早的，1935~1937年，中央研究院、河南省博物馆等就先后对山彪镇与琉璃阁墓地进行了数次发掘，发现了近百座商周及汉代墓葬与车马坑，出土一大批精美的随葬品。也就是说，新乡的考古也见证了中国考古的筚路蓝缕！

1950年秋，出于寻找殷周史料和培养考古人才的需要，中华人民共和国成立后的第一次考古发掘选在了新乡境内的辉县琉璃阁与固围村墓地。辉县发掘规模空前，当时尚属中国科学院的考古研究所几乎全员出动，最高时每日用工人数达450人以上。发掘也取得了一系列重要收获，如第一次发现了比殷墟时代更早的属于商代早期的文化遗存、发掘了带有墓上建筑的3座战国大墓等。经过此次发掘，"工作人员的田野工作经验与技术，都有所提高"，突出表现在发掘战国车马坑时，夏鼐先生第一次成功将19辆木车剔剥出来。此后，集考古所多人之力撰写的《辉县发掘报告》，完整、科学、客观地公布了该次发掘的主要收获，并作为中华人民共和国第一本田野考古报告奠定了考古报告编写的基本规范。可以说，辉县考古发掘拉开了中华人民共和国考古工作的序幕，不仅提高了业务人员田野发掘、报告编写的能力，培养了人才，更是为此后的考古工作确立了一系列"典范"。其形成的深远影响一直持续至今，故有学者称其为"辉县模式"。换而言之，这种"模式"和"典范"是河南考古乃至中华人民共和国考古发展最重要的学科基础与学术遗产，在新乡考古今后的岁月里，时时刻刻都不能被忘记，更应该成为新乡考古最宝贵的精神财富不断去弘扬去创新！

大家知道，新乡考古工作除了中国社会科学院考古研究所这一"国家队"的引领之外，河南省文物考古研究院、郑州大学、河南大学等省内主要考古力量也多有进驻。其中比较重要的发现有河南省文物考古研究院等主持发掘的辉县孟庄遗址，是一座龙山、二里头、殷墟三个时期叠压的城址，入选1994年全国十大考古新发现。从20世纪90年代开始，郑州大学考古专业先后发掘了新乡长垣宜丘遗址、新乡李大召遗址、辉县孙村遗址、新乡金灯寺和老道井墓地等，发表了多篇考古简报，出版了《新乡李大召》《新乡老道井墓地》《新乡金灯寺墓地》《辉县孙村遗址》等发掘报告。此外，2015年起河南大学考古专业在新乡王门遗址也进行了数次发掘实习，发现有夏商时期遗存。毫无疑问，进驻新乡考古的缘起大都是以学术目的为导向，即解决与诠释龙山文化乃至文明国家的起源、先商文化的流布以及汉文化的一体多样性等大问题吸引住了学者的心！

值得一提的是，作为一线考古单位的新乡市文物考古研究所，承担了新乡市辖区内大量特别是配合基本建设的考古工作，发挥了重要作用。早在20世纪60至80年代，当地考古部门就发掘有新石器时代晚期至龙山时期的洛丝潭遗址、新乡五陵村及杨岗战国两汉墓地等重要遗址或墓地，相关资料已在《考古学报》《考古》等期刊公布。20世纪90年代，辉县古共城城墙的发掘是该阶段的一大发现，主要究明了城墙的修筑年代及夯筑技术等。2000年前后，新乡文物工作队（新乡市文物考古研究所前身）重要工作之一就是对新乡火电厂战国两汉墓葬进行了多次发掘，发表了多篇简报，出版有《新乡凤凰山墓地》发掘报告。2006年以来，随着南水北调中线工程等项目的开展，新乡考古工作迎来了大发展。从论文集文章及相关报道中，我们能看到新乡文物考古研究所承担了多项配合基本建设的发掘工作，其中仅配合南水北调中线文物保护工程就发掘了12处遗址或墓葬，面积达一万六千多平方米，并在发掘结束后陆续出版了《百泉、郭柳与山彪》《新乡王门墓地》等考古报告。2020年，新乡市文物考古研究所李慧萍等同志编著的《考古新乡》《新乡古代文明研究》二书相继出版，书中更是系统梳理了新乡地区历年重要考古发现及研究情况。上举数例，不仅仅是罗列新乡市文物考古研究所自中华人民共和国成立以来取得的一系列重要成绩，而且记述了作为地市考古所一直的坚持、一直的奋斗，正是继承和弘扬了辉县考古的一个"诉求"和一种"精神"。这个"诉求"就是把新乡考古的故事讲得更好，这种"精神"就是将新乡考古的心气、人气和志气提振更足！

如果从民国时期辉县第一次发掘算起，新乡考古工作已历八十六年；从1950年中华人民共和国成立后首次考古发掘算起，也已逾七十年。纵观这七八十年间的考古工作，新乡考古确实取得了诸多可喜收获。从新石器时代一直到明清时期各个阶段的考古遗存算起，代表性的有洛丝潭遗址、孟庄遗址、琉璃阁墓地、固围村墓地、凤凰山汉墓、沙门城址、明潞简王墓等，为新乡地区龙山文化、夏商文化、汉墓等的研究奠定了很好的学术基础。当然，受基层考古单位现状的各种制约，新乡的考古工作也有一些亟须加强的地方，如考古资料的及时整理、公布以及深入研究不够，相关重大研究项目的参与度不足、主动性的学术考古规划不够系统等，突出问题是考古力量亟待加强，针对这个问题，在习近平总书记2020年9月28日的有关考古讲话之后，全国各地市政府纷纷响应，文物考古体制机制都在加强，希望有深厚文化底蕴的我的家乡——新乡也有更加有力的举措，不负辉县考古"中华人民共和国第一铲"的力度！

　　如前所述，我认为新乡考古有两个高潮阶段，一个是在中华人民共和国成立初期即20世纪50年代初辉县的发掘，另一个就是配合南水北调工程进行的大量考古工作，而其间取得的具有全国重要影响力的发现主要集中在龙山时代至汉代这一时期。这些发现引发的研究至今仍余热未减，如属于龙山至夏商时期的孟庄城址在太行山东南麓地区具有的地位如何，又如何反映了该地区政治文化的演进。琉璃阁墓地发现的带两条墓道的大墓是目前豫北地区除安阳殷墟外发现的唯一一座带墓道的殷墓，反映了殷人对该区域的怎样一种治理模式。文献记载，晚商至西周时期新乡为殷畿内地，武王伐纣过程中进行的关键战役牧野之战可能就在此域内发生。牧野地望在哪，有没有相关考古资料支撑，也就是商周文化的更替在新乡又是怎样一种表现。东周时期琉璃阁大墓的国属、固围村大墓的墓主身份至今仍然众说纷纭，这些大墓归属于同时期怎样的城址或大型聚落遗址，有没有可能发现考古新材料等仍然付之阙如。东周长城屏障的意义仍有余论，"汲冢周书"阐释的价值余温尚存。此外，新乡地区发现的汉墓数量众多，作为汉代"三河"之一，新乡在两汉时期地理位置极为重要，但学界长期对该地区汉文化研究的关注度明显不够。特别指出的是，黄河考古的延展，涉及延津沙门遗址所反映的宋元时期的瓷窑业、见诸铜器铭文中的西周胙国位置等，我想埋入黄沙之下的新乡考古一定潜力无穷。关于上述问题的研究不时见诸报刊，不断提醒我们这些重要考古发现蕴含的历史文化信息都需要进一步解析、阐释与探索，也期待相关考古工作可以继续围绕这些重大学术问题进行设计及展开。因此，衷心希望新乡市文物考古研究所在立足对区域内龙山、商周、秦汉遗存进行考古工作的基础上，兼及新石器、魏晋、隋唐、宋元明清时期遗存，同时加强与国家、省级考古院所及国内外高等院校考古专业等单位的合作，及时整理、刊布相关考古发现，积极参与诸如夏文化研究等重大课题，沿着"让五千多年中华文明发展史的主轴更加充实和丰满"（李伯谦先生语）的导向，追寻中华民族历史文化的"根"与"魂"，踏踏实实提高研究能力与水平，新乡考古的学术成就一定能迈向新台阶，步入新辉煌！

最后，再次重温习近平总书记在2020年9月28日中共中央政治局第23次集体学习会议讲话中"要高度重视考古工作，努力建设中国特色、中国风格、中国气派的考古学，更好认识源远流长、博大精深的中华文明，为弘扬中华优秀传统文化、增强文化自信提供坚强支撑"的论断，这是吾辈新时代考古工作的根本遵循。相信在这一思想的指导下，通过考古工作者的不懈努力与奋斗，新乡考古的事业一定大有可为、必有作为。是为序。

2021年8月24日于郑州大学盛和苑

序二　基层考古所，广阔天地间
——砥砺前行的新乡市文物考古研究所

李慧萍

2020年初冬的新乡，阳光和煦，微风送暖，新乡市文物考古研究所的同志们忙碌而快乐着，因为我们迎来了新乡考古所建所（队）35周年纪念时刻。2020年还是中华人民共和国辉县考古发掘70周年，这是值得纪念的时光。更令人振奋的是，2020年9月28日，习近平总书记在中共中央政治局第23次集体学习会议上，就建设中国特色、中国风格、中国气派考古学，发表了重要讲话，全国的文物考古工作者对考古职业更加自豪，对未来的考古工作充满了希望和信心。为了更好地贯彻落实习近平总书记关于文物工作的重要指示和中央政治局集体学习会议精神，为了向中华人民共和国辉县考古发掘70周年献礼，新乡市文物考古研究所在新乡市人民政府、河南省文物局、新乡市文化广电和外事旅游局指导下，在中国社会科学院考古研究所、中国考古学会夏商专业委员会、河南省文物考古研究院帮助下，于2020年11月6~8日在新乡宾馆召开了"纪念新中国辉县考古发掘70周年暨古代文明研讨会"。

夏商周断代工程首席科学家、北京大学考古文博学院教授李伯谦，中国社会科学院学部委员、郑州大学历史学院院长刘庆柱，河南省政协教科文卫体主任杨丽萍，河南省文物局局长田凯，新乡市人民政府副市长李瑞霞，河南省文物考古学会会长孙英民，北京大学考古文博学院教授、山西大学副校长杭侃，郑州大学副校长韩国河，河南大学人文社科研究院院长展龙等出席会议。国内外考古学界专家、高校学者、省市领导和各县（市、区）基层文物部门同志160余人参加会议。开幕式上，李瑞霞、孙英民、韩国河、田凯等分别致辞，中国考古学会夏商考古学专业指导委员会常务副主任唐际根代表全国著名考古学家刘绪先生对会议的召开发来视频表示祝贺。李瑞霞、韩国河、展龙分别为郑州大学文化遗产保护实践基地、河南大学黄河文明研究新乡基地揭牌。随后，河南省社会科学院历史与考古研究所所长、研究员张新斌，中国社会科学院考古研究所研究员赵春青，首都师范大学历史学院考古系主任、教授袁广阔，中国社会科学院考古研究所研究员高江涛等与会专家分别就辉县考古发掘在中国考古学史上的意义、豫北及相关地区考古发现与研究、中国文明起源模式等内容做了专题汇报。与会学者围绕本次研讨会主题和研究热点进行了深入研讨和多角度、宽领域的学术交流。

  本次会议是新乡考古史上的重要篇章，第一，激励了新乡的基层文物考古工作者。参会的各县（市、区）文物部门同志们纷纷说，这次会议召开及时，很受鼓舞，表示一定要牢记总书记关于文物工作的指示批示精神，切实增强做好文物考古工作的使命感和责任感，持续加强本地区的文物考古工作和历史研究，深入挖掘、整理、阐释本地文物考古成果，保护传承和弘扬优秀历史文化，将文物资源优势转化为发展优势，为建设"中国特色、中国风格、中国气派"的考古学贡献力量、做出河南担当。这就是会议的成功所在。第二，推进了新乡文物考古工作的进一步发展。会议结束以后，李瑞霞副市长多次召开协调会议，就新乡市文化广电和外事旅游局报送的关于新乡市文物考古研究所人员短缺、办公场所狭小现状的报告进行商议，向市委、市人民政府提请对新乡市文物考古研究所升格扩编。另外三次召开新乡市考古工作规划会议，督促新乡市文物考古研究所纵向、横向联合高校、省市、国家考古部门，加强对新乡黄河、大运河、长城文化的调查研究工作，调查寻找新乡地区旧石器时代文化遗迹，找出亮点，填补空白，将新乡的历史文化年代向前推进。笔者认为这就是对基层考古部门正确的领导和最大的支持。新乡市文物考古研究所在人员特别紧缺的情况下，克服重重困难召开了这次全国性会议，有此成果，辛苦值得了。在此也非常感谢新乡市文化广电和外事旅游局领导派出的市局机关、博物馆、艺术研究所的年轻干将，他们用自己的干练和智慧助力了会议的顺利圆满召开。

一、新乡文物工作概况

  新乡历史悠久，地理位置重要。丰厚的地上地下文物资源蕴含着这块土地的人杰地灵和重要的历史地位。新乡市现存登记公布各类不可移动文物 2000 余处，其中世界文化遗产预备名录单位 1 处，全国重点文物保护单位 22 处，省级文物保护单位 52 处，市县级文物保护单位 400 余处；省级历史文化名城、历史文化名镇各 1 座；传统村落 26 处，其中国家传统古村落 13 处。

  新乡市现有各类博物馆、纪念馆 13 家，馆藏各类藏品 5 万余件，其中珍贵文物藏品 3.5 万余件，珍贵文物藏品位于全省前列。

  新乡现有大运河主河道 70 余千米，是隋唐大运河永济渠的重要组成部分；现存战国长城 50 余千米，是中国早期长城的重要分布区域；同时新乡也是黄河文明发祥发展的重要区域。

  新乡市文物考古研究所前身是成立于 20 世纪 50 年代的新乡市博物馆文物股，负责人先后是王守谦、傅山泉，当时负责全市的文物普查、考古发掘工作。

  1987 年，新乡市成立新乡市文物工作队，队长先后是王春玲、傅山泉，指导员先后是刘习祥、赵争鸣，副队长李慧萍。文物工作队负责全市地上地下文物保护、配合城市基本建设的考古发掘工作。

2006年，新乡市文物工作队更名为新乡市文物考古研究所，所长先后是傅山泉、李慧萍。副书记郭天祺，副所长先后是李慧萍、张春媚、王政。考古所职责范围扩大，包括：①配合新乡市城市基本建设进行考古调查、钻探、发掘；②新乡市四区八县地上地下文物保护、宣传、研究；③古代建筑的设计、规划、维修、管理。

新乡市文物考古研究所自成立以来，在上级党委、行政主管部门正确领导和关怀下，在全体同仁们的共同努力下，在县（市、区）文物部门同行们的支持下，党务、行政、业务齐抓共管，取得了较好的成绩。在业务上我们始终秉持着"基层考古所也能大有作为"的思想理念，不因场地小、级别低、编制少、职称指标少、业务人员跑而自暴自弃和自卑，相反，我们一直为自己"考古人"的身份而骄傲和自豪，我们爱考古，我们要不屈不挠，用实际行动践行初心和使命。

二、考 古 成 果

（一）考古发掘

我们严格按照《田野考古发掘规程》进行科学发掘，近年来共发掘古文化遗址9处、古墓葬2500余座、古代窑址及古井等其他类遗迹18处，出土各类文物1万余件。较为重要的有：新乡火电厂汉墓群、卫辉市倪湾遗址、河南省水泥厂汉墓群、辉县市战国铸铁遗址和共城墙、新乡县后高庄遗址、新乡垃圾处理厂王门汉墓群、新乡县前高庄遗址、市区云锦府、高新区西台头遗址、吕村、尚村汉墓群、延津县仿木结构宋墓、北于店绍圣五年纪年墓、延津县元代至元十八年纪年墓等项目的发掘，为研究新乡地区历史文化、政治经济提供了珍贵的实物资料。2006年6月至2007年6月，为配合南水北调新乡段工程以及国家高速公路、高铁建设工程，先后参加了辉县市百泉墓群、北站区郭柳墓群、王门墓群、卫辉市山彪墓群、濮卫高速卫辉段古运河、新乡县七里营古代黄河大堤等考古发掘工作，墓葬形制多样、遗址时代延续、出土文物丰富，发掘质量过硬，受到了上级高度赞扬，被评为河南省文物系统先进集体。

（二）考古调查

考古所的业务人员，近年来先后对辉县、林州、凤泉区、卫辉战国长城、辉县春秋战国时期古城址、卫辉汲城遗址、汲冢遗址、平原示范区圈长城遗址、大运河新乡杨树湾码头、卫辉王奎屯明代烧窑遗址进行了考古调查，同时联合河南大学对新乡境内的古代黄河大堤进行了考古调查，均取得了较为丰富重要的第一手资料。

（三）科技考古和多方合作

科技考古是田野考古工作重要的技术支撑，一篇考古发掘报告只有科技考古研究数据体现和佐证，才会有灵魂和信史。近年来，新乡市文物考古研究所为了进一步提高科技考古在传统考古工作中的运用，增加多学科技术在新时期考古工作的分量和渗透力，先后与首都师范大学、河南大学、北京大学、郑州大学、重庆师范大学、河南师范大学、河南省文物考古研究院合作，除了联合发掘、调查工作外，对多处遗址、古墓葬、出土的铁器、彩绘陶器、动物骨骼等进行三维建模、动植物检测、整体搬迁、化学防护等科技支撑，取得了很好的效果。

（四）业务指导

新乡市文物考古研究所自成立以来，一直肩负着对县（市、区）文物工作进行业务指导和帮助的责任。比如在全国第二、三次不可移动文物普查工作中，在全国第一次可移动文物普查工作中，在各县（市、区）进行国家级、省级文物保护单位建档、申报工作中，新乡市文物考古研究所对业务同行们进行积极指导，从业务讲座、测绘、文字、绘图到把关鉴定，无不倾力而为，使得新乡市整体申报建档工作走在全省前列。在对所辖县（市、区）文物保护工作中的勘探技术进行检查验收，严格把控勘探质量，组织勘探技术人员在考古发掘现场和勘探项目现场进行现场培训、指导，有效地保护了地下文物，也为建设方排除了地下安全隐患。

（五）业务研究

围绕考古调查、发掘工作，围绕国家黄河、大运河文化带建设、长城保护规划建设，新乡市文物考古研究所主要对新乡乃至河南的历史文化进行深入细致的研究，近20年来，发表文物考古专著8部和学术论文近200篇，主要著作有《新乡凤凰山汉墓》《新乡考古发现与研究》（一、二辑）、《百泉、郭柳与山彪》《新乡古代建筑与石刻艺术》《新乡王门墓地》《考古新乡》《新乡古代文明研究》等，主持、参与国家级、省级、市级研究课题二十余项，主要的有"新乡大运河文化带考古调查与研究""战国魏河南长城调查与研究""基于GIS新乡黄河文化资源数据库建设研究""新乡地区古代黄河地方考古调查与研究""黄河流域文化遗产保护与传承的可持续发展研究""从历史文物看宋代美学艺术的发展""豫西晋西南地区新石器时代文化与社会"等，分别获得不同等次的奖项，为新乡的文物考古事业增光添彩，在国家古代文明化进程研究中做了非常有意义的工作。

三、砥砺前行

　　新乡市文物考古研究所做出的成绩不少，但是和其他省、市考古单位相比，差距还很大。基层文博单位现状不容乐观，平台低、缺人才、缺场地、缺资金，严重制约着我们的发展。前进的道路上困难重重，但是我们想干出一番事业，愿为中国考古事业付出更辛勤的汗水。因此我们互相鼓励，坚定信念不气馁。值此"考古百年"盛典即将拉开序幕之际，我们充满希望，也充满激情，百尺竿头更进一步，新乡考古人将继续发扬优良传统，砥砺前行。我们会团结一心，克服困难，寻求上级支持，增加编制、引进人才、寻求技术合作。用显著成果探索和彰显新乡、河南乃至中国的文明历程，增强民族自信心，为国家、为人类社会发展做更大的贡献。因此说，在基层考古所不是碌碌无为，同样可以大有作为！

　　风雨同舟，硕果累累，感恩付出！

　　抓好机遇，再创佳绩，未来可期！

辛丑年桃月于新乡市健康路61号

目 录

会议纪实

在纪念新中国辉县考古发掘 70 周年暨古代文明研讨会上的讲话……………………3
"纪念新中国辉县考古发掘 70 周年暨古代文明研讨会"会议纪要…………………13

纪念文章与现场学术讲座

台美乎？——为纪念辉县发掘 70 周年而作……………………………杭 侃 19
重温《辉县发掘报告》有感——纪念中华人民共和国辉县发掘 70 周年
　………………………………………………………………孟宪武　李贵昌 27
辉县发掘——中国考古学发展的转折点……………………………张新斌 35
辉县发掘在中国考古学史上的重要意义……………………………郭 强 43
让五千多年中华文明发展史的主轴更加充实和丰满——从辉县发掘到
　巩义河洛古国的发现……………………………………………李伯谦 49
黄河文化与中华文明——从辉县考古发掘说起……………………刘庆柱 55

工作回顾与展望

顺势而为，在让文物活起来和文物惠民工作中做出文物考古人应有的贡献……史家珍 65
苦乐考古人，田野巾帼女——南水北调中线工程考古回想…………李慧萍 68

学术研究

卫辉汲城城址与汲冢遗址考古调查与勘探报告……………新乡市文物考古研究所 75
21 世纪以来河南西周考古发现的评述………………………………高振龙 82
夏商遗民向西伯利亚地区的文化传播…………………………………武仙竹 94

试论中原腹地与周邻地区新石器文化的互动交融	鲍颖建	104
"大同之世"与庙底沟文化	赵春青	119
论后冈二期文化与周邻文化的关系	李世伟　靳松安	134
山东菏泽地区史前文化的谱系及相关问题研究	袁广阔	150
豫北南部仰韶晚期遗存及相关问题研究	秦存誉　郭　强	158
原阳县历史文化考析	李　婵	177
孟门与孟门聚落群	张立东	193
辉县地区战国文化遗存初探	王　政	207
论辉县孟庄商城的年代	侯卫东　张　玲	215
河南魏长城与卷长城初探	王　政	222
巍巍法相镇青山——关于卫辉香泉寺石刻研究中的几个问题	霍德柱	227
河南滑县未来大道建筑基址探析	胡玉君　李贵昌　焦　鹏	250
从新乡市汉墓鼢鼠遗存研究谈考古中鼠类遗存的提取及研究思路与方法	王照魁	257

后记 ··· 264

会议纪实

共辉集

辉县考古发掘70周年暨古代文明研讨会纪念文萃

在纪念新中国辉县考古发掘70周年暨古代文明研讨会上的讲话

李瑞霞

新乡市人民政府副市长

尊敬的田凯局长、各位专家学者、女士们、先生们，大家上午好！首先，请允许我代表新乡市人民政府，欢迎各位远道而来的与会嘉宾！

新乡地处河南省北部，北依太行，南临黄河，与省会郑州隔河相望，辖12个县（市、区）、1个城乡一体化示范区、2个国家级开发区，总面积8249平方千米，总人口620万，是豫北地区重要中心城市。新乡旅游文化资源丰富，拥有西部太行山水、中部牧野文化、东部沿黄资源、红色乡村旅游四大旅游资源，丰富多元的旅游形态在新乡融合交汇，共同绘成了一幅"千里太行魂在新乡"的画卷。

新乡，是一座历史悠久、文明璀璨的城市，新乡地区地处中原文化圈，适宜的环境使得至少从八千年前的裴李岗文化时期开始，历代先民们就在此生息繁衍不绝，创造了光辉灿烂的文化，留下了星罗棋布的文化遗产。新乡是历代名流隐士、文人墨客游览讲学的栖居地，孔子讲学杏坛，高适主政于封丘，岳飞驻营于新乡，七贤竹林高卧，孙登长啸百泉，李白、苏轼等遍访新乡名胜，留下了千古佳话和不朽华章。因此，新乡境内保留了大量有价值的古建筑、古陵墓、古庙宇、古碑刻。

新乡地区的考古工作始于1935年夏河南省博物馆及中央研究院等对卫辉山彪镇8座古墓及1座车马坑的发掘。中华人民共和国成立后，1950年秋，中国科学院考古研究所又继续在辉县琉璃阁、固围村等地发掘，正式拉开了中华人民共和国田野考古发掘工作的序幕，并将成果刊布在"中国田野考古报告集第一号"《辉县发掘报告》中，有学者评价说中华人民共和国的考古工作从辉县走出，将新乡辉县称为"中华人民共和国考古学的摇篮"，将辉县的发掘称为"中国考古学新的里程碑"。1994年，辉县孟庄遗址考古发掘被评为全国十大考古新发现，与鲁壁藏书、敦煌藏经洞、甲骨文并称为中国文化史上"四大发现"的汲冢书就出土于新乡。

习近平总书记于2020年9月28日，在中共中央政治局第23次集体学习会议上，就我国考古最新发现及其意义为题发表了重要讲话。他强调："要高度重视考古工作，努力建设中国特色、中国风格、中国气派的考古学，更好认识源远流长、博大精深的中华文明,为弘扬中华优秀传统文化、增强文化自信提供坚强支撑。"河南是中华民族和华夏文明的重要发祥地,新乡是河南重要的文物资源大市,历史文化延续不断、底蕴丰厚,我们历史与考古工作者的使命光荣、责任也重大,今后要继续以习近平总书记重要讲话精神为指导,抓住当今文物考古界前所未有的历史机遇,做好新乡地区古代历史文化的研究工作,做好考古发掘、资料整理、成果展示工作,用考古成果、古代历史研究成果为建设中国特色、中国风格、中国气派的考古学贡献智慧与力量。

今天,我们汇聚在这里,共同回首新乡的历史过往,共同探讨新乡的古代文明。稍后即将举行的郑州大学文化遗产保护实践基地、河南大学黄河文明研究基地揭牌仪式是新乡市文物考古研究加强与高校进行科研地校合作的又一良好开端。希望郑州大学、河南大学利用优质资源,助力新乡市文物保护和考古研究工作向纵深发展。

希望嘉宾们在新乡有新的收获,更希望嘉宾们结合自己的专业优势,对新乡的文物事业献言献策,提出宝贵意见和建议。

最后,预祝此次研讨会圆满成功!

孙英民

河南省文物考古学会会长

今天大家聚集在豫北卫河河畔,来共同纪念中华人民共和国辉县考古发掘70周年,来研究新乡周边的古代文明的进程。辉县是多年来大家比较关注的地区之一,中华人民共和国考古大家都知道,是和辉县发掘这一考古重大事件联系在一起的。1950年8月,中华人民共和国成立还不到一年的时间,中国科学院考古研究所成立,1950年10月,以夏鼐为团长、郭宝钧为副团长、苏秉琦为秘书长的这一强力的考古团队,率领大家都熟悉的著名考古学家石兴邦先生、安志敏先生等一批著名学者来到了太行山下、卫河之滨,来探求早期中国的一些重大考古项目,取得了一系列的成绩。辉县发掘作为一个标志性事件,拉开了中华人民共和国考古的大幕。在四年前,2016年的时候,科学出版社的闫向东,举办了"新中国考古从这里走出——纪念新中国第一部考古发掘报告《辉县发掘报告》出版60周年"活动,当时北京大学的孙庆伟在人民日报发表了《〈辉县发掘报告〉——中国田野考古范式的确立》,反响很强烈,而且科学出版社还重印了《辉县发掘报告》,对辉县发掘这一重大事件在中国考古界进行了全面回顾。

今天,我们在这里聚集一堂,来共同纪念中华人民共和国成立之初的第一次发掘70周年这样一个盛事,我作为主办方,对大家的到来首先表示感谢,也感谢为这次会议筹备的新乡市文化广电和外事旅游局的同志们,特别是李慧萍所长领导的这些常年在一线工作的新乡市文物考古研究所的同志们。新乡市文物考古研究所人数不多，实力不是很强，能筹备这样规模的大会实属不易，谢谢你们的精心筹备。特别感谢李伯谦先生、刘庆柱先生、杭侃先生，以及从全国各地来到新乡的学者，大家都很忙，能到这里来，也说明大家对这次活动的支持。2021年就是中国考古学100周年的盛事了，现在中国考古学会正在紧锣密鼓地筹备明年即将在三门峡举办的"仰韶文化发现100年暨中国考古学100年"这样一个重大的学术纪念活动。我想今天这个活动也是一个预热，现在中国考古学界都在深入地学习贯彻习近平总书记在中央政治局第二十三次集体学习时的讲话。总书记的讲话，极大地鞭策了全国的文物工作者，尤其是考古工作者，为我们指明了未来中国考古学发展的方向，提出了很多具体的要求，我们今天的会议，也是学习习近平总书记讲话的一个具体的举措。在未来的若干年内，中国考古学的一些重大课题将全面展开，河南省承担着至关重要的考古课题，河南本身既是中国考古学的发祥地，也是中华人民共和国考古的第一站，同时又是中国考古学的黄金地区，这个地方是华夏文明的核心地带，有很多问题需要在这里通过我们考古人手上的手铲来把它一步步解开。

我们现在承担着中华文明探源工程、承担着夏文化研究的重点研究任务。豫北地区在整个河南地区的考古部署方面70年来取得了不少成绩，但是总体来讲，比起沿黄流域，尤其是黄河南岸，从三门峡、洛阳、郑州一线下来，相对来讲，还是比较薄弱的。这几十年来，中国社会科学院考古研究所安阳工作站主要承担了安阳周边地区的考古工作，其他地区的工作开展得相对较少。这几年韩国河校长在郑州大学历史学院当院长的时候率领着郑州大学的团队，沿太行山南麓开展了李大召遗址等一系列的发掘；袁广阔先生主持辉县孟庄的发掘，做了一些工作，但是总体来讲，这个地区的工作需要加强。所以，借着总书记讲话这样一个"东风"，借着从上到下关注中华文明起源、关注中华文明进程这样一个大的背景，特别期望豫北地区，特别是新乡，能够加强这一块的工作，对课题的规划，要给予高度重视，一会还要举行两个高校（研究基地）的挂牌仪式，豫北地区应该说力量部署正在加强，希望新乡市文物考古研究所承担起更多的任务。周边地区都在加强考古单位的规整、编制，商丘市刚成立了正县级的商丘市文物考古研究院，新增加编制30人，周边都在增加，重要的地区尤其要给予高度的重视。新乡是古代的河内地区，在太行山南麓卫水之滨，这个地区有着丰厚的文化遗存，但是因为考古力量的薄弱，工作受到很大的影响，我想这次会议就是一次契机，是新乡考古事业起飞的一个关键节点。在我印象当中，20世纪80年代的时候，新乡的文物考古工作是走在全国前列的，但是随着历史的发展，进入20世纪90年代以后，周边地区的考古事业有了十足的发展，新乡，不客气地说，落后了！在座的我们曾经培养出来的张新斌所长，就是当年在新乡主持这块工作的老同志，今天也见到了刘习祥先生，已经退休，希望年轻同志向老一辈的同志们学习，加强自我修养，快速提高自己，现在自己身上的使命是越来越重，担子也越来越重，我们使新乡不落后，赶上时代发展的浪潮。我们召开这样一个会议，就是一种态度，就是一种希望，祝我们新乡文物考古事业能够腾飞，祝我们的事业站在一个新的高地。

谢谢大家！

韩国河

郑州大学副校长

尊敬的李瑞霞副市长、李伯谦先生、刘庆柱先生、田凯局长，各位领导、各位专家，女士们、先生们，大家上午好！

今天我们很高兴在这里召开"纪念新中国辉县考古发掘70周年暨古代文明学术研讨会"。我代表郑州大学全体师生向此次会议的召开表示热烈的祝贺！

新乡是我的故乡。近年来，家乡的各方面建设取得了喜人的成就，陆续获得"全国绿化模范城市""2017年中国特色魅力城市200强""2019年国家卫生城市""2019年中国外贸百强城市""全国双拥模范城"等荣誉，平原示范区的发展更是日新月异，已经成为郑州都市圈核心地区的重要组成部分，作为新乡人我感到无比的自豪，在此对家乡人民所取得的成就表示最真诚的祝贺。

新乡地处黄河文明的关键区域。习近平总书记指出："黄河文化是中华文明的重要组成部分，是中华民族的根和魂。""考古发现展现了中华民族起源和发展的历史脉络，展示了中华文明的灿烂成就。"自新石器时代持续至明清时期，新乡地区的考古发现连绵不断。辉县孟庄遗址揭露了龙山、二里头和商代等三个时代的文化面貌，共城遗址是西周分封和东周列国疆域变迁的典型代表，固围村战国大墓展现了魏国王陵的基本内涵，延津沙门城址揭示出宋金时代城市的风貌，潞王陵则是明代藩王政治生态的集中体现，这些遗迹和遗存都证明了中华文明5000年不间断的历史特质。

正因为新乡有如此悠久的历史和厚重的文化底蕴，考古学者一直青睐于此。1950年，辉县琉璃阁遗址的发掘拉开了中华人民共和国考古工作的大幕，田野考古自此走向了科学化和系统化。从20世纪90年代开始，郑州大学也在新乡开展了一系列的考古工作，同本地的文物部门建立了良好的合作关系，长垣宜丘遗址、新乡李大召遗址、辉县孙村遗址、新乡金灯寺和老道井墓地均留下了郑州大学考古师生的足迹，考古发掘与研究中与新乡的同行结下了深厚的友谊。

今天，借此会议的召开，郑州大学同新乡市合作建立考古研究实习基地，必将进一步促进双方的合作和交流，共同发掘和整理新乡地区的历史文化内涵，共同研究解决历史上未解之谜，共同携手保护好祖先留下来的各类文化遗产，为构建中国特色、中国风格、中国气派的考古学学科体系、学术体系和话语体系，传承与发展黄河文明不懈努力！

最后，预祝本次会议取得圆满成功！

谢谢大家。

唐际根
中国考古学会夏商考古专业指导委员会常务副主任

各位来宾、领导、老师、朋友们：

纪念新中国辉县考古发掘70周年暨古代文明学术研讨会在新乡召开意义特殊：一则新乡市有很多夏商时期的重要考古的遗址；二则中华人民共和国成立后的第一部考古报告——《辉县发掘报告》便是基于新乡的资源编辑出版的。中国考古学会夏商专业委员会刘绪老师、许宏先生和我自己本来都准备过来参会，但是由于种种原因来不成。所以刘绪先生专门委托我给大家带来一个祝福：一是祝会议取得圆满成功，二是感谢新乡市人民政府还有新乡市文物考古研究所承办这次会议，最后祝大家在会议期间生活愉快、成果丰硕。谢谢！

田 凯
河南省文物局局长

尊敬的李伯谦先生、刘庆柱先生，尊敬的杨丽萍主任、李瑞霞市长，尊敬的各位嘉宾、专家，朋友们：

时值全国上下正在学习贯彻落实习近平总书记关于考古工作重要讲话精神之际，我们在此召开"纪念新中国辉县考古发掘70周年暨古代文明研讨会"，借此机会，我谨代表河南省文物局，向会议的召开表示热烈的祝贺，向多年来辛勤奋战在考古工作一线的同志们表示崇高的敬意！

河南是中国考古的诞生地、中国考古学的形成地、考古学家的摇篮。1921年安特生在仰韶的发掘开启了中国考古的先河。1928年殷墟考古培养了一代中国考古的先辈。"后冈三叠层"的发现，奠定了中国考古地层学的基础。辉县考古从1935年到1937年启动，中华人民共和国成立后，1950年10月中国科学院考古研究所开始在辉县发掘，拉开了中华人民共和国考古的序幕。《辉县发掘报告》成为中国考古报告的典范。之后洛阳中州路的发掘，厘清了中原东周墓葬的序列；《洛阳烧沟汉墓》建立了汉代墓葬的序列；宿白先生的《白沙宋墓》树立了宋代考古的标尺。河南这片厚土成就了李济、梁思永、董作宾、郭宝钧、石璋如、夏鼐、徐旭生、宿白、安志敏、邹衡、安金槐、许顺湛等考古大家。

河南的考古工作在形成中国特色、中国风格、中国气派的考古学上发挥了关键作用。在延伸历史轴线、增强历史信度、丰富历史内涵、活化历史场景中提供了重要支撑。

新乡历史悠久，底蕴丰厚，这里从裴李岗文化、仰韶文化、龙山文化到夏商两周以迄明清，时代相连，文化序列完整，是研究探索华夏文明产生、发展、延续不断的重要地区，是阐释华夏历史文明诸多问题的关键地区。做好新乡的考古发掘与研究工作具有重大价值和重要意义。

今天我们在这里开会纪念中华人民共和国辉县考古发掘 70 周年，就是要回顾中华人民共和国成立以来发掘的历程，总结中国特色、中国风格、中国气派的考古学产生的过程、背景、规律，引导启发考古人应当坚持什么？应当发扬什么？应当如何走中国考古自己的路。

中国特色、中国风格、中国气派的考古学首先应当关注中国问题：阐释和解决中国人从哪里来，中华民族如何形成，中华文明如何产生，中国国家如何诞生，文明的基因是什么，中华文明历数千年延续不断的根本原因是什么，中国的历史发展造就了自己独特道路的内因是什么等重大问题。

应当坚持中国特色的理论方法，坚持马克思辩证唯物主义和历史唯物主义的基本方法，坚持考古研究与文献结合的方式方法，坚持中国特色的聚落研究、区系类型研究等方式方法。

应当坚持开放包容、百花齐放的学术氛围，尊重科学、兼容并蓄，吸收各方面的新的理论成果，不断推进中国考古学理论适应新时代、促进新发展。

同志们，习近平总书记高度重视文物和考古工作，十八大以来，先后有 140 多次的批文、指示、讲话论述，为文物和考古工作指明了方向，提供了根本遵循和行动指南。河南省委省政府常委会分别开会学习习近平总书记关于考古工作的讲话，并且正在筹备全省文物工作会。当前文明化进程研究、夏文化研究、黄河文化研究、大运河研究等国家重大战略性研究正在展开，明年就是中国考古学 100 年，全省文物工作者要进一步增强文物考古工作的政治意识，切实增强文物考古工作的自豪感和使命感，继续发扬老一辈文物工作者甘于奉献、刻苦钻研的精神，为构建中国特色、中国风格、中国气派的考古学贡献河南力量，做出河南担当。

同志们，时代赋予了文物考古人新的使命任务，时代也为文物考古人提供了难得的机遇。今天大家共聚一堂，共话考古，希望大家互相交流中，借鉴经验，提升认识，也希望大家对河南省文物局的工作和河南文物考古事业的发展多提意见。我相信，只要我们团结协作、凝心聚力，一定能够激发河南文物考古发展的新活力，乘势而上创造河南文物考古的新辉煌。

最后祝本次会议圆满成功！

谢谢大家。

刘庆柱

中国社会科学院学部委员

首先感谢新乡市政府，也感谢这次大会，我想揭牌仪式对郑州大学非常重要，因为大学正搞双一流建设，而双一流的建设核心就是科学技术要服务于社会，而且服务得越好、越全面、越深入，才能体现出教育的功能和教育的作用。借此机会，我想郑州大学是河南的大学，能够得到河南的支持那是理所当然的，我想这儿开了个好头，我希望郑州大学在全省至少首先在这个范围能够加强多方面的合作，因为各个地区有不同的文化，所以环境造就文化，环境不同，文化就不同，文化丰富多彩，也就是考古学的魅力所在。因此这开了一个很好的头，希望在座各地市的朋友们，你们回去我们也会找上门和你们一起共同为建设好郑州大学而努力，谢谢！

展　龙

河南大学人文社科研究院院长

非常感谢新乡市文旅局，非常感谢新乡市文物考古研究所。河南大学和新乡市文物考古研究所有着非常好的合作基础。曾在河南大学执教的郭宝钧教授20世纪30年代就在山彪镇与琉璃阁开展考古发掘工作，河南大学和新乡考古部门近年来有着很好的合作，围绕黄河早期文明和黄河古道变迁课题，联合开展了大量田野考古工作，取得了很多成绩，我们对新乡市考古工作寄予希望，努力为新乡市考古做更好的工作，预祝本次大会圆满成功！非常感谢！

刘海旺

河南省文物考古研究院院长

尊敬的各位前辈、各位领导、各位来宾、各位同仁、朋友们：

刚才咱们这个论坛举行了一个非常简短而隆重的开幕式，开幕式上各位领导对咱们全省的文物考古工作,特别是对咱们新乡今后的文物考古工作寄予了很大的希望。而且,郑州大学和河南大学在新乡建的文物考古学习基地已经正式揭牌。新乡考古工作开始了一个新的征程,并拥有了又一个高的起点。现在,全国文物考古的同行们在习近平总书记讲话精神的指导下,都在摩拳擦掌,规划自己的科研工作。那么作为考古大市,作为考古的发源地,作为咱们中华人民共和国考古最初开始的地方,咱们该如何做呢?咱们全省的考古业务同仁都需要深入思考,深入研讨,大家来集思广益做好工作的要求。在此,这个会议应该说是恰逢其时。近几年,新乡考古研究所的同仁们在李慧萍所长的领导下,做到守正创新,做出了卓有成效的工作。下午,咱们会有一个汇报。我个人在2006~2008年曾经主持发掘了宋金时期的沙门城址,应该说是对新乡的文化底蕴有比较深刻的认识。而且新乡自古以来就位于黄河的两岸,也是今后我们省、我们考古工作要聚集的地方,我们要在中央的战略部署下,省委市政府现在也在提出要求,就是黄河文化、大运河文化、夏文化,这都是今后我们省要共同聚焦的课题。而且呢,受河南省文物考古学会孙英民会长委托,在这给大家通报一个会议,今年12月14~16号计划在三门峡召开全省的文物考古工作成果的一个汇报会,这次会议,将由我们河南省文物考古学会来主办,希望到时在这次会议基础上,在三门峡会议上共同检阅咱们今年全省的考古工作收获和成果,规划明年乃至"十四五"全省考古工作。所以说,这次会议非常及时,也感谢新乡的同仁们为这次会议做的精心准备。在这里,我要特别提出咱们河南有李伯谦先生、刘庆柱先生,还有王巍先生等,他们常驻河南,是咱们河南考古的幸事,咱们能够就近、及时,能够非常方便地向他们请教,这是全国同行非常羡慕的。所以说,在咱们要做"十四五"考古规划的时候,在这个契机,我们有幸请到了德高望重的李伯谦先生和刘庆柱先生来给咱们做指导,为今后的工作指明了前进的道路。

刘 威

新乡市文化广电和外事旅游局局长

这一次的文化盛筵,让我觉得十分过瘾,见到了很多以前想都不敢想的名家学者,能在一起共同来到现场开这个会,对我来说很荣幸。会议让我做总结,和各位相比,我的考古工作专业水平不值一提,我来做总结就是班门弄斧了。可是作为主办方之一,我想从这几个方面说一下,每个人的知识结构和研究方向不一样,感受就不一样,我只能说我自己的感受了。为什么呢?说起来汗颜,专家讲的有些我听不懂,也有很多字不认识,我想跟大家汇报三点我的感触:第一,收获大;第二,感触多;第三,如何干。

第一,收获大。李伯谦先生讲的是今天梳理的我们文化主轴,刘庆柱先生讲的是黄河文化为什么是中华文化的根和魂，我们也学到了仰韶文化的三大本质，另外，洛阳的专家讲了怎么让文物活起来，怎么样惠民，所以说收获很大。为了办这个会，我这几天恶补文物方面的知识，以前更多侧重文化和旅游方面，越补越觉得自己无知，了解太少，这将促进我今后严于律己，抓紧学习，这是我最大的收获。

第二，感触多。今年是中华人民共和国辉县考古发掘70周年，以前我们也知道辉县几次大的发掘。但是辉县发掘的重要意义我之前了解得不多，这次彻底学习到了。当时中华人民共和国刚成立，中国社会科学院，国内顶级专家齐聚辉县，之后这么多人围在一起，为什么呢，都是国宝级人物，规格太高。另外，成果大，不说出土文物，就一个考古发掘报告，便为我们中国的田野发掘制定了遵循（范本），也给我们制定了标准，有了标准，后边遵循，就冲这一点，它对中国考古的意义就很重要，这是第一点。第二点，我们改革开放四十年，经济取得了巨大的成就。从习近平总书记开始，将文化写入五年报告，增强四个自信，文化自信是最后增加的，但是文化自信提得最高。没有文化自信，一个民族没有魂、没有根。我们感到目前文化发展是中国从党委到政府到中央是最重视的事。2020年9月28日，习近平总书记在中央政治局第二十三次集体学习时提出中国特色、中国风格、中国气派的考古学（《求是》2020年第23期）。以前大学里的考古专业没几个人报考，因为是冷门。为什么冷？这个学科不是国家发展最迫切的。但是这个时候，中央让组织学习，这是高层在向社会发出强烈的信号。我们的考古发掘，我们的文明脉络，我们从哪里来，只有梳理出来，我们才更能称为世界文明古国，有了古国，有了根，有了魂，我们才能永远屹立于世界文化之林，我们才能走出国门，走向世界，实现中华民族伟大复兴。伟大复兴，除了惊喜，必然有文体，刚有一位专家讲，文物的春天来了，我觉得不光是春天来了，它还点燃了社会的激情，我们的大发展时代已经来临，作为文化人也好，文物人也好，只要跟它相关的，我们怎么办？我们只有奋力前行，才能不负时代，不负年华，这是我的第二点表述。

第三，如何干。一个市里文化旅游如何发展，文旅融合，它就是诗和远方，灵魂和载体，我觉得这太深奥了。什么是文化？以前我看过很多专家的定义，越看头越大，我理解的什么是文化，所谓"文"，天地万物，山川流水，包括人类活动，只要在这世上留下的，在它的过程中造成影响，这就是"文"，如果能被别人看到感知了，而又告诉了别人，往下流传了，通过器物、通过书籍、通过传说，这就是"化"。那么文物，我们把这个"文"通过具体的载体传播下去，这个载体有幸保留到现在，有了年头它就叫作文物。所以今后我们怎么做呢？我作为局长，一，我要向领导汇报，要把总书记讲话，特别是我们这些专家这些好的建议，反映上去，争取为我们的文化创造良好的环境。二，我要抓三态，保护固态，发展液态，弘扬活态。固态是第一。以前我们讲，保护、利用、弘扬，保护好、利用好、弘扬好，现在要把顺序调了一下，保护好、弘扬好、利用好。顺序稍微调一下，就不一样。首先，如果我们这一代技术条件达不到的话，我们首先要保护不要破坏，要对文化、文物有一种敬畏之心，对得起祖宗传下来的。我们如果保护不好就不能传承。我们先保护，然后弘扬，最后才利用。那么我们首先保护固态，不管是遗址还是文物，要在这方面加大力度，不仅是我们内部讲，而且一定要让社会知道，只有社会知道，全社会参与，我们的文物保护才会越有用。其次，发展液态，任何东西不与市场规律相结合，没有产业化的思维是走不通的，也是走不动的。那么，我们的这些文物有很大的文化价值，为什么不能与市场相结合？这两年我感到一些变化，我到青海博物院去参观，人家做得非常好，做到了市场化，他们成立公司，国务院出展厅、出技术、出人才。最后，我们就要弘扬活态。只有发展液态才能弘扬活态，把世界市场化，产业化，引入更多的企业，更多的社会资本进入我们的领域，参与我们的保护，参与我们的弘扬，制作更多的多媒体的多方面的宣传，使我们把整个工作做好，这是我们下一步要做的工作。以上不到之处，请大家多批评、指正！

"纪念新中国辉县考古发掘70周年暨古代文明研讨会"会议纪要

郭 强[1] 秦存誉[2] 张自强[1]

(1. 新乡市文物考古研究所 新乡 453000；2. 首都师范大学历史学院 北京 100048)

2020年11月6~8日，由河南省文物局、新乡市人民政府指导，中国社会科学院考古研究所、中国考古学会夏商专业委员会、河南省文物考古学会、新乡市文化广电和外事旅游局主办，河南省文物考古研究院、新乡市文物考古研究所承办的"纪念新中国辉县考古发掘70周年暨古代文明研讨会"在河南新乡市新乡宾馆举行。来自河南省政协、河南省文物局、新乡市政府、新乡市文化广电和外事旅游局的领导，河南省直文博单位、河南省地方文博单位的负责人，以及中国社会科学院考古研究所、北京大学、郑州大学、首都师范大学、河南大学、河南师范大学、重庆师范大学、安阳师范学院、新乡学院、新乡职业技术学院、宁夏岩画研究中心等单位的专家学者160余人出席了大会。

开幕式由新乡市文化广电和外事旅游局局长刘威主持。新乡市人民政府副市长李瑞霞，河南省文物考古学会会长孙英民，郑州大学副校长韩国河，中国考古学会夏商专业委员会常务副主任唐际根，河南省文物局局长田凯分别致辞。李瑞霞首先对支持新乡文物考古工作的各界同仁表示感谢，随后介绍了新乡的地理位置和历史文化等情况，最后预祝研讨会取得圆满成功。孙英民、田凯、韩国河分别对新乡历年的田野考古工作进行了回顾与展望，唐际根代表北京大学教授刘绪为研讨会的顺利召开发来视频祝贺。"郑州大学文化遗产保护实践基地""河南大学黄河文明研究新乡基地"举行了揭牌仪式，中国社会科学院学部委员、郑州大学历史学院院长刘庆柱，河南大学人文社会科学研究院院长展龙，河南省政协科教卫体主任杨丽萍在揭牌仪式上殷切寄语。

开幕式结束后，举行了专家报告会。

第一场由河南省文物考古研究院院长刘海旺主持，夏商周断代工程首席科学家、北京大学考古文博学院教授李伯谦，中国社会科学院学部委员、郑州大学历史学院院长刘庆柱，北京大学考古文博学院教授、山西大学副校长杭侃，河南省社会科学院历史与考古研究所所长、研究员张新斌依次发表演讲。

李伯谦回顾了辉县发掘以来中国田野考古的发展历程及取得的重要收获，认为辉县发掘是在百废待兴之时开展的，推动了当时及以后的考古发掘工作；郑州商城、偃师二里头、新密新砦、登封王城岗、巩义双槐树等地发现与发掘为史前及夏商考古的研究提供了重要资料，也为习近平总书记提出的文化自信提供了强有力的实物支撑。刘庆柱讨论了黄河文化与中华文明的关系，通过对"文明"概念、形成"文明"所要具备的条件、世界（西亚、埃及、南亚次大陆）古代文明发源的位置、中国大河流域与古代文明分布等的分析，提出了黄河文化是中华民族的"根"与"魂"。杭侃以《台美乎？——为纪念辉县发掘70周年而作》为题，系统论述了中外对建筑高度的追求、辉县发掘出土铜鉴所反映的高台建筑、文献中战国时期对高台的热情、高台建筑相关研究、中国古人对建筑高度的向往等内容。张新斌以《辉县发掘——中国考古学发展的转折点》为题，回顾了"纪念辉县发掘40周年学术座谈会"的相关事宜，指出辉县发掘在中国考古学史上具有重要意义，呼吁学界关注以辉县为中心的新乡地区的考古工作。

第二场由新乡市文物考古研究所所长李慧萍主持，新乡市文物考古研究所考古研究室主任张自强对新乡近年来的考古工作进行了汇报，首都师范大学历史学院考古学与博物馆学系主任、教授袁广阔，中国社会科学院考古研究所研究员高江涛，洛阳市文物考古研究院院长、研究员史家珍，郑州大学历史学院教授靳松安分别发表主题演讲。

张自强介绍了新乡市文物考古研究所与重庆师范大学、河南大学、河南师范大学、首都师范大学等高校及辖区文博单位合作期间在田野调查（战国长城、黄河堤防等）、发掘（尚村、前高庄、李大召、西台头等）与科技考古（动、植物及人骨等）研究方面取得的重要收获。袁广阔以《中原古文化格局的大变革》为题，系统探讨了中原龙山早期的文化分布态势、龙山晚期的文化变革等问题，指出龙山晚期的大变革导致了新砦期文化的最终形成，为二里头文化的诞生打下了基础。高江涛以《陶寺与石峁：比较视野下的中国文明起源模式思考》为题，在介绍陶寺、石峁遗址近年重要发现的基础上，提出中国文明的起源与形成是从无中心的多元到有中心的多元一体，这正是中国古代文明与国家发展演进的最大特色；礼制与王权是华夏文明的最大特点，陶寺文明是主脉或主根。史家珍以《顺势而为，在让文物活起来和文物惠民工作中做出考古人应有的贡献》为题，认为考古的"春天"来了，随后介绍了洛阳市文物考古研究院在考古发掘和"让文物活起来，文物惠民"等方面的工作模式。靳松安以《武陟万花遗址考古新发现及其学术意义》为题，汇报了武陟万花遗址的发掘工作及取得的收获，指出该遗址对探讨先商文化分期与年代、先商与二里头文化交流互动、早商文化在豫西北地区的发展等问题具有重要价值。

第三场由河南省文物考古研究院副院长梁法伟主持，中国社会科学院考古研究所研究员赵春青，河南大学历史文化学院教授张立东、河南省文物考古研究院副院长、研究员杨文胜，河南师范大学历史文化学院副教授张志鹏分别做了主题报告。

赵春青以《"大同之世"与庙底沟文化》为题，构建了考古学文化与文献中"三皇五帝""大同之世""小康之世"的对应关系，认为黄帝时代指代仰韶晚期和龙山时代，早于黄帝时代的"大同之世"可能指代庙底沟文化及其更为久远的时期。张立东以《孟门与孟门聚落群》为题，梳理辨析了辉县孟门与黄河孟门的历史、位置、名实、关系等内容，认为太行八陉外的聚落群大都与陉道相关，这对理解各个聚落（群）的形成具有重要意义。杨文胜以《从甲乙墓墓主诸侯身份谈辉县琉璃阁遗址的范围与性质》为题，回顾了琉璃阁遗址既往考古工作及收获、近年周边调查与发掘等内容，讨论了甲乙墓随葬礼乐器组合及墓主身份、遗址性质与范围等问题，在此基础上，为遗址及周边下一步的调查研究工作提出了建议。张志鹏以《新乡出土有铭铜器初探》为题，梳理了新乡目前出土有铭铜器（"龙"组铜器、辉县褚邱诸器、晋国诸器、吴国诸器、辉县赵固 M1 甸人邑禹戈、狐骀丘君豫戈、卫辉山彪镇 M1 铜器）的发现与研究情况，认为有铭铜器是新乡历史文化及其发展过程的物化表现，对于深入认识新乡地方文化及相关古国历史具有重要意义。

新乡市文化广电和外事旅游局局长刘威对专家报告会做了总结发言。他表示听了各专家学者的演讲后收获很大，感触很深，认为伟大复兴需要文化勃兴，李伯谦先生提及的文化主轴、刘庆柱先生提及的黄河文化"根"与"魂"颇具现实意义。针对新乡未来的文物考古工作，他呼吁领导要首先重视起来，文物资源的保护弘扬应当争取全民参与，要有产业化思维，文物要与市场结合，引入更多的企业、社会资本参与，多加宣传。

开幕式及专家报告会结束后，与会嘉宾在主办方的安排下，参观了辉县琉璃阁遗址、共城城址、百泉、平原省委旧址（新乡市文物考古研究所出土文物陈列室）、新乡市博物馆等地点。参观过程中，大家兴致浓厚，相互交流探讨，气氛热烈，收到了很好的效果。其间，李瑞霞副市长在新乡市博物馆听取了高校专家对新乡考古工作的献言献策。李伯谦先生对新乡文物保护工作给予了肯定，指出新乡作为一个历史文化厚重的城市，要进一步贯彻《中华人民共和国文物保护法》，按照"保护为主、抢救第一、合理利用、加强管理"的指导方针，加大文物保护投入力度；在城市建设中要正确处理基本建设与文物保护的关系，妥善保护开发文物资源，更好地做好文物的保护、开发与利用工作，促进经济和各项事业更好发展。

共辉集

纪念文章与现场学术讲座

辉县考古发掘70周年暨古代文明研讨会纪念文萃

台美乎？
——为纪念辉县发掘70周年而作

杭 侃

（北京大学中国考古学研究中心　北京　100080；云冈研究院　大同　037036）

摘　要：本文以《辉县发掘报告》中发表的一件刻画高台建筑图案的铜鉴为切入点，对战国时期兴筑高台建筑的风潮展开研究。由于当时木构技术的不成熟和过大的建造资源需求，高台建筑逐渐消失于历史舞台，人们对于高度的追求则保存在了塔的建造中。平面院落式的布局成为中国建筑的主流，是一个漫长的过程选择。

关键词：铜鉴；高台；建筑材料；塔

1950年秋，中国科学院考古研究所在辉县琉璃阁、固围村等地发掘，其成果刊布在"中国田野考古报告集第一号"《辉县发掘报告》中，辉县发掘对于中华人民共和国考古学的意义不言而喻。

在发掘的赵固1号墓中，出土了一件铜鉴（图一），原报告描述这件铜鉴时说[1]：

> 燕乐射猎图案刻纹铜鉴，器形与一般战国式铜鉴相似，大口小底，两耳垂环，口缘外折，底平无足。……本质红铜，虽薄而坚。表面光素，里壁用利刃精刻花纹两列，纹细如发，用放大镜始清楚可见。……内容颇丰富，大底半周属燕乐，半周属射猎。燕乐部分，以建筑物为中心，左钟右磬，计可显见者人28，鸟兽8，器43。左以墙垣房檐为界，右以墙垣绳索纹为界。涉猎部分，人9，林木鸟兽30，器23，皆园林池沼风物。关于图案内容，须另文详写。至于工艺本身，却为战国时表现花纹的一种新法。

经傅熹年先生的复原研究，赵固1号墓铜鉴的高台建筑由三层组成，下层中心是夯土台，夯土台四周绕以廊，中层正中立都柱，都柱两侧各有辅柱承托上层，中心部分四周亦绕以廊。上层中心应是堂，四周设廊，堂与廊檐形成重檐。脊上方有叉形脊饰。上中层檐刻出筒瓦和板瓦的图像。三层柱上都置栌斗（图二）[2]。

这件铜鉴所反映的建筑形象，可以作为战国时期普遍兴建的高台建筑的一个代表

图一　赵固1号墓铜鉴

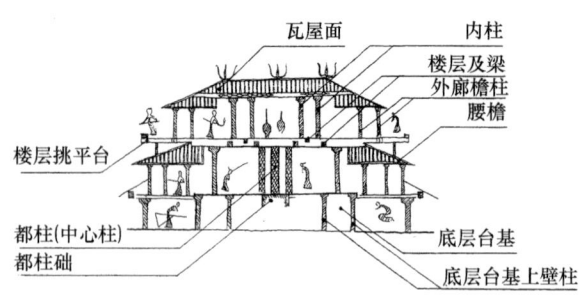

图二　傅熹年先生对赵固1号墓铜鉴高台建筑的复原

作。宿白先生认为[3]：

> 魏位于中原地区，是当时文化水平最高的所在，这个台榭图像，比咸阳秦的殿堂进步多了，也可能比中山王墓享堂进步，可以看作战国建筑的代表作品的图像。原台榭中间的夯土台降低了，逐渐向楼阁建筑发展了，但还没有成为真正的楼阁，上下层柱没有联系，即上层柱没有立在下层柱上的方位，说明这样的楼阁在结构上尚待改进。

秦都咸阳第一号宫殿建筑遗址未发掘前，东西长60、南北宽45、高6米，清除表土和扰层之后露出的建筑地基分上、中、下三层[4]。上层主要保存了大约是堂的部分，堂的方向偏东（秦俑坑和始皇陵皆东向），面阔约12米，进深约13米（5×5间），据现存柱洞情况，知周绕立柱一匝，后壁夯土墙内的圆柱径约24厘米，柱距在1.7~2.6米；柱有两种，壁柱方形，墙内柱圆形；堂正中一柱，叫都柱，其径64厘米，柱洞底置形状不规则的石础，柱立础上。柱网布局说明仍是单向列柱，正中的都柱很粗，有可能荷更上一层楼层的重量。中层地面比上层地面低4米，主要保存了左右两列庑址，庑内部分保存了铺地方砖，这是现知最早的铺地砖。下层周绕庑廊，庑廊地面比中层地面低1米，有的地方也保存了铺地砖，后庑廊还保存了用空心砖铺嵌的踏步。

上述高台建筑遗址和图像，都是在战国时期兴筑高台建筑的背景下出现的。李泽厚先生在《美的历程》中说[5]：

> 对建筑的审美要求达到真正高峰，则要到春秋战国时期。这时随着社会进入新阶段，一股所谓"美轮美奂"的建筑热潮盛极一时地蔓延开来。不只是为避风雨而且追求使人赞叹的华美，日益成为贵族们的一种重要需要和兴趣所在。《左传》、《国语》中便有好些记载，例如"美哉室，其谁有比乎"（《左传·昭公二十六年》），"台美乎"（《国语·晋语》）。《墨子·非乐》说吴

王夫差筑姑苏之台十年不成,《左传·庄公三十一年》有春夏秋三季筑台的记述,《国语·齐语》有齐襄公筑台的记述,如此等等。

这种对建筑高度的追求并没有成为中国古代建筑的传统。中国古代建筑以木结构为主,重视平面的组合和布局。傅熹年先生把中国古代建筑的基本特点概括为三点,第一点是以木构架为房屋的主要结构形式,第二点是中轴对称的院落式布局,第三点是以方格网街道系统为主,按完整规划兴造的城市。

关于第二点中轴对称的院落式布局,傅熹年先生指出[6]:

> 中国古代自汉以后,除个别少数民族地区外,很少建由多种不同用途的房间聚合而成的单幢大建筑,主要采取以单层房屋为主的封闭式院落布置。房屋以间为单位,若干间并联成一座房屋,几座房屋沿地基周边布置,共同围成庭院。
>
> 这种院落式的群组布局决定了中国古代建筑的又一个特点,即重要建筑都在庭院之内,很少能从外部一览无余。……中国古代建筑就单座房屋而言,形体变化并不太丰富,屋顶形式的选用和组合方式又受礼法和等级制度的束缚,不能随心所欲,主要靠庭院空间的衬托取得所欲达到的效果。从这个意义上说,中国古代建筑是在平面上纵深发展所形成的建筑群与庭院空间变化的艺术。

潘谷西先生也指出,中国古代建筑以群体组合见长[7]:

> 宫殿、陵墓、坛庙、衙署、邸宅、佛寺、道观等都是众多单体建筑组合起来的建筑群。其中特别擅长于运用院落的组合手法来达到各类建筑的不同使用要求和精神目标。人们对所在建筑群的生活体验和艺术感受也只有进入到各个院落才能真正得到。庭院是中国古代建筑群体布局的灵魂。
>
> 庭院是由屋宇、围墙、走廊围合而成的内向性封闭空间,它能营造出宁静、安全、洁净的生活环境。在易受自然灾害袭击和社会不安因素侵犯的社会里,这种封闭的庭院是最适合的建筑布局方案之一。庭院是房屋采光、通风、排泄雨水的必需,也是进行室外活动和种植花木以美化生活的理想解决办法。

中国古代建筑的这些特点与西方建筑迥异其趣,所以早期的西方建筑史家对中国建筑存在偏见。弗格森(J. Fergusson)就称:"中国无哲学、无文学、无艺术,建筑中无艺术之价值，只可视为一种工业耳。此种工业，极低级而不合理，类于儿戏。"[8]

他们普遍认为只有高耸的塔还能算中国建筑的一个特点，如敏斯德保（O.Münsterberg）认为："中国建筑程度甚低，太古以来，千篇一律，民家宫殿寺院，皆限于同型，无何变化。但亦谓塔颇富于变化而有趣味，其解释亦颇有理由。"[9]弗莱契尔（B.Fletcher）认为，中国古典建筑是"非历史的"，认为"中国建筑千篇一律，自太古以至今日，毫无进步，只为一种工业，不能认为艺术，只有塔为有趣味之建筑"[10]。高耸入云的宝塔和方形城墙围合的城市，确实是中国古代城市给人的突出的景观印象，所以，美国历史地理学家房龙曾发表过一幅表现中国的插图，绘制的就是塔和方城（图三）[11]。

图三 房龙笔下的孔子与中国城市的形象

对于极致的追求，是人类不可思议的天性之一，也是人类社会进步的动力。例如，我们有过薄如蛋壳的龙山黑陶，细如发丝的良渚玉器刻纹，同样，中国古人对于高度也有过狂热的追求。在春秋战国那个如火如荼的年代里，《国语》中描述的"高台榭，美宫室，以鸣得意"成为那个时代的共同取向，由此诞生了一批著名的高台建筑，如楚灵王六年（前535年）"举国营之，数年乃成"的章华台，"台高10丈，基广15丈"，曲栏拾级而上，中途休息三次才能到达顶点，故又称"三休台"；楚灵王好细腰，宫廷里满是细腰宫女，故章华台又被称"细腰宫"。湖北潜江龙湾遗址被认为就是章华台的旧址[12]。

中国古代对于高度的追求保存在了塔的建造中。仙人好楼居，佛教传入中国之后，印度的窣堵坡形式就与汉代的楼阁相结合，形成了楼阁式塔，四川什邡东汉画像砖中就表现了这样的佛塔形象[13]。

对塔的高度的追求，进而体现在密檐式塔的营造中。郑岩认为，密檐式塔的"塔檐虽然密集，但在每层塔檐之间都有一段极短的塔身。在这段高度有限的塔身上，常常制作出门窗。因此，虽然密檐式塔有可能在外轮廓上吸收了外来的因素，然其实质性的组件与楼阁式塔并没有根本的差别，或者可以看作是一种'压缩'式的楼阁式塔"。之所以要做这样的压缩，郑岩认为这主要是为了克服木结构楼阁式塔在高度上的局限，"砖塔将每一层塔身压缩，利用檐子将有限的高度做了分割，凭借着这种分割和压缩，获得了'层'数的增加，由视觉而引发联想，从而获得概念上的'高度'。在这里，层层相叠的檐子不能被看作附加在实体外部的'装饰'，而是一种具有意义的形象。一方面是物质层面的压缩，一方面是观念层面的扩展。我们在这里再次看到了艺术的能量"[14]。笔者赞同郑岩对于密檐式塔的观点，也认为这种形式的塔是对建筑高度的追求[15]。

为了追求建筑的高度，古人曾经用木材尝试过更高的高度，《史记·孝武本纪》记载了一座形制特别的高楼"井干楼"[16]：

> 十一月乙酉，柏梁灾。十二月甲午朔，上亲禅高里，祠后土。临渤海，将以望祠蓬莱之属，冀至殊庭焉。
>
> 上还，以柏梁灾故，朝受计甘泉。公孙卿曰："黄帝就青灵台，十二日烧，黄帝乃治明庭。明庭，甘泉也。"方士多言古帝王有都甘泉者。其后天子又朝诸侯甘泉，甘泉作诸侯邸。勇之乃曰："越俗有火灾，复起屋必以大，用胜服之。"于是作建章宫，度为千门万户。前殿度高未央。其东则凤阙，高二十余丈。其西则唐中，数十里虎圈。其北治大池，渐台高二十余丈，名曰泰液池，中有蓬莱、方丈、瀛洲、壶梁，象海中神山龟鱼之属。其南有玉堂、璧门、大鸟之属。乃立神明台、井干楼，度五十余丈，辇道相属焉。
>
> 《索隐》引《关中记》："'宫北有井干台，高五十丈，积木为楼'。言筑累万木，转相交架，如井干。"

这段文献可以说明大约西汉前期，由于当时木结构建筑技术的发展尚不成熟，要想营造高大的楼阁，则需要在结构形式上采用井干结构。

塔确实满足了我们对于高度的希冀，木材的使用在高度上可以达到很高的成就，如现存的应县木塔，这个成就是木构技术发达之后的取得的。但是，木塔在空间方面存在缺陷。塔上的空间是非常有限的，除了少数瞭望塔，没有更多的实用价值。砖石的材料理论上可以满足我们对于建筑高度和空间的需求，但是，中国的工匠对于砖石材料的运用并不娴熟。梁思成先生称之为"用石方法之失败"[17]：

> 中国建筑数千年来，始终以木为主要构材，砖、石常居辅材之位，故重要工程，以石营建者较少。究其原因有二：
>
> （1）匠人对于石质力学缺乏了解。盖石性强于压力，而张力、曲力、弹力至弱，与木性相反。我国古来虽不乏善于用石之哲匠，如隋安济桥之建造者李春，然而通常石匠用石之法，如各地石牌坊、石勾栏等所见，大多凿石为卯榫，使其构合如木，而不知利用其压力而垒砌之，故此类石建筑之崩坏者最多。

（2）垫灰之恶劣。中国石匠既未能尽量利用石性之强点而避免其弱点，故对于垫灰问题，数千年来尚无设法予以解决之努力。垫灰材料多以石灰为主，然其使用，仅取其粘凝性，以为木作用胶之替代，而不知垫灰之主要功用，乃在于两石缝间垫以富于黏性而坚固耐压之垫物，使两石面完全接触以避免因支点不匀而发生之破裂。故通常以结晶粗沙砾与石灰混合之原则，在我国则始终未能发明应用。古希腊、罗马对于此方面均早已认识，希腊匠师竟有不惜工力，将石之每面磨成绝对平面，使之全面接触，以避免支点不匀之弊者，罗马工师则大刀阔斧，以大量富于黏性而坚固之垫灰垫托，且更进而用为混凝土，以供应其大量之建筑事业，是故有其特有之建筑形制之产生。反之，我国建筑之注重木材，不谙石性，亦互为因果而产生现有现象者也。

建造高台需要耗费大量的民力，《国语·楚语》中记载："灵王为章华之台，与伍举升焉。"伍举对楚灵王说："今君为此台也，国民罢焉，财用尽焉，年谷败焉，百官烦焉，举国留之，数年乃成。"[18]《晏子春秋》也记载[19]：

景公登路寝之台，不能终，而息乎陛，忿然作色，不说，曰："孰为高台？病人之甚也！"

晏子曰："君欲节于身而勿高，使人高之而勿罪也。今高，从之以罪；卑，亦从以罪。敢问使人如此，可乎？古者之为宫室也，足以便生，非以为奢侈也。故节于身，谓之民。及夏之衰也，其王桀背弃德行，为璇室玉门。殷之衰也，其王纣作为倾宫灵台，卑狭者有罪，高大者有赏，是以身及焉。今君高亦有罪，卑亦有罪，甚于夏、殷之王。民力殚之矣，而不免于罪，婴恐国之流失，而公不得享也。"

公曰："善。寡人自知诚费财劳民，以为无功，又从而怨之，是寡人之罪也。非夫子之教，岂得守社稷哉？"遂下，再拜，不果登台。

根据傅熹年等先生对于战国时期高台建筑图像的研究，结合考古发现的高台建筑遗址，可以发现，古人为了追求建筑的高度，曾经在两个方向上做过努力：其一是用夯土夯筑基础，在每一层夯土基础上用木材构筑出楼阁的外观，这种高台建筑可以使得每一层的开间得以保障，但每一层的立柱和立柱之间并没有结构上的必然联系；其二是井干楼，可以在保持高度的同时，获得一定的开间尺度，但是木材的消耗是巨大的。

陈薇先生在探讨木构建筑何以成为中国古代建筑的大流时说[20]：

中国古代建筑数千年来，始终以木料为主要构材，并形成成熟的木结构体系而为世界瞩目。为什么如此？有许多解释。如刘致平先生的"自然环境说"、徐敬直先生的"经济合理说"、李允鉌先生的"价值观念说"，梁思成先生则从"用石方法之失败"和"环境思想方面"进行过探讨，其中尤其关于"垫灰之恶劣"的观点击中要害，指出"中国石匠既未能尽量利用石性之强点而避免其弱点，故对于垫灰问题，数千年来，尚无设法予以解决"。但是反观各家之说，都将木结构建筑作为业已成熟的对象来论之，似为习常和定势。问题是，在我们已知新石器时代木构材并非一枝独秀而多种构材都存在、多种文化圈并存的情形下，先民是如何选择的？在相对封闭和缓慢的社会发展进程中，他们有这样理性和逻辑的判断吗？如果我们把众所皆知的河姆渡干阑建筑的榫卯式木构作为中国木结构源起的话，那么它是如何汇成大流的呢？

她从发生学的角度探讨了在新石器时代中国南稻北粟的农业大格局下木结构和稻作文化的关系，以及为什么在新石器时代多种建筑构材都存在但后来选择木结构的历史缘由，提出了木结构成为主流是在渐进过程中先民对一种先进技术和社会意识选择的结果的新解。从战国时期高台建筑兴建的潮流，以及傅熹年先生所称"中国古代台榭建筑衰落消失"的过程来看，木结构成为中国建筑的主流，是一个漫长的过程选择，在这个过程中，自然的、经济的、技术的和观念的因素是相互制约的。

注　释

[1]　中国科学院考古研究所：《辉县发掘报告》，科学出版社，1956年，第115、116页。
[2]　傅熹年：《战国铜器上的建筑图像研究》，《傅熹年建筑史论文集》，文物出版社，1998年，第82～102页。
[3]　宿白：《中国古建筑考古》，文物出版社，2009年，第31页。
[4]　秦都咸阳考古工作站：《秦都咸阳第一号宫殿建筑遗址简报》，《文物》1976年第11期，第12～24、41页。
[5]　李泽厚：《美的历程》，生活·读书·新知三联书店，2017年，第57页。
[6]　傅熹年：《中国古代建筑概说》，北京出版社，2016年，第28～31页。
[7]　潘谷西主编：《中国建筑史》，中国建筑工业出版社，2001年，第7页。
[8]　〔日〕伊东忠太著，陈清泉译补：《中国建筑史》，商务印书馆，1984年，第8页。
[9]　〔日〕伊东忠太著，陈清泉译补：《中国建筑史》，商务印书馆，1984年，第10页。
[10]　〔日〕伊东忠太著，陈清泉译补：《中国建筑史》，商务印书馆，1984年，第10页。
[11]　〔美〕房龙著，刘缘子、吴维亚、邢惕夫，等译：《人类的故事》，生活·读书·新知三联书店，1988年，第246页。
[12]　陈耀均：《潜江龙湾遗址勘探试掘获重大成果》，《中国文物报》2000年2月23日第1版。

[13] 傅熹年主编：《中国古代建筑史（第二卷）》，中国建筑工业出版社，2009年，第201页。

[14] 郑岩：《塔与城：管窥中国中古都城的立体形象》，《从考古学到美术史：郑岩自选集》，上海人民出版社，2012年，第155~175页。

[15] 杭侃：《阁楼式塔与密檐式塔起源补证》，《考古、艺术与历史：杨泓先生八秩华诞纪念文集》，文物出版社，2018年，第322~330页。

[16] （汉）司马迁：《史记》卷十二《孝武本纪第十二》，中华书局，1959年，第482、483页。

[17] 梁思成：《中国建筑史》，生活·读书·新知三联书店，2011年，第8、9页。

[18] （战国）左丘明著，（三国）韦昭注：《国语》卷十七《楚语上》，上海古籍出版社，2015年，第363、364页。

[19] 陈涛译注：《晏子春秋》第二卷《内篇谏下第二》，中华书局，2012年，第99页。

[20] 陈薇：《木结构作为先进技术和社会意识的选择》，《建筑师》2003年第6期，第70~88页。

重温《辉县发掘报告》有感
——纪念中华人民共和国辉县发掘70周年

孟宪武　李贵昌

（安阳市文物考古研究所　安阳　455000）

摘　要：本文简要回顾了辉县考古发掘的历史，其中重点介绍了我国早期考古学家郭宝钧先生在辉县考古发掘中所发挥的主导作用。辉县考古发掘是中华人民共和国成立初期的首项重大考古项目。《辉县发掘报告》也是中华人民共和国成立后出版的第一部大型田野发掘报告。今值中华人民共和国辉县考古发掘70周年之际，重温《辉县发掘报告》感悟颇深。深感以郭宝钧先生为代表的老一代考古学者对中国社会主义的热爱，并积极投身到中国社会主义文化建设中去；通过辉县考古发掘，为中国的考古事业培养了一大批年轻有为的考古学家；同时举办小型展览，利用发掘现场和出土文物，借机来宣传群众，首创了这种对社会宣传的新模式。

关键词：辉县发掘；郭宝钧；几点感悟

一、辉县的山水和历史

辉县县城在京广铁路汲县车站西25千米，与新乡县城、汲县城呈三角鼎立之势。县境斜长，西北山脉众多，东南广阔平原。南北袤约55千米，东西广约45千米。太行山绵延至辉县西北两面。城北丘陵有方山、共山、九山、苏门山；卫河即导源于苏门山下。卫河源也叫百门泉，俗称北泉，渊涵巨波，广可数顷，清澄澈底，风景秀美，甲于豫北。下流开渠筑堰，分水灌田，农民利之。继以县境西偏诸泉，如莲花、卓水、白沙、清辉等泉，或流长数里，灌田十余顷；或流长十数里，灌田数十顷。辉县河渠的众多，水利的广博，为豫北其他各县所不及。境内川流交错，土地肥美，物产自然丰富。农作物有稻粱菽麦等。而太行山区的药材种类繁多，产量丰富，使该地成为全国最大产药区之一[1]。

辉县有着悠久的历史。早在殷商时期辉县就为王都畿内地，西周时期为共国，春秋时期属卫国，战国时期属魏国。至汉代以来，有共县、共城、山阳、凡城、河平、苏门诸称。金宣宗贞祐四年（1216年）因百泉清辉殿改苏门县为辉州。明代又废州改县，只在这时才有辉县这一名称。五百年来，沿用着没有更改[2]。中华人民共和国成立后，属河南省新乡专区。今属河南省新乡市。于20世纪90年代改辉县为辉县市。

辉县境内人口，自昔稠密。文人学士，爱此间景物多有流连不去者。据相关史料所载，魏有嵇康，晋有孙登、阮籍、刘伶，宋有邵雍、周敦颐，元有许衡，清有孙奇逢、汤斌等，皆曾久居此地，留有遗迹[3]。

辉县古代墓葬群到处可见。至目前发现的有琉璃阁、固围村、孟庄、百泉、褚邱、田庄、赵固、峪河、王门村等地点。这些地方，都埋葬着丰富的文化遗物，为历史研究中的珍贵资料。

二、郭宝钧与辉县考古发掘

谈到辉县考古发掘，我们不得不追思一个人，他就是中国早期著名考古学家郭宝钧先生。郭宝钧先生与辉县考古发掘有着千丝万缕的联系。这里我们首先来回顾一下郭宝钧先生的生平及其早期田野考古发掘事迹。郭宝钧（1892~1971年），祖籍山西省汾阳市，生于河南省南阳市。字子衡。自幼生活简朴，勤奋求学。1922年毕业于北京师范大学国学系，后返回家乡，并邀约友人创办了南阳中学。其后调至开封河南省政府教育厅任职。由于与董作宾读私塾时是同窗的关系，1928年以河南省教育厅代表的身份，协助挚友参加了首次殷墟考古发掘。首次殷墟发掘中，董作宾（中央研究院派驻殷墟负责发掘事宜）任领队，成员有张锡晋（河南政府委员）、郭宝钧（河南省教育厅委员）、李春昱（临时测绘员）、赵芝庭（临时书记）、王湘（临时事务员）。当时发掘团借住在洹上村彰德高级中学，张学献时任小屯村村长。1931年春殷墟第四次发掘时，他和梁思永同时参加了史语所考古组，任研究员。同年秋天，又参加殷墟第五次发掘。在殷墟发掘过程中，他吸取了山东历城县龙山镇城子崖发掘城墙的经验，并且结合文献，肯定了殷墟"文化层内的聚凹纹"是版筑遗迹，推翻了"水波浪遗痕"的"殷墟水淹说"。此外，提出殷人居住的两种形式，即地下的穴居及地面上的宫室，认为殷代末期是由居穴到修建宫室的过渡期。又探讨了"覆穴窦窖"和"黄土堂基"的问题，这对殷墟建筑基址的研究提供了具有启发性的见解。之后又先后主持了殷墟第八次及第十三次的发掘。在第十三次的发掘中，他采取了大面积翻土的方法，这不仅对研究遗址的层位关系有很大作用，还可研究各种遗址的平面分布情况。由于发掘方法的改进，其发掘收获远超以往诸次发掘。另外，郭宝钧先生还先后两次参加了史语所在山东历城县（今章丘）龙山镇城子崖的发掘，并与梁思永等人合编《城子崖》。1935年，第一次主持了辉县琉璃阁的发掘工作。1945年12月，被聘为河南大学文史系考古专业教授。中华人民共和国成立后，任中国科学院考古研究所研究员。为首届中国史学会理事，兼任北京大学研究生导师。1950年春，重返河南安阳发掘了著名的武官村大墓及其附近的排葬坑，在曾多次遭盗的遗址中发现了不少遗迹和珍贵文化遗物，包括中国现存上古石磬中最精致的虎形大石磬。1959年兼任中国历史博物馆特约研究员，并于当年出版发行了大型发掘报告《山彪镇与琉璃阁》。1964年郭宝钧先生被选为第四届全国政协委员，1971年于北京逝世，终年79岁。郭宝钧先生生前主要论著有《中国的青铜器时代》《关于新郑莲鹤方壶的研究》《洛阳西郊汉代居住遗址》《陶器与文化》《殷周车制研究》《殷周的青铜武器》《商周铜器群综合研究》等[4]。从郭宝钧先生的经历中可以看到，20世纪30年代在殷墟的十五次发掘中，他参加了五次。其中第八、十三次发掘是由郭宝钧先生主持的[5]。

辉县的考古发掘工作，始于1935年冬。那年中央研究院考古发掘团曾在汲县山彪镇发掘，地邻辉境。辉县到此地参观的群众见状，联想到固围村所出的玉器等文物较山彪镇的更是美好，盛加赞扬，并邀发掘团前往调查。当时郭宝钧先生就在山彪镇工地并应邀前往，对古围村墓地详加勘察，当时虽未得见漆器玉器的美富，但固围村墓地的形势，其广阔雄伟，已深印于郭宝钧先生的心中。是冬适辉县附郭琉璃阁地方，又有战国墓地的发现，遂发掘团将工作中心转移于此。1935年冬季的发掘，范围虽不算太大，时间不算太久，只开掘琉璃阁第一号积石积炭墓1座，汉墓8座，获得了一些文物。限于天寒地冻，土裂伤人，便提早停工。此次发掘，虽因固围村墓地的重要性乘兴而来，但对固围村大墓的发掘，却未能顾及[6]。1937年春天，考古发掘团又在辉县发掘一次。此次发掘时间较长。工作范围遍及琉璃阁区域。这时琉璃阁尚为处女地，盗掘破坏程度不大。在三个月时间，得殷代墓葬3座，战国大型墓5座，中小型墓39座，汉墓25座。记录文字图片摄影三百余幅，获钟鼎彝器、兵戈、车马饰等物编列2081号。所获丰富，器物的精美，为历次发掘所不及。固围村方面，这次也动手发掘了，工程进行不多，后因故中止[7]。以上两次在辉县的发掘都是由郭宝钧先生主持并亲自参与的。在以上两次发掘期间，1936年春，河南省立开封博物馆也曾到琉璃阁发掘过一次，清理了甲乙两个战国时期的大型墓葬，获得了战国时代的铜石玉器千余件。那些资料也是同样重要的[8]。

1950年秋至1952年春辉县的三次发掘都是由郭宝钧先生主持的。中华人民共和国成立后，中国社会科学院考古研究所又连续在辉县境内进行了三次发掘：1950年秋为第一次发掘（琉璃阁、固围村）。此次发掘是考古研究所成立后的第一次发掘，主要目的是寻找殷周期间的史料。当时就辉县发掘中国社会科学院考古研究所成立了考古发掘团。发掘团编制是：团长夏鼐，副团长郭宝钧，秘书苏秉琦，团员有安志敏、石兴邦、王伯洪、王仲殊、徐志铭、赵铨、马得志、魏善臣、白万玉等。工作时间为1950年10月至1951年1月，历时4月有余。工作区域，在琉璃阁方面发现殷代灰坑、殷代墓葬、战国墓葬、汉代墓葬等，其中战国时代的车马坑中保存了19辆车痕。实为重大发现；在固围村工作方面，发现大墓3座。墓上建筑，墓内积沙，以及漆棺、玉器、错金银器、铁工具等的发现，是很难得的珍贵文物[9]。1951年秋为第二次发掘（琉璃阁、赵固村、百泉)。由郭宝钧、马得志、魏善臣、王振江四人担任发掘工作。10月12日在琉璃阁黄家坟地区开工。此地为殷代小墓分布区，发掘了殷代小墓42座。殷人俯身、仰身葬式，为殷墟常见的陶石随葬品亦多有发现，且各具有地方性。在殷墓区东南角又发现有极薄夯土层遗存，与安阳殷墟所出小异而大同。综合前次发掘所见的灰土穴夯土墓及1937年所见的殷墓殷器等，知此地在殷代人口已很稠密，想是当时的重镇。于百泉发掘了一座东汉大墓，俗称大墓冢。12月17日，赵固村工地开工，发掘14天，得石器时代遗址一处及战国墓葬7座，其中1座出土大批铜器，收获很丰富[10]。年终收工后，应当地群众的要求，筹办了一个小型展览会，在辉县展览1天，在新乡展览5天，观众十分踊跃[11]。第二次发掘工作的开始在琉璃阁，工作的重点在百泉，工作结束却在赵固。这次工作中有一意外发现，就是掘得一颗鸵鸟蛋化石。后经中国科学院古脊椎动物研究室杨钟健先生鉴定属于"安氏鸵鸟蛋化石"[12]。1952年春为第三次发掘(褚邱村)。参加发掘的有郭宝钧、马得志、白万玉三人。发掘起因是当地有人报告，褚丘地方有鼎、卣、觚、爵等器物出土，可能为西周遗存，如加以清理，或可补西周遗址之空白，所以决定发掘。褚丘墓地在村东北沙邱上，墓圹皆不深。发掘所得石器时代灰穴2处，战国墓葬15座，汉代墓葬8座。原来预期的西周时代墓葬，却终未发现[13]。辉县这三次发掘，共包括五个区，分别是琉璃阁区、固围村区、赵固区、褚丘区、百泉区。收获非常丰富。不仅有石器时代的遗存，且殷商时代的遗存也非常的丰厚。另外，战国墓葬车马坑、汉代墓葬及其出土的随葬品，是三次发掘工作取得的最重要的收获。这里我们重点介绍一下殷商时期的遗址和墓葬。琉璃阁区和褚丘区都曾发现殷商时期的居住遗址。在殷商时期的灰坑中，出土有许多石器，包括带孔石刀、镰、斧、铲、镞、环、纺轮、刮削器；骨器有三棱镞、圆头笄、针、锥、刀、匕。说明当时石器和骨器在人们日常生活和生产活动中仍很盛行。铜器遗址中仅发现一件箭镞。陶器有粗短大口尊、圆柱足的鼎、卷唇高足鬲、粗圈足带孔豆等。圜底器较多，绳纹很普通。又有陶埙、陶纺轮、两种制陶用的压锤。卜骨都较原始，钻灼而不凿。又发现鹿角和兽骨，而以猪骨为最多。殷商时期的墓葬仅在琉璃阁有发现，但可分为早晚两期：早期殷墓都是小型墓葬，葬式可分为仰身、俯身两种，仰身较俯身稍多。埋狗架的腰坑也有发现，但不普遍。随葬品有和上述灰坑中出土物相似的，如陶器中的卷唇高足鬲、大口尊、粗圈足豆。骨器中的镞和锥。铜器方面，武器有素戈、短脊和长脊的镞，礼器有空足有裆的鬲、平底爵和斝、短粗觚等，花纹都较粗陋。石、玉器有镞、戈、有孔石斧、钺、玦和柄形饰。骨器有一种长条形的，似为小屯出土的花骨的祖型。又有贝和蛤壳。这些墓的时代和郑州发现的殷商早期和中期相似。晚期殷墓集中于琉璃阁南区。大中小型墓都有。腰坑较普遍，且有用人殉葬的。随葬品有刻花白陶和雕花骨，这些都和安阳殷墟出土的相同。陶器有短足矮鬲、小口罐、高圈足簋、器唇和盘壁齐平的豆等。铜器方面，武器有铜刀、雕戈、钩、钺。后二者是安阳所未见的。铜镞除了早期的形式继续使用之外，又有附血槽和镂长锋的两种。铜制礼器因盗掘过重，仅剩残片。玉器有戈、镞、有孔斧和许多玉饰。显然地，这一期的物质文化，已较前大为进步。阶级分化的加剧，也可以由墓葬大小的悬殊看出来。就器物的形制而言，大致相当于郑州殷商晚期文化，和安阳小屯一般出土文物也大致相同。这一区域的晚期殷墓群，听说是抗日战争时期发现，盗掘所得玉器和铜器很多。抗日战争时期北京古董市场上所出现的"安阳物"，有许多当是这里出土的[14]。

辉县在殷商时期与郑州、安阳的关系，就现在地理位置看，辉县的地位正处于郑州、安阳两地之间。在古代殷商社会时期，就目前的考古资料而言，其与两地是有着密切联系的。无论在殷商社会早期，即商汤都亳时期，辉县境地即是王畿内北部的一个重镇；还是在殷商社会中晚期，辉县境地是王畿内南部的一个重镇。目前从辉县琉璃阁殷商居住遗址中或是墓葬中出土的陶器、铜器等文化遗物来看，似乎在早、中期与郑州殷商文化的关系更加密切[15]。但我们看也并不尽然，就拿安阳早期发现的小屯M232、M233、M331、M338等墓葬资料来看[16]，辉县琉璃阁发现的殷商时期的商代遗存与安阳相同时段的文化关系也是相对比较密切的。1964年在安阳洹北三家庄村发现的殷商时期的窖藏青铜器[17]，进一步拉近了辉县与安阳的亲近关系。1999年，安阳洹北商城的发现[18]，再一次证明辉县和殷墟早在殷商社会的早、中期接触就十分频繁密切。以上资料的分析，进一步说明辉县在殷商王国时期，应是殷商王国中心区域的一个重要城镇。这一点毫无疑问。

三、重温《辉县发掘报告》的几点感悟

重温《辉县发掘报告》一书，感悟颇深，体会良多。概括一下，主要有以下几个值得总结和学习的方面。

（1）以郭宝钧先生为代表的我国早期老一辈考古工作者对社会主义祖国的无限热爱，对文物考古事业的执着精神是值得我们后世一代去推崇、去认真学习和效仿的。我们大家都知道，中华人民共和国成立初期，我们国家仅有的一支考古队伍，专业人员不算太多，但多数都选择去了台湾（包括李济、董作宾、石璋如等一大批），唯有郭宝钧、刘耀、夏鼐、胡厚宣等少数一部分人坚定地留在了大陆。郭宝钧老先生于1971年逝世，我们和老先生生前没有见过面，更谈不上有机会正面交谈，但我们于1988年很荣幸有机会在安阳与郭宝钧老先生的儿子郭宇飞、儿媳赵芝莲两位同志接触过一段时间。在其间的相互交谈中，涉及郭宝钧老先生的一些往事。在谈到中华人民共和国成立初期郭宝钧老先生是去台湾还是留大陆的问题时，郭宇飞同志讲到当时父亲思想斗争也很激烈，但最终还是坚定地留在了大陆。当时郭宝钧先生已年近六旬，但他不顾年迈，怀着对社会主义祖国的无限热爱，积极地投身到伟大的社会主义经济建设中

去。郭宝钧先生用他的实际行动证明了这一切。中华人民共和国成立初期,郭宝钧先生有两次重要的田野考古发掘活动。一次是1950年春,郭宝钧先生受中国社会科学院的委派,前来安阳殷墟进行考古发掘。这是中华人民共和国成立后启动的对殷墟的第一次考古发掘工作,由郭宝钧先生主持进行[19]。这次发掘在郭宝钧先生的带领和主持下取得了丰富的收获。我国现存上古石磬中最精致的虎纹大石磬就是在这次发掘中出土的。这次的发掘成果为郭宝钧所作《一九五零年春殷墟发掘报告》,刊登在《考古学报》1951年5期上。第二次是1950年秋至1952年春,这三年时间里,分三次先后组团前往辉县琉璃阁、固围村、琉璃阁、赵固、百泉、褚邱村进行发掘[20]。郭宝钧先生是这次发掘团的副团长,团长是夏鼐,秘书苏秉琦。从当年的报告中可以看出,三次发掘参加成员均不一样,但每一次都有郭宝钧先生参加,参加者姓名郭宝钧先生每一次都写在前面,这不是偶然的。充分说明,辉县的考古发掘是由郭宝钧先生主持的。还有一点,从报告中的目录中看,"总说"由郭宝钧、夏鼐合写。郭宝钧在前。报告内容分五编,其中三编的概说是由郭宝钧先生执笔的。以上几点也可以说明,1950年至1952年辉县的考古发掘是由郭宝钧先生主持进行的,报告的编写工作也是由郭宝钧先生主持的。这没有疑问。《辉县发掘报告》由中国科学院考古研究所编著,1956年3月,科学出版社出版。这是中华人民共和国建立后,中国田野考古报告集的第一号大型专刊。为中华人民共和国的社会主义建设添了光增了彩,是我国文物考古战线上的骄傲。这一点,郭宝钧先生功不可没。

(2)中华人民共和国成立初期专业队伍建设上,以郭宝钧先生为代表的我国早期考古战线的老一辈考古专家充分发挥团队优势,培养了一批又一批的年轻专家,为中华人民共和国的文物考古专业队伍建设做出了突出贡献。下面以辉县考古发掘为例予以说明。中华人民共和国成立初期百废待兴,全国各行各业为适应社会主义经济建设快速发展的要求,都需要有一支强大的、充满生机活力的专业团队。当时考古研究所的专业队伍还很年轻,人才奇缺。辉县的发掘是培养人才、扩充专业队伍的一个良好契机。此次发掘是考古研究所成立后的第一次有规模的组团发掘,主要目的是寻找殷周期间的史料,也希望在工作中进行干部的培养与集体工作的学习。这是一个培养人才很好的机会,所以凡所内可以外出的工作人员都参加了。当时发掘团的编制是:团长是夏鼐,副团长是郭宝钧,秘书是苏秉琦,团员有安志敏、石兴邦、王伯洪、王仲殊、徐志铭、赵铨、马得志、魏善臣、白万玉等。这个团队中,除了郭宝钧、夏鼐曾参加过早年殷墟的发掘工作外,苏秉琦也在早年就参加了考古工作,其余的可以说都是考古战线上的新兵。在这次发掘中郭宝钧先生发挥了领队和先生的作用,培养了这一批新兵。使这支年轻的队伍后来成为我国早期考古战线的骨干力量。20世纪五六十年代考古研究所对外号称的"五虎上将"就是指王仲殊、安志敏、石兴邦、马得志、王伯洪这五位。他们不仅是学生,还是辉县发掘工地的骨干。后来这批人都分别承担了《辉县发掘报告》中部分章节的编写工作。这一批人，20世纪六七十年代在我国的文物考古战线上发挥了很了不起的作用。比如20世纪80年代王仲殊长期担任中国社会科学院考古研究所副所长、所长职务。安志敏曾担任考古研究所副所长职务，并长期组织领导田野发掘工作。石兴邦早年在考古研究所负责一室（石器时代）的考古科研工作，后来调往陕西省文物考古研究院担任院长，负责陕西省全省的考古科研工作。马得志1953年和周永珍共同主持了殷墟大司空村的考古发掘工作。并在1955年《考古学报》第9册上发表了《1953年安阳大司空村发掘报告》[21]。还有赵铨、王振江两位老师分别在摄影、文物修复领域成为我国早期文物考古界的领军人物。我国著名夏商周考古大家邹衡老师就是在中华人民共和国成立初期由郭宝钧先生带出来的最早的一批研究生。后来，邹衡老师在北大任教，并长期担任北大历史系考古专业夏商周考古教研室主任的职务，肩负着夏商周考古的教学和科研任务，为我国培养了一批又一批优秀的考古专业人才。中华人民共和国成立初期，郭宝钧先生及老一辈专家为祖国培养了一大批年轻的专家队伍。这支队伍战斗在文物考古的最前线，发挥了特别能战斗的作用，取得了十分突出的成就。为中国社会主义文化建设做出了突出贡献。这是郭宝钧老前辈在中华人民共和国成立初期最值得骄傲的方面。

（3）利用考古工地和出土文物，在当地举办小型展览，既让群众开阔了眼界，学到了知识，又宣传了文物考古工作的意义，一举两得，取得了双赢的效果。1951年12月17日，辉县的发掘工作重心转移到赵固。在赵固工作了14天，得石器时代遗址一处及战国墓葬7座，其中1座出有大批铜器，收获很丰富。年终收工后，应当地群众的要求，筹备了一个小型展览会，当时在辉县展览1天，在新乡展览5天，观众参观十分踊跃[22]，收到了文物考古工作深入宣传基层群众的良好效果。这种宣传模式不是第一次。之前，1950年春殷墟武官大墓的发掘，由郭宝钧先生主持，并取得了丰富的成果。我国现存上古石磬中最精致的虎纹大石磬就是在武官大墓的发掘中出土的。当时武官大墓发掘工作结束后，应安阳市政府和当地老百姓的要求，在市人委大礼堂举行了一个小型展览，干部群众参观踊跃[23]。利用发掘现场和出土文物，在当地举办小型展览，借机来为群众宣传，受到当地干部群众的高度赞赏，社会效果良好。郭宝钧先生在田野考古发掘工作中，首创了这种对社会宣传的新模式，取得了良好的社会效果，值得传承和发扬。

中华人民共和国成立初期，郭宝钧先生身体力行，长期坚持在田野考古工作第一线，先后主持了殷墟武官大墓的发掘、辉县的发掘、汲县（现卫辉市）山彪镇的发掘、山东章丘城子崖的发掘等重大田野考古发掘项目。在科学研究方面，中华人民共和国成立后先后发表了大型田野考古发掘报告《辉县发掘报告》《山彪镇与琉璃阁》，还有《中国的青铜器时代》《关于新郑莲鹤方壶的研究》《洛阳西郊汉代居住遗址》《陶器与文化》《殷周车制研究》《殷周的青铜武器》《商周铜器群综合研究》等多部研究著作，用实际行动为祖国伟大的社会主义文化建设事业做出了自己应有的贡献。

在纪念中华人民共和国辉县考古发掘七十周年之际，我们重温《辉县发掘报告》这本伟大的著作，隐约可以看到，长期以来，我国文物考古战线在人才培养、科学研究、社会宣传等诸方面所取得的十分惊人的成就。这些惊人的成就和郭宝钧先生等老一辈专家中华人民共和国成立初期开创的文物考古战线的崭新局面是分不开的，他们的贡献是社会的宝贵财富。郭宝钧先生永远值得我们怀念。

注　释

[1]　中国科学院考古研究所：《辉县发掘报告》，科学出版社，1956年。

[2]　中国科学院考古研究所：《辉县发掘报告》，科学出版社，1956年。

[3]　中国科学院考古研究所：《辉县发掘报告》，科学出版社，1956年。

[4]　王宇信主编，杜久明、孟宪武副主编：《殷墟文化大典商史卷》，安徽人民出版社，2016年。

[5]　王宇信主编，杜久明、孟宪武副主编：《殷墟文化大典商史卷》，安徽人民出版社，2016年。

[6]　中国科学院考古研究所：《辉县发掘报告》，科学出版社，1956年。

[7]　中国科学院考古研究所：《辉县发掘报告》，科学出版社，1956年。

[8]　中国科学院考古研究所：《辉县发掘报告》，科学出版社，1956年。

[9]　中国科学院考古研究所：《辉县发掘报告》，科学出版社，1956年。

[10]　中国科学院考古研究所：《辉县发掘报告》，科学出版社，1956年。

[11]　中国科学院考古研究所：《辉县发掘报告》，科学出版社，1956年。

[12]　中国科学院考古研究所：《辉县发掘报告》，科学出版社，1956年。

[13]　中国科学院考古研究所：《辉县发掘报告》，科学出版社，1956年。

[14]　中国科学院考古研究所：《辉县发掘报告》，科学出版社，1956年。

[15]　河南省文物考古研究所：《郑州北七路新发现三座商墓》，《文物》1983年第3期。

[16]　杨锡璋、杨宝成：《殷代青铜礼器的分期与组合》；《殷墟青铜器》，文物出版社，1985年。

[17]　孟宪武：《安阳三家庄、董王度村发现的商代青铜器及其年代推定》，《考古》，1991年第10期。

[18]　郭宝钧：《一九五零年春殷墟发掘报告》，《考古学报》1951年第5期。

[19]　中国社会科学院考古研究所安阳工作队：《河南安阳洹北商城的勘查与试掘》，《考古》2003年第5期。

[20]　中国科学院考古研究所：《辉县发掘报告》，科学出版社，1956年。

[21]　马得志、周永珍：《一九五三年安阳大司空村发掘报告》，《考古学报》1955年第1期。

[22]　中国科学院考古研究所：《辉县发掘报告》，科学出版社，1956年。

[23]　郭宝钧：《一九五零年春殷墟发掘报告》，《考古学报》1951年第5期。

辉县发掘

——中国考古学发展的转折点

张新斌

（河南省社会科学院历史与考古研究所　郑州　450003）

摘　要：辉县发掘是中华人民共和国成立后国家考古单位主持的首次大规模综合发掘。这次发掘不仅在商周考古方面取得重要成果，而且对新中国考古作风的培养、考古技术的规范和提升、考古队伍的建设，均具有重要的开创意义。辉县发掘是中国现代考古学的转折点。

关键词：辉县发掘；中国考古史

自 1950 年秋天开始，新中国的考古工作者连续三年在辉县琉璃阁、固围村、赵固、褚邱和百泉进行了大规模的发掘，共发掘商代遗址 2 处、商代墓葬 53 座、战国墓葬 54 座、汉代墓葬 27 座，出土了一批历史艺术价值较高的文物。辉县发掘是新中国的考古学家进行的第一次大规模的综合发掘，是中国科学院考古研究所（今属中国社会科学院）组建后进行的第一次考古发掘活动。辉县发掘在商周考古研究以及新中国考古队伍的建设、考古技术的提高、考古工作作风的培养方面具有特殊的贡献，在中国考古学史上占有重要的地位，辉县发掘是中国考古学发展的转折点。

一、辉县发掘的商代考古成果

辉县发掘的收获之一是商代考古有了重大突破——发现琉璃阁遗址和褚邱遗址，清理琉璃阁遗址商代灰坑 4 个，褚邱遗址商代灰坑 2 个；发掘琉璃阁商代墓葬 53 座，其中北、中区早商墓葬 37 座，南区晚商墓葬 16 座；除出土一批安阳殷墟常见的陶、铜器外，还出土了早于殷墟的商代文物，以及到后来才逐渐引起学术界注意的、对研究夏文化有重要帮助的先商文化遗物。

（一）辉县琉璃阁南区为代表的晚商墓葬是殷墟之外发现的第一个晚商墓地

殷墟商代文化是 1899 年王懿荣首次发现甲骨契刻文字之后并经罗振玉、王国维等古文字学家查访研究,自1928~1937年由李济、梁思永等考古学家科学发掘15次之后方被学术界确认的。研究表明,自盘庚迁殷至纣亡国共8代12王,历273年,整个商代后期以安阳殷墟为国都,侯家庄西北岗为商王陵所在,小屯附近为宫殿、宗庙遗址。毫无疑问,安阳殷墟出土的文物是商代后期即晚商文化的代表性文物,但晚商文化除殷墟外在其他地方有无分布,尽管20世纪30年代末在辉县做了点工作,仍未得解。20世纪50年代初的辉县发掘,虽没有类似殷墟王陵那样的重大发现,但从俯身葬及陶器如鬲、簋等的型式表明了"南区墓葬相当于安阳的小屯期,"[1]从而使晚商文化开始了由点到面的突破。晚商文化由辉县发掘开始,以后又在河南郑州,河北武安、邢台、邯郸,山东益都、平阴、济南等地进行大规模发掘。考古发现表明,南到湖南、北到河北、西到山西、陕西,晚商文化分布广泛,而辉县发掘不能不说是晚商考古的重要转折点。

（二）辉县琉璃阁北、中区为代表的墓葬是最早发现的早商墓地

安阳殷墟的考古发现使商代后期历史成为信史,但是在安阳殷墟成为国都之前即商汤至盘庚的历史仍无踪迹可寻。辉县琉璃阁北、中区墓葬"是继安阳殷墟之后在中原地区最早发掘的一群商代墓葬,为研究盘庚迁殷前的商文代的面貌提供了资料"[2]。北中区墓葬中出土的铜鬲、斝、爵、觚,造型及纹饰与晚商同类器物有所不同,它为以后全面认识郑州二里岗发现的大量的与之类似的商代遗物提供了比较材料,"这些墓的时代和后来郑州发现的殷商早期和中期文化相类似"[3]"辉县殷墓的年代,Ⅰ期（北、中区）是相当于安阳的小屯前期和郑州二里岗Ⅰ期"[4]。辉县琉璃阁商墓作为典型材料收录在邹衡先生编著的《商周考古》一书中,所出铜器作为中、晚商铜器群的代表在郭宝钧先生所著的《商周铜器群综合研究》一书中予以专节介绍和研究。辉县发掘尽管没有从根本上解决早商文化问题,但"由于琉璃阁遗址的发掘启示了郑州商代遗址的发掘,所以,在某种意义上可以说,琉璃阁的发掘把中国信史向前提早了二三百年"[5]。

（三）辉县琉璃阁遗址H1是最早发现的先商文化遗存

夏文化研究是继商文化研究之后关系中国文明起源的又一重大学术课题。自20世纪50年代以来有关夏文化的考古研究工作有了突破性进展,但学者们对于夏文化面貌的认识仍存在着分歧。北京大学邹衡教授在夏文化的研究上着重于夏代时期夏、商部族文化的差异性研究,他在对太行山东麓的一种考古学文化进行深入研究后,认为辉县琉璃阁遗址H1包含物丰富,是先商文化辉卫型的典型代表[6],尽管该类遗存在新乡潞王坟,修武、武陟、淇县等地都有发现,但琉璃阁H1是最早发现的先商文化遗存。由于先商文化的确立,二里头文化为夏文化的问题也随之确立,因此,从某种意

义上讲，以琉璃阁 H1 为代表的新乡地区的先商遗存是夏文化研究的第三个突破口[7]。

以上情况表明，辉县琉璃阁商代遗址和墓葬的发掘，无论在晚商文化面的突破、早商文化的发现和确立，还是在夏代文化及中国文明起源的研究上都具有重要意义，是夏商考古研究的重要转折点。

二、辉县发掘的东周时期考古成果

辉县发掘的另一收获是战国时期考古。它主要包括在琉璃阁、固围村、赵固、褚邱清理的战国墓葬 54 座，在琉璃阁清理的战国车马坑 1 个。其中固围村战国大墓及所出的错金银马头形车辕饰、大量的战国铁工具，赵固出土的建筑人物、线刻铜鉴等具有较高的学术价值。

（一）固围村东周墓地对考察三晋地区高级贵族的葬制具有重要意义

固围村 1~3 号大墓并列于背倚山岗、坐北朝南、面积为 150 米 × 135 米的长方形土台上，规模最大的 2 号墓居中，稍小的 1 号墓和 3 号葬东西相对，西侧另有南北并列的两座陪葬墓（5、6 号墓）。三座大墓墓上原有享堂建筑，2 号墓的享堂基址包括周围的砾石散水每边长 27.5 米，现堆积有厚约半米的瓦片层，根据残存的柱础推测，这座享堂原是七开间四角攒尖顶的方形瓦顶建筑。1 号和 3 号墓的边长分别为 18 米和 19 米左右，均为五开间建筑。三座大墓的墓圹，连同南北二墓道各长约 150 米以上，深 15 米以上，因早年被盗，唯以 2 号墓室保存较好，其构筑方法是：先在墓圹底部平铺厚 1.6 米的 8 层巨石，再用木枋垒砌成长 9 米、宽 8.4 米、高 2 米的椁室，椁室内放置套棺并积炭防潮，椁室两侧及靠近墓道处，以巨石筑墙，墙内填细沙，最后填土夯实。残存的遗物中不乏精品，如 1 号墓的磨光黑陶仿铜礼器、错金银马头形车辕饰、大玉璜，5 号墓的包金镶玉银带钩等堪称国宝。就当时的考古发现而言，固围村大墓的收获大致分为墓室结构、积砂制度、夯土技术、庙堂制度、侧穴制度、埋玉制度、梓匠技巧、漆器盛行、金工精进、铁工具发现[8]。实际上，固围村大墓作为三晋两周地区的大型墓葬的典型代表，在大学考古系（专业）教材《秦汉考古》一书中专门介绍，其中享堂制度和积砂制度直到目前在中原战国大墓中仍极少见，固围村大墓"在已知的魏国墓葬中规格最高，应是魏国王室的异穴合葬墓"[9]"对考察当时三晋地区高级贵族的葬制具有重要意义"[10]。

（二）固围村东周墓地划时代的铁质生产工具的发现

在固围村五座东周墓中，除出土有铜镞铁茎 86 件之外，还有 93 件铁器，其类别为铲、锄、犁、镢、斧、削等。经孙廷烈教授研究，固围村铁器"是用'原始炼冶法'（即固体还原法）炼冶的，常有气眼夹杂物，显微组织不均匀。成型加工是在氧气气氛下加热进行的，对于脱碳层出现的危害性，尚认识不够；对于质地均匀的必要和它的实现方法，也还不了解，可见技术还不高。但是，有些铁器已部分使用模具以成型，模具的使用是在相当发展基础上获得的。"[11]长期以来，由于铁器易锈而不易保存，中国铁器出现的时间，史学界颇有争议，固围村铁器系"中国第一次成批出土的战国铁器"[12]。随着中国考古学的发展，战国中晚期的铁制品在当时的七国范围内均有发现，在江苏、湖南等地甚至还发现了春秋晚期的铁制品。但是，辉县固围村东周墓出土铁器数量之多、种类之全，实为罕见，它拉开了冶铁考古的序幕，被夏鼐先生誉为"划时代的铁质生产工具的发现"[13]。

（三）琉璃阁战国车马坑的首次成功剔出是考古发掘方法新的进步

琉璃阁车马坑为长方形，口大底小，南北宽7.8~7.7米、东西长21~20.9米、深4米，坑中间近底处有一道南北向生土隔梁，隔梁西为车场，东为马圈。从马圈内马骨排列情况看似乎是杀害后才填土加以掩埋的，车场内马车排列整齐，分成二列，北列11辆，南列8辆，各车均向东方、均由辕、衡、舆、轴等部分组成。琉璃阁战国车马坑的成功剔出，不仅让我们弄清了战国时代车的结构，也为以后安阳殷墟孝民屯商代后期车马坑、陕西长安张家坡西周早期2号车马坑、河南三门峡上村岭虢国墓地春秋时期车马坑，以及淮阳马鞍冢楚国大型车马坑的发掘树立了典范，是中国考古技术提高与进步的起点。琉璃阁战国车马坑的发掘，以及半坡氏族墓地的全面揭示、古代城垣的探测复原，竹简玉衣的拼接缀合，所展示的认真、细腻的考古技术风格，为中国考古学界在国际上赢得了极高的荣誉。

毫无疑问，辉县固围村大墓葬制及大量铁器的出土、琉璃阁战国车马坑的成功剔出，对于战国考古研究以及中国考古技术发展具有重要的意义。即使是这次发掘中出土的战国、汉代中小型墓葬，也为《洛阳烧沟汉墓》等经典考古报告的问世提供了比较材料，对中国考古学的发展做出了贡献。

三、辉县发掘在中国现代考古学史上的意义

辉县发掘在中国现代考古学史上的意义还在于它是一次继往开来的发掘，通过发掘培养了一批掌握先进科学方法的考古工作者，塑造了新中国考古工作的朴实作风。

（一）继往开来的考古发掘

中华人民共和国建立后，过去长期进行并已中断多时的考古工作相继恢复。例如1949年9月在裴文中先生指导下，贾兰坡等人主持了中断12年的周口店北京猿人的发掘工作；1950年4月，郭宝钧先生率团发掘武官村大墓，恢复了中断13年的殷墟考古发掘工作；同年裴文中还率团主持发掘了吉林西团山的石棺墓。1950年8月中国科学院考古研究所成立，它标志着新中国考古发掘和研究的最高学术中心的形成，当时的考古所长由文化部文物局长郑振铎先生兼任，副所长梁思永曾多次参加并主持殷墟发掘工作，对殷商考古颇多建树，但因身体不好，考古所的实际工作由副所长夏鼐负责。夏鼐（1910~1985年），浙江温州人，他于1939年在英国伦敦大学获埃及考古学博士学位，回国后1943~1949年在中央研究院历史语言研究所任副研究员、研究员。他是辉县发掘团的团长，在1950年辉县发掘的组织管理上付出了极大的心血，尤其是亲自发掘的琉璃阁车马坑，为中国田野考古技术的提高做出了贡献。发掘团的秘书长是苏秉琦先生（1909~1997年），他是辉县发掘团中的重要人物。辉县发掘团的核心人物是副团长郭宝钧先生（1893~1971年），他是河南南阳人，1922年毕业于北京师范大学，自1928年参加河南安阳殷墟的第一次发掘后，他的田野考古足迹大多留在了豫北大地。1935年郭先生主持了汲县（今河南卫辉市）山彪镇战国墓的发掘，因地邻辉县，根据线索于是年冬在辉县琉璃阁发掘第一号积炭墓1座、汉墓8座。1937年春，他又在琉璃阁发掘商墓3座、战国大墓5座、中小墓89座、汉墓25座，其收获之丰为历次发掘所不及。1936年春，河南省立开封博物馆也在琉璃阁发掘甲、乙墓，出土战国文物千余件。辉县文物的丰富给郭先生留下了极深的震撼，他在述及固围村大墓时，曾写道："这次发掘的第3号墓，在1937年春曾经前中央研究院工作队开始发掘过，因抗日战起，仅及深3米而停，14年来，常以未竟全功为憾，这次发掘琉璃阁时，仍觉有彻底清理的必要，因建议发掘。"[14]如果说建国初的发掘活动都属于恢复性质的话，那么辉县发掘的恢复，主要是恢复郭先生以往对辉县发掘而未竟的事业，只是这次新的发掘地点较过去要多，收获也较过去更为丰富。辉县发掘前后进行了三年，除1950年的发掘夏鼐、苏秉琦参加外，1951年夏鼐先生便率团到豫中、豫西调查，后到长沙主持发掘了战国西汉墓葬。苏秉琦先生率团到陕西西安进行考古调查。1951、1952年的辉县发掘均由郭宝钧先生主持，这种对辉县考古的眷恋除了工作上的原因外，更多地与他对辉县等豫北大地所付出考古研究的心血有很大关系。在他的著述，例如《山彪镇与琉璃阁》《辉县发掘报告》《商周铜器群综合研究》等的字里行间里，无不留下了许多对豫北文物的生动描述，这些不朽的著作成为弘扬当地文化的难得的资料和取之不尽、用之不竭的精神食粮。辉县发掘基本上实现了郭先生的愿望，而又取得了郭先生并未完全预料到的商周考古方面的重要收获,从这个意义上讲,辉县发掘是中国考古学史上继承以往、开辟未来的重要发掘。

（二）新中国第一代考古学家诞生的摇篮

辉县发掘是中国科学院考古研究所组建后进行的第一次发掘,其"主要目的是寻找殷周期间史料,也希望在工作中进行干部的培养与集体工作的学习,所以凡所中可以外出的工作人员都参加了"[15]。除前述的夏鼐、郭宝钧、苏秉琦三位先生外,发掘团的团员有安志敏、石兴邦、王伯洪、王仲殊、徐志铭、赵铨、马得志、魏善臣、白万玉诸位同志。他们中间许多人在当时是初次涉足田野发掘,在这次工作中受到了严格的科学训练,并成长为当代著名的考古学家。其中安志敏先生（1924~2004年）,为中国社会科学院考古研究所研究员,并曾担任过该所副所长、《考古》杂志主编。他于1949~1952年为北京大学史学研究部考古专业研究生,1950年到考古所工作,并由辉县发掘而开始了田野考古生涯,足迹遍及全国许多省,多次主持大型考古发掘工作,对华北旧石器时代文化及中国新石器时代文化提出了系统的看法,多次被国外学术机构授予荣誉衔位。石兴邦先生（1923年生）,曾任陕西省社会科学院副院长兼考古研究所所长、荣誉所长,研究员。他于1949年为浙江大学人类学研究所研究生,1950年辉县发掘步入田野考古行列,长期在黄河中游从事田野考古工作,并主持半坡遗址、下川遗址的发掘工作,对黄河流域新石器时代文化研究颇多建树。王仲殊先生（1925~2015年）,中国社会科学院考古研究所研究员,曾任该所所长、《考古学报》杂志主编。1950年北京大学历史系毕业后到考古所工作,自辉县发掘步入田野而长期从事历史时期的考古研究,主持了西安汉长安城、满城汉墓等发掘工作,主要致力于汉代考古研究,在中国古代城址和墓葬、古代铜镜及中日文化交流史的研究上造诣较深。其他如三年均跟随郭宝钧先生在辉县发掘的马得志先生（1923~2016年）,亦为中国社会科学院考古所研究员,研究方向为唐代考古,主持唐长安城大明宫、青龙寺的发掘,著有《唐长安大明宫》《唐长安城郊隋唐墓》等书。王伯洪先生,曾主持过陕西长安客省庄遗址和张家坡西周遗址及墓地的发掘,著有《沣西发掘报告》等。赵铨先生,在中国社会科学院考古所长期从事技术工作。他们在各个方面为中国考古学的发展做出了贡献,而所有这些都始自辉县发掘,辉县发掘培养了一批年轻的考古工作者,辉县发掘是新中国第一代考古学家诞生的摇篮。

（三）新中国考古工作作风的培养

辉县发掘是新中国考古力量的展示。由夏鼐、郭宝钧、苏秉琦老一辈考古学家言传身教而在新一代的考古工作者身上所逐渐形成的新中国的考古工作作风，实际上始自辉县发掘。第一，长期扎根田野工作的工作作风。无论是三位老先生还是团员，他们中大部分人的生平所展示的就是立足于田野的扎实的考古研究。第二，严肃认真、一丝不苟的工作作风。夏鼐先生对车马坑的成功剔出给年轻一代以深刻影响，他们的工作无时无刻不表现出这样一种精神。第三，艰苦奋斗、吃苦耐劳的工作作风。辉县发掘中夏鼐、郭宝钧等亲临一线工作，甚至和年轻人一起在野地里和着寒风吃饭，这种工作精神对中国考古界的后人影响甚大。第四，乐观向上、宣传文物的工作作风。在艰苦的工作环境中，他们仍保持乐观向上的精神面貌，夏鼐先生曾深情地回忆道："我们1950年在辉县发掘时，有时晚间没有事，会唱京戏的搞清唱，赵铨唱《打渔杀家》，马得志唱《空城计》，郭宝钧老先生来一段河南邦子，王仲殊唱一支日本歌，独我什么也不会，只好做一个听众，每次听罢鼓鼓掌。"[16]在单调生活中的这种自娱活动，正是他们热爱生活的表现。在辉县发掘时，他们还与辉县县委合作在工地举行过抗美援朝的讲演。在1951年的第二次发掘时，应群众要求将赵固出土的文物在辉县展览了一天，在新乡展览了三天，观众踊跃，这种方法正是考古工作者宣传普及文物知识，进行爱国主义教育的重要手段。

中国现代考古学自1921年仰韶遗址发掘开始已有百年历史了，认真研究中国考古学史对于提高中国考古学的水平、将大有裨益。辉县发掘正是中国考古学发展的转折点，它所产生的价值和意义将会逐渐引起考古学界的注意。

注　释

[1] 中国科学院考古研究所：《辉县发掘报告》，科学出版社，1956年。

[2] 中国大百科全书总编辑委员会《考古》编辑委员会、中国大百科全书出版社编辑部编：《中国大百科全书·考古学》，中国大百科全书出版社，1986年。

[3] 中国科学院考古研究所：《辉县发掘报告》，科学出版社，1956年。

[4] 中国科学院考古研究所：《辉县发掘报告》，科学出版社，1956年。

[5] 邹衡：《新乡地区夏商时期的考古工作在学术上的意义》，《夏商周考古学论文集·续集》，科学出版社，1998年。

[6] 邹衡：《试论夏文化》，《夏商周考古学论文集》，文物出版社，1980年。

[7] 邹衡：《新乡地区夏商时期的考古工作在学术上的意义》，《夏商周考古学论文集·续集》，科学出版社，1998年。

[8] 中国科学院考古研究所：《辉县发掘报告》，科学出版社，1956年。

[9] 中国社会科学院考古研究所编：《新中国的考古发现和研究》，文物出版社，1984年。

[10] 中国大百科全书总编辑委员会《考古》编辑委员会、中国大百科全书出版社编辑部编：《中国大百科全书·考古学》，中国大百科全书出版社，1986年。

［11］ 中国科学院考古研究所：《辉县发掘报告》，科学出版社，1956年。
［12］ 中国大百科全书总编辑委员会《考古》编辑委员会、中国大百科全书出版社编辑部编：《中国大百科全书·考古学》，中国大百科全书出版社，1986年。
［13］ 中国科学院考古研究所：《辉县发掘报告》，科学出版社，1956年。
［14］ 中国科学院考古研究所：《辉县发掘报告》，科学出版社，1956年。
［15］ 中国科学院考古研究所：《辉县发掘报告》，科学出版社，1956年。
［16］ 夏鼐：《考古工作者需要有献身精神》，《文物工作》1985年第2期。

辉县发掘在中国考古学史上的重要意义

郭 强

（新乡市文物考古研究所　新乡　453000）

摘　要：辉县考古发掘，是中华人民共和国成立以来首次正式的、大规模的考古发掘。本文在辉县考古发掘70周年之际，回顾辉县考古发掘的缘起、总结辉县科学考古发掘的意义，以为纪念。

关键词：辉县发掘；考古学史；商周考古

一、导　语

中华人民共和国成立以来，中国考古工作者在探索中华文明起源及发展过程、多民族统一国家的形成和发展、中华文明的世界贡献等方面，取得了显著成就（王巍语）。如今的中国考古学的发展如火如荼，各种重要的考古发现不断涌现，令人欣喜。

回溯70年前，1950年10月开始的辉县发掘是中华人民共和国成立后的第一次正式的、大规模的考古发掘，有学者评价说中华人民共和国的考古工作从辉县走出，辉县发掘在中国考古学史上具有重要意义。

2020年11月6~8日，由河南省文物局、新乡市人民政府指导，中国社科院考古研究所、中国考古学会夏商专业委员会、河南省文物考古学会、新乡市文旅局主办，河南省文物考古研究院、新乡市文物考古研究所承办的"纪念新中国辉县考古发掘70周年暨古代文明研讨会"在新乡隆重召开。笔者作为此次会议承办方的工作人员，亲历了这一历史时刻，感慨良多，作成此文，以示纪念。

二、辉县的山水与历史

辉县市位于河南省西北部，北纬35°17′~35°50′，东经113°20′~113°57′，地处豫晋两省之交，西与山西省陵川县交界，北同林州市及山西省壶关县相接，东靠卫辉市，南临获嘉县，东南与新乡市毗连，西南与修武县相邻。北依太行，南眺黄河，境域处于太行山与华北平原结合处，为北亚热带向暖温带过渡区。

辉县历史悠久，远古时期曾为共工氏部族居地，有学者研究认为被评为1994年"全国十大考古新发现"之一的辉县孟庄遗址就与共工氏部族有关。辉县夏属冀州之域，殷商系畿内地，周有凡国、共国。春秋属卫，战国归魏，秦属三川郡。自汉以来，有共县、共城、山阳、凡城、河平、苏门诸称。金贞祐四年（1216年）升苏门县为辉州，明洪武元年（1368年）废州立县，改辉州为辉县，属河南省布政使司卫辉府，这才有了辉县这一名称。中华人民共和国成立后，辉县属平原省新乡专区，1952年11月撤平原省，改属河南省新乡专区。1986年撤新乡专区，辉县改属新乡市。1988年10月撤销辉县，建立辉县市（县级），河南省管辖，新乡市代管。

辉县古代墓葬群到处可见，发现的有琉璃阁、固围村、孟庄、百泉、褚邱、田庄、赵固、峪河等地，这些地方埋藏有丰富的文化遗物，特别是殷商到东汉时期的墓葬，出土文物丰富，为历史研究的珍贵资料。

三、辉县发掘的历程

（一）启动阶段：1949年前的三次发掘

新乡地区的考古工作起始于1935年夏中央研究院郭宝钧、王湘偕同河南古迹研究会的赵青芳，河南省博物馆许敬武、段凌辰、关百益及河南大学代表等对卫辉山彪镇8座古墓及1座车马坑的发掘。此后，距离山彪镇不甚远的辉县琉璃阁外东南150余米处有古物出土，得地方当局报告，1935年冬12月和1937年春，中央研究院郭宝钧、李景聃、赵青芳、周光普、孟长禄等人两次前往发掘。1935年郭宝钧第一次发掘时，时间不久，范围不大，只开掘了琉璃阁第一号积石积炭墓1座，汉墓8座，因天寒地冻，土塌伤人，中途停止。1937年第二次在琉璃阁、固围村一带调查、发掘，收获颇丰，发掘殷商墓葬3座，战国大墓5座，中小型墓23座，汉墓25座，共计50多座，获得精美文物1081件（个），并在固围村大墓墓口挖掘了3.8米深，后由于"七七事变"爆发，被迫停止。1936年，河南省博物馆许敬参、郭豫才等在琉璃阁墓地东北角历时两月有余，发掘甲乙两座大墓，收获颇丰。1937年琉璃阁第二次发掘后不满一个月，发生了"七七事变"，抗日战争全面爆发，山彪镇和琉璃阁的文物开始南迁，辗转云贵巴蜀间，后来大部分文物被运抵台湾。

（二）大规模正式发掘阶段：1950～1952年的三次发掘

1950年8月1日，中国科学院考古研究所成立，考古所以原中央研究院史语所考古组和北平研究院史学研究所的留守人员为班底，所长由文化部文物事业管理局局长郑振铎兼任，梁思永和夏鼐任副所长，实际负责所务。从1950年10月开始考古所在辉县琉璃阁、固围村等地发掘。中华人民共和国成立后开始于1950年的辉县考古发掘共有3次。

第一次发掘是在1950年10月到1951年1月，发掘团团长为时任中国社会科学院考古研究所所长夏鼐，副团长郭宝钧，秘书长苏秉琦。发掘地点在琉璃阁和固围村，其中琉璃阁发现商代灰坑，商代、战国和汉代墓葬，另外在夏鼐团长的亲自指挥下，战国时期车马坑中的19辆车痕得以保存，并且做到了"轮辐衡轭，舆箱篷栏，清晰可度"，这为了解战国时期的车制提供了实物资料。在固围村则发现3座大墓、2座小墓，虽然5座墓葬均被盗，但仍有漆棺、玉器、错金银器、铁制工具等遗物出土。

1951年10月至12月，考古所工作人员郭宝钧、马得志、魏善臣和王振江4人进行了第二次发掘。在琉璃阁地区共发掘了42座商代墓，另有8座战国墓和2座东汉墓。后在百泉地区又发掘了一座东汉大墓，该墓虽被盗掘破坏，但仍保存下来较为清晰的墓葬结构，出土文物也极具特色。最后4人又在赵固地区工作了14天，发掘出一处石器时代遗址和7座战国墓葬，其中一座墓出土了大批铜器，对于判断和了解当时的社会状况提供了物证。特别是出土的1∶73号铜鉴上的燕乐射猎图案刻纹，引发了学者们持续的关注和研究。

第三次为1952年在褚邱村的发掘，当时因为此地曾出土过青铜器，为了寻找西周时期遗址，考古所专门派了郭宝钧、马得志、白万玉3人负责发掘，为期26天，但是未发现期待中的西周墓葬，只发现了石器时代灰坑、战国墓葬15座、汉代墓葬8座。

四、辉县发掘在中国考古学史上的重要意义

（一）辉县发掘培养了中华人民共和国第一代考古学家

中华人民共和国成立初，中国科学院考古研究所成立。为适应建设形势的发展、培养干部队伍的需要，连续三年（1950～1952年），在夏鼐、郭宝钧、苏秉琦先生的领导和指导下，进行了辉县发掘、豫陕地区调查和长沙发掘等三次较大规模的培训性田野考古实践。

辉县发掘实际上是中华人民共和国成立后第一次以培训为主要目标的田野考古。这次参加发掘的有许多新手，挖墓葬便于实习，掌握各方面发掘技术和方法，对新干部成长有利。辉县发掘团团长为时任中国社会科学院考古研究所所长夏鼐，副团长郭宝钧，秘书长苏秉琦，团员组成较为齐备，研究人员有安志敏、石兴邦、王伯洪、王仲殊；技术人员有赵铨、徐智铭，还有老技工白万玉、魏善臣，行政管理马得志共12人。到辉县后又从安阳召唤来原史语所发掘殷墟时培训的熟练技工何振荣、屈如忠、

贾金华、贾金贵和大师傅王凤祥等人，这其实就是中华人民共和国成立时，整个国家的考古发掘力量。

发掘过程中，夏鼐所长全面负责，主要辅导、指导田野工作实践；郭宝钧先生也指导并做实际田野工作，还负责与地方交涉事宜；苏秉琦先生负责业务管理，掌握工地探查墓葬的全面情况，墓葬的编号和分配，向所里写工作汇报；马得志管后勤，发放工资，置备用物，汇总报销，并协助郭宝钧先生看坑、绘图；魏善臣管生活和工人，每人每月12元补助金交他支配；赵铨负责照相，并协助郭宝钧看坑；徐智铭负责绘图；白万玉管标本，凡是发掘的标本全部包好后交给他保管，他管理得井井有条，丝毫不乱。

安志敏、石兴邦、王伯洪、王仲殊等四名年轻研究人员主要任务是发掘，并要求他们全面掌握绘图、照相和记录等知识和技能，每人分配一两名安阳技工，以帮助工作。发掘工作中，殷周墓葬多分给王伯洪、安志敏，汉墓则分给王仲殊，其他遗迹归石兴邦，这样的分配实际上代表了夏鼐的学科规划，希望借由这几位年轻人构建起中华人民共和国比较完整的考古学科体系。若干年之后，王伯洪成长为商周考古专家，于1955年担任考古所丰镐工作队首任队长；安志敏成为著名的史前考古和商周考古专家，先后主持或参与郑州二里岗、陕县庙底沟、洛阳中州路等著名遗址的发掘；王仲殊成为汉代考古权威，并在夏鼐之后接任中国社会科学院考古研究所所长；石兴邦后来回到陕西，主持了著名的半坡遗址的发掘，并长期担任陕西考古研究所所长。

孙庆伟先生说，辉县发掘之后，为彻底解决中华人民共和国成立初期考古人才短缺问题，北京大学在1952~1955年连续举办了四期考古工作人员训练班，学员都经过层层挑选，培训总数达到369人，教员有参加过辉县发掘的夏鼐、郭宝钧、苏秉琦等先生，以及在辉县发掘中成长起来的年轻学者石兴邦、安志敏等，此外，辉县发掘团的技术人员也参与了教学任务，如徐智铭讲考古绘图，赵铨讲考古摄影，老技师白万玉讲工地文物包装等。这批训练班成员日后成为全国各地考古工作的骨干力量，这四期考古工作人员训练班奠定了全国考古力量的基础，被称为考古界的"黄埔四期"。"辉县模式"经由他们而深深影响了中国考古界。

中华人民共和国成立后的辉县的三次发掘取得了很大的成果，使初学者掌握了必要的田野工作的方法过程和技术，培养出了一支中国自己的考古队伍，为后来全国考古队伍的培训和成长打下了基础、创造了条件并取得了经验。辉县发掘是旗开得胜的第一次成功的实践。

（二）中华人民共和国考古从这里走出

石兴邦回忆，之所以选择在辉县这里发掘，是因为辉县是中国社会科学院考古研究所除安阳之外较熟悉的地区，这次发掘在某种意义上来讲是过去工作的继续。1950年8月中国社科学院考古研究所成立，10月2日是一个秋高气爽、风和日丽的日子，一支装备崭新的考古新军开赴中州大地，去探察拓殖这荒芜已久的考古园地。石兴邦称，这是中科院考古所成立后的组织的第一次发掘团，也是为开拓中华人民共和国考古事业、开进考古阵地的第一支正规先头部队。同时，这更是中华人民共和国成立后的第一次正式的、大规模的考古发掘，从此正式拉开了中华人民共和国田野考古发掘工作的大幕。有学者评价说中华人民共和国的考古工作从辉县走出，将新乡辉县称为"中华人民共和国考古学的摇篮"，王仲殊先生将辉县的发掘称为"中国考古学的新的里程碑"。此次发掘所形成的规程，奠定了中华人民共和国考古发掘程序上的基础。

（三）中华人民共和国第一部考古发掘报告——《辉县发掘报告》的出版

田野考古培训主要有两方面工作：一是如何发掘古代遗址，二是如何编写发掘报告。考古报告的编写是田野考古工作的核心环节。辉县发掘之前，真正意义上的考古发掘报告只有梁思永主持编写的《城子崖》和苏秉琦编写的《斗鸡台沟东区墓葬》，但是两本报告都还有未尽之处。《城子崖》由于参与者众，报告出于众人之手，梁思永为迁就原稿而留有遗憾。《斗鸡台沟东区墓葬》虽出于苏秉琦一人之手，但由于当年发掘水平所限，对墓葬描述也较简单，很多墓葬缺少平面图，更无剖面图。

辉县发掘工作结束后，在梁思永先生主持策划下，在团长夏鼐的具体指导下，发掘者们很快就开始共同撰写报告。梁思永先生以《城子崖》报告为蓝本，定为八开大本，编写体例由他拟定，并与夏鼐先生商量后公之于众。正文分为五编，按照发掘区域分为第一编琉璃阁、第二编固围村区、第三编赵固区、第四编褚邱区、第五编百泉区，再加上文前的"总说"和最后的"结束语"共7个部分，分别由参与发掘的夏鼐、郭宝钧、苏秉琦、安志敏、石兴邦、王伯洪、王仲殊、马得志撰写，并在相应位置署名。线图绘制、器物修复和照相都由所里的技术人员完成。报告的编写采取导师制的人才培养方式，梁思永指导安志敏，夏鼐指导王仲殊，郭宝钧指导王伯洪，苏秉琦指导石兴邦。书稿全部完成后，夏鼐所长还进行了全书的审阅。病中的梁思永先生说编写《城子崖》报告犹有未妥处，一定要把《辉县发掘报告》编好。可惜梁先生辞世时，未能见其出版。1950~1952年辉县发掘的成果刊布在《中国田野考古报告集第一号：辉县发掘报告》上，报告比原计划晚了2年，于1956年3月正式出版，这是中华人民共和国的第一部田野考古发掘报告。

李伯谦说，《辉县发掘报告》所创立的"地点为经、年代为纬"的编写模式，被广泛应用在其后考古发掘资料的整理、编写等工作中，已成为考古报告编写的规范体例。

王巍说，如果说辉县发掘启动了中华人民共和国的田野考古工作，《辉县发掘报告》的出版则开创了中华人民共和国考古报告编写、出版的先河。同时，发掘结束后就要立刻着手考古报告的整理、公布和出版，这成为其后中国田野考古中不断被重申、强调的学术要求。此外，《辉县发掘报告》中所描述的按照探方来发掘，采取地层关系分析、器物类型学分期断代的方法，以及对所获遗物进行描述介绍，这些都被后来编写的考古发掘报告所继承。

特别是这次发掘，不仅发现了早于殷墟的商文化遗存，第一次成功地剥剔了战国车马坑，搞清了战国车马坑的形制，而且还第一次发掘了战国王室贵族大墓，第一次成批出土了战国中晚期的铁质生产工具，这些都是中国考古学史上的重要收获。辉县发掘在中国考古学史上具有重要意义。

让五千多年中华文明发展史的主轴更加充实和丰满

——从辉县发掘到巩义河洛古国的发现

李伯谦

（北京大学考古文博学院　北京　100871；郑州嵩山文明研究院　郑州　450000）

摘　要：本文系李伯谦先生在纪念新中国辉县考古发掘暨古代文明研讨会的演讲，由本书编者整理。本文系统梳理了中国考古学自1950年辉县发掘到现今双槐树遗址发掘的诸多考古学成就，结合作者六十余年的考古领域学习、工作经验，总结了中国考古学的发掘经验、研究理念，对于充实和丰满中华文明发展的主轴提出了深远设想。

关键词：辉县发掘；夏文化；双槐树遗址；河洛古国

我今年马上就84岁了，在某种意义上来讲，也是见证了黄河流域特别是中原地区的五千多年文明史的发展的历程，以及我们广大考古工作者所做出的贡献，但是还不够，正像2020年9月28日习近平总书记在政治局学习会议上的讲话做出的指示，我们要建设有中国特色、中国风格、中国气派的考古学。这样的任务还是很重的，尽管我们事业的主轴，通过先辈们所做出的工作，已经立起来了，但是还是不够。因此，怎样通过我们的考古工作，使这个主轴更加充实、更加丰富，是我们未来仍要努力的工作。

辉县发掘是1950年，那时中华人民共和国刚成立不久，百废待兴，各个方面都要钱、要人力建设，但是刚刚组建的中国科学院考古所，由所长带队，几乎是全体出马到了辉县，开始了辉县发掘，这个意义十分重大。当时这些人可能还没体会到辉县发掘的意义是什么，但是他们的行动已经说明了、已经在践行了，通过他们的工作搭建中华5000多年的文明史的主轴，我觉得这是一个很重要的起步。辉县发掘开始之后，是郭宝钧到了安阳殷墟挖武官村大墓，这个我们上了年岁的人都知道，课本上都有，该墓是奴隶制的很典型的一个代表。人力不够怎么办？从1952年开始，当时的文化部、中国科学院、北京大学三家联合搞了四期的考古工作人员训练班，每个班是几个月的时间，通过这个四期考古工作人员训练班，培养了一大批考古工作者。我的记忆当中，50年代、60年代、70年代活跃在考古第一线的人都是从这个训练班出来的。我们河南的安金槐先生、许顺湛先生都是从这个训练班出来的，是他们的工作，把50年代以来考古工作担当起来了，实为不易。当然在此之后，北京大学首先成立考古专业，接着是西北大学、四川大学、中山大学，好多高校成立了考古专业，现在我们有二十多个高校有这个专业了。人才的培养我觉得是个很重要的准备。同时，这些人学了这个以后，马上就到考古第一线，就通过他们的工作，使我们的五千多年的文明史发展的主轴，一步一步地清晰起来。

1952年，曾在河南古迹研究会工作过的韩维周先生，在郑州二里岗发现二里岗期商文化，1955年郑州商城就被发现了。郑州商城经过多年的讨论，最后由邹衡先生提出这就是商汤所建的最早的商代都城——亳都。殷墟1928年的发掘确定其是商后期的都城，使这个传说的历史变成了信史。而郑州商城的发现和确认，就使商代前期的传说变成了可靠的信史。

郑州商城的确定，就把夏文化的探讨提到了日程上来。由于司马迁的《史记》记载得很清楚，其中《殷本纪》的前头就是《夏本纪》，即《史记》的第二篇即为《夏本纪》，显然在文献的记载当中夏是存在的，先秦的很多古籍都提到过夏，但是自从20世纪20年代疑古思潮起来以后，夏朝就成了一个传说了。因此当时两种意见争论，最后怎么办呢？怎么研究中国的历史呢？当时就提出来要走考古学之路。也就是这个时候之前不久，安特生在仰韶村的发掘，把西方以田野调查发掘为主的地层学、类型学的学问介绍到中国来，开启了中国现代的考古学。那夏朝是否存在？是要通过考古来实践，来一探究竟。这就是1959年，已经71岁的考古研究所的徐旭生老先生，带着他的助手到豫西来调查，到了偃师就发现了二里头遗址，一看陶片就判断这里与安阳相同，与郑州相似。因此徐旭生先生说，这可能就是文献记载的商代的西亳。当然，西亳现在看来不对了。但是，通过后续的发掘，到现在还在发掘，特别是去年在二里头遗址上建立了二里头夏都遗址博物馆，确定了那就是夏朝的遗存。不过，那应该不是最早的夏，应该是中晚期的，即少康中兴以后的夏都所在地。那比它早的都城在哪里呢？后来发现了新密的新砦遗址、登封的王城岗遗址，1996年启动的夏商周断代工程，通过现代的科技手段 ^{14}C 测年，测定了遗址的年代。夏商周断代工程从1996年启动到2000年结束，就把登封王城岗、新密新砦、偃师二里头串了起来。夏王朝的东西找到了，王城岗就代表了文献记载的禹都阳城的所在地，因为王城岗遗址不远处有一个战国时期的城，他出的陶文就是"阳城藏器"，那显然这个地方就是阳城，一锤定音了，它就是夏禹建立的阳城所在地。王城岗之后，处于第二期的，那就是新密的新砦遗址，这个遗存经过我们的研究，应该就是文献记载的后羿代夏，东夷人把夏王朝推翻的那个时期留下来的夏文化遗存。而后文献记载"少康中兴"，这个时期夏又恢复了，叫少康中兴，这个就是二里头遗址。二里头遗址从1959年开始发掘，到现在一直没有停止,出土的大量的遗迹和遗物,证明它就是少康中兴以后一直到夏王朝灭亡的都城遗址,现在这里建起了二里头夏都遗址博物馆。

通过我们70年的考古工作,就把夏朝的历史应该说搞清楚了、过程搞清楚了。现在有些朋友说,没有发现文字,就不能说那一定是夏了。有文字当然好,没有文字能不能肯定夏代存在不存在呢?我认为是完全可以的,因为遗迹、遗物也是古代人留下来的,是当时人使用的东西、生活用的东西、生产用的东西。通过对它们的研究,是可以把这段历史恢复起来的。尽管夏代还没有明确的、公认的文字,但是我们通过其他出土的青铜器、玉器、陶器、石器等的研究同样可以确定夏朝的存在,那夏朝历史的存在在我看来一点儿问题都没有了。争论可以,讨论亦可以。当然我们必须承认,还有很多缺环,研究还要继续。

习近平总书记为夏文化研究批复了两次,现在夏朝的考古就成了一个当前很重要的任务。河南省率先成立了夏文化研究中心,作为河南省文物考古研究院下设的机构。因为夏朝根据文献记载,多次迁都,我们现在只知道阳城,只知道最后一个都城。有人认为,最后这个都城在(郑州巩义)稍柴,那么这个地点是不是正确呢?还在讨论,但是其他几个都城,有的有线索,有的我们现在还不敢肯定,所以我们可做的工作还有很多。

中国的历史不是到夏朝才开始的,夏朝只是一个王朝,往前还有很长的历史,司马迁《史记》的第一篇不是夏,而是《五帝本纪》,黄帝、颛顼、帝喾、尧、舜这五个。夏朝曾广受质疑,五帝也不例外。其实并非如此,司马迁是一个非常谨慎的学者,他把先秦时期他能够看到的文献都看了,他不仅看到了文献,他还走访各地,走访那些老太太、老头儿,他收集了很多各类传说,所以形成了《五帝本纪》。《五帝本纪》是否可靠,还是要看考古学的成果。

夏文化之后的考古工作,一个很重要的任务就是要把早期中国这段历史恢复。非常可喜的是,在我们河南大地有许多与此相关的遗址,河南龙山文化,禹都阳城阶段的遗存,再往前追溯,可能就是尧舜时期的遗存。通过山西陶寺遗址的发掘,很多学者都写了文章,考证它就是尧都平阳的所在地。尧都部落比夏要稍微早一点,但也早不了太多,那个地方就是尧的都城所在地。最近热度很高的话题,是陕西石峁的发现。石峁和陶寺基本是同一时代的,文化上不太一样,但是有密切的关系。尧的都城可以确定存在的话,再往前可以追溯黄帝、颛顼、帝喾的历史。文献当中对于这个帝喾、颛顼,记载较少,还有分歧。但是对黄帝的记载太多了,古文献记载了很多,包括可能认为是完全传说的材料太多了,几乎是先秦古籍中的每一部。我们现在每年都要搞拜祖大典的新郑,据说是黄帝的故里。黄帝这个时代相当于什么时代呢?《竹书纪年》是先秦时期从地下挖出来的古书,竹简上记载,黄帝到禹30世,即黄帝到夏初,一共是30世,大概是八九百年,或者说不会超过1000年。那夏朝禹都阳城我们 ^{14}C 的夏商周断代工程得出的年代是怎样的呢？公元前 2070 年，如果再往前加一千年，就是公元前 3070 年，再加上夏以后加起来基本上是 5000 年，基本上这种情况，就从文献到考古对黄帝时代就有一个基本的数字，就是 5000 年前后。5000 年相当于考古上的什么时代呢？我的老师苏秉琦先生，他提出中国古代文明的起源、发展、形成走过了三个阶段：古国阶段、王国阶段（他当时提的是方国）、帝国阶段。帝国阶段很清楚，即秦始皇统一东方六国之后建立了大秦帝国，在公元前 221 年，距今 2000 多年；之前是王国；王国再往前就是古国阶段。苏先生说什么是古国时说，古国是高于部落的，是相对独立的政治实体。考古上怎么落实下来？什么时候是古国？那我们就要发挥考古上的特长了。现在我们知道接近 5000 多年的时候，沿着我们黄河流域最重要的考古学文化正是仰韶文化。前一段早期是半坡类型，之后就是庙底沟类型，从半坡类型发展到庙底沟类型的这个时期彩陶特别发达，在全中国范围之内，影响最大的就是它。其核心是我们黄河中游地区，往南到湖北，往西到甘肃，往东山东也有（影响到了大汶口文化），北边到河套这个地方。这个阶段，做这段考古的学者朋友，他们提出来一个文化上的中国，就是以彩陶为标志的仰韶文化，在大范围之内都有分布。由此我想到这个黄河流域、中原地区的文化，是非常非常有意思的。我上大学的时候实习的地方就是陕西华县，发掘的就是仰韶文化遗址。仰韶文化的中晚期，是庙底沟类型最发达的时期，其中一些很重要的遗址，我记忆犹新，如西安临潼姜寨遗址，有一个大广场，中间一个大房子，周围有些小房子，那这就是一个氏族、一个部落的公共活动空间。按照我的理解，在原始部落时代，他们这个团体、这个部落，至多是一个部落联盟，他们活动的中心地带，就是典型。再往后一点的典型代表，我认为就是三门峡灵宝市铸鼎原遗址、西坡遗址，发现有好几座五边形的大房子，可见那时基本上还处于氏族部落状态，但是从墓葬来看，墓主人腰部发现一个玉钺。钺就是砍头的兵器，兵器就象征着军权，军权上升一步就是王权。我的同学，比我矮一班的林沄教授，他考证这个玉，金玉的玉，就是钺的象征，慢慢一步步演变成了王字一点儿那个玉，玉就是王权的象征。所以成了王，成为首领的腰间别一个这样的玉器，那说明他的地位很高，他就是有军权支撑的王。我曾经考虑过把它作为中国最早的开始，后来我再一想可能还有点问题，因为毕竟从姜寨遗址大房子梳理下来，联系太多了，这只是一个过渡阶段。但是现在我们找到了最早的中国——巩义的双槐树遗址。双槐树这个遗址太重要了，从 2013 年到现在，郑州市文物考古研究院还在做发掘。双槐树遗址残存的面积约 117 万平方米，北边被黄河冲掉了，原来可能还要多一点。在遗址中心部位有三个大环壕，深度有八九米，有的宽至少是六米或者再多一点。三道环壕，重要的是内环壕，内环壕最北边已经被黄河冲毁了，仅存北墙痕迹。在它南边有两段城墙，形成了一个封闭的空间，当然它有门儿了。那里边发现了四排 200 平方米左右的大房子，其中 F21 的房子面积大约是 210 平方米，我记不太清了。这个房子应有围墙，建这个房子的墙壁的时候，摆了9个陶罐。郑州市文物考古研究院的院长顾万发说，这个就是模拟天上的北斗九星的遗存。当然学界对此也有不同看法，但是他毕竟是一种意见。那在这建房子的时候摆这个东西干什么呢？这个墙里头垒起来别人也看不见呢？我的解读是，它就是把天上的那个北斗九星——离北极很近啊——模拟到地上，一个天之中就是北极那儿，我这地之中就在我这儿，我就是地上王，所以才会把这样一种东西模拟到这个地方；巧的是，在这大门口还埋了一头麋鹿，麋鹿可不是什么地方都可以有的。麋鹿在道教中是三桥之一，是沟通天上和地下的信使，是交通工具。墓中有它，正说明墓主人就是可以跟上天沟通的人。这就是里边的环壕的情况。在这个四排房子再往南，发现大面积的夯土，目前正在发掘。我来的前几天去，看到发现三个院子，每个院子都是几千平方米，每个院子里头都有房子，有的是十几间，已经看得很明了了，有的还看不清楚。比较麻烦的是，它不是一个时期的，有早有晚，但是都在那个基础上盖房子，除此之外，还有三个院落。在东边的院落中，发现一个有院墙的院子，院墙上有三个门道。二里头宫殿基址也是恰好三个门道，目前还在发掘。我认为这个是很重要的发现，测年结果是距今5300年，距今4900、4800年这个阶段，就有了不同的建筑。在刚才我提及的内环壕的北排四排房子的西北角，还发现一个专门烧彩陶的窑。这很奇怪，孤零零的那么一个专门烧彩陶的窑，显然它不是烧造一般生活用的东西，而是跟祭祀有关。

  双槐树遗址在我看来，是迄今为止仰韶文化中晚期所发现的最重要的一处遗址，而根据它的遗迹现象，它应该就是当时的都邑，所以我说这就是河洛古国都邑遗址。为什么叫河洛古国？因为那个地方距离洛河入黄河的地方非常近，景观太壮观了，那个洛河水很清的，黄河水是浑的，一汇合就形成了一个形似八卦的漩涡，因此引起当时人们的重视和注意。所以说联系到我们最早的古籍之一《易经》："河出图，洛出书，圣人则之。"据说伏羲画八卦，然后是大禹做九畴，大概就是讲这个意思。就是说古人都看重这些自然现象，依据这个自然现象，创作一套的东西，这个传说不会是空穴来风，显然和很多自然地理环境的现象密切相关。除此之外，还有一个重要方面，就是郑州市文物考古研究院还发现了一个猪獠牙雕蚕，中国丝绸博物馆的馆长看了以后认为十分重要，这是家蚕最早的一个艺术表现。而且就在它附近不远处荥阳的青台遗址，就发现有丝绸。在汪沟，也是仰韶时期，跟它差不多同时，也发现有丝绸。在瓮棺葬中埋葬的儿童被丝绸裹着，被发现时，有一个好像还有染色。所以我说，这个证明我们中国历来是农桑立国。耕读，耕和读嘛；耕织起家，种田、织布、栽桑树，古代经济基础就是这样。故而双槐树遗址的发现十分重要，我是把它定位为最早的中国，一个标本，距今5300年，这不是正好和习近平总书记讲的5000多年的文明史对应上了。过去我们老说是5000年文明，这就是考古上的证据——黄河流域最早的一个古国时期的都城遗址就是这里。

中华人民共和国考古从辉县发掘开始，至今 70 年了，再加上我们以前的先辈们所做的殷墟发掘等工作，构建了 5000 多年中国文明史发展的主轴，习近平总书记讲话用了这个词。他对考古做出了十分重要的评价，考古工作建立了 5000 年的文明史发展的主轴，然后展示了它的面貌，还有活化了场景，这三句我觉得都是非常重要的。自己的想法是：黄河流域，就是中华民族的根和魂所在地，其标志——最早的中国就是双槐树，就是河洛古国。西坡也很重要，西坡是它的前身，就是它演化过来的，是一个过渡阶段。这些都是我们考古工作做出的贡献。

2020 年 9 月 28 日中共中央政治局举行的第二十三次集体学习上，习近平总书记在讲话中向考古工作者致敬，我深受感动。我们的考古工作者风吹日晒、青灯黄卷，十分辛苦，却意义非凡。有了考古工作及研究成果带给我们的深层文化底蕴，在国际上，我们讲话就理直气壮了。

回到我今天讲的主题，我们还要为这个主轴更加的充实、更加丰富而工作。这就是习近平总书记向广大考古工作者提出来的今后的任务。习近平总书记注意到了考古工作者工作条件很艰苦，待遇不高，中共中央和国务院的文件一个接一个，都提到了要关心我们的生活，考古人做的工作是具有全局意义的工作，是政治社会意义的工作，我们还有很多需要努力的空间。所以，我听到河南省成立夏文化研究中心、商丘成立了考古研究院，好像洛阳也有动作，周围这几个地方都有，真是让我非常兴奋。

我做了一辈子考古，从 1956 年考到北京大学历史系考古专业，到现在，我已经 84 岁了。总觉得我们这一辈考古人没有白活，现在不仅是没有白活，我们还得撸起袖子再干一场。今天在座的这么多朋友，各地的考古工作者都是做第一线工作的，不要觉得自己年龄大了，不要有这种想法，还有很多事靠我们来做。

新乡是黄河流域很重要的一个地方。为什么当时选择在我们这个地方——辉县开始考古发掘呢？那是有道理的。但是正如刚才孙英民局长说的那样，我们有一段时间有点落后了，不要紧，我们现在还可以进一步奋起直追，迎接新的未来，使我们的中华 5000 多年文明发展史的主轴，更加充实，更加丰富。

黄河文化与中华文明

——从辉县考古发掘说起

刘庆柱

（中国社会科学院　北京　100732；郑州大学历史学院　郑州　450001）

摘　要：本文系刘庆柱先生在纪念新中国辉县考古发掘暨古代文明研讨会的演讲，由本书编者整理。本文从"文明"一词的在历史学、考古学中的语义出发，从宏观的世界文明起源与发展脉络阐述，到梳理中国古代文明的形成与演进，论述黄河文化是中华文明的根与魂。

关键词：辉县发掘；黄河文化；中华文明

关于辉县考古发掘，我想讲的东西挺多的。当年之所以在这里进行发掘，这实际上是延续了"中央研究院"历史语言所在安阳殷墟与辉县的考古发掘，因为1935～1937年史语所郭宝钧在辉县主持发掘了琉璃阁战国墓。1950年中国科学院考古研究所刚刚成立，首先确定第一个考古发掘项目就在辉县。当年历史语言研究所在以安阳殷墟为中心的豫北地区的考古发掘，就是要通过考古学解决中国古代文明形成与发展的问题。大航海时代以来，形成东西方文明的对峙，西方文明一直认为东方文明是低等文明，而西方文明是高等文明。我认为西方文明有西方文明的特色，东方文明有东方文明的特点。那么东方文明是什么特点呢？我们就要通过考古学与文献史学的结合，来解决这一重大的学术问题。

学术界目前使用的"中华五千年不断裂文明"的"文明"一词，是从西方引进的政治学、人类学、考古学学术术语。17世纪以来，欧洲人类学家在探索人类社会发展状态中，使用了"文明"一词。18世纪德国人类学家约翰·戈特弗里德·冯·赫德尔提出人类的"原始社会"、"野蛮社会"与"文明社会"三个阶段。1877年，美国人类学家路易斯·亨利·摩尔根在其《古代社会》一书中提出了人类社会发展的三个阶段或三个时代，即"蒙昧时代"、"野蛮时代"与"文明时代"。考古学家戈登·柴尔德在《城市革命》中提出，"蒙昧时代"即旧石器时代，"野蛮时代"为新石器时代，"文明时代"则人类进入国家。恩格斯认为"国家是文明社会的概括"。"文明"的核心是"国家"，古代国家的物化载体主要是都城与帝王陵墓（"陵墓若都邑"）。新乡是古代的"河济地区"，在商代中晚期与东周时代及曹魏时期，这里曾是国家政治中心与诸侯国都邑所在地，从虞舜"求中"于"历山"到"盘庚迁殷"，再至卫国及曹魏建都于此。由此不难看出，新乡地区作为相当长时期的古代中国不同"王朝"的都城京畿之地与黄河中游地区，在中国古代文明形成与发展研究中具有重要地位。

我想讲的"古代文明起源与形成"的"文明"概念要界定清楚，当前普遍存在着把"文明"问题复杂化了，把学术用语与生活用语混同了的现象，这里的"文明"不是"日常生活"中的"精神文明""物质文明"等。我们常说的"中华五千年文明"就是中国五千多年的国家历史。"中华五千年文明""中华民族"作为学术术语历史并不久远，"中华民族"是历史学家梁启超先生1902年4月在《新民丛报》第5号的《中国学术变迁之大势》文章中首先提出来的。其后，梁启超1905年在《新民丛报》发表的另一篇文章《历史上中国民族之观察》中指出："中华民族自始本非一族，实由多数民族混合而成。"辛亥革命之际，又有了"五族共和"，即汉族、满族、蒙古族、回族、藏族属于同一祖先、同一国家的理念，因此"中华民族"具有了完整意义之上的"国族"思想[1]。现在谈5000多年中华文明，就是谈5000多年的国家历史。

从世界史看，人类文明出现的时间有早晚不同，比如世界上的西亚两河流域文明、北非尼罗河流域埃及文明、南亚次大陆印度河与恒河的古印度文明与东亚中国古代文明，构成"世界四大文明"，中国古代文明虽然不是"世界四大文明"时代最早的，但是中国古代文明是"世界四大文明"中唯一"五千多年不断裂的文明"，也就是说中国古代文明"中华文明"从五千多年前一直延续至现在。6世纪两河流域文明被伊斯兰文化取代了。北非古埃及文明公元前3世纪被罗马文明与公元6世纪伊斯兰文明先后取代。南亚次大陆古印度文明公元6世纪被伊斯兰文明取代。唯独中国古代文明从五千多年前一直延续发展至今天。中国考古学学者需要回答为什么中华五千多年文明不断裂的原因，以及它们有着什么样的现实历史意义。这样的历史属于政治史范畴，考古学家不能局限于传统考古学认知来解决，必须从政治学角度去探索、研究，与政治学家合作研究"国家"（即"文明"）形成问题。而"文明"（"国家"）的物化载体就考古学而言，主要体现在国家都城与"若都邑"的帝王陵墓方面，以及涉及国家政治文化的"重器"之上，这也就是一代又一代考古学家关注都城与帝王陵寝考古的原因所在，也是中国科学院考古研究所在建所之初确定考古项目的科学依据。当年的历史语言所建所之初，就在商代都城殷墟开启中国国家考古，对殷墟及其京畿之地辉县开启了大规模田野考古工作。中华人民共和国成立伊始，中国科学院考古研究所决定，首先在平原省省会新乡所辖的辉县琉璃阁、固围村等地开启中华人民共和国考古的第一次田野考古发掘工作。其后，20世纪50年代早期，中国社会科学院考古研究所又在古都安阳、洛阳、西安建立了工作站与研究室，开展都城考古工作，这些地方包括了中国古代最重要的都城，如考古所发现并开展的夏代都城二里头遗址、商代早期都城遗址偃师商城遗址、安阳殷墟遗址，西安西周都城丰镐遗址、汉长安城遗址、隋唐长安城遗址、洛阳东周王城遗址、汉魏洛阳城遗址、隋唐洛阳城遗址等发掘工作，其目的就是紧紧抓住考古学的"龙头课题"，从考古学方面探索中华民族的"国家文化"历史。

习近平总书记2019年9月18日讲话指出，黄河文化是中华民族的"根"和"魂"[2]，我理解这里所说的中华民族的"根"和"魂"就是中国五千多年不断裂文明的"文化基因"与国家核心理念。

其"根"即空间的"中"。就黄河文化而言，它在中国的江河之中也充分体现出在国家领土之内"中"的至尊位置。黄河在中国古代被认为拥有居于中国大地之上的"河"与"江"的"居中"地位，这首先集中表现在中国古代历史上形成的"河"与"江"二者的分布上。作为中国的"河"与"江"，一般来说"江"在"河"的南北两侧，淮河之南与西南一般均为"江"，如长江及其以南的闽江、赣江、湘江、珠江、西江、东江、岷江、沱江、雅砻江、澜沧江、怒江、雅鲁藏布江等。中国北方的辽河以北有松花江、黑龙江、乌苏里江、图们江等。不难看出，在中国大地之上，古人在"河"与"江"的名称选择上，突出了"河"的"居中"之"地位"。而黄河又在中国的主要河流南北居中位置，黄河之北主要有海河、辽河等，黄河之南主要有渭河、泾河、洛河、淮河等。

形成"文明"社会要有相应的生态、地理环境，人们居住地要不高不低，高不至无法取水，低不至为水患所袭；气候的不冷不热与四季分明，雨水的不多不少能够为人类生存、生产、生活提供较好的条件。从生产力方面来说，"文明"时代人类的生存物质条件不同于野蛮时代，更不同于蒙昧时代，粮食品种与家畜种类的多样化是必需的。

从世界与中国"文明"起源与形成情况来看，其依托的生态地理环境多分布在"大河流域"。就世界"四大文明"的而言，它们均基本形成于"大河流域"的"中游"，如世界史上的最早文明发源于土耳其东部山区（亚美尼亚高原）幼发拉底河与土耳其东部托罗斯山区的哈扎尔湖底格里斯河，西亚两河流域文明中上游是人类社会文明最为重要发祥地。这里缔造了世界历史上的最早城市、发明了最早的文字、应用了最早的金属器、构建了最早的祭祀性建筑。两河流域最早的居民主要是来自两个地区的移民：一部分来自西北部的利凡特北部地区和安纳托利亚南部地区，另一部分来自东部的扎格罗斯山区。西北区的居民从山区下到两河流域北部高原。东区居民很可能是在放牧过程中，逐水草迁徙到了冲积平原的东缘，他们同时向南、北两个方向迁徙。

古埃及文明之源尼罗河：早在公元前3100年，南方上埃及的美尼斯统一了上埃及和下埃及，建立第一个奴隶制王朝，国王称"法老"。上埃及南部地区又称赛伊德，包括开罗以南的明亚到南部边境纳赛尔湖尼罗河谷地。在前王朝时代，上埃及是同下埃及（尼罗河三角洲地区）分开的一个政治实体。约公元前3100年，上埃及王美尼斯征服下埃及，建立统一奴隶制国家。

南亚次大陆文明与南亚两河流域：恒河流域在历史上为印度斯坦的核心地带，是古印度文化的摇篮。数千年来，肥沃富饶的恒河流域产生了世界古代史上灿烂的古印度文明。印度河在巴基斯坦境内，其下游是世界古文明发祥地之一，这里早在公元前3000年已出现较发达文明。

上述西亚文明、埃及文明与南亚次大陆文明均发源于大河流域，而且主要在大河流域中下游，尤其是大河流域中游。

中国历史上的黄河文化之"核心文化"集中体现在黄河流域中游的文化，这主要是因为人类早期历史文化受"环境"制约很强，而就生存地理环境而言，如上所述，世界各地的大河流域中游，在人类早期历史中，更为先民所重视。

中国古代"择中建都"，中华五千多年文明中的4200多年的都邑、都城均于黄河中游的大中原地区，如近年郑州地区考古发现的"河洛古国"、历史文献中的"尧都平阳"之晋南陶寺城址、河南淮阳平粮台城址、文献记载的登封"禹都阳城"的王城岗城址、新密之新砦城址、二里头遗址之宫城遗址、郑州商城与偃师商城遗址、洹北商城与殷墟（洹河以南）、丰镐与成周、秦咸阳城、汉长安城、汉魏洛阳城、隋唐长安城与洛阳城、宋开封城等，因此黄河中游文化成为中国古代历史上的"国家文化"所在地。黄河中游的"嵩山"之"天下之中"与黄河之"中"的"重合"。

"黄河中游"在中国处于"大中原"地区，即古代中国地理上"九州"中央之"豫州"，"豫州"又有"中州"之称。豫州即今河南，也就是"中原"。

历史上的黄河称谓及其"独尊"地位与"中"之体现。

殷人甲骨文称"黄河"为"高祖河"或"河宗"，并为周承。从"河"称"高祖"，我们再检视汉代及其以后历代王朝"开国皇帝"一般称"高祖"或"太祖""世祖"等，如汉高祖刘邦、唐高祖李渊、宋太祖赵匡胤、辽太祖耶律阿保机、金太祖完颜旻、元世祖忽必烈、明太祖朱元璋等，他们均为各"王朝"的"开国皇帝"，因此称为"高祖"或"太祖""世祖"等。由此或可推测，上古时代称"黄河"为"高祖河"，实际上是以其为"河"之"高祖"。

《史记》《汉书》记载一般称"黄河"为"河"。黄河之名正式出现于西汉时代，《汉书·高惠高后文功臣表》记载："封爵之誓曰：'使黄河如带，泰山如厉，国之永存，爰及苗裔。'""黄河"之名称在秦汉之际出现，还与"黄河"之"黄"的称谓有关，这个"称谓"又与"五色""五行""五方"密切相关，体现出其"独尊"与"中"之地位对应。

战国秦汉时代流行的"五方""五行""五色"，三者出现的时代可能有所不同。"五行"是在"五方""求中""追中""居中"基础之上发展而来。"求中"是以"天中"为空间"基点"。"求中""追中"距今6400年的濮阳西水坡新石器时代晚期墓葬中已出现，战国时代《清华简·保训篇》记载了"五帝时代"的虞舜"求中"于"历山"（今河南濮阳），又记载距今四千年前上甲微为夏禹定都"求中"于"河"（伊河、洛河，即大嵩山）。从"求中""居中"发展到"东西南北中"之"五方"观念出现，考古发现材料以殷墟商王陵亚字形墓室时代最早，由此可以推断，墓室中央为"中"，与墓室相对的东西南北四面各一墓道象征"东西南北"四方，墓室之"中"与东西南北四条墓道组成"东西南北中"的"五方"，因此说至迟在商代晚期已经出现了"地上"的"五方"理念。西周历史文献《诗·商颂·殷武》："商邑翼翼，四方之极。"郑玄《笺》："极，中也。商邑之礼俗翼翼然可则效，乃四方之正中也。""五方"发展而出现了属于"地"的"金木水火土"之"五行"，《史记·天官书》："天有五星，地有五行。"显然作为"地"之"五行"的核心是"土"，因此"土"居"五行"之"中"。"青白赤黑黄"之"五色"对应的是"五行"之"木金火水土"与"五方"的"东西南北中"，可以推断"五色"是基于"五行"与"五方"而出现的。冯时认为"古人对于五色的认识源于五方显然没有问题"。[3] 在战国秦汉时代开始流行的"五方""五行"与"五色"理念，把与"五方"之"中"、"五行"之"土"及其相对应的"五色"之"黄"三者推至极致，黄河从商代以来称谓的"高祖河""宗河""大河""上河""河"，发展为"黄河"，恰恰说明其历史发展之必然。

从黄河到"河山"或"山河"。

黄河流域自西向东有三座著名的山：华山、嵩山与泰山，它们与山西恒山、湖南衡山，共同构成中国的"五岳"，其中之东岳泰山、中岳嵩山、西岳华山在"五岳"中最为重要，它们均在黄河中下游，其中嵩山与泰山又是世界文化遗产。保存在中国古代语言学、文字学、文化学上的"河"与"山"对应，形成"河山"或"山河"，它们又成为"国家"的"同义语"，如古代"河山""山河"成为国家象征，"大好河山"被誉为"国家"与"天下"象征，如"大好河山"之"河山"指国家，"国破山河在"之"山河"指国家的国土。因此可以说"黄河文化"实际上是中国古代历史上的"国家文化"，它不是"区域文化"与"时代文化"。这就是"黄河文化"的"根文化"，"根文化"的核心理念是"中"及其渐次发展形成的"中和"理念。因此中华五千年不断裂文明始于此、长于此，中华大地"和"于此。

其"魂"即黄河文化作为中华民族历史文化的"华"（"华"亦为北朝以后的"花"），集中体现在黄河流域中游以仰韶文化庙底沟类型的人群。距今六千年前左右，在以"大中原"为核心地区，其北至长城地带，南到淮河流域，西自甘肃一带，东达鲁西南地区，这一范围人们有着共同的"文化"信仰，表现在"考古学文化"上就是庙底沟文化彩陶中的"花卉纹"，其成为庙底沟文化人群的精神图腾，其将"花"（即"华"）视为族群的精神之"魂"，并传承于河南龙山文化后继族群，而这一区域（"中"）人们崇拜祖先、崇尚"王权"、淡化"神灵"，祭祀则体现在主要是追念逝者亲人与强化社会凝聚力规制。他们不像有些史前文化那样，如李伯谦先生所说"因突出神权、崇尚祭祀造成社会财富巨大浪费而过早夭折"[4]。

黄河文化是中华民族历史文化的"根"与"魂",科学解读了中华文明形成之"源",我认为:"在中国古代文明形成时期,长江流域下游的良渚文化、辽西的红山文化虽然曾经一度表现得异常繁荣,但是支撑这一文化理念的'神权'的'玉文化'却'不代表'历史发展方向,反而是其'文明'成为历史上'昙花一现'的'匆匆过客'的原因。"[5]对此,针对以史前时期遗址、墓葬出土玉器作为"衡量"社会历史发展、进步的"标尺"的做法,2002年我曾指出:"近年来在'古代文明形成'研究中,我们注意到一些学者对有的考古学文化中的祭祀(祭'神')活动遗迹、遗物非常重视,并且将其作为'古代文明形成'的重要标识物。古代各种'祭祀'遗存,可以作为国家统治者统治其百姓的精神工具的反映;也可以是史前时代人们面临当时条件下,无法抗御的自然环境,祈求生存平安、发展的精神寄托。前者可视为早期国家的较普遍现象,后者则不然,因为史前时代社会经济的发展与祭祀活动的发达程度并不是都成正比例的,甚至历史学、民族学资料往往得出相反的结论。……各类通神玉器的空前发达,人力、物力、财力的大量浪费,这不能认为是社会经济进步的反映,而有可能是社会历史发展扭曲的表现。"[6]

黄河流域中游的史前与夏商周及秦汉唐宋时代考古发现说明了中华民族历史文化的"根"与"魂"就在"大中原"地区。

下面就回归到黄河文化黄河流域根文化的问题。什么是根文化?根就是源,根就是空间,扎在哪儿,扎黄河这。魂是哪儿,魂是形而上的,是思想是信仰。根在哪儿,根就是中,中就是中原,大中原,为什么黄河文化重要,我觉得从新石器文化晚期至王国、帝国时代,其政治中心(古代都城)基本在黄河中游,到近代经济中心才转移到了长江流域。

"中"对东西南北是公正公允的表现,这就是中国的"中"与"中和",形成了我们古代的优秀历史文化,也是古代的核心价值观。

关于"中"也有历史记载,《史记》载:"陶天下之中。"陶在哪?现在的菏泽、濮阳一带,也应该包括新乡、安阳等地。凡是与"求中"相关的出土文物,基本都发现在黄河流域,如濮阳的新石器时代晚期M45、距今4000多年的陶寺城址墓葬出土的"求中"之遗存、宝鸡1963年出土的距今3000年青铜器"何尊"之"宅兹中国"铭文。"中"作为"中华文化基因"的五千多年来一直延续不变,如从王国时代的夏商周都城,到秦汉唐宋都城一直在黄河中游地区,也就是"择中建都",中古时代金王朝灭亡了北宋王朝,其虽然建都燕京(今北京),但是大金王朝认为"燕京乃天地之中",并称其都城名为"中都"。可见女真与其后建都北京的元、明、清王朝的"择中建都"思想一直没变。

《礼记》有云:"中也者天下之大本也,和也者天下之达道也。"这只是汉三国时期有的思想，汉代形成的书，至于司马光说得更绝了，司马光何许人也，就是认为历史服务于现实那个人，写《资治通鉴》的人。中和者，大则天地、中则帝王、细则昆虫草木，皆不可须臾离者也。为什么，回家想想，住在四合院里时，谁去住在堂屋？为什么中国人要叫家国一体，家国同构。最近《光明日报》经常登载家书，家书的最后一节准谈这个问题。《光明日报》在登载家书的时候，不管是左宗棠的还是其他人的，最后都要谈到家和国的关系。

注　释

[1] 黄兴涛：《重塑中华：近代中国"中华民族"观念研究》，北京师范大学出版社，2017年。
[2] 习近平：《在黄河流域生态保护和高质量发展座谈会上的讲话》，《求是》2019年第20期。
[3] 冯时：《自然之色与哲学之色：中国传统方色理论起源研究》，《考古学报》2016年第4期。
[4] 李伯谦：《中国古代文明演进的两种模式：红山、良渚、仰韶文化大墓随葬玉器观察随想》，《文明探源与三代考古论集》，文物出版社，2011年。
[5] 李伯谦：《中华文明五千年不断裂特点的考古学阐释》，《中国社会科学》2019年第12期。
[6] 刘庆柱：《考古学文化与中原地区的古代文明形成》，《华夏文明的形成与发展：河南省文物考古研究所建所五十周年庆祝暨华夏文明的形成与发展学术研讨会论文集》，大象出版社，2003年。

共辉集

辉县考古发掘70周年暨古代文明研讨会纪念文萃

工作回顾与展望

顺势而为，在让文物活起来和文物惠民工作中做出文物考古人应有的贡献

史家珍

（龙门石窟研究院　洛阳市文物考古研究院　洛阳　471000）

摘　要： 洛阳是中国历史文化名城，是二里头遗址、偃师商城遗址、东周王城遗址、汉魏洛阳城遗址等多个重要考古发现的所在地。洛阳近年来考古工作不断深入开展，本文梳理了洛阳地区文物工作在科学研究、项目合作、宣传教育等方面的经验、成果，以期与业内同行交流互鉴。

关键词： 洛阳地区；科研规划；合作

洛阳被称为十三朝古都。在这个有着5000多年文明史的地方做考古工作，既是荣耀，更是重任。洛阳近些年的考古工作可以说是任务繁重、成果喜人。有一些心得体会，在此分享给文物考古界同仁们。

一、文物考古形势大好

目前，习近平总书记对文物考古工作的指示批示有140多条，前段还是120多条，近期又有密集的指示批示，并召开了一些重要会议。以前我们考古人有一个共性，就是关起门来自得其乐。但这回我们自信心非常足，因为我们做的事业有助于自豪感的提升。习近平总书记对考古有这么深的认识，作为一个伟大领袖对考古工作如此重视，是我们考古、考古学、文物保护的春天。近期国务院办公厅颁布的《关于加强石窟寺保护利用的指导意见》，对于文物保护工作具有里程碑意义。很多考古人关心的内容，如扩大编制、招录人才、野外津贴补贴等，都将逐步实现。文物考古的春天来了。未来我们该担当的担当，该敞开工作的敞开工作，抬起头，挺起胸，一定要把考古工作做得更好。

二、洛阳市文物考古研究院的一些做法

1. 编制科研总规

洛阳考古院科研总规已编制多年，平时要有规划，实际工作开展要有计划。洛阳

做考古不容易，地下东西太多，在洛阳开展考古工作，很多市民包括省内外人士都在关注。我们的科研总归面向三个方面：人类起源、洛阳在中华文明形成过程中的地位与作用、民族大融合。围绕这些方面洛阳市文物考古研究院编制了一百多个项目，每年上报或自己做，近年来大的课题、小的项目都在进行中。

2. 拓展考古空间，走出国门

走出国门，就是要展示中国考古人的风格、风采。洛阳考古院参加的蒙古国考古项目得到外国同行肯定，被评为世界十大考古发现。我们还在乌兹别克斯坦和塔吉克斯坦，同西北大学一起开展考古工作，并得到了习近平总书记的关注批示。我们在肯尼亚也做过一些工作，当地同行对中国考古人比较肯定。之所以要走出去，就是要彰显中国考古的实力，争取中国考古人在世界上的话语权。

3. 开放合作包容

文物工作不外乎保护、研究、弘扬、传承。保护手段主要有科技手段、考古人的良心、责任心，最主要的是工匠精神。科技手段很多时候可能个人做不到，因此必须合作，要有开放的心态，包括研究也要有开放的心态，自己的材料要尽早尽快全部公布出去。合作不会吃亏，肯定会有大的收获，洛阳市文物考古研究院从年轻人到老同志都有这种体会。例如，前两年我们发掘出西汉铜壶中的液体，开始大家都认为是酒，经过首都科技大学科学检测，壶中液体是仙药，比酒价值高得多了。其中一套随葬品最初被认为是身份的象征，山东大学历史系主任谭教授到洛阳调查后，给出真知灼见，这套随葬品是一整套制药工具。通过多方合作，研究成果层层拔高，实现多赢，所以说保护研究要开放。

4. 传承弘扬必须借助媒体

交好媒体朋友，推出"网红"，有助于解决单位凝聚力、向心力的问题。前些时间央视探索发现栏目制作播出《龙门造像复位记》节目，十多人亮相中央电视台，大家都很开心，激发了工作热情。同时，更多的民众关注和积极参与到了文物保护工作中去了，社会效应不可低估。所以，与媒体打交道没有坏处只有好处，材料不要怕别人知道，而是让大家早早知道。文物惠民、文物活起来，现在应该按照习近平总书记的要求挺直腰杆好好去做。

5. 洛阳市文物考古研究院欢迎合作

洛阳是考古圣地，地下东西太多，在洛阳做考古是我们的幸运，每年没有大的发现是不正常的。是否被评为"全国十大考古"是次要，关键是要把现场工作做好，数据收集好，资料整理好，诚挚邀请大家合作，一起做考古，只有成果放大，没有成果的缩小。例如，邙山帝陵做了十多年，还有大量工作要做，每年都有大的发现。新乡市文物考古研究所正在梳理壁画墓，这是洛阳市文物考古研究院经常做的一项工作，特别是壁画墓搬迁技术日臻成熟。经国家文物局批准，洛阳里坊考古已经发掘几千平方米，收获很大，对隋唐里坊制度研究有很大帮助。东汉时期皇家烧窑，已经发现一百多个窑址，有兴趣的话我们共同研究。洛阳市文物考古研究院保护工作历经多年，目前已经是全资质文物保护单位，保护中心六十多人，成为最大的部门。此外，洛阳市文物考古研究院负责的多个保护展示工程都在推进，未来还要做一个考古博物苑。近期刚完成考古博物馆的建设，为全国首家，已成为洛阳市民的网红打卡地。洛阳市文物考古研究院墓葬搬迁经验丰富，当受条件限制田野工作不能细致进行时，只能整体搬迁到实验室来继续考古。在实验室可以介入很多技术手段，开展无影灯下的考古。

6. 打造"文物惠民、文物活起来"品牌活动

洛阳市文物考古研究院积极探索公众考古形式与方法，打造出"我是小小考古家"、考古沙龙、公益大讲堂、公众考古进课堂等品牌活动，面向市民展示最新考古成果，讲述洛阳历史知识。

（1）连续举办考古夏令营，营员从全市各小学的三好学生等优秀学生中，通过笔试、面试筛选而来，小营员们全部免费参加，活动所需费用由洛阳市文物考古研究院承担。通过亲身经历了解洛阳的历史文化，为孩子种下文化的种子，让更多人关注洛阳、了解洛阳。

（2）现在不少市民对考古工作并不了解，甚至存在误区。开展形式多样的公众考古活动就尤为重要。洛阳市文物考古研究院和《洛阳晚报》"公益大讲堂"合作推出考古历史文化系列讲座，组织考古专家讲解洛阳考古发现与中华历史，收到了很好的反响。

（3）洛阳市文物考古研究院和《洛阳晚报》联合举办的考古沙龙，成为洛阳市文物考古研究院服务社会的重要品牌。洛阳市文物考古研究院对最新考古发现进行媒体报告，并邀请国内考古界"大腕"至洛阳与市民面对面，针对考古发现或社会关注问题进行互动交流，围绕最新考古发现和最前沿观点一起商讨，了解神秘的考古故事和传奇的洛阳历史。

（4）公众考古进课堂，围绕考古人如何认识洛阳、如何认识中华文明及中华文明的特质是什么，洛阳市文物考古研究院的专家们每年都会认真制作课件，分别走进校园给同学们精心上课，并组织同学们到考古发掘工地体验考古勘探、文物修复等工作。互动效果很好。

欢迎到洛阳来，感受文物考古的魅力，体验中原文明化进程的博大精深。

苦乐考古人，田野巾帼女

——南水北调中线工程考古回想

李慧萍

（新乡市文物考古研究所　新乡　453000）

摘　要：本文系南水北调中线工程考古工作的回想随笔。从笔者参加的辉县小官庄工地、凤泉区前郭柳村工地到卫辉山彪村工地，笔者回忆了田野考古工作的苦乐过往。进而，从女性考古工作者的视角抒发了对基层女性考古工作者不怕吃苦、甘于奉献精神的自豪与赞美。

关键词：南水北调中线考古工程；女性；考古工作

习近平总书记2020年9月28日在十九届中央政治局第二十三次集体学习时讲道："广大考古工作者风餐露宿、青灯黄卷，展现了深厚的爱国情怀、坚定的学术志向、顽强的工作作风……"[1]，看到这句话，我们作为考古一线的工作人员，倍感温暖和鼓舞。基层考古工作者在工作中遇到的艰辛令人感慨，但是我们一直在努力，在默默奉献，用成绩彰显古代历史文明。今年是中国考古学诞生100周年及建党100周年，笔者回忆起配合国家南水北调中线工程新乡段考古发掘工作，以此献礼"双百"伟大时刻。

2006年初，配合国家大型建设项目南水北调中线工程的考古发掘工作，从丹江水源头到北京一线全面展开。在新乡境内，河渠干线西起辉县市吴村镇，进入新乡市境内后，大体沿南太行余脉的山脚之下自西向东，至卫辉市转折向北进入鹤壁市淇县境内。沿途穿越凤泉区、东至卫辉市山彪镇、大司马村70余千米一线，涉及三个县（市、区）的十余乡镇百余村庄，河渠支线还涉及了新乡市的牧野区、红旗区、卫滨区、获嘉县、新乡县等五个县、区。这里分布着众多的古代文化遗址和墓葬群。时间紧，任务重，来自全国的十余家高校考古专业、考古研究院（所）等科研机构，从四面八方来到牧野大地，进行了一场史无前例的考古大会战，自2005年到2013年，历时八年，在新乡地区共发掘了遗址与墓地三十余处，发掘古代墓葬千余座，发掘总面积达七万多平方米，出土各类文物五千余件，取得了丰硕成果。"似水流年——南水北调中线工程考古发掘成果展"向世人无言地诉说着中原大地丰厚的历史文化内涵和中原祖先们创造的灿烂文明，其中就包含着新乡这片热土发现的珍贵文物。

骄人的成绩是参加考古工作的人们脚踏实地，用辛苦的汗水和吃苦耐劳的精神换来的，也是他（她）们的家人默默地支持换来的。在这里笔者不说考古技术和研究，只想述说一下笔者参与的南水北调工程中线主干线考古发掘中的工作点滴。

新乡市文物考古研究所在 2006~2007 年承担的南水北调中线工程发掘项目比较集中，而且都在县（市、区）偏远地方。当时接到发掘任务，时间紧任务重，包括正副所长和会计，单位全体出动。

一、辉县市小官庄工地

最先前往的是辉县市小官庄村，从 3 月开始的找村干部、赔青、找民工、找厨师、找住处，经历了许多波折，最后租住到村外简易房里。到正式开工已经是玉米三尺高、赤日炎炎似火烧了。由于发掘住处买菜不方便，笔者除了领队负责部分业务工作外，还负责大家的饮食生活。我们每天七点就从市区出发，到菜市场买了菜后驱车前往韭山脚下的辉县小官庄。当时因为任务较重，业务人员每人带一名新招录的技术工人，笔者的徒弟韩子宾是一位刚毕业的大专生，聪明踏实能干，所教考古绘图和地层遗迹操作技术他很快就会，逐渐成为单位不可或缺的能手。同事们白天在玉米秆密围着的探方里工作，汗流浃背，男同事们就脱了短袖，袒胸露背，下身穿个大马裤；我们三位女同志戴着草帽，穿着长衣长裤，因为太阳太毒，蚊子太咬，没办法，人人都是一身痱子；因为发掘需要，我们要自己搅碌碡车提土、推独轮小车运土，哪个探方里挖出一件稀有的文物，大家高兴得欢呼起来。时过十年有余，大家至今津津乐道的是：①工地休息间隙，笔者和傅山泉所长打赌，让他在探方里倒蹦到五六十厘米高的地面上，言说蹦上了就请他吃三文鱼，果然他蹦上了，但是直到工地结束大家也没吃上三文鱼。②午休时因为租住的简易房好似蒸笼无法入睡，简易房旁边是村里刚盖好的猪圈，大家就各拿一个凉席，按男女分开猪舍，席地而卧，都困顿不堪，哪里顾得了水泥地的冰凉后患呢？有恶作剧的年轻人，还拍了男同胞因为太热一丝不挂的后背影像，黑白分明。③留宿工地看管物品和文物的张超，每天早上站在大院外张望等我们的情景，张超背后站着的是狼狗阿黄。它是我们专门为工地安全买来的，每次我们的车一进入它的视线就听见它激动地嚎叫跳跃，可等我们车近到跟前，它又吓得尿洒一地，一动不敢动。④雇用的厨师老王做饭是一把好手，每天做出的不重样的午餐，让我们忘却了燥热和疲惫。⑤工地位于韭山脚下，风雨不定，艳阳高照下会出其不意地下场阵雨，大家虽然淋成了落汤鸡却高兴凉爽地欢呼起来……。苦中作乐的日子真是有意义而又令人难忘。

二、凤泉区前郭柳村工地

2006 年国庆节前辉县小官庄工地结束。经过短暂的十几天休整，国庆节后全班人马开拔到凤泉区前郭柳村进行考古发掘。

因为墓群位于前郭柳村南边一片杨树林里，首先遇到的是树苗赔偿问题。我们头一天查点树量，现场让树苗主人拔去了树苗，确认了赔偿金额。结果第二天去了工地，发现好多定赔过的树坑又栽种上树苗，有部分村民不依不饶，必须再赔，于是乎，我们每家每户上门做工作，摆事实讲道理，软硬兼施，终于得以开工了，民工就用本村村民。

考古工地最重要的是人员和文物的安全，我们时刻都绷紧安全这根弦。由于这里的古代墓葬埋藏较深，有一座墓葬墓壁坍塌，一位民工因为不听考古队员劝告，执意下挖要早点看到"宝"，结果被累土砸伤胳膊，虽是伤了皮肉，无大碍，但是笔者和司机立马就带着他去区里医院包扎治疗，后续的日子，带他隔天去换药。但是因为他提出了巨额赔偿我们无法答应，他儿子带人冲进驻地，要打领队刘习祥，我们真是苦不堪言，同时也给自己上了深刻的一课，汲取了经验教训。当时还有一件事觉得很搞笑，丈量土方的时候，民工和村民围着我们同事，盯着他们手里的皮尺，徐浩和何林、赵昌和苗长青、周鹏和韩子宾分别是初验和复核人员，他们是尽职尽责一丝不苟的，有的民工媳妇们家人们却还是要过我们的皮尺再量一遍，皮尺两头隐藏，松垮放到土堆上，一下子尺寸和我们丈量的大相径庭，令人咋舌，然后一看笔者记的数字还是我们自己丈量的正确的数据，于是乎有的小声说让高抬贵手，有的骂骂咧咧，有的媳妇还哭鼻子抹眼泪，天黑了不让我们收工，最后我们以高价买他们的大白菜为代价方息事宁人。好在这里的村干部很支持我们的工作，当然也有的村民很友善，他们带我们买他们自己磨的白面、玉米面以及自种的棉花等。

三、卫辉山彪村工地

2007年春节过后，考古所奔赴卫辉市山彪村工地。墓群在一处高坡地带，租住地距离发掘现场比较远，小土路坑坑洼洼曲折不平，我们单位买了几辆二手自行车，男同志要带我们女同志去工地，路上有一个长长的大慢坡，我们就下来推着自行车走。除了在驻地值夜班看管文物的同志，其他同志们每天一大早从市里赶过去，骑着吱吱呀呀的自行车前往工地。往往一辆拖拉机或者水泥车身边轰过，扬起的道路浮尘落满了我们的从头到脚，嘴里也满是土星。单位刚考进来一位大学生申文，干劲儿十足，爱说爱笑，每天晚上收工后主动留下来住宿看守文物，第二天做饭的女房东告诉我说，他和另外两位同事因为不太熟悉，交流少，结果是，每天晚上他们做完工地发掘记录以后，一个在平房顶上数星星背唐诗，另外两个在房间内看电视、看书，或者躺床上聊天。他们又不能离开驻地去村里散步，寂寞可想而知。白天同事们都到了，他们又兴奋起来，走到去工地的半路上，嬉戏打闹，撵野鸡、野兔，不亦乐乎。卫辉市博物馆配合工作的李波涛甚至逮着了一只美丽的幼小野鸡，我们看它可怜，还让他放了。人间四月天，发掘区周围全是麦田和油菜地，翠绿醉黄蜿蜒铺展，我们感觉这样的境况也是别样年华别样美。五月以后，天气逐渐走向盛夏，不似辉县小官庄玉米地闷热，但是阳光暴晒，男同志虽然戴着草帽，但是好几个年轻人不穿长袖，胳膊都晒得脱了皮。每次会计张春媚（后任主管人事财务副所长）去给民工发工资的时候就是工人们最激动的时刻，我们大家也静静地坐在土堆旁，呼扇着草帽，享受他们领取劳动成果的喜悦。

四、不得不提的巾帼考古人

二十年前，在国家各个考古机构中，女性工作者比例很小，近年来，随着高校考古专业女生比例提高，考古机构都充实了不少巾帼才干。但是在基层考古单位，依然是凤毛麟角。就拿新乡市文物考古研究所来讲，三十余年没有招录到一名女性工作者，更别说田野一线考古队员了。还在苦苦坚守的，是所里几位如今已经中年的女考古队员。我们自己不说，就没人能知道和理解其中滋味，今天说起来，也是自己的一种无悔的幸福和感怀。

既然从事了考古工作，考古队员就要吃各种苦，忍受着寂寞，女考古队员更要吃得苦中苦。因为在工地女同志不但要承担和男同志一样的业务工作，如手铲找边、清理、记录、绘图、照相，还会遇到诸多不方便和麻烦。比如考古工地基本都是野外，有的远离民居，连最简单的厕所都没有，男同志随便找个土堆遮挡就能方便，而女同志就要跑很远的沟沟坎坎，实在不行，拿个阳伞或者大衣遮挡屈身而就。有时候因为身体不舒服，难为得我们掉过眼泪，互相诉说着委屈。可是工作紧张就在面前，擦擦泪水咬紧牙关继续绘图；比如有的墓葬发掘到底文物露出来了，中午就需要加班，轮班的同志拿过来包子让值班的同志吃，可是附近没水洗手，男同志两只手在身上抹抹拿着包子就填嘴里了，女同志没办法，又舍不得用自己水壶里的少量热水洗手，因为要用热水就凉包子暖胃呢，只能用一点纸捏起包子小口吃，天寒地冻的，包子凉得瘆牙，我们吃一口包子喝一小口热水，经常两手和双脚后跟冻得僵硬红肿。别的女同志可以穿上漂亮衣服去装扮城市的春夏秋冬，而我们女考古工作者却是冬天一身土、夏天一身汗，兢兢业业辛苦在田野。女人谁不爱美？说句真话，有时我们真是掠过一丝羡慕啊。这些都是次要的，是我们女考古队员能忍受的，因为我们从参加工作就是这样走过来的。让我们内疚不安的是我们亏待了孩子。南水北调的时候，我们参加发掘的三位女同志家里都有上学的孩子，赵蕾家虽然是本地的，但是孩子很小，母亲身体不好，总是在中午午休时听见电话里他儿子哭着找妈妈，她哽咽着安慰儿子，自己偷偷抹眼泪。张春媚和笔者都是外地人，丈夫工作忙，有时中午也不能回家，我们俩分别上初中、高中的孩子在学习和生活上根本无暇照顾。2006~2007年，笔者的女儿正值高考，由于在工地发掘，中午不能回市里，我只能每天早上五点多就起来给孩子做好早餐和午餐，照顾她吃早餐后上学早读，立马出发去工地；中午放学回来孩子自己加热饭菜，每天午休后电话遥控她起床。她总说，妈妈你不能歇个双休日陪陪我吗？笔者红了眼眶给她说对不起。孩子高考那两天，正值市区沃尔玛工地发掘最紧张时期，所长特批笔者请假半天去给她做饭照顾一下，女儿特别懂事，还说妈妈你自己要多保重别担心我，至今想起来笔者都心中难受不已。令人欣慰的是工地结束了，孩子也顺利考上了大学。配合南水北调建设工程进行的考古工作时期，新乡市文物考古研究所人员少、工作忙，张春媚同志既担着考古工地发掘任务，还兼着单位会计，经常两头奔波，回家很晚，有时候忙起来忘记给孩子做饭，孩子放学回家经常冷锅冷灶不能按时吃饭，孩子懂事地饿着肚子先做作业。虽然孩子小时候由于体弱，疏于照顾，经常感冒发烧，但是天佑考古人，他的儿子长大以后英俊强壮。现在一说起来当时的情景张春媚就对儿子心疼不已，但是她一点儿也不后悔，她说，咱们把一切奉献给了考古事业，等退休了以后，看到新乡考古事业发展壮大，就是咱们的自豪和骄傲。这就是新乡考古人的胸怀和修养。笔者为基层女考古工作者骄傲和自豪。

两年的南水北调中线工程主干线考古发掘结束了，我们新乡市文物考古研究所以合格的考古现场和优异的文本电子版资料，顺利通过了河南省南水北调办公室专家组审查验收，并获得河南省"文物先进集体"光荣称号，全部发掘报告已经分别整理编纂出版。南水北调工程考古发掘，留给我们的不光是丰富的历史文化实物资源，我们考古工作者也从中得到了技术锻炼和意志的磨炼，这也是我们今生有意义的回想！

注　释

[1] 习近平：《建设中国特色中国风格中国气派的考古学　更好认识源远流长博大精深的中华文明》，《求是》2020年第23期。

（部分内容原载《中国文物报》2021年6月18日第7版）

学术研究

共辉集

辉县考古发掘70周年暨古代文明研讨会纪念文萃

卫辉汲城城址与汲冢遗址考古调查与勘探报告

新乡市文物考古研究所

摘　要：史料载卫辉城西南12千米有汲城村，春秋时称汲。战国时期称汲邑。东汉顺帝元年，汲县县令崔瑗筑县城。相传汲冢遗址位于汲城东娘娘庙村南。2012～2020年，新乡市文物考古研究所多次对卫辉市汲城城址、汲冢遗址进行考古调查。通过调查钻探，确定了城址形状、城墙结构以及相传汲冢遗址的文化面貌。我们认为，汲城的修筑不晚于战国，汲冢遗址所在位置主要以汉墓为主，但并不排除其他区域存在战国墓葬的可能。

关键词：汲城；汲冢；卫辉；《竹书纪年》

卫辉市西南有座古老的村落——汲城村。相传周赧王十九年（前296年）魏襄王葬于此，其墓在今卫辉市孙杏村乡汲城村南200米处，其墓史称"汲冢"。西晋咸宁五年（279年）魏襄王墓葬被汲郡汲县人盗发后，残存竹简数十车。太康二年（281年）晋武帝命学得束皙、荀勖等考订。原竹简书为漆书蝌蚪字小篆古书，共十余万言，经考订整理用今文写定共75篇。经千余年历史变迁，这批古籍绝大多数早已失散失传。

2012年和2020年，新乡市文物考古研究所先后对卫辉市娘娘庙村南地墓葬区（传说中汲冢遗址）以及汲城村（汲城城址）进行了细致的考古调查和勘探。调查面积近5平方千米，另勘探面积近1.5平方千米。初步掌握了汲城城址的范围与基本结构以及娘娘庙村传说中"汲冢遗址"的地下文物情况，使以往只是处于传说状态的听闻与历史文献材料得到了科学系统的认证与推断。

一、汲城城址

汲城城址位于新乡卫辉市孙杏村镇汲城村，西邻一〇七国道。城址南北长约2000米，东西宽约1000米，周长约5100米，平面近长方形，西北部略为突出，东北角、西北角呈弧形，西南角斜直（图一）。有东、南、西三门，北为缺口，东门、南门现有道路穿过，东门为清同治元年重修，原东门已毁。西门全毁，北部缺口尚存。现城址东城墙、北城墙外侧为后人修筑的灌溉排水渠。西城墙现还保留有一个较大的夯土堆，

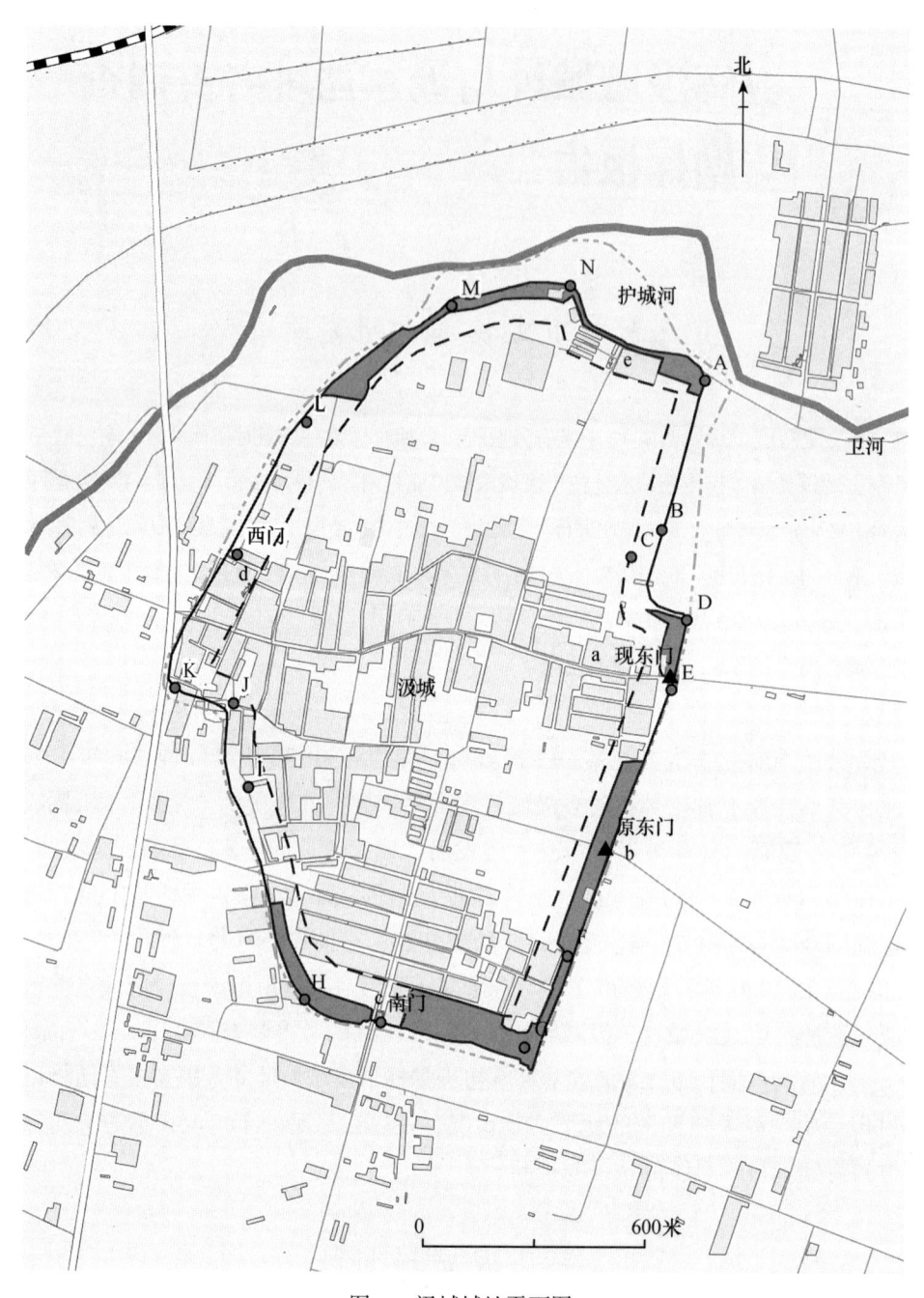

图一　汲城城址平面图

应为城墙墙体的一部分。

现存东城墙、南城墙、北城墙保存较完整,西城墙保存较差。城墙宽12~60米,高出地表2~7米,均经过加工,但不同位置构成城墙的土质及夯筑方法有所差异。现分段说明城墙结构。

东城墙：长约1800米，现存较好，明显高出地表的约150米。

AB段，位于城墙东北角，宽约30米。由于中华人民共和国成立后平整土地，城墙与地表基本持平，地表下地层可分2层，第1层，耕土层，厚0.3米。第2层，夯土层，厚2.7米，见水、不及底。夯层厚约7厘米，夯土较硬，呈深红色。该段现为农田。

BD段，该段城墙向内弧收，宽约15米，其中C处宽约12米，为汲城城墙最窄处。城墙与地表基本持平，地表下地层可分3层，第1层，耕土层，厚0.3米。第2层，夯土层，厚3米，含沙量较大，夯土较软，呈深黄色，夯层不明显。第3层，黄沙层。该段现为农田。

DE段，该段靠近东门，保存较好，宽约60米，高出地表约2米，向下地层可分2层，第1层，耕土层，厚0.3米。第2层，夯土层，厚约4米，见水、不及底。夯土较硬，呈深红色，夯层明显，厚约6厘米。该段现为农田与村民住宅。

a处为清同治元年修建的东门，现此处有汲城村一大队通向娘娘庙的水泥路，未发现城门遗迹。平整土地过程中发现了大清同治元年在东门城楼立的"蓬海映辉"石刻一块，长1.4米，宽0.55米，石刻现存于村民家中。

b处为原东门，废弃原因不详。此处地层可分3层，第1层，耕土层，厚0.3米。第2层，填土层，厚约1.2米，土色较杂，推测为原东门废弃后回填所致。第3层，沙层。深至2.3米，见水、不及底。该段现为农田。

EF段，位于城东墙中部，宽约50米，城墙与地表基本持平，地表下地层可分3层，第1层，耕土层，厚0.3米。第2层，夯土层，厚2.9米，呈深褐色，土质较硬，结构细密，黏性较大，夹杂少量料姜石，夯层厚约6厘米。第3层，生土。该段现为农田。

FG段，位于城址东南部，宽约40米，高出地表约2米，该处地层可分为2层，第1层，耕土层，厚0.3米。第2层，夯土层，厚3米，见水、不及底。夯土分层，一层深褐黏土，一层沙土交替出现，夯层厚约8厘米。该段现为农田大棚与村民住宅。城址东南角较规整呈直角。

南城墙，长约600米，现存较好，明显高出地表的约100米。据村民介绍，城外西南角原有一座镇国塔，已毁，未发现塔基等遗迹。村民在平耕土地过程中在城墙附近曾发现有大清同治元年"熏风解愠"的石刻，长1.4米，宽0.55米，石刻现存于村民家中。

GH，位于城址南部，宽约40米，高出地表约2米，该处地层可分为2层，第1层，耕土层，厚0.3米。第2层，夯土层，厚3米，见水不底。夯土呈浅褐色，较黏，夯层不明显。

c处为南门，现有道路通过，无城门遗迹。

城址西南角，呈斜边状，宽约40米。

西城墙，长约1300米，现存较好，明显高出地表的约50米。

HI段，位于城址南部，宽约40米，高出地表约2米，该段与南城墙土质特点及夯筑技术相似。地表下地层可分为2层，第1层，耕土层，厚0.3米。第2层，夯土层，厚3米，见水不底。夯土呈浅褐色，较黏，夯层不明显。

I处因有房屋建筑，无法钻探。

JL段，位于城址西部，宽约40米，城墙与地表基本持平，地表下地层可分为2层，第1层，耕土层，厚0.3米。第2层，夯土层，厚1.7米，见水不底。夯土呈浅褐色，分层明显，每层厚约6厘米。其中J处路边北侧保留有夯土断面，夯层明显，厚约7厘米。K处为高台，残高7米，北侧有路可上，夯筑明显，夯层厚7米，夯窝直径5.5厘米。夯土向下距地表约2.2米，下为厚约0.8米的沙层，再下为褐色胶泥土。

d处为西门，已完全毁坏，无城门遗迹。

LM段，呈弧状，为城址西北角，现与卫河堤相连，内侧夯土宽约40米，城墙与地表基本持平，地表下地层可分为2层，第1层，耕土层，厚0.3米。第2层，夯土层，厚3.9米，加工痕迹不明显，含有黄色料姜石。其中L处为农田大棚，无法钻探。

北城墙、西城墙，长约1600米，现存较好，明显高出地表的约400米。

MA段，此处转折较多，宽约50米，城墙高出地表约2米，地表下地层可分为2层，第1层，耕土层，厚0.3米。第2层，夯土，厚3.7米，含有料姜石，分层不明显。

e处现为缺口，宽约1.8米。根据资料记载和村民回忆此处无城门，为通往城外田地的通道。根据此处地理环境为北邻卫河，推测筑城时依河而守，因此未修城门。

城址范围内，南部为居民区，北部为农田。城址东城墙外为人为修筑的灌溉排水渠，村中正在进行农村社区建设，对于城址会产生一定的破坏。由于后期村民生活的扰乱较为严重，城址范围内现在只能见到少量战国至汉代时期遗物，仅较少地方保留较为完整的城墙。

二、娘娘庙村南地墓葬区

传说中的汲冢故址在今卫辉市孙杏村镇娘娘庙村南地，据村里老人讲，这里在20世纪60年代时还保留有七个较大的封土冢，被传为"汲冢"（图二）。

由于这个七个大封土堆在20世纪70年代平整土地时都被夷平，今天我们能够看到的只是一大片平坦的农田和小块的林地。经过对该锁定区域进行细致的调查和勘探，共发现8座古墓葬（以下编号以字母"M"代指）和1处古窑址。

8座墓葬中仅有一座为竖穴土坑墓，其余7座均为砖室墓。最小的土坑竖穴墓仅长

图二　相传"汲冢"所在地

5 米，宽 3.5 米。砖室墓形制较大，现分述如下。

M2　砖室，平面呈甲字形，坐南朝北，由墓道、墓室组成，墓道方向朝北。南北通长 21 米，东西宽 10 米，墓道长 7 米，宽 1.6 米，深约 2 米。

M5　砖室，平面呈中字形，坐东朝西，由墓道、墓室组成，根据钻探情况推测有侧室，墓道方向朝西。东西长 13 米，南北宽 8 米，墓道长 7 米，宽约 1 米，深 0.5～1.2 米。墓室内填土为花土，深 1.5 米处见砖。

M7　砖室，平面呈长方形，东西长 10 米，南北宽 4 米，深约 1.8 米。墓内填土为花土。墓室外侧东西长 22 米，南北宽 12 米椭圆范围内为青灰色黏土，夹杂料姜石。

M8　砖室，平面呈长方形，东西长 9 米，南北宽 3 米，深约 1.7 米。墓内填土为花土，夹杂料姜石。

M9　砖室，平面呈长方形，南北长 7 米，东西宽 4 米，深约 1.7 米。墓内填土为花土，夹杂料姜石。

M10　砖室，平面呈长方形，东西长 7 米，南北宽 6 米，深约 1.5 米。墓内填土为花土，夹杂料姜石。

M11　砖室，平面呈长方形，南北长 5 米，东西宽 3.5 米，深约 1.7 米。墓内填土为花土，夹杂料姜石。

古窑址　在勘探中发现地下有较多砖块，推断应为砖窑，且砖的形制与墓葬所出相同，大概该窑正是为这片墓葬的用砖而置。窑平面呈椭圆形，距地表 0.7 米处见烧土，烧土范围南北长 5 米，东西宽 3 米，深约 1.4 米。

这些古墓葬，根据形制和出土遗物的情况来看，只符合汉代墓葬的风格，尤其是以砖构筑墓室，是汉代的典型做法。因此经勘探所发现的这批墓葬的性质应该是汉墓，而并非战国墓葬，这与传说中的"汲冢"有所出入（图三）。

图三　娘娘庙村南地墓葬区地表采集文物

三、调查收获

经过对现有汲城故址和娘娘庙村被传说"汲冢"的调查和勘探，结合历史文献资料，我们初步推断现在的汲城故址应始建于东周时期，曾是魏国的军事重镇。汉以后刘邦封汲绍侯于此并加以扩建。该城最早的建筑形态应经过对城内的进一步考古调查后才能了解，但其始建年代至少追溯到战国时期。对于娘娘庙村传说中所谓的"汲冢遗址"，目前的考古调查资料尚不能给予"有力"的证据以作支撑。鉴于本次调查和勘探的面积毕竟有限，尽管在"原传说地"发现的是汉代墓葬，但并不能排除汲城周围其他地域还有战国墓葬的可能，所以尚不能排除汲冢遗址在娘娘庙村附近的可能。

四、初步研究与保护建议

汲城城址是一座保存完整的战国至汉代的古代城址，其城址规模较大，选址位置独特，北靠卫河，遥望太行，处于南北重要通道上。汲作为一个古地名，最早出现在文献里是在战国时期,当时它是魏国的一个军事重镇。汉代在这里设县,称汲县。到了西晋,在这里设郡,称汲郡。汲城城址格局基本保持完整,同时在历史文献中记载明确,是中国四大文化发现"汲冢书发现"的地理参照坐标。整个城址对研究战国至汉的城市历史、历史人文都具有重要的价值。

"汲冢"距离汲城城址很近,而且地表也确实散落着很多秦砖汉瓦等遗物,所以以往就出现很多关于这里的传说,当地民间也流传着一些关于魏王和古冢的故事。但是对于古遗址的定性,需要客观充实的考古资料作为证据。受地理环境、历史沿革和人为活动等因素的影响,考古资料的获取往往是一个较为艰难的过程,需要制定周密的计划和进行细致的工作,考古调查和勘探其实只能作为先期的工作,最后必须通过考古发掘才能给予最终的认定。

鉴于汲城城址和娘娘庙村古墓群(均为文物保护单位)这两处古遗址位于交通便利之处,人员活动较为繁杂密集,近些年农村基础建设力度又大,占地取土行为比较普遍,地下文物的安全受到巨大的挑战,存在很大的文物安全隐患,对其采取必要的保护措施就显得尤为紧迫。依照《中华人民共和国文物保护法实施条例》第二章第八条的规定:市县级文物保护单位应设置专门机构或者指定专人负责管理。在调查走访时我们发现该文物保护单位机构不健全,因此我们建议在当地选拔一些具有较高文化素质、思想觉悟和责任心的人员作为文物保护员,进行常年文物巡视和看护工作。这样既有利于其本地的基础建设顺利开展,又不致地下文物遭到破坏却隐瞒不报,更可以制约不法之徒的盗挖盗掘现象,为进一步保护和开发历史文化遗产资源,宣传城市形象,提升城市品位发挥出巨大的能量。

调查人员:王 政　申 文　明永华
　　　　　贺惠陆　胡弟明　周 鹏
资料整理:王 政　明永华
执　　笔:王 政

21世纪以来河南西周考古发现的评述

高振龙

（中国社会科学院大学　北京　100102；河南省文物考古研究院　郑州　450007）

摘　要：本文回顾了近年来河南西周考古的发现，总结了成就，指出了不足。

关键词：21世纪；河南；西周考古；发现

河南地区即狭义上的中原，其居天下之中而辐辏四方，西周早期重器何尊铭文称"宅兹中国"，便可"自兹乂民"。周人以蕞尔小邦，伐商建国，一举成为天下共主。面对人数众多的殷商遗民、沃野千里的殷商旧畿，周深感危机四伏。因此，实施了一些系列措施，包括营建东都、迁徙殷遗民、封建诸侯等，以巩固周人统治的地位。据史料记载，河南境内西周封国多达30个，留下大量的西周时期各类遗存，对研究当时西周时期物质文化、政治兴衰具有重要学术价值。

1932年，中央研究院历史语言研究所在浚县辛村（现鹤壁市淇滨区）卫侯墓地进行考古发掘，揭开了中国西周考古的序幕，截至20世纪末，河南西周考古筚路蓝缕，先后发掘了洛阳北窑西周墓地、铸铜作坊、平顶山应国墓地、三门峡虢国墓地等重要遗址或墓地，在西周成周、应国、虢国研究方面取得了举世瞩目的成果，并率先提出新的学术课题，如原始瓷问题、殷遗民问题等。在配合基本建设和主动课题考古中，陆续发掘规模不一的遗址、墓地，部分区域已逐渐建立起年代学框架，为深层次地探讨河南西周历史政治格局奠定了基础。进入21世纪后，伴随着中国经济迅速发展，特别配合国家重大项目而实施的一系列考古发掘，业已取得了诸多重要考古发现。

一、西周重要考古新发现

近二十年来，为配合河南省基本经济建设，各文物考古单位陆续发现与发掘了丰富的考古学文化遗存，为研究河南地区西周时期文化面貌提供了大量新的考古资料，其中不乏重要的考古发现。

(一)重要聚落

1. 洛阳成周考古

(1) 西周洛邑祭祀遗址。

西周时期的东都成周是西周王朝政治、经济、军事和文化中心，具有十分重要的地位，历年来都有重要考古发现。瀍河回族区河南科技大学林业职业学院院内。从2009年起，洛阳市文物工作队在瀍河回族区河南科技大学林业职业学院为配合基建进行考古发掘，发掘面积为1440平方米，以西周时期文化堆层最为丰富。共发现西周灰坑90座、沟1条、墓葬20座，其中有37座为祭祀坑，2处燎祭遗迹。出土主要器物有陶鬲、陶簋、陶罐、陶盆、陶甗、铜削、石斧、骨锥和骨簪等，另有卜甲。祭祀坑以椭圆形较多，直径1～2米，深约0.5米，为牛坑3座、马坑2座、狗坑2座，人马组合坑、人猪组合坑、人牛狗组合坑、猪牛坑、猪马坑、猪坑以及两车一马的车马坑2座。该西周祭祀遗址是目前发现规模最大、保存完好、规格较高的西周早期的祭祀场所之一。祭祀用牲整体和残肢均有，未见用羊，却见残碎羊骨，被认为祭祀者级别可能要高于一般大夫，或可能为天子[1]。这种祭祀方式，显示出与郑州、安阳一致的殷商文化祭祀传统，与成周拥有大量殷遗民的史实相吻合。

(2) 其他类型。

除了上述发现外，在汉魏故城闾阖门[2]、洛阳瀍河区铁道·龙锦嘉园[3]、西小屯村东南部[4]、瀍河东岸中窑村[5]、上阳路西南[6]、唐城花园社区[7]、洛阳东车站[8]等，陆续有西周墓葬发掘。另在河南伊川徐阳墓地清理出西周中晚期墓葬6座[9]。

2. 鹤壁辛村遗址

辛村遗址，狭义上指的是鹤壁市淇滨区辛村村址占压区，是西周时期重要诸侯国——卫侯墓地。该墓地最早发掘于1932年，是中国西周考古的肇始。2016年起，河南省文物考古研究院围绕该遗址持续开展工作，表明原辛村墓地并非仅有墓地，而是集各类作坊区、建筑遗存、祭祀等功能为一体，是以多层级及多族属为特征的复合型大型聚落，城市呈点状分布于淇河两岸，面积近10平方千米。

目前所发现最早的商代遗存位于淇河西岸的大李庄，可确认最早为殷墟二期的墓葬，遗址中部发现有殷墟四期的墓葬与遗存，一般认为，淇河中下游地区属于商代王畿，后期史料记载该区域很可能为朝歌所在地，但尚未有证据表明。目前可确认的是，该区域内西周遗存分布极为广泛，是目前河南西周文化分布面积最大的聚落之一。春秋中期偏晚，随着戎狄入侵，卫国被迫迁都，至少在春秋晚期，该遗址属晋国疆域，战国时期，先后隶属于赵国、魏国，该遗址随即衰落。商周时期考古主要发现如下。

铸铜作坊区位于西距辛村600米，南临淇河，遗址北部为福兴寺，面积约20000平方米。实际发掘面积2650平方米。发掘灰坑300多座，道路和灰沟数条，房址2处。可辨至少有3个烘范坑，1个淘泥坑。陶范主要集中于发掘区东部及南部区域，以残片为主，数量达400多块，可辨器形或纹饰者有100多块。作坊区内分布着大量祭牲类遗存，包括马、牛、羊、猪、狗等，应当与铸铜祭祀活动相关。发现少量的地穴式房屋，则与工棚相关。还出土与铸铜相关的遗物，如磨石、鼓风嘴、炉壁残片和少量铜渣。从保存较好的陶范形制、花纹可知，该铸铜作坊区包含西周、东周两个阶段的遗存，既铸造青铜礼器，也铸造车马器。墓葬33座，少量灰坑葬，主要集中于西周时期，3座为东周时期。所有墓葬均散落于作坊区内，属于典型的"居葬合一"。多数带有腰坑，内有殉狗，随葬品以鬲、簋、豆、罐为主，部分墓葬出土有铜锛、铜凿等，与铸铜作坊有关的匠人。仅有两座墓葬出土有青铜礼器，分别出土爵、觯与鼎、簋，其中鼎、簋均为铅器。

制骨作坊位于辛村天桥西，北临鹤壁市快速通道，属于配合鹤壁市快速通道拓宽项目。发掘面积近975平方米，清理骨料坑近十座，牛坑、马坑各1处，地面式建筑5座，2座瓮棺葬。作坊区分布着极其丰富的废骨料、骨质半成品、粗骨质产品及少量蚌器。种属主要有牛、马、鹿、贝类等，其中以牛、鹿为大宗，完整的鹿角料多达300~400件，也有少部分马及鹿的肢骨。其中肢骨不仅使用了常用的肱骨、桡骨、股骨等长骨，跟骨及下颌骨也被用来制作骨器。骨饰品有较为完整的制作过程，从完整的肢骨到坯料再到最后的成品以及制作过程中产生的废料均保存完好。同一种器物，有骨制和角制两种材质，如环形饰品、骨簪、骨镞等。从伴生的陶器初步判定，该制骨作坊区使用年代为西周早中期，西周晚期即遭到废弃，之后再未重启。

3. 荥阳官庄遗址

官庄遗址位于河南省荥阳市高村乡官庄村西部，北依连霍高速，西邻荥邙公路，南距索河3千米，总面积超过130万平方米。该遗址发现于1981年。2010年，郑州大学历史学院配合南水北调工程建设，在遗址南部发现了南外壕，并对外壕进行了勘探。2011~2013年，郑州大学历史学院、郑州市文物考古研究院联合对该遗址进行了勘探和发掘，在外壕内确认了两周时期呈吕字形的小城和大城。2015年以来，在大城中北部发现了丰富的手工业遗存，包括两周时期的铸铜、制陶、制骨手工业遗存。截至2018年底，在大城中北部揭露面积3000平方米，清理陶窑10余座、灰坑1500多个、灰沟50条、墓葬36座、瓮棺葬18个。遗存大多属两周时期。官庄遗址已发掘的铸铜作坊区相对完整，遗迹布局有一定规律，出土了从制范到浇铸打磨等多个环节的遗存。作坊年代正处于春秋时期这一新的铜器风格的形成时期，其发掘对于探讨西周至春秋青铜器风格的转变，以及生产技术和生产方式的发展有重要价值。该作坊生产的器物种类众多，包括容器、乐器、车马器、兵器、工具和钱币等，部分模、范纹饰精美、所铸器物形体较大，具有较高等级。铸铜作坊内大量陶范与陶器共出，提供了郑州地区两周之际至春秋时期陶器与铜器编年的对应关系，这对进一步推定相关遗存的绝对年代，进而探讨两周之际社会变动等重大问题有重要意义。官庄遗址是继娘娘寨遗址之后，郑州西部地区发现的两周时期的又一大型聚落。与娘娘寨遗址相比，官庄遗址两周之际的遗存更为丰富，为完善郑州地区的两周考古学文化序列提供了重要资料；从遗址面积看，官庄城址外壕的围合面积超过130万平方米，是目前中原地区最大的西周城址之一。此外，官庄城址多重环壕、大小城南北并列的结构也非常独特，其性质值得进一步探讨[10]。

4. 济源柴庄遗址

柴庄遗址位于河南省济源市天坛路街道办事处柴庄村。遗址坐落在台地之上，地势西北高，东南低，处于蟒河和济水西源交汇地带。面积近30万平方米，遗址年代从商代晚期延续至西周早期[11]。

商代晚期遗存集中发现于遗址中部，发掘面积约2600平方米。发现的遗迹有坑塘类遗迹、夯土基址、祭祀坑、水井、墓葬、房址、圆形踩踏面、陶窑等。发现的祭祀坑比较重要，共有4处，除埋藏猪头的坑位于呈品字形分布的夯土基址围合区域内外，其余几处位于坑塘类遗迹以外的东部和东南部。一处为人祭坑（H406），圆形，直壁，平底，直径1.05米。坑内发现人骨1具，呈跪坐姿，面朝北，骨骼保存相对较好。一处为牛祭坑，在牛祭坑南侧有一处灰坑，其内发现有大面积原生红烧土层和灰烬层。综合空间遗迹分布，可能与甲骨记载之"社祭"相关。

西周早期文化遗存集中发现于遗址西北部，发掘面积3400平方米，遗迹有壕沟、房址、陶窑、墓葬、道路、灰坑等。环壕（G2），经过发掘和勘探确认了遗址的西环壕和北环壕各一段，西环壕宽7、深3~4米，填土较为纯净，出土少量石块，已探明长度300米。房址25座，均为半地穴式，方向不一。长度一般在3米左右，宽2~3米，现存深度0.44~0.8米。多数保存较好，保存有门道、灶和壁龛，灶一般位于门道左侧，部分房址还留存陶罐、鬲等生活用具。有两座房址的灶修建考究，火门用残陶罐券成。商代和西周墓葬各13座，其中商代有两座墓葬有殉人（M50、M53）。墓葬分为南北两区，以殷墟二期、三期为主。最大的一座墓葬（M50）平面呈甲字形，墓道呈斜坡状，长5.7、宽1.6米。墓室口长4、宽3、深5.2米。二层台有殉人1具。时代为殷墟三期。这批墓葬均遭严重盗扰，铜礼器均已无存。西周墓葬13座，另有灰坑葬4座，经过碳十四测年，年代多落在商末周初至西周早期。

柴庄遗址是除安阳殷墟外，河南地区明确的为商代晚期、有带墓道的高等级墓葬聚落的遗存，应是一处典型的商代晚期族邑聚落。对材料的初步考察，遗存少见典型殷墟四期文化遗存，而西周早期文化遗存保留浓厚的商式风格，与典型周文化遗存具有较大不同，表现出混合文化的特质。同时从测年结果来看，依据陶器类型所划定的部分西周早期遗存测年结果有些可向前延伸至商末周初甚或殷墟四期，这一现象或许说明在殷墟四期时期，周文化因素已对该遗址有深刻影响，这可能和该遗址处于商王朝核心区西部边缘、周伐商必经之路有关，或许正是商周变体时期周翦商过程的一种具体体现。

5. 荥阳娘娘寨遗址

位于郑州市荥阳市豫龙镇寨杨村西北。2005 年至今，遗址已发掘 15000 多平方米。2008 年度的勘探，发现该遗址有外城墙和护城河，城址东西长 1200、南北长 850 多米，总面积 100 多万平方米。内城发现有城门、夯土基址、道路、陶窑等作坊遗迹等。目前共清理各类遗迹 1600 多个，遗迹主要有城墙、城门、房址、夯土基址、墓葬等。出土遗物多为陶器，还有石器、骨器、蚌器、小型铜、玉器等。城址分内、外城，内城的始建时代为西周晚期，外城为春秋时期，整座城址沿用至战国时期。城内发现应建于西周晚期的夯土基址。该城址是郑州地区发现时间最早的一处西周城址，具有重要的学术意义，可能与西周晚期重要的政治事件"郑桓公东迁其民"有关。已发掘墓葬 19 座，根据葬俗及随葬品，可明显分为周人墓与殷人墓，时代为西周中期至晚期[12]。

6. 固始高墩子遗址

高墩子遗址位于固始县高墩子村，为一处西周的大型夯土基址[13]。基址现存面积 2000 平方米，高出地表 1.5 米，中部为一大型夯土台基，它东西长约 64、南北宽约 62、高 2 米，周围有一环形护城壕，宽 14~16 米，底部距离现在地表深约 5 米。大型房基位于基址中部，它东西长约 32、南北残宽 5~30 米，复原其全部面积约为 960 多平方米。房基的西南和东南部保存较好，在南墙和居住面中发现南北不十分等距离排列的柱洞 15 排，整个居住面可分出三四层，共保留柱洞 200 多个，发掘结果表明该房基在长期的使用过程中经过多次维修。这是目前河南省发现的面积最大的西周时期夯土基址。台基上发现墓地和灰坑。墓葬 7 座，随葬 1~3 陶器，有鬲、豆、罐。特别是在灰坑出土铸造青铜镢的陶范，时代为西周中期，个别单位接近西周晚期。固始位于淮河中游，年降水量较大，地下水位高，地表比较潮湿，西周时期在这里建造大规模夯土基址，除政治和军事原因外，也与防止潮湿和过多雨水有关。发掘者根据文献记载，西周初期周王朝在淮河中下游河南信阳东部到安徽西部分封建立的国家有黄、潘、蒋、蓼等。固始的范围，在古代文献记载中属西周的蓼国，古称蓼县，发现的这处西周时期的大型建筑基址正在史河南岸，固始县城的东南部，与安徽的六安隔史河相望，因此高墩子遗址很可能与文献中记述的古蓼国有关。

7. 蒋寨遗址

蒋寨遗址位于荥阳市豫龙镇蒋寨村南部[14]。该遗址面积约30万平方米。遗迹有墓葬、灰坑，遗物有陶鬲、陶盆、陶罐等。陶片以泥质灰陶为主，夹砂灰陶次之，红陶较少，纹饰有绳纹、弦纹、附加堆纹等，可辨器形有鬲、盆、罐等。石器较少，有石斧、石锛等，为磨制器。该遗址陶器器类丰富，发掘者认为可对各类器物进行排队比较，从而建立商代晚期和西周早期文化分期标志，有望全面认识郑州地区商末周初文化面貌。

8. 蒲城店遗址

河南平顶山市蒲城店遗址进行了考古发掘，遗址残存总面积18万平方米，发掘面积6200平方米[15]。西周遗存较少，清理4座单间半地穴式建筑，5座竖穴土坑墓、57个灰坑。时代为西周早期至中期。该地点距离平顶山应国墓地虽然较近，但陶器特征殷商遗风浓厚，与应国墓地有明显差别。

9. 其他地区西周遗存的发现

除上述几处重要考古城址、墓地之外，在河南境内其他区域，先后也发现一些西周遗迹，但这类遗迹类别几乎较为单一，或限于墓葬，或限于灰坑。

殷墟范围内，也陆续发掘有西周墓葬，包括孝民屯早期墓葬9座[16]，中晚期墓葬21座[17]，特别是近年来在东北郊的辛店遗址，遗址总面积100万平方米[18]。发现殷墟四期大规模的铸铜作坊，已出土各类陶范、芯、模、炉壁残块等1.2万余块，青铜器墓葬、集中成片的高等级建筑突破了传统的殷墟的范围，使得"大邑商"的概念更加具体化，其中殷墟偏晚的墓主人可能是已经进入西周纪年的"殷遗民"，为"戈"族邑。

三门峡李家窑遗址是虢国都城上阳城所在地，虢国迁都于西周晚期。21世纪以来，陆续开展了进行一系列发掘[19]，发掘了遗址面积近5000平方米，陆续清理了一批墓葬，其中重要的发现为早于虢国的焦人的墓葬，出土了鼎、盘、匜等青铜礼器及鬲、豆、壶、盂、罐等陶器，时代为西周晚期。

郑韩故城，主体时代是东周的，但不乏西周墓葬[20]。在兴弘花园、热电股份纸箱厂等，均有少量西周遗存发现，特别是西周小型窑，在火道内发现保存完好的人头盖骨，可能与祭祀相关。另外有零散的遗存，包括新郑市唐户[21]、漯河市庙岗[22]。

2004年，在安阳龙安区彰武镇西高平村发掘商周时期遗存[23]，其中清理西周灰坑67座，墓葬2座，均为小型竖穴土坑，无腰坑、无殉狗，分别出鬲豆、鬲。遗物以陶器为主，又以陶鬲数量最多，另有较多的骨器。商风浓厚，时代跨度较大，包括西周早、中、晚三期。这是洹河流域西周遗存最为丰富的一处。2005年在安阳龙安区黄张村发掘少量西周时期灰坑30座，时代属于西周晚期。陶器本地色彩浓厚，是当地商式风格的延续。

2005年，在焦作市温县陈家沟村清理了少量西周灰坑、西周晚期墓葬共12座，仅有一座腰坑，内有殉狗。器类有鬲、簋、豆、罐、盂。这批墓葬较为分散，未经严格规划，规格也较低[24]。2007年10月至2008年5月，在徐堡遗址清理出了西周晚期墓葬3座，其中2座头向朝西，1座朝南，两座只出土鬲，一座出土鬲、簋、罐。均无腰坑，殉狗[25]。

2004年3~6月，在黄河小浪底水库南陈遗址清理出西周中期村落及西周墓地各一处，已发掘面积为2100平方米，发掘房基6座，灰坑和窖穴155座，墓葬19座。房址平面有方形、圆角长方形和不规则椭圆形等，门道多被破坏。房间内壁角上有取暖的火膛，墙壁局部也经过火烧，部分有方形烧土面。房间面积从4平方米至20平方米，其中2座房址发现有可能是储存物品空间，使得平面呈品字形。墓葬均为小型竖穴土坑，陶器以单鬲或单豆居多，也有簋（盂）、罐等。部分甚至无随葬品。棺上填土中殉狗。少数墓葬两两成组，可能是并穴合葬。时代为西周中期或者偏晚[26]。

为配合南水北调中线工程建设，在丹江口水库淅川附近，2008年起，考古工作者陆续围绕丹江口水库，在淅川县境内发掘多处西周遗存。下王岗遗址清理西周灰坑48个，时代跨度从西周早—晚期。发掘者认为，西周早期为姬周文化，中晚期后，为典型的楚文化遗存[27]。龙山岗遗址的西周遗存主要有灰坑、墓葬、沟。其中遗物以陶鬲为主，墓葬12座。时代为西周早期至晚期[28]。申明铺遗址，清理出西周灰坑29座、陶窑2座，房基1座，时代集中于西周中期偏早[29]。下寨遗址，清理出西周时期灰坑21座，时代为西周中期至晚期，出土遗物具有早楚文化特征，发掘者将其归属于"过风楼类型"[30]。单岗遗址清理出少量的西周晚期灰坑[31]。焦皮凹遗址发掘西周遗迹58个，其中灰坑54个、灰沟3条、房基1座，时间跨度包括了西周晚早期[32]。早期楚文化的重点区域之一即为丹淅流域，上述发掘的西周遗存虽然不太丰富，多数为灰坑，墓葬也较少，但陶器时代序列完整，除下寨和申明铺之外，其他遗存均从西周早期一直延续至西周晚期，为今后深入探讨早期楚文化的形成与发展奠定了基础。丹淅流域发现较多西周早中期遗存，表现出典型的多元结构，与典型的楚文化有一定的共性，一定程度揭示出楚文化与周文化的相互关系。

（二）重要墓地

1. 大吕墓地

大吕墓地位于河南省禹州市小吕乡大吕街一带，目前仅在吕西村北墓区发现，大中小型墓葬均有，并发现了3座车马坑[33]。2015年发掘了7座。大型墓3座，均为带南向墓道的大墓。墓室南部两角向外均有大小不等的长方形耳室，构成了平面近早字形的特殊墓形，均有棺椁葬具，头向南。耳室间设置宽于椁室的宽大头厢，墓壁均经过修整，局部用泥抹平。大墓东西一字排开，间距很近，其中墓室最大的M3为男性墓，居中，墓道略呈弧形，墓室长4.4、宽3.6、残深2.28米。M3墓壁上还发现了鲜艳的朱砂层，椁盖与周围二层台上有木质葬车的痕迹，车横处发现1枚大青铜铃。葬具几乎均为木质，但在M4中发现的红烧土则罕见，应是木质棺椁被焚毁烧及椁外熟土二层台所致。除M3外，大中型墓的二层台上均发现有数量不等的殉人，最少的2个，最多的5个，基本上为年轻女性，没有葬具，遗骨被夯打致碎。一些殉人身上还陪葬有玉蝉、石项链等玉石器。大墓均有腰坑，坑内各有1殉狗。随葬品主要放置在头厢和椁内北侧。

中型墓均为长方形竖穴土坑墓，长4、宽2.5米左右，长方形单棺单椁，也有殉人现象。小型墓为男性陪葬墓，长方形单棺，仰身直肢葬，无随葬品。虽被盗严重，但西周墓葬仍出土了鼎、铃、削等青铜器，蝉、佩、饰件等玉器，原始青瓷豆和大量陶器、漆器痕、蚌饰器等文物。西周早中期诸侯公族墓地的发现罕见，可能和早期许国或者吕国有关。

2. 荥阳西司马墓地

该墓地位于荥阳市高村乡西司马村西北部，2005~2006年三次发掘，共清理商周墓葬82座，均为竖穴土坑墓，一般长2~3.4、宽0.8~1.7、深0.4~1.2米。墓葬头向分东西、南北两类，部分墓葬头腰坑及殉狗，少数带有头龛。随葬品组合以鬲、簋、豆、罐、簋、豆、罐为主。整个墓地规模宏大，排列有序，是近年来河南地区近年来发掘数量最多，保存最为完好西周平民墓地之一。该墓地时代最早为殷墟四期末端，以西周早期为主，属于殷遗民墓地，分属不同的族。据史料记载，周武王封叔姬仲于虢，史称东虢，地望一般认为位于广武镇南城村之平陶城，鉴于该墓地东距此地仅9千米，两者之间可能存在一定的关系。[34]

二、河南西周考古工作的成就

（1）填补区域空白性质的遗存日益增多。鉴于我国处于经济高速发展的阶段，因此，在贯彻"保护为主，抢救第一"的原则下，配合基建是田野考古发掘最为紧迫的任务。上述诸多考古发现，大多数均为配合基本经济建设发现与发掘的。有限的发掘面积，有限的发掘时间，虽然导致我们难以对特定区域持久深入地开展大面积考古发掘，但可喜的是，此类性质的发掘是伴随着各地区经济发展得以广泛地开展，几乎遍布整个河南境内，不少考古发现具有填补区域空白的意义，使得我们对境内西周遗存分布、有利于建立起对整个河南西周时期文化整体面貌的认识。特别是南水北调中线工程的实施，该工程涉及面广，考古发掘规模大，仅河南段近731千米，约占总干渠的58%，涉及文物保护点330处，考古发掘总面积85万平方米。其中郑州片区发现大量西周时期的遗存，如荥阳官庄遗址、娘娘寨遗址、蒋寨遗址的发掘均缘起于该项目，其中娘娘寨遗址在内共有6个项目入选"全国十大考古发现"[35]，为研究先秦郑州区域史增添了新的考古学材料。地处偏远地区、经济不甚发达区域、所谓认知盲点区域的文化在项目实施中，得以被发掘，特别是丹江口库区建设，淅川山区的西周时期遗存大量涌现，每个遗址点虽然发现西周遗存皆不是非常丰富，但分布范围却极其广泛，大量的材料为探讨早期楚文化起源与发展提供了新的材料和思路，柴庄遗址是济源地区首次考古发掘的西周遗存，也是河南省为不多序列完整地从殷墟延伸至西周时期的聚落遗存。

（2）传统遗址的时代轴线延长、内涵不断深化。众所周知的传统遗址在聚落考古理念下，不断刷新学界的认知。辛村墓地最早发掘于1932年，影响深远，因其早年侧重于发掘墓葬，在传统认知中，一直被视为一处单纯的卫侯墓地。近年来为配合基建进行考古发掘及调查勘探过程中，在墓地外围陆续发现了制骨、铸铜、居址遗存，遗址范围由淇河北岸拓展为淇河南岸，陆续发现商代殷墟时期、东周时期遗存，延伸了该遗址时代上限、下限，而且也逐渐意识到该遗址可能是具有西周时期诸侯国都邑性质的大型聚落。在传统殷墟范围外围，配合基建发掘的辛店铸铜作坊，不仅仅使得大邑商的概念更加具体化，而且发现了殷墟末期依旧在使用铸铜作坊，也发现了进入西周时期的殷遗民墓葬。这意味着该铸铜作坊区与殷墟有所不同，并未受到商周政治变革兵燹的直接冲击，而是经过一个相对较长时间而衰败，这对于研究西周多元的治理体系具启发性意义。

（3）商周转型时期关键节点遗址不断涌现。社会转型是三代考古的重要内容[36]，商周之际是中国历史上一个非常重要的转折点。它不仅是商与西周的分界点，而且代表着以殷墟为代表的东土世界与以周原为代表的西土世界的碰撞，两种社会治理体系替代。西周初年周王朝在东方封建同姓诸侯，以防范殷商反叛与再度崛起，从理论上讲，周文化西周初期在各地应当或多或少均有存在。河南是殷商故地，从商文化消失到周文化形成必然是一个缓慢的过程，准确把握这个特殊过渡时期的器物特点和时代风格，年代学框架的建立是研究这两种文化此消彼长中首要解决的问题，从具体实践上来看，我们目前已知的很多所谓的晚商遗存，其下限极有可能进入西周纪年；而典型的西周遗存，其上限又可能延伸至殷墟时期。因此，寻找、辨识出"商末周初"时期的遗存是关键所在，最佳的途径是寻找从殷墟一直延续至西周的聚落遗存。辛村遗址、柴庄遗址、辛店遗址均是典型的殷墟至西周时期的遗存，大吕墓地、荥阳西司马等，均涉及西周早期。通过系统分析这些遗址，建立起从殷墟至西周时期年代学框架，从而为探讨商周分界、社会转型等问题奠定基础。

三、河南西周考古的检讨

近二十年，河南西周考古成果斐然，但有不足之处。

（1）侧重于墓葬而忽视聚落问题依旧存在。20世纪以来，河南地区西周诸侯国考古取得了重要突破，尤其是应国、虢国、卫国等，均发掘了诸侯级的墓葬。进入21世纪以来，随着学科发展至今，以传统诸侯级墓葬作为西周考古的突破口，虽然具有"多快好省"的特点，但有多方面缺陷，其一，此类大墓的发掘多为偶然性，数量有限，且保存程度不一，可持续性差；其二，由于历史原因，早年发掘的墓葬，学术取向多不甚充足，往往一处墓地发掘完毕，便戛然而止，很少寻找与之对应的聚落。这种只重视墓葬，不见其他遗存的问题，成为西周田野考古的普遍现象。另外，配合基建的考古发掘，虽有非墓葬类遗存的发掘，但依旧属于偶然性发掘、碎片化研究，已无法满足现代考古学以"透物见人""构建古史"的要求。繁忙的配合基建与主动性的学术课题之间如何取舍，成为所有考古学者面临的普遍问题。

（2）各区域考古工作区域不平衡。成周遗址叠压于现洛阳市区，郑州作为省会城市，这两座城市不断扩张与改建伴随着大量的考古工作，屡屡有重要考古发现，积累了丰富的西周考古资料，得以建立较为科学的年代学时空框架。而其余地区的因各种原因，西周考古材料多为零散发现，在建立考古学年代学方面往往捉襟见肘。

（3）缺乏考古著史取向。周王朝推行"封建诸侯以屏周室"的统治政策，在周边重要战略地点分封了诸多同姓或异姓诸侯国。我们仅能够以考古明确位置的仅有应国、虢国、卫国，其余均语焉不详。即便是遗存较为丰富的郑州也是如此。根据文献记载，仅郑州地区建立的封国多达六个，包括管国、鄅国、东虢、密国、邟国、祭伯国等，考古工作者近年来也在郑州西北郊有重大考古发现。但遗憾的是，对应文献，我们目前仅能模糊地推断官庄遗址在西周时期可能是管、东虢等国所在，荥阳娘娘寨可能与西周晚期"郑桓公东迁其民"有关。相对于湖北之曾国、陕西之梁国，因为缺乏针对性考古发掘，河南西周考古迄今尚未建构一个完整的西周诸侯国史。以西周卫国为例，遗址出土陶鬲542件，标本仅有27件，陶盆171件，标本仅有63件，陶簋23件，标本12件[37]。我们很难想象，在考古资料不充分的条件下，如何在豫东北、鲁西南、冀南的广阔疆域中，搭建起卫国近千年的年代学框架。

注　释

[1]　周立、石艳艳：《洛阳西周早期大规模祭祀遗存的发掘》，《中国文物报》2011年6月17日第4版。

[2]　中国社会科学院考古研究所洛阳汉魏城队：《河南洛阳市汉魏故城M175西周墓发掘简报》，

《考古》2014年第3期，第2、13~23页。

[3] 洛阳市文物考古研究院：《洛阳铁道·龙锦嘉园西周墓发掘简报》，《中国历史文物》2015年第11期，第34~48页。

[4] 安亚伟：《河南洛阳市王城大道发现西周墓》，《考古》2006年第6期，第86~88页。

[5] 洛阳市文物工作队：《洛阳瀍河东岸西周墓的发掘》，《文物》2006年第3期，第17~19页。

[6] 洛阳市文物工作队：《洛阳涧河东岸西周晚期墓》，《文物》2007年第9期，第39~43、63页。

[7] 洛阳市文物工作队：《河南洛阳市唐城花园西周墓葬的清理》，《考古》2007年第2期，第94~96页；洛阳市文物工作队：《洛阳市唐城花园C3M417西周墓发掘简报》，《文物》2004年第7期，第4~11页。

[8] 洛阳市文物工作队：《洛阳东车站两周墓发掘简报》，《文物》2003年第12期，第3、6~13页、

[9] 郑州大学文物考古研究院（洛阳）、洛阳市文物考古研究院：《河南伊川徐阳墓地东区2015~2016年发掘简报》，《华夏考古》2020年第3期，第23~40、110、129页。

[10] 河南省文物局：《荥阳官庄遗址》，科学出版社，2015年；郑州大学历史文化遗产保护研究中心、郑州市文物考古研究院：《河南荥阳官庄遗址2013年度发掘简报》，《中原文物》2016年第3期，第4~16页；郑州大学历史文化遗产保护中心、郑州市文物考古研究院：《河南荥阳官庄遗址M1、M2发掘简报》，《文物》2017年第6期，第31~40页。

[11] 梁法伟、王豪：《河南济源柴庄遗址发现商代晚期至西周早期大型聚落》，《中国文物报》2020年4月3日第7版。

[12] 郑州市文物考古研究院：《河南荥阳娘娘寨城址西周墓葬发掘简报》，《文物》2009年第9期，第4~20、1页。

[13] 《固始高墩子西周大型夯土基址》，《中国考古学年鉴·2006年》，文物出版社，2007年，第246页。

[14] 资料尚未发表，转引自张雷：《郑州地区晚商至西周时期考古遗存研究》，吉林大学硕士学位论文，2019年。

[15] 河南省文物考古研究院、平顶山市文物局：《河南平顶山市蒲城店遗址西周遗存的发掘》，《考古》2016年第6期，第22~33页。

[16] 殷墟孝民屯考古队：《河南安阳市孝民屯遗址西周墓》，《考古》2014年第5期，第17~28页。

[17] 转引自杨广帅：《豫北冀南地区西周时期墓葬研究》，山东大学硕士学位论文，2017年。

[18] 孔德铭：《河南安阳发现迄今范围最大的商代晚期铸铜遗址》，《中国文物报》2020年1月3日第5版。

[19] 河南省文物考古研究所、三门峡市文物考古研究所：《河南三门峡李家窑西周墓发掘简报》，《文物》2014年第3期，第4~17、1页；河南省文物考古研究所、三门峡市文物考古研究所：《河南三门峡市李家窑遗址西周墓的清理》，《华夏考古》2008年第4期，第8~15页。

[20] 河南省文物考古研究所：《郑韩故城兴弘花园与热电厂墓地》，文物出版社，2007年。

[21] 蔡全法：《新郑唐户新石器时代至周代遗址》，《中国考古学年鉴·2006年》，文物出版社，2007年，第240页。

[22] 蔡全法:《漯河市庙岗新石器时代至周代遗址》,《中国考古学年鉴·2005》,文物出版社,2006年,第241页。

[23] 河南省文物考古研究所:《安阳市西高平遗址商周遗存发掘报告》,《华夏考古》2006年第4期,第3~38、44页。

[24] 河南省文物考古研究所:《河南温县陈家沟遗址发现的西周墓》,《华夏考古》2007年第2期,第20~31、164~168页、

[25] 郑州大学历史学院、河南省文物局南水北调文物保护办公室:《河南温县徐堡遗址两周墓葬发掘简报》,《中原文物》2016年第2期,第4~8页。

[26] 河南省文物考古研究所:《河南洛阳市南陈遗址西周文化遗存的发掘》,《华夏考古》2008年第3期,第17~31、153~156页。

[27] 中国社会科学院考古研究所山西队、河南省文物局南水北调办公室:《河南淅川县下王岗遗址西周遗存发掘简报》,《考古》2010年第7期,第3~16页。

[28] 河南省文物考古研究院、河南省文物局南水北调文物保护办公室:《河南淅川龙山岗遗址西周遗存发掘简报》,《中国国家博物馆馆刊》2015年第7期,第39~52页。

[29] 郑州大学历史学院考古系、河南省文物局南水北调文物保护管理办公室:《河南淅川申明铺东遗址文坎沟东地点龙山与西周遗存发掘简报》,《文物》2017年第3期,第4~18页。

[30] 河南省文物考古研究院、河南省文物局南水北调文物保护办公室:《河南淅川县下寨遗址西周遗存发掘简报》,《华夏考古》2017年第2期,第29~35、96页。

[31] 郑州大学历史文化遗产保护研究中心、河南省文物局南水北调文物保护管理办公室:《河南淅川单岗遗址2011年度周代遗存发掘简报》,《江汉考古》2015年第4期,第3~19页。

[32] 郑州大学历史学院、河南省文物局南水北调文物保护办公室、河南淅川县文物管理办公室:《河南淅川县焦皮凹遗址西周遗存发掘简报》,《南方文物》2020年第3期,第106~115页。

[33] 马俊才、郭军江、王向辉,等:《河南禹州发掘大吕墓地》,《中国文物报》2015年10月23日第8版。

[34] 郑州文物考古研究院、荥阳市文物保护管理所:《河南荥阳西司马遗址晚商墓地发掘简报》,《中原文物》2009年第3期,第4~9、24、113、114、117、119页;郝红星、于宏伟:《荥阳西司马商周墓地再研究》,《中原文物》2018年第1期,第67~79页;陈翔:《西司马墓地与殷遗民》,《江汉考古》2020年第1期,第81~87页;张家强、蔡宁、雷兴山:《郑州西司马墓地结构与社会结构分析》,《华夏考古》2018年第5期,第74~82页。

[35] 余亚男、孙向鹏:《浅谈河南省南水北调中线工程文物保护工作》,《河南水利与南水北调》2012年第7期,第37、38页。

[36] 王红亮:《由清华简〈系年〉论两周之际的历史变迁》,《史学月刊》2015年第2期,第13~21页。

[37] 陈康:《周代卫国考古学文化研究》,郑州大学博士学位论文,2019年。

夏商遗民向西伯利亚地区的文化传播*

武仙竹

（重庆师范大学历史与社会学院　重庆　401331；中俄科技考古研究所　重庆　401331）

摘　要：夏、商时期，是中国全新世期间气候大暖期。西伯利亚米努辛斯克盆地水土资源好，夏王族宗亲遗民、商王族宗亲遗民，在中国及其北方处于全新世大暖期的良好环境背景下，在商灭夏、周灭商后，因政治避祸和寻找发展机遇的需要，向北迁徙到米努辛斯克盆地。安德罗沃文化、卡拉苏克文化，均是以米努辛斯克盆地的发现和研究而命名的，它们分别是商灭夏后夏王族宗亲迁移此处创立的文化与周灭商后商王族宗亲迁移此处创立的文化。这两支特色鲜明的考古学文化，是中国夏、商文化向西伯利亚地区的延伸。它们在西伯利亚出现的时间，分别与商灭夏、周灭商时间相吻合，并且从人种特点、经济形态、文化信仰、铜器及陶器特征上，分别与夏商文化具有紧密关联。河南新乡地区是夏文化重要分布区，是夏商决战鸣条之战发生地；也是殷商文化重要分布区，是商周决战牧野大战发生地。夏王族宗亲、商王族宗亲北迁至西伯利亚地区的宗族中，也包括从新乡地区迁移过去的古居民。

关键词：西伯利亚；米努辛斯克盆地；夏遗民；商遗民

西伯利亚北起北冰洋，南同中国、蒙古接壤，西部和东部分别与欧洲、美洲相连，从旧石器时代开始即是亚洲同欧洲、美洲地区文化交流的桥梁[1]。西伯利亚地区旧石器文化与中国境内旧石器文化具有密切关系[2]，西伯利亚历史时期民族文化交流也与中国境内的考古学文化具有深厚渊源[3]。西伯利亚土著民族的民间传说和文化习俗，均反映其祖先是从中国境内气候温和的地区迁徙而来[4]。因此，从考古材料、史籍索引方面，探索中国内陆与西伯利亚地区文化的关系，是创新建立中国气派考古学，从广域视野探索中国历史文化国际影响力的重要研究内容之一。

新乡夏商时期为王族核心分布区，所遗存古文化遗址是开展夏商考古研究的重要素材。其中以新乡潞王坟遗址为代表的辉卫类型文化，是探索夏文化渊源的重要遗存[5]。

---

* 重庆市研究生教育教学改革重点研究项目"考古学博士生培养模式改革的实践探索"（批准号：YJG192029）资助。

以辉县琉璃阁遗址、孟庄遗址、李大召遗址等为代表的古文化遗存,是研究商文化演化的重要遗迹[6]。新乡地区是中国夏商时期王朝宗族核心分布区,在夏商两朝遗民扩散中,产生于新乡地区的文明,也随着遗民北迁而远播至西伯利亚地区。

一、新乡地区夏遗民与西伯利亚文化关系

夏是我国信史的第一个朝代,其主要文化分布区以豫西、晋南为主,其中二里头文化是夏文化重要代表[7]。夏末之世"汤革夏命",《史记·夏本纪》记:"汤遂率兵以伐夏桀,桀走鸣条,遂放而死。"鸣条之战夏亡、商兴,该战役是中国第一次王朝改换的关键之役,此役发生地为新乡市东南部的黄河北岸(封丘县、长垣县境内)。夏朝建国17世、471年[8],在古代新乡域内有重要宗族分布,亦留下很多重要文化遗存。史学界研究发现,鸣条之战后,部分夏王族宗亲向北方迁徙,分布至北方草原地区,是为匈奴、羌人先祖[9]。故《史记·匈奴列传》记:"匈奴,其先祖夏后氏之苗裔也。"此前,已有学者提出,夏王族宗亲向北方迁徙过程中,有些人群一直辗转迁至叶尼塞河上游西伯利亚核心区米努辛斯克盆地[10]。在此,我们从西伯利亚考古材料与中国夏商变迁史上,对夏王族宗亲向米努辛斯克盆地的迁徙进行考察。

商汤王在公元前1600年打败夏桀建立商朝[11],该时期西伯利亚米努辛斯克盆地突然出现了一个新考古学文化——安德罗沃文化(Andronovo Culture)。中国考古学界对安德罗沃文化研究较少,苏联部分学者因政治和族群意识秉持西伯利亚文化与中亚、欧洲有密切关系的观点,但面对考古材料与西伯利亚原有文化的显著区别,不得不承认安德罗沃文化陶器"同从前萨彦——阿尔泰高原出土的陶器发展过程毫无关系,是崭新的形制"[12]。

安德罗沃文化陶器组合以平底罐形器和缸形器为主,夹细砂,以泥条盘筑法成型,使用拍打、磨光进行加固和整形。器物口沿常刻划三角形几何纹,在器物颈部、腹壁分层装饰折线几何纹(中国考古学界习称勾连龙纹、回形纹、云雷纹)。中国夏文化遗存的二里头文化陶器中,器型也是以平底罐和深腹罐(缸)为大宗,青铜器上也常见龙纹、云雷纹等[13];陶器制作中也常常夹砂,使用拍打和磨光进行加固、整形,陶器装饰中的回形纹、云雷纹等与西伯利亚折线几何纹高度相似[14]。安德罗沃文化陶器上的倒三角形几何纹,在二里头文化陶器表面上也可以看到风格一致的现象(如陶盉外壁)[15]。

安德罗沃文化与该地区此前的阿凡纳谢沃文化(Afanasyevo Culture)有显著区别,其最大分异是阿凡纳谢沃文化是以畜牧经济和渔猎经济为主,而安德罗沃文化突变为与夏文化一样农业经济占主要成分,并且主要种植对象都同样是小麦[16]。

安德罗沃文化与中国夏代文化的重要联系,还可从保存至今的安德罗沃石人像上

发现明显线索。众多安德罗沃石人像是该文化显著特征,其中有一个石人像非常特别,反映人、兽合体主题。该石像上部为人面,下部为牛面(雕刻有牛角、牛眼等)。该人与牛合体石像,苏联考古学者也一直只是将其简单地视为"石人像"。其实,这种人兽合体主题像,中国考古学界非常熟悉,其人兽合体的母题是反映人类对神灵的崇拜,从良渚文化玉器上的神徽图像,到商周青铜器上的饕餮纹等,都属于该类主题[17]。夏代考古中,同样也发现有人兽合体图像,该类图像被释为中国青铜时代饕餮纹的源头[18]。安德罗沃文化的人兽合体石人像,其头部发型很规则地向上、向后伸展,这种特点与该地区同时期其他石人像有显著区别(其他石人像发型是长发向前、向后呈垂直披发状态),而与中国人兽合体母题的放射状冠饰相吻合。因此,安德罗沃文化中的人兽合体石人像,实际是夏文化人兽合体母题的外延,与中国青铜时代早期饕餮纹具有源流关系。

安德罗沃文化与夏文化的相关性,还反映在太阳崇拜文化在该地区的突然兴盛。太阳崇拜文化在中国内陆新石器时代早期已经盛行,夏代时,王权思想与太阳崇拜思想紧密联系,因此,夏历十天干是源于对古代天象的观测(崇日活动的产物);夏朝帝王多以日取名,如大庚、仲庚、少庚、孔甲、胤甲、履癸等,诸帝名实是不同时间顺序的太阳称谓[19]。而安德罗沃文化也存在非常浓厚的太阳崇拜,该崇拜思想对该地原有意识形态而言是一种文化变革。安德罗沃文化发现有太阳崇拜活动的祭祀遗存(祭祀太阳的圆台,圆台周围用石板摆置光芒放射状射线;出土有祭祀遗存灰烬堆,以及陶罐等),该文化的太阳崇拜思想,与夏文化的太阳崇拜思想足可相匹。

安德罗沃文化与夏文化的重要关联,还有来自墓葬骨骼体质人类学的证据。苏联古人类学家对米努辛思克盆地安德罗沃文化墓葬的人骨进行观测分析后发现,该时期人类颅骨与西伯利亚地区原居民相比,具有脸部更宽、眼眶更低等特征。从人类学观点判断,安德罗沃文化居民与西伯利亚原居民之间不可能有直接继承关系,这些人应该是从东南方(中国内陆地区)迁徙而来[20]。

综上,西伯利亚地区米努辛斯克盆地在公元前1600年左右,突然出现一种规模很大的新型考古学文化——安德罗沃文化,其主人与西伯利亚原居民相异,而与中国境内人种体质相符。该时期恰逢鸣条之战殷汤灭夏,史料记载夏王族宗亲北迁,并且,其经济形态(农业为主)、宗教信仰(太阳崇拜)、考古学文化遗存(石饕餮像、陶器器型及纹饰)等,均与中国夏文化有明显关联。因此,我们认为,西伯利亚安德罗沃文化是中国夏文化的北播。河南新乡地区辉卫型文化是夏文化重要组成部分,古代新乡地区是夏王族宗亲重要分布区(夏桀最后退守、夏商决战役鸣条之战位于新乡)[21],所以,夏遗民北迁至西伯利亚地区的宗族中,应该有从新乡地区迁移过去的古居民。

二、新乡地区殷商遗民与西伯利亚文化关系

公元前1046年，周武王率领诸侯联军在牧野之战打败商纣王，建立中国第二个王朝西周[22]。牧野大战之地位于今新乡市东北部牧野村[23]。中国历史上第二次改朝换代之役，同第一次改朝换代一样发生在新乡。牧野之战后，周武王采纳周公旦的建议，让殷王宗族"各安其宅，各田其田，毋故毋私，惟仁是亲"[24]，"封纣子武庚禄父，以续殷祀"[25]，并以平殷未定为由，使自己的两位弟弟"管叔鲜、蔡叔度相禄父治殷"[26]（监督和管理殷宗族）。但是，殷遗民并不是从此安服周人统治。牧野大战后第3年（公元前1043年），故殷王武庚就联合三监进行叛乱，史称"武庚之乱"。周公旦协助周成王平定了武庚之乱，并将殷王族及其联盟集团分散迁徙到各地，以摧毁殷王族血缘宗亲力量，是为所谓"成周既成，迁殷顽民"（《尚书·多士篇》）。大规模的迁殷遗民过程中，除了分散发配到各诸侯国、固定监居周都洛邑城外、征集入伍等处理方式外，另还有很多殷遗民四散逃逸[27]。其中有一部分宗亲向北逃逸，竟然与500多年前殷灭夏后、夏遗民向北逃逸一样，也逃避到西伯利亚米努辛斯克盆地。这一中国青铜时代重大民族迁徙事件，我们从考古学上也可以发现清楚线索。

殷王族宗亲向北大迁徙之际，西伯利亚米努辛斯克盆地再次突然出现一种新考古学文化，考古界称之为卡拉苏克文化（Karasuk culture）。苏联考古学界的主流观点曾认为，卡拉苏克文化从文化特征和人类体质形态上观察，均应该是来源于中国内陆，其铜器、陶器和装饰艺术应与中国殷商文化有特别紧密的关系[28]。西方学者威廉姆·华生（William Watson）认为，东方传统的卡拉苏克文化人群向西到达米努辛斯克盆地后，取代了那里与西方有联系的安德罗诺沃文化，使中国文化规模性传入米努辛斯克盆地[29]。中国考古学界也有学者认为，中国殷商文化经过内蒙古、鄂尔多斯、阿尔泰山脉，在向中亚和古代新疆地区延伸的同时，向北也进入西伯利亚，与当地文化冲突、融合后，形成了独特的卡拉苏克文化[30]。在此，本文从考古学材料中，分析殷商文化传播至米努辛斯克盆地创立卡拉苏克文化的证据。

卡拉苏克文化与殷商文化最明显的共同之处是他们在青铜文化上有很多共同特征。卡拉苏克文化的青铜小刀及两头弯曲、中间平直的弓形器等，与安阳出土的同类器物极似；二者的青铜矛、铜镞等，也有很大相似性[31]。卡拉苏克文化中凹槽剑格、阑式剑格的青铜剑，与商末周初时期中国青铜文化紧密相关[32]。通过对该时间段铜刀和铜剑的发展演变分析发现，中国北方和中原地区与米努辛斯克盆地的文化关系不是单一方向传播的，而是互有交往、双向传播的。其中米努辛斯克盆地的凹格剑、兽首剑、铃首刀剑及弓形器等，均是受中国北方和内陆地区影响而产生；而该时期内陆地区菌首风格的刀剑，则是受到米努辛斯克盆地的影响。但是从年代学分析上可以看出，中国考古学文

化对米努辛斯克盆地的影响比较早，商代晚期是一突出时段；而米努辛斯克盆地对中国考古学文化的影响相对较晚，菌首风格器物传入中国考古学文化是在西周时期[33]。这种现象反映出，青铜器具作为商末周初重要战略和经济物质，可能是殷遗民把有些青铜文化带入米努辛斯克之后，在那里生活的人们又把有些新创造的文化反输到内地。

卡拉苏克文化陶器与米努辛斯克盆地原有的安德罗沃文化陶器相比发生了巨大变化，显著特征是陶器群体以圜底器为主，取代了原有的以平底器为主，并且开始流行陶器颈部折肩特征，以及在器身装饰弦纹等。殷商文化的陶器组合非常丰富，但是，圜底陶器、折肩和饰弦纹特征等，可以视为殷商文化陶器群体的重要特征之一。该文化特点我们从新乡市凤泉区发掘的潞王坟遗址[34]、辉县丰城遗址[35]商文化遗存中，可以观察到。

卡拉苏克文化的宗教信仰，从饕餮纹文化、太阳崇拜文化，以及对牛文化的继承方面，表现出与殷商文化具有密切关系。饕餮纹在中国夏代初始，殷商时高度发展和运用，饕餮纹是殷商青铜器纹饰中最常见的装饰[36]。米努辛斯克盆地卡拉苏克文化中，流行一种装饰饕餮纹的石碑，该类石碑上的饕餮纹与商代器物饕餮纹有密切渊源。米努辛斯克盆地及相近地区的卡拉苏克文化中，还存在太阳崇拜文化思想，以及对牛的喜爱或崇拜观念。卡拉苏克文化墓葬四壁的石板上，常见用红色绘制的人形太阳神，也绘制有牛的形象，以及带有牛角的人[37]。中国殷商时期高度崇拜太阳，商人把太阳神视为地位最高的神，商王经常祭祀太阳神，并用太阳的称号给自己命名。卡拉苏克文化的太阳崇拜思想，应该和殷商文化太阳崇拜观是相联系的。商代考古中，也发现了很多与牛有关的遗物和文化现象。例如，安阳侯家庄大墓中出土有铜牛方鼎，殷墟妇好墓出土有玉牛及牛角玉人；商王进行神灵祭拜时用牛进行祭祀，称为"太牢"，等等；商代以农立国的观念，是对牛珍爱和崇拜的基础[38]。卡拉苏克文化之前，米努辛斯克地区并没有明显的牛崇拜现象。因此，卡拉苏克文化中牛崇拜观念的突然兴起，应该是殷商文化影响的结果。

三、讨　　论

（一）开展夏商文化向西伯利亚传播服务中国考古学派的创新

中国特色、中国风格、中国气派的考古学科的建设，需要从新研究理念和技术方法方面进行开拓。其中把中国素材放在世界考古学视域的研究方法，以及紧密结合中国历史变化对相关考古学文化进行释读的思路，是开拓中国考古学派的创新内容之一。西伯利亚米努辛斯克盆地是欧亚大陆青铜时代文化发达的一块热土，该地区青铜文化与中国夏商文化有很多明确的关联。但在早期历史研究中，由于受"中国青铜文化西来说""中国青铜文化北来说"等影响，米努辛斯克盆地与中国内陆青铜文化的关系一直没有得到应有的重视，甚至有学者本末倒置地认为，米努辛斯克盆地居民通过与它"有显著的亲缘关系的某种民族文化间接地参加了安阳共同体的形成过程"，把中国商周青铜文化解释为是受西方文化影响下的产物[39]。此类忽视中国史前时代和青铜时代文明，降低中国文化先进性和国际影响力的思路，与客观历史和科学研究是相抵牾的。中国从史前时代到青铜时代，有连续发展、具鲜明传承关系的文化序列。以黄河中游为例，约公元前7000~前5000年有关裴李岗、老官台新石器时代文化，约公元前5000~前3000年为仰韶文化，约公元前3000~前2200年为龙山文化，约公元前2200~前1500年为二里头文化，约公元前1500~前1100年为殷商二里岗和殷墟期文化[40]。中国在夏时期，已经是欧亚大陆的文明中心，有规模很大、技术成熟的冶炼技术及产品。殷商时，百工具备，文化发达，从工业、农业、文化信仰、人口规模等方面均足以支撑中国成为欧亚文明核心区。夏都、商都是亚洲大陆人们向往的文明之都，是人口汇集地和"敷佑四方"（《尚书·周书·金滕》）、"奄有四海"（《尚书·大禹谟》）的权力之都。因此，夏、商王朝的更替和都城变换及其王族宗亲遗民迁徙，在当时的亚洲社会会产生巨大影响。解析当时王朝更替时期的权利分封和移民迁徙，从世界考古学的角度开展该方面历史研究和考古寻踪，是建设中国考古学派的应有探索。

（二）中国夏商王朝换代与遗民北迁

夏商时代欧亚大陆气候属于温暖湿润期，当时中国处于距今约8500年至3000年的全新世大暖期中后段，此时中国北方地区冬季最低气温比现今约高3℃左右，降水充足，是人类在亚洲北部扩散和文化大发展的阶段；距今约3000年以后，气温开始不可逆地持续走向降低时段[41]。据西方学者研究，公元前1500年左右（中国商代早中期），欧亚大陆北部森林草原分界地带大约在北纬56°（米努辛斯克盆地约北纬53°，包括在森林地带以内），而到公元前1250年（商晚期），这个界限又向北移到北纬60°附近[42]。因此，在整个夏、商、西周早期，西伯利亚米努辛斯克盆地以及其与中国相邻的北方地区，具有比现今更适宜人类生存的自然环境。这种北方地区适宜人类生活的自然生态，为夏被商灭、商被周灭后，夏、商王族遗民向北方迁徙逃逸提供了良好自然环境条件。

安德罗诺沃文化是由苏联考古学家 C. A. 捷普劳霍夫 1929 年提出的，他根据 1914 年在米努辛斯克盆地阿钦斯克州安德罗诺沃村墓地所见考古材料而命名该文化。此后，考古界把西起南乌拉尔地区（亚洲、欧洲交界区）、东抵西伯利亚叶尼塞河中游、南至中亚南缘土库曼斯坦地区、北至北亚森林草原北缘的考古遗存，统称安德罗诺沃文化。该区域非常辽阔，包括中亚哈萨克斯坦、塔吉克斯坦、阿富汗、中国新疆地区、蒙古国，俄罗斯西伯利亚地区等，从考古材料上看，这一广大区域均具有游牧、农牧经济特征，故着眼经济相似性而统称为安德罗沃文化。但这个广大的区域之间，是分散的众多区域文化，它们之间社会联系松散，没有统一的权力中心和集权组织，因此从考古学上又可称之为"安德罗沃文化联合体"[43]。从时代特征上看，被称为安德罗诺沃文化的遗存，距今年代约包括公元前 3000～前 1000 年，而且这些 ^{14}C 测年数据主要是半个世纪以前的，并且新、旧测年数据与相关纪年谱系之间存在很大出入。所以，把从中亚到西伯利亚涉及多个国家、时代跨数千年的青铜文化统称为安德罗沃文化，实际是一种过时的、考古学上不成熟的初步认识。近年，考古学界出现了一种科学的检视观点：开始详细讨论"安德罗沃文化联合体"内不同区域特征和文化联系，并且从考古素材、环境变迁、纪年谱系等方面综合分析认为，安德罗沃文化年代上限应为公元前 2000 年初；其中米努辛斯克盆地的安德罗沃文化是安德罗沃文化中期发展阶段东北部的边缘，时代约在公元前 1600 年[44]。我们认为，米努辛斯克盆地是安德罗沃文化的命名地，该区域文化具有鲜明自身特征，其文化元素虽然有同广域"安德罗沃文化联合体"的某些联系，但它同中国夏文化的紧密关系更为明显。并且公元前 1600 年正是中国历史上"鸣条之战"后商朝建立、夏王族宗亲北迁逃逸之时，在中国北方和南西伯利亚地区气候大暖期自然环境下，夏王族宗亲一路北迁至生态环境良好的米努辛斯克盆地，在吸收该地原居民部分文化特征基础上，创造出了安德罗沃文化。中亚、中国西部新疆地区、亚欧交界的西西伯利亚地区等，其时代相近的青铜时代文化，虽然可以沿用已有的"安德罗沃文化联合体"的概念，但它们实际上只是与安德罗沃文化有文化交流的其他地区的青铜时代考古遗存。

卡拉苏克文化是 S.A. 捷普劳霍夫根据于米努辛斯克盆地卡拉苏克河边发现的墓地进行命名的，该文化以米努辛斯克盆地为核心，扩散分布于南西伯利亚、蒙古国和中国的鄂尔多斯等地[45]。该文化的测年数据也很多，很宽泛，但一般认为处于公元前 1400～前 1000 年[46]。我们认为公元前 1000 年左右的数据是比较可靠的，公元前 1046 年牧野大战之后，殷商灭、西周兴，该时期殷商王族部分遗民不断向北方迁徙，正好循着当年夏遗民北迁路线移民至米努辛斯克盆地，在与当地原居民相融合的基础上创造出了卡拉苏克文化。

（三）夏商遗民在西伯利亚米努辛斯克地区的民族融合和经济开发

夏王族宗亲遗民、商王族宗亲遗民，在中国及其北方处于全新世大暖期的良好环境背景下，因政治避祸和寻找发展机遇的需要，向北迁徙到米努辛斯克盆地。米努辛斯克，俄语为 Минусинск，在当地古语用法中是两个词义的结合，"米努辛"音义含为"千条河"的意思，"斯克"是集聚地、城市的意思。米努辛斯克为古地名，含有"千河汇集的人口聚集地"的意思。这里被东萨彦岭、西萨彦岭和阿巴坎山脉环绕，中部地势宽阔、平坦，盆地内海拔以200～300米为主，有肥沃的栗钙土和黑钙土，以及铁、煤、铜、铝、金等多种矿藏，自古是西伯利亚最重要的农业区，盛产小麦、甜菜、瓜果、农畜产品等[47]。该地区旧石器时代开始就与中国内陆存在文化交流[48]，夏遗民和商遗民又先后迁徙到这里，带来了先进的中国内陆京都文化。夏王宗亲、商王宗亲移民到此地后，与当地原居民融合，在文化碰撞和进一步开发该地区经济资源的基础上，先后创造出了以米努辛斯克盆地考古发现命名的安德罗沃文化和卡拉苏克文化。安德罗沃文化和卡拉苏克文化，分别是以夏王族宗亲和商王族宗亲为主导，在米努辛斯克盆地创造出的适宜当地生活、涵带夏文化特征和商文化特征的区域文化，是西伯利亚地区民族大融合和经济大发展的文化。

四、结 语

米努辛斯克盆地青铜时代安德罗沃文化是商灭夏后夏王族宗亲迁移此处创立的文化，卡拉苏克文化是周灭商后商王族宗亲迁移此处创立的文化。这两支特色鲜明、与夏商文化有密切关系的考古学文化，均是以米努辛斯克盆地的发现和研究而命名的。米努辛斯克盆地青铜时代安德罗沃文化和卡拉苏克文化，是中国夏、商文化向西伯利亚地区的延伸。

夏、商时期是中国全新世期间气候大暖期。西伯利亚米努辛斯克盆地内水土资源好，气候积温高于周围山地，为夏商移民迁徙到此地生活提供了良好条件。夏、商时期中国移民对米努辛斯克盆地进行开发后，秦汉及其以后历史时期，中国文化对该地区一直保持有紧密的文化互动。特别著名的是在该地阿巴坎遗址中，出土有中国汉代时期宫殿建筑遗址。该宫殿遗址或被认为是李陵战败降匈奴后的住所，或被认为是王莽篡权后匈奴扶立"汉帝"卢芳的住所，还有人认为是匈奴单于与和亲公主王昭君所生长女须卜居次的住所[49]。近年，在米努辛斯克市博物馆藏品中，发现了明代皇宫通行证"驾牌"，印证米努辛斯克古居民与中国历史上著名的土木堡之变具有直接关系[50]。米努辛斯克博物馆还发现了大批中国唐、宋、金、元、明等朝代的铜镜[51]。西伯利亚米努辛斯克盆地自古与中国历史文化有深厚渊源，从夏、商时期王族宗亲开始在该地区创立安德罗沃文化、卡拉苏克文化开始，该地区历史文化已烙印了鲜明的中国历史文化元素。

河南新乡地区是夏文化、夏王宗族重要分布区，是夏商决战鸣条之战发生地。也是殷商文化、殷王族重要分布区，是商周决战牧野大战发生地。因此，夏王族宗亲、商王族宗亲北迁至西伯利亚地区的宗族中，应该包括从新乡地区迁移过去的古居民。从考古学材料上观察，卡拉苏克文化圜底陶器及其折肩、饰弦纹等特征，与新乡市凤泉区潞王坟商代遗址、辉县丰城遗址商文化遗存是具有紧密联系的。

注　释

[1] 武仙竹、哈连维奇·弗拉基米尔、阿给莫娃·伊莲娜：《西伯利亚特罗伊茨卡亚季节性古营地遗址研究》,《第四纪研究》2017 年第 4 期, 第 805~812 页。

[2] 权乾坤、阿尔杰米耶夫·叶甫盖尼、武仙竹：《中西伯利亚旧石器晚期的细石器文化——兼谈与中国北方的联系》,《第四纪研究》2017 年第 4 期, 第 797~804 页。

[3] 张元城：《西汉时期汉人流落匈奴及影响》,《中国边疆史地研究》2000 年第 2 期。

[4] 徐景学主编：《西伯利亚史》, 黑龙江教育出版社, 1991 年, 第 3、4 页。

[5] 邹衡：《关于探讨夏文化的几个问题》,《文物》1979 年第 3 期。

[6] 李慧萍、郭强、张自强：《考古新乡》, 科学出版社, 2020 年, 第 46~54 页。

[7] 张光直：《美术、神话与祭祀》, 辽宁教育出版社, 1988 年, 第 9 页。

[8] 李伯谦：《参加"夏商周断代工程"夏代年代学研究课题有感》,《中国史研究动态》2020 年第 4 期。

[9] 徐中舒：《夏史初曙》,《中国史研究》1979 年第 3 期。

[10] 陈立柱：《夏文化北播及其与匈奴关系的初步考察》,《历史研究》1997 年第 4 期。

[11] 仇士华：《夏商周年表的制订与 ^{14}C 测年》,《第四纪研究》2001 年第 1 期, 第 79~83 页。

[12] С. В. 吉谢列夫著, 王博译：《南西伯利亚古代史》, 新疆人民出版社, 2014 年, 第 74 页。

[13] 赵芝荃：《试论二里头文化的源流》,《考古学报》1986 年第 1 期。

[14] 朱志荣、朱媛：《夏代二里头陶器的审美特征》,《清华大学学报（哲学社会科学版）》2011 年第 5 期, 第 129~135 页。

[15] 中国社会科学院考古研究所二里头队：《1980 年秋河南偃师二里头遗址发掘简报》,《考古》1983 年第 3 期。

[16] М. П. 格利亚兹诺夫：《西哈萨克斯坦青铜时代墓葬》,《新建设中的考古工作》, 列宁格勒出版社, 1935 年, 第 9~93 页。

[17] 杜金鹏：《说皇》,《文物》1994 年第 7 期。

[18] 王青、赵江运、赵海涛：《二里头遗址新见神灵及动物形象的复原和初步认识》,《考古》2020 年第 2 期。

[19] 陈梦家：《殷墟卜辞综述》, 中华书局, 2004 年, 217~482 页。

[20] Г. Ф. 捷别茨：《苏联古人类学》, 列宁格勒出版社, 1948 年, 第 70~76 页。

[21] 李伯谦：《二里头类型的的文化性质与族属问题》,《文物》1986 年第 6 期。

[22] 汤志彪：《"甲子朝岁贞克闻夙有商"解诂》,《历史研究》2019 年第 3 期。

[23] 陈昌远：《牧野之战 "牧野"地望发微》,《河南师范大学学报》1998 年第 5 期。

[24] 《尚书·武成篇》, 上海古籍出版社, 1996 年, 第 39 页。

[25] 《史记·殷本纪》, 中华书局出版社, 1982 年, 第 109 页。

[26] 《史记·周本纪》, 中华书局出版社, 1982 年, 第 126 页。

[27] 江林昌：《由"武庚之乱"所引起的周代国家形态之变化》,《齐鲁学刊》2006 年第 1 期。

[28] С. В. 吉谢列夫著，张忠培、薛家译：《四十年来苏联境内青铜时代的研究》，《考古》1959 年第 6 期。

[29] William Watson: Cultural Frontiers in Ancient East Asia, Edinburgh University Press, 1971, p. 199.

[30] 李琪：《史前东西民族的迁移运动：关于卡拉苏克文化的思考》，《西北民族研究》1998 年第 2 期。

[31] 陈显泗：《安阳商文化与外来文化：影响与反影响》，《学术界》1989 年第 4 期。

[32] 杨建华、邵会秋：《欧亚草原东部金属之路的形成》，《文物》2017 年第 6 期。

[33] 杨建华、邵会秋：《商文化对中国北方以及欧亚草原东部地区的影响》，《考古与文物》2014 年第 3 期。

[34] 河南省文化局文物工作队：《河南新乡潞王坟商代遗址发掘报告》，《考古学报》1960 年第 1 期。

[35] 新乡市文管会、辉县百泉文管所：《河南辉县丰城遗址调查简报》，《考古》1989 年第 3 期。

[36] 陈梦家：《殷代铜器三篇》，《考古学报》1954 年第 1 期。

[37] V. V. 巴甫洛夫、武仙竹：《论西伯利亚南部三种青铜时代文化》，《科技考古与文物保护技术（第二辑）》，科学出版社，2020 年，第 293～301 页。

[38] 胡洪琼：《商代考古发现的牛状遗物探析》，《殷都学刊》2015 年第 3 期。

[39] 杨育彬：《评瓦西里耶夫〈古代中国文明的起源〉》，《文物》1976 年第 7 期。

[40] 张光直：《论"中国文明的起源"》，《文物》2004 年第 1 期。

[41] 施雅风、孔昭宸、王苏民，等：《中国全新世大暖期的气候波动与重要事件》，《中国科学 B 辑：化学生命科学地学》1992 年第 12 期，第 1300～1308 页。

[42] William Watson: Cultural Frontiers in Ancient East Asia, Edinburgh University Press, 1965, p. 202.

[43] E. N. Chernykh: Ancient Metallurgy in the USSR: The Early Metal Age., Transl. by Sarah Wright. Cambridge University Press, 1992, pp. 210-215.

[44] Elena E. Kuz' mina: The Origin of the Indo-Iranians, Boston, 2007, pp. 107-259.

[45] С. В. 吉谢列夫著，王博译：《南西伯利亚古代史》，新疆人民出版社，2014 年，第 105～191 页。

[46] 张良仁：《西西伯利亚南部的青铜时代分期》，《考古学集刊·第 20 辑》，考古杂志社，2017 年，第 232～271 页。

[47] Afaluowa H. A. ed: Krasnoyarsk Archaeology and Quaternary Sedimentary Reservoir, Platinum Press, 2007, pp. 15-117.

[48] 武仙竹、哈连维奇·弗拉基米尔、阿给莫娃·伊莲娜：《西伯利亚特罗伊茨卡亚季节性古营地遗址研究》，《第四纪研究》2017 年第 4 期，第 805～812 页。

[49] 周连宽：《苏联南西伯利亚所发现的中国式宫殿遗址》，《考古学报》1956 年第 4 期。

[50] 武仙竹、冯玲：《南西伯利亚发现的"驾牌"与明土木堡之变》，《中国边疆史地研究》2018 年第 4 期。

[51] 翁泽坤、武仙竹：《俄罗斯米努辛斯克市博物馆收藏的中国古代铜镜》，《科技考古与文物保护技术·第三辑》，科学出版社，2020 年，第 283～289 页。

试论中原腹地与周邻地区新石器文化的互动交融

鲍颖建

（河南师范大学历史文化学院　新乡　453007）

摘　要：中原腹地是中国古代文明起源和早期国家形成发展的重要地区。运用划分小流域的方法，梳理中原腹地新石器文化发展序列，为从宏观上探索中原腹地与周邻地区新石器文化的交流与碰撞奠定了基础；同时，对于探讨三代文明产生的历史渊源具有重要意义。中原与周邻地区新石器文化的发展存在不平衡性，区域之间新石器文化的交流与碰撞是双向进行的。中原腹地在地理位置上的居中优势，在文化交融上的兼容并蓄态度，使得诸多周邻考古学文化因素在中原大地得以汇聚、改造并最终融合。及至龙山时代晚期阶段，华夏文化集团的势力不断增强，王权及国家最终形成，中华文化最终从无中心的多元走向有中心的多元一体。

关键词：中原地区；新石器时代文化；中华文明起源；多元一体

关于中原地区，我国早期的古典文献《诗经》中便有"瞻彼中原"的描述，其有广义与狭义之分。古代的中原地区即是广义的，是指包括今天河南大部、河北及山西南部、陕西东部在内的黄河中游广大地区；其特点是地理位置适中、面积巨大，既有利于中原地区文化向四面八方发展，又便于其吸收周边文化的先进因素。狭义的中原限指河南；其古称豫州，因居于九州之中，故称"中州"，又因其大部分地区平坦，又称"中原"。本文探讨的中原腹地便是狭义的中原地区。

中原腹地与周邻地区新石器时代考古学文化相互碰撞、相互影响，在诸多考古学文化的相互交融过程中，中原腹地核心历史地位的确立过程逐渐清晰起来。目前中原地区新石器时代考古发掘工作已取得丰硕成果，相关研究工作逐步深入，现有的考古发掘资料与研究成果为中原腹地新石器文化区系类型的综合梳理奠定了良好基础。拟通过对中原腹地新石器文化发展序列及进程的宏观考察，尝试探讨中原腹地与周邻地区新石器文化之间的互动交融现象。这不仅对于推进中华文明起源研究的深入开展有重要学术意义，而且对探讨三代文明产生的历史渊源更为重要。

一、中原腹地新石器时代考古学文化发展序列概况

中原腹地在中国新石器时代考古学文化分布中处于居中位置，对中原腹地各区域新石器时代文化序列及发展进程的宏观梳理，将为探讨中原腹地与周邻地区新石器时代考古学文化之间的碰撞与交流现象奠定基础。

从整体考古发现观察，新石器时代考古学文化遗址基本都分布在河流的两岸。中原境内有大小河流1500余条，分属淮河、黄河、长江、海河四个流域，河南省内的主要河水流域基本能够覆盖全部的省域面积。基于中原腹地河流的分布情况，拟将中原腹地新石器时代考古学文化的分布情况按照河水流域来划分。根据已有考古发现，中原新石器时代考古学文化可划分为五大文化区：豫东涡、浍河流域考古学文化区；豫西伊洛河流域考古学文化区；豫南淮河上游及唐白河流域考古学文化区；豫北卫沁河流域考古学文化区；豫中颍洪河流域考古学文化区。

豫东地区新石器时代考古学文化区的范围可大体确定在贾鲁河——颍河一线以东的区域。豫东地区新石器时代考古学文化的发展序列为：裴李岗文化→石山子文化→大汶口文化→造律台文化。裴李岗文化遗存多分布于豫东西部边缘地区，可归属于裴李岗文化地方类型中的裴李岗类型。石山子文化早期阶段遗存以敛口弧腹钵、侈沿鼓腹罐、敞口宽沿盆、鸟首形或桥形器耳等为代表性器类，属石山子文化地方类型中的石山子类型；石山子文化晚期阶段遗存以折腹釜形鼎、（钵形、圈足、碗形）豆、小口双耳壶等为典型陶器组合，归属于石山子文化地方类型中的侯家寨类型。豫东仰韶文化中期遗存的主体文化面貌接近于豫中仰韶文化阎村类型，而仰韶文化晚期遗存可能与豫中仰韶文化秦王寨类型具有一定的联系。继仰韶文化之后，大汶口文化向西扩张，占领了涡、浍河流域的豫东地区，豫东大汶口文化遗存以罐形鼎、背壶、宽肩壶、袋足鬶、镂孔豆等为代表性器类，属大汶口文化尉迟寺类型。龙山时代晚期阶段，豫东地区成为造律台文化的分布区，以深腹罐、侧装三角形足的罐形鼎、甗、鬶、高领罐（瓮）、子口缸、平底盆、圈足盘等为主要陶器组合。

豫西地区新石器时代考古学文化区的范围大致可以确定在黄河以南、伊洛河至伊河沿线以西的区域。豫西新石器时代考古学文化发展序列为：裴李岗文化→仰韶文化→庙底沟二期文化→王湾三期文化／三里桥文化。豫西地区裴李岗文化遗存以夹砂筒形角把罐最具代表性，另有深腹罐、平底钵、圜底钵等，属裴李岗文化地方类型中的班村类型。豫西地区仰韶文化一期遗存以环形口平底瓶、夹砂弦纹深腹罐为代表性器类，属仰韶文化枣园类型。豫西地区仰韶文化二期遗存以杯形口小口尖底瓶、夹砂鼓腹罐等为典型器物组合，可归入仰韶文化东庄类型。豫西地区仰韶文化三期遗存以重环口或斜置单环口尖底瓶、曲腹或折腹碗、曲腹盆等为代表性器类，属仰韶文化庙底沟类

型。豫西地区仰韶文化四期遗存以平唇口或喇叭形口尖底瓶、夹砂罐、敛口瓮等为主要陶器组合，属仰韶文化西王村类型。豫西地区仰韶文化四期遗存明显承袭仰韶文化庙底沟类型的文化面貌。及至龙山时代早期阶段，豫西地区成为庙底沟二期文化的中心分布区之一。龙山时代晚期阶段，豫西东部地区为王湾三期文化分布区，属王湾三期文化的王湾类型；豫西地区的西部区域则为三里桥文化分布区，以单把鬲、双錾鬲、单耳罐、深腹罐、双腹盆、单耳杯、斝为代表性器类。

豫南地区新石器时代考古学文化分布区由两部分组成：地处淮河上游流域的豫东南考古学文化区，位于丹淅、唐白河流域的豫西南考古学文化区。豫东南新石器时代考古学文化区的范围约在南汝河以南、桐柏县向北至南汝河一线以东的区域。豫东南地区新石器时代考古学文化的发展序列为：裴李岗文化→石山子文化→屈家岭时期遗存→石家河文化→王湾三期文化。豫东南地区裴李岗文化时期的遗址仅有调查发现的几处，暂归入裴李岗文化地方类型中的贾湖类型。豫东南地区石山子文化早期阶段遗存出土有高圆锥形鼎足、附有鸟首形器耳的敛口罐等，归属石山子文化的石山子类型。豫东南地区石山子文化晚期阶段遗存与定远侯家寨二期遗存[1]甚为接近，属石山子文化侯家寨类型。另外，在淮河源头的闵岗遗址[2]发现有年代相当于仰韶文化庙底沟期的遗存。龙山时代早期阶段，豫东南地区成为石家河文化的分布区域，出土陶器中的罐、鼎、红陶杯、豆四者数量最多；淮河南岸的石家河文化遗存可归属石家河文化栗山岗类型。但淮河北岸发现的石家河文化时期遗存较为复杂，基本处于石家河文化的早期阶段。龙山时代晚期阶段，豫东南地区属王湾三期文化的分布范围，以深腹罐、鼓腹罐、直领瓮、高柄豆、侧三角高足鼎、乳足鼎等为主要器类，属于王湾三期文化杨庄二期类型。豫东南地区新石器时代考古学文化与东部的造律台文化、南部的斗鸡台文化还存在一定的联系。

豫西南地区新石器时代考古学文化区的范围约在伏牛山以南、桐柏县向北至南汝河一线以西的区域内。豫西南地区新石器时代考古学文化的发展序列为：坑南遗存→仰韶文化→屈家岭文化→石家河文化→王湾三期文化。豫西南地区以坑南遗址第2层为代表的坑南遗存所处时代为新石器时代文化早期。豫西南地区仰韶文化一期遗存以弦纹鼓腹罐、深腹罐、圆锥形足罐形鼎等为代表性器类，归属于仰韶文化大张庄类型。豫西南地区仰韶文化二期遗存以八里岗遗址[3]仰韶前期一、二段为代表，典型器类主要有罐形鼎、深腹罐、束腰器座等，属仰韶文化八里岗类型。豫西南地区仰韶文化三期遗存以淅川下王岗[4]为典型遗址，以形制多样的鼎、折沿深腹罐、敛口曲腹钵、曲腹盆等为最具代表性的器类，属仰韶文化下王岗类型。豫西南地区仰韶文化四期遗存以鼓腹篮（弦）纹罐、瓦状扁足盆形鼎、敛口钵、花边纽器盖等为典型陶器组合，属仰韶文化朱家台类型。豫鄂相邻地区的淅川黄楝树遗址[5]仰韶文化遗存较为单纯，可单列为仰韶文化朱家台类型的一个地方亚型——黄楝树亚型。龙山时代早期阶段，豫西南地区为屈家岭文化分布区，以双腹盆形鼎、双腹豆、双腹碗、壶形器、花边纽器盖、高柄杯等为最具特色的器类，归属于屈家岭文化青龙泉二期类型。龙山时代中期阶段，豫西南地区为石家河文化分布区，最具代表性的器类主要有腰鼓形（亦称橄榄形）深腹罐、高领罐、（竖道凹槽）扁足、侧扁三角形足的罐形鼎（习见垂腹者），厚胎喇叭口杯（多见凹底）等，属于石家河文化青龙泉三期类型。豫西南唐白河文化区以邓州八里岗遗址为代表的石家河文化遗存与丹淅文化区的同类遗存对比，具有明显的差异性，可细分为石家河文化青龙泉三期类型的一个地方亚型——八里岗亚型。龙山时代晚期阶段，豫西南地区考古学文化面貌发生了突变，王湾三期文化取代了原来的石家河文化，该地成为王湾三期文化的分布区。豫西南地区王湾三期文化遗存的主体文化面貌与湖北均县乱石滩遗址[6]同类遗存基本相同，属于王湾三期文化的乱石滩类型。

豫北地区新石器时代考古学文化分布区的范围为黄河以北区域。豫北地区新石器时代考古学文化发展序列为：裴李岗文化→仰韶文化→孟庄龙山早期遗存／庙底沟二期文化→后冈二期文化／王湾三期文化。豫北地区以花窝[7]、孟庄[8]为代表的裴李岗文化遗存，以三足钵、深腹罐、腰鼓形罐、双耳壶、直口盂等为典型陶器组合，属于裴李岗文化花窝类型。而以济源长泉遗址[9]为代表的裴李岗文化遗存出土有夹砂筒形角把罐等典型器物，应归入裴李岗文化的班村类型。豫北地区仰韶文化一期遗存主体文化面貌与冀南磁县下潘汪遗址[10]仰韶第二类型为代表的遗存基本一致，皆以鼓腹弦纹罐、蒜头壶、小口双耳壶、直口或敛口盂、红顶钵等为典型器物，归属于仰韶文化下潘汪类型。豫北地区仰韶文化二期遗存以红顶碗、红顶钵、鼎（罐形、盆形、釜形）为最具代表性器物，称之为仰韶文化后冈类型；以长泉遗址[11]为代表的仰韶文化二期遗存，归属仰韶文化东庄类型。豫北地区仰韶文化三期阶段，以长泉遗址为代表的一类遗存，归属于仰韶文化庙底沟类型。豫北地区仰韶文化四期阶段，以彩陶折腹盆、彩陶敛口钵、折腹钵、侈口鼓腹罐等为代表性器物，属仰韶文化大司空类型；以洛阳南陈遗址[12]为代表的一类遗存则属仰韶文化西王村类型。龙山时代早期阶段，豫北地区考古学文化由孟庄龙山文化早期遗存及庙底沟二期文化共同组成。孟庄龙山文化早期遗存是在仰韶文化大司空类型基础上直接发展起来的，以腹饰弦断竖篮纹的花边口沿深腹罐最具代表性；豫北庙底沟二期文化遗存则以许村[13]、长泉[14]遗址为代表。龙山时代晚期阶段，豫北地区由后冈二期文化、王湾三期文化共同组成。以大寒南岗遗址[15]为代表的豫北后冈二期文化遗存，最具代表性的器类主要有深腹罐（最大腹径早期靠上，晚期居中）、袋足鬲（鬲形、斝形）、罐形斝（亦有盆形斝）等，称之为后冈二期文化大寒类型。豫北地区沁河文化区以留庄[16]、苗店[17]、许村[18]等为代表的龙山晚期遗存，属王湾三期文化王湾类型；而以孟州西后津[19]等遗址为代表的一类遗存，属王湾三期文化王湾类型的地方亚型——西后津亚型。

豫中地区新石器时代考古学文化区的范围可大致确定在贾鲁河以西、黄河以南、伊河以东、南汝河以北的区域，涵盖了传统意义上的颍汝区与洪汝区。豫中地区新石器时代考古学文化发展序列为：李家沟文化→裴李岗文化→仰韶文化→大河村五期文化→王湾三期文化。豫中李家沟文化以李家沟遗址[20]北区的第4~6层为代表，陶器几乎皆为夹粗砂陶，器类主要为直腹筒形器。豫中裴李岗文化以双耳壶、深腹罐、三足钵、平底钵为最常见器类。豫中北部地区以裴李岗遗址[21]为代表的裴李岗文化遗存，属裴李岗文化裴李岗类型；豫中南部地区以贾湖遗址[22]为代表的裴李岗文化遗存，属裴李岗文化贾湖类型。豫中仰韶文化一期遗存以石固遗址[23]第Ⅴ期遗存为典型代表，主要器类有鼓腹弦纹罐、蒜头壶、束腰器座、鼎（罐形、盆形、折腹）等，属仰韶文化石固类型。豫中仰韶文化二期遗存以郑州大河村[24]西山[25]、尉氏椅圈马[26]等为代表，属于仰韶文化后冈类型。豫中仰韶文化三期遗存以鼎（罐形、盆形、釜形）、敛口彩陶钵、矮直领鼓腹罐、伊川缸等最具代表性，属仰韶文化阎村类型。豫中仰韶文化四期遗存以秦王寨遗址[27]为代表，主要器类有罐形鼎、盆形鼎、折腹鼎、彩陶罐、折肩罐、彩陶曲腹钵、折肩钵等，称之为仰韶文化秦王寨类型。龙山时代早期阶段，豫中地区为大河村五期文化的分布区，器类以敛口深弧腹罐形鼎最具代表性；而以商水县章华台[28]、周口市烟草公司[29]等墓葬为代表的一类遗存，则归属大汶口文化尉迟寺类型。龙山时代晚期阶段，豫中地区成为王湾三期文化的主要分布区，以高足鼎、乳足鼎、直领瓮、鼓腹罐、浅盘豆、圈足碗、深腹罐等为典型陶器组合，归属于王湾三期文化煤山类型。

二、中原腹地新石器时代考古学文化发展进程

从考古发掘的遗迹、遗物观察，中原腹地不同区域新石器时代考古学文化的生产力发展水平、生产方式、经济类型、社会形态等方面的差异并不显著。相较而言，豫西、豫西南地区的整体发展水平稍高一些，发展速度亦较快。

新石器文化早期阶段，中原腹地的石器制作以打制石器为主，磨制石器少见。中原地区原始的制陶业已经开始，但陶器器形简单，器类主要为罐、钵等。中原新石器文化早期的先民已开始了定居生活，但社会经济仍以狩猎、采集为主，农业生产尚处于刀耕火种阶段。

新石器文化中期阶段，尽管打制石器在中原腹地的一些遗址中仍占据较大比重，但磨制石器的数量明显增多，且不乏通体磨光者，以带足磨盘、磨棒、铲、镰等石器为代表性生产工具。中原新石器文化中期阶段的陶器造型多不规整，烧制火候不高，代表性器类有小口双耳壶、三足钵、深腹罐、直口盂、鼎等，较流行压印篦点纹和之字形纹。中原新石器文化中期阶段的房址形态以圆形或椭圆形半地穴式为主，墓葬以

单人一次葬居多，甚少有随葬品。中原新石器文化中期阶段的生产经济以农业种植为主，开始步入耜耕阶段，以粟、稻为主要作物，但狩猎、采集经济仍占较大比重。

新石器文化晚期阶段，中原腹地制作的石器以磨制为主，大都通体磨光，出现了较先进的管钻穿孔技术。中原新石器文化晚期阶段的陶器制作普遍采用泥条盘筑及慢轮修整技术，出现了少量轮制陶器；代表性器类主要有红顶钵、曲腹钵、彩陶曲腹盆、弦纹罐、小口尖底瓶等。彩陶艺术是中原仰韶文化时期的突出特征之一，主题图案主要有宽带纹、弧边三角纹、弧边三角和圆点组成的花瓣纹等。中原新石器文化晚期阶段的房址大都为地面式建筑，出现了连间长屋，普遍采用木骨泥墙技术，居住面多经火烤。中原新石器文化晚期阶段的墓葬流行土坑葬、瓮棺葬，随葬品数量增多，还出现了等级分化。中原新石器文化晚期阶段的装饰品、艺术品种类明显增多，刻划及绘画符号有较多发现，反映出人们较丰富的精神生活。中原新石器文化晚期阶段的生产经济以农业种植为主，家畜饲养业有了较大发展，普遍饲养猪、狗等，其他可能还有牛、羊等。中原新石器文化晚期的社会形态普遍处于母系氏族社会阶段，但到了仰韶文化中、晚期，中原腹地的多数地区开始步入父系氏族社会阶段。

到了龙山时代，中原腹地制作的石器大都通体磨光，普遍穿孔。中原龙山时代的陶器制作普遍采用快轮及慢轮修整技术，器类增多，出现了鬲、甗、斝等炊煮器，器表纹饰常见篮纹、绳纹、方格纹、弦纹等。中原龙山时代的房址普遍为地面式建筑，流行白灰居住面；城址大都采用夯筑技术建造。中原龙山时代的墓葬流行竖穴土坑葬，以单人一次葬为主；龙山时代晚期阶段较普遍地出现了成年男女合葬墓，墓葬规模、随葬品等分化明显。中原龙山时代犁形器的发现，表明农业生产可能由耜耕阶段步入了犁耕阶段；铜质工具的出现，促进了经济发展。中原龙山时代的社会形态普遍处于父系氏族社会阶段，中原某些地区在龙山时代晚期阶段开始步入文明时代。

三、中原腹地与周邻地区新石器文化的互动交融

中原腹地与周邻地区同期的新石器文化之间，持续存在着考古学文化之间的互动与交流。这种考古学文化之间的交融现象是双向进行的，时而渗透、时而占领，共同加快了中华文明形成的步伐。

（一）中原与东部相邻地区新石器文化的互动交融

豫东的涡、浍河隶属淮河水系，地处黄河、长江两大水系之间。由于特殊的地理位置，豫东地区成为诸多新石器时代考古学文化的交汇之地。裴李岗时代的早期阶段，中原裴李岗文化与海岱后李文化基本上是独立发展的。但到了裴李岗时代中期阶段以

后，中原地区与海岱地区的文化阻隔现象有所改变，出现文化交流的通道。皖西北地区成为中原裴李岗文化与海岱后李文化交流的桥头堡，裴李岗文化大约沿颍河、涡河等南下至皖西北地区，而后溯沱河、濉河等北上进行交流。继裴李岗文化之后，豫东地区进入石山子文化阶段。以武庄一期遗存为代表的豫东石山子文化受到了豫中裴李岗文化的较大影响。豫东地区武庄一期文化遗存与同期的豫中地区裴李岗文化遗存具有某些相似之处，譬如武庄一期文化遗存与长葛石固遗址[30]第Ⅳ期文化遗存共有小口双耳壶、矮圈足碗等器类。这表明豫东武庄一期文化遗存可能同较其年代稍早或略有交叉的豫中地区裴李岗晚期文化有着某些渊源关系[31]。另外，张文军先生指出，豫东武庄一期的折沿腰檐罐形釜不仅与中原地区陶釜存在质的差异，而且异于石山子流行的A、B、C型釜以及侯家寨、双墩带鋬手的罐形釜、钵形釜，但同长江下游地区马家浜文化的腰檐釜较为相似[32]。这反映出豫东地区考古学文化与长江流域同期文化亦存在某些文化交流现象。

仰韶时代早期阶段，中原仰韶文化第一、二期遗存与东方北辛文化相互影响，双方文化交流的通道多选在了豫北地区，而豫东的通道作用较弱。中原仰韶文化与东方北辛文化交流通道的选择，或许与两支考古学文化所处地理位置有紧密关系。仰韶时代晚期阶段，在中原仰韶文化第三、四期遗存与东方大汶口文化早、中期遗存的交流中，豫东地区又上升为主要的文化交流通道，而豫北文化交流通道的地位明显下降。

龙山时代早期阶段，在中原与东方的考古学文化交流中，东方大汶口文化依然占据着主导地位，大力向西扩展，以至于豫东涡、浍河区域也成为大汶口文化尉迟寺类型的分布范围。但是，到了龙山时代晚期阶段，东方大汶口文化向西强势扩张的势头戛然而止，中原与东方文化交流的态势发生了逆转。最为突出的表现是，原占据豫东涡、浍河区域的大汶口文化尉迟寺类型突变为一支新的考古学文化——造律台文化。这种考古学文化的突变现象，可能与以黄帝为代表的华夏集团和以蚩尤为代表的东夷集团之间的战争有所关联，《逸周书·尝麦解》载："蚩尤乃逐帝，争于涿鹿之河，九隅无遗。赤帝大慑，乃说于黄帝，执蚩尤，杀之于中冀，以甲兵释怒。"[33]但是，东方龙山文化并未就此衰落，而是经过一段时间的修整后，又恢复了在中原与东方考古学文化交流中的主导位置。

（二）中原与西部相邻地区新石器文化的互动交融

裴李岗时代，在中原裴李岗文化与陕西老官台文化的双向交流中，裴李岗文化稍占上风，并与老官台文化一起成为关中地区仰韶文化北首岭类型的共同来源。裴李岗文化与老官台文化的交流通道多选在豫西与关中东部地区；两支考古学文化的双向交流通道主要是沿着渭河及其支流进行的。

仰韶文化一期阶段，晋南豫西地区的山西垣曲古城东关[34]、翼城枣园[35]、河南渑池任村[36]、新安荒坡[37]、灵宝底董[38]等遗址均发现有同类仰韶文化遗存：以环形口小平底瓶、圜底圆锥足鼎、夹砂弦纹深腹罐、宽折沿盆、敞口假圈足盆以及圜底钵等为典型器物组合，具有鲜明的区域性特征，同属仰韶文化枣园类型[39]。关中东部地区以临潼零口[40]为代表的一类遗存主体文化面貌与豫西仰韶文化一期遗存基本一致，可将临潼零口仰韶文化一期遗存归入仰韶文化枣园类型。另外，豫西仰韶文化枣园类型与分布在关中渭河中游及陕南汉中地区的仰韶文化北首岭类型亦存在文化交流现象，双方主要是溯渭河进行文化交流，而关中东部地区的临潼零口等遗址则承担着文化桥梁的作用。

仰韶文化二期阶段，以山西芮城东庄[41]为代表的遗存和豫西地区同期遗存在考古学文化面貌上基本一致：皆以杯形口小口尖底瓶、夹砂鼓腹罐、筒腹罐、（宽带纹）平底钵、圜底罐形鼎等为典型器物组合，同属仰韶文化东庄类型。另外，豫西仰韶文化东庄类型和分布于关中渭河流域及陕南汉水上游地区的仰韶文化半坡类型进行了较多的文化交流，从双方文化交流的态势上观察，强势的半坡类型占据了主导地位。

仰韶文化三期阶段，豫西东部的王湾[42]、涧滨[43]等遗址以重环口或斜置单环口尖底瓶、夹砂罐、曲腹或折腹碗、曲腹盆、敛口钵等为代表性器类，主体文化面貌虽属仰韶文化庙底沟类型，但包含较多的仰韶文化阎村类型因素。另外，豫西仰韶文化庙底沟类型与分布在汉水上游、关中及陇东地区的仰韶文化泉护类型存在较多的交流。豫西仰韶文化庙底沟类型的强势崛起，使得其在与仰韶文化泉护类型的文化交流中处于主导地位。

仰韶文化四期阶段，豫西东部的王湾[44]、马河[45]等遗址以圆腹、鼓腹、大口直腹夹砂罐、罐形或盆形鼎、折腹盆等为基本陶器组合，罕见小口尖底瓶。豫西东部仰韶文化的主体面貌异于仰韶文化西王村类型，而与豫中地区仰韶文化秦王寨类型较为接近。所以，豫西东部的仰韶文化四期遗存应归属仰韶文化秦王寨类型。分布在关中、陕南及天水以东区域的仰韶文化半坡晚期类型，则与豫西仰韶文化西王村类型联系密切。仰韶文化半坡晚期类型与豫西仰韶文化西王村类型出现了一些相似的文化因素，反映出双方进行了一些文化交流。

龙山时代早期阶段，豫西、晋南地区皆为庙底沟二期文化的中心分布区，皆以斝、釜灶、盆形鼎、罐形鼎、深腹罐、小口平底瓶等为代表性器类。就关中地区来看，关中东部地区成为庙底沟二期文化的分布区，关中西部地区则成为案板三期文化的分布区。关中案板三期文化与豫西庙底沟二期文化存在明显的双向文化交流现象，但豫西庙底沟二期文化在双方文化交流中处于主要地位。龙山时代晚期阶段，主要分布在豫陕晋相邻地区的三里桥文化毗邻关中地区的客省庄二期文化，双方存在较多的文化交流现象，但关中客省庄二期文化在双方文化交流的趋向上处于主导地位。不仅如此，在三里桥文化的形成与发展过程中，还受到了东部王湾三期文化、北部陶寺文化的较多影响。

（三）中原与南部相邻地区新石器文化的互动交融

在新石器时代，中原腹地与南部相邻地区存在着频繁的文化交流活动。尤其是到了仰韶文化晚期阶段，鄂豫皖三省交界地区更成为多支考古学文化相互争夺之地，呈现出复杂的文化态势。

裴李岗时代，紧邻中原腹地的南部地区尚未发现明确的新石器时代中期文化遗存。但距离中原腹地稍远的长江中游地区彭头山文化、皂市下层文化与中原裴李岗文化存在着较松散的文化交流。从中原与长江中游地区文化交流的趋向观察，中原裴李岗文化对长江中游地区同期文化的影响较多一些。

仰韶时代，豫西南仰韶文化一期大张庄类型出土的蒜头细颈壶与西安半坡早期遗存的同类器基本相同，二者应存在某些联系。自仰韶文化三期以后，长江中游地区的大溪文化与中原仰韶文化的交流开始明朗起来。就目前材料来看，大溪文化对中原仰韶文化的影响尚局限在与其相邻的豫西南丹淅、唐白河流域地区；而中原仰韶文化对大溪文化的影响则已深入了大溪文化的腹心地带。

到了仰韶文化晚期阶段，长江中游地区屈家岭文化的崛起，不但取代了大溪文化，而且扩大了屈家岭文化的影响范围。及至公元前3400～前2600年左右，鄂豫皖相邻地区成为仰韶文化、屈家岭文化、大汶口文化相互争夺与交融之地。由于特殊的地理位置，中原腹地与南部相邻地区呈现出复杂的文化面貌。比如豫东南地区，在仰韶文化、屈家岭文化、大汶口文化的相互争夺之中，因屈家岭文化因素色彩更趋浓厚一些，可将豫东南地区三支考古学文化并存的遗存统称为"屈家岭时期遗存"；但处在豫皖交界地区的淮滨沙塚墓葬，则包含更多的大汶口文化因素。

龙山时代早期阶段，长江中游地区的屈家岭文化不断向外扩张，不仅将中原东南部的丹淅地区纳入势力范围，还对豫东南淮河上游流域地区产生了较强烈影响。另外，豫中、豫西地区的仰韶文化晚期至龙山文化早期遗存中亦发现有屈家岭文化因素。由此可见，屈家岭文化的迅速扩张使得其在仰韶文化晚期至龙山文化早期阶段对中原地区产生了较为强烈的影响。在长江中游地区屈家岭文化与中原同期文化的交流中，屈家岭文化是处于主导地位的。

龙山时代晚期前段，在长江中游地区，承袭屈家岭文化而来的石家河文化，延续了较为强势的文化扩张势头，石家河文化分布范围几乎涵盖了整个豫南地区。但到了龙山时代晚期晚段，中原王湾三期文化的强势扩张，不仅将原属石家河文化分布范围的整个豫南地区纳入势力范围，还对长江中游地区的典型石家河文化产生了强烈影响；这使得王湾三期文化在与石家河文化的交流中占据了主导地位。豫南地区发生的石家河文化消退以及王湾三期文化扩张现象，与以尧舜禹为代表的华夏集团对三苗集团进行的征伐战争有关。这种征伐战争在文献中也有所记载，如《战国策·秦策一》云："舜伐三苗。"[46]《战国策·魏策二》曰："禹攻三苗，而东夷之民不起。"[47]《墨子·非攻》又载："昔者三苗大乱……禹亲把天之瑞令，以征有苗。"[48]

（四）中原与北部相邻地区新石器文化的互动交融

新石器文化早期阶段，中原腹地的新密李家沟文化、淅川坑南遗存[49]与北部的北京怀柔转年[50]、门头沟东胡林[51]、河北阳原于家沟[52]、徐水南庄头[53]等新石器文化早期遗存，虽具有某些相似的文化特征，但中原腹地与北部地区新石器文化早期遗存之间的文化交流活动尚不明朗。

裴李岗时代，中原裴李岗文化与北部毗邻的磁山文化存在较多的双向文化交流现象，这种现象在豫北冀南地区反映的尤为突出。从陶器整体特征、石铲的单刃形制等方面观察，以淇县花窝遗址[54]为代表的豫北裴李岗文化与豫中地区同期遗存基本相同。虽然豫北裴李岗文化与冀南磁山文化的核心文化特征差异明显，譬如豫北花窝遗址并未发现磁山文化盛行的陶支架等，但是由于地缘邻近，豫北裴李岗文化与冀南磁山文化存在较多的文化互动与交流。从豫北花窝遗址出土的遗物特征观察，花窝遗址陶器中的夹砂红褐陶数量近七成，拥有较多的篦点纹装饰以及直口或敛口陶盂，石斧多呈瘦长形，这些文化因素与冀南磁山文化较为相似。可见，豫北地区裴李岗文化受到了冀南地区磁山文化的较多影响。

仰韶文化一期阶段，豫西晋南地区为仰韶文化枣园类型的分布范围，豫北冀南地区为仰韶文化下潘汪类型的分布范围。中原仰韶文化与北部邻近地区同期文化的交流，正是通过豫西、豫北两个文化通道来实现的。仰韶文化二期阶段的情况亦大体如此。仰韶文化三期阶段，中原北部邻近地区分布着仰韶文化钓鱼台类型与三关类型，处于同一时期的中原仰韶文化庙底沟类型对豫北地区产生了较多影响。仰韶文化钓鱼台类型在形成过程中受到了庙底沟类型的强烈影响，而仰韶文化三关类型有可能是在仰韶文化二期后冈类型及主要分布在内蒙古河套地区东部及陕北地区的阿善类型基础上，融合仰韶文化庙底沟类型而形成的。仰韶文化四期阶段，豫西与晋南地区皆为仰韶文化西王村类型的分布范围。在北部的晋中地区，却属于仰韶文化义井类型的分布范围。中原仰韶文化大司空类型、西王村类型与北部仰韶文化义井类型存在着较多的文化交流现象，它们共同对义井类型产生了较强影响。

龙山时代早期阶段，豫西晋南地区同属庙底沟二期文化的分布范围，豫北地区则是孟庄龙山文化早期遗存的主要分布区。中原北部的冀南、晋中地区以河北武安东万年[55]、山西长治小神[56]为代表的龙山时代早期遗存，主要文化面貌与豫北孟庄龙山文化早期遗存较为相似。可见，在龙山时代早期阶段，豫北地区与毗邻的北部地区进行的文化交流主要是通过豫西北、豫东北这两个桥头堡来实现的。

龙山时代晚期阶段，豫北冀南地区皆为后冈二期文化的分布范围。山西陶寺文化的中、晚期阶段与中原龙山文化有着比较密切的联系，陶寺文化强力向外扩张的时间主要发生在该文化的中期阶段即龙山时代晚期早段以后。及至龙山时代晚期晚段，随着中原龙山文化尤其是王湾三期文化的急剧扩张，陶寺文化便开始消退。

四、中原腹地核心历史地位在与周邻地区新石器文化交融中得以确立

中原腹地是探索中国古代文明起源和早期国家形成发展的重要地区，夏商周文明正是在这片土地上生长起来的。对中原腹地各区域新石器时代考古学文化发展序列的系统梳理，为从宏观上探索中原与周邻地区新石器时代考古学文化的互动与交融奠定了基础。正是在探讨中原与周邻地区新石器文化交融的基础上，中原腹地核心历史地位的确立过程逐渐清晰起来。

中原腹地与周邻地区的新石器文化发展存在不平衡性，文化演进的过程并不同步。在中华文明起源过程中，人类社会形态表现出不同的特质，文明进程也呈现出不同的"模式"。苏秉琦先生曾经把中国文明起源归结为裂变、撞击和熔合三种基本形式[57]，这可以说是对中国文明起源模式的一种探索。就现有的考古发现来看，中华文化起源至少有以下几类模式："陶寺模式"[58]、"红山模式"和"良渚模式"等。良渚文化大墓中宗教遗物数量多、比例大、地位突出，"峰值期的良渚社会是一个宗教色彩极其浓厚的社会，整个社会生活的运作被笼罩在厚重而偏激的宗教气氛里，为此社会投入了大量非生产性劳动，而这些付出对社会的长期发展显然不会有任何正面效应"[59]。长江中游地区石家河文化用红烧土筑起的祭坛、大量被剥夺使用价值的红陶缸以及近10万只被随意丢弃的红陶杯等遗迹现象，表明石家河文化社会疯狂挥霍人力物力却只为竭力营造出宏大奢华的宗教气氛[60]。相较于长江中下游地区偏重营造宗教气氛而言，中原地区统治集团虽"重礼"，但更加"务实"，这主要反映在以下几个方面：为反映等级差异，修建大型建筑及大墓；为防御外敌侵扰，建造较坚固的城池；为了体现礼制，多用酒器、食器等为礼器；甚少有大型宗教基址的发现。因此，以中原为中心的历史趋势的形成具有一定的必然性。

在中原腹地与周邻地区新石器文化的交流与碰撞中，由于中原腹地在地理位置上的居中优势，加之兼容并蓄的文化开放态度，使得诸多周邻考古学文化因素在中原大地得以汇聚、改造并最终融合。这种文化现象在龙山时代体现得尤为突出，而至中原地区文明形成重要阶段的龙山时代，四面八方的各种考古学文化因素汇聚中原[61]。龙

山时代早中期阶段,海岱地区大汶口文化、长江中游的屈家岭-石家河文化、长江下游的良渚文化等异军突起,呈现出向中原发展的态势。但及至龙山时代晚期阶段,周边向中原扩张的趋势出现了逆转,盛极的王湾三期文化强势向周邻地区延展,禹征三苗的文献记载便是最好例证,体现出战争这个外在动力在中华文化认同进程中所发挥的催化作用。在考古学文化的不断互动与交融过程中,华夏文化集团的势力不断增强,社会公共权力持续集中,王权及国家最终形成。从整体上观察,中华文明形成的总体趋势是从多元走向一体。需要强调的是,"多元"与"一体"并非同时。中华文明起源与形成是从无中心的多元发展到有中心的多元一体,这或许正是中国古代文明与国家发展演进的模式和最大特色。

注　释

[1] 阚绪杭:《定远侯家寨新石器时代遗址发掘简报》,《文物研究·第五辑》,黄山书社,1989年,第157～170页。

[2] 北京大学考古实习队、河南省南阳市文物研究所:《1991年唐白河流域及淮源史前遗址的考古调查》,《江汉考古》1996年第2期,第1～10页。

[3] 北京大学考古学系、南阳地区文物研究所:《河南邓州市八里岗遗址1992年的发掘与收获》,《考古》1997年第12期,第1057～1063页;北京大学考古实习队、河南省南阳市文物研究所:《河南邓州八里岗遗址发掘简报》,《文物》1998年第9期,第31～45页;北京大学考古文博学院、南阳地区文物研究所:《河南邓州八里岗遗址1998年度发掘简报》,《文物》2000年第11期,第23～31页。

[4] 河南省文物研究所、长江流域规划办公室考古队河南分队:《淅川下王岗》,文物出版社,1989年,第52～200页。

[5] 长江流域规划办公室考古队河南分队:《河南淅川黄楝树遗址发掘报告》,《华夏考古》1990年第3期,第1～69页。

[6] 中国社会科学院考古研究所长江工作队:《湖北均县乱石滩遗址发掘报告》,《考古》1986年第7期,第586～596页。

[7] 安阳地区文管会、淇县文化馆:《河南淇县花窝遗址试掘》,《考古》1981年第3期,第279～281页。

[8] 河南省文物考古研究所:《辉县孟庄》,中州古籍出版社,2003年,第30～37页。

[9] 河南省文物管理局、河南省文物考古研究所:《黄河小浪底水库考古报告(一)》,中州古籍出版社,1999年,第11页。

[10] 河北省文物管理处:《磁县下潘汪遗址发掘报告》,《考古学报》1975年第1期,第73～116页。

[11] 河南省文物管理局、河南省文物考古研究所:《黄河小浪底水库考古报告(一)》,中州古籍出版社,1999年,第17～62页。

[12] 河南省文物考古研究所：《洛阳市南陈遗址仰韶文化遗存的发掘》，《中原文物》2008年第2期，第4~9页。

[13] 河南省文物考古研究所：《河南孟县许村新石器时代遗址》，《考古》1999年第2期，第41~54页。

[14] 河南省文物管理局、河南省文物考古研究所：《黄河小浪底水库考古报告（一）》，中州古籍出版社，1999年，第63~73页。

[15] 中国社会科学院考古研究所安阳队：《安阳大寒村南岗遗址》，《考古学报》1990年第1期，第43~68页。

[16] 河南省文物管理局、河南省文物考古研究所：《黄河小浪底水库考古报告（一）》，中州古籍出版社，1999年，第100~128页。

[17] 中国历史博物馆考古部、河南省文物考古研究所：《河南济源苗店遗址发掘简报》，《考古与文物》1990年第6期，第1~17页。

[18] 河南省文物考古研究所：《洛阳市南陈遗址仰韶文化遗存的发掘》，《中原文物》2008年第2期，第4~9页。

[19] 河南省文物研究所、新乡地区文管会、孟县文化管：《河南孟县西后津遗址发掘简报》，《中原文物》1984年第4期，第1~8页。

[20] 北京大学考古文博学院、郑州市文物考古研究院：《河南新密市李家沟遗址发掘简报》，《考古》2011年第4期，第291~297页；郑州市文物考古研究院、北京大学考古文博学院：《河南新密李家沟遗址北区2010年发掘简报》，《中原文物》2018年第6期，第31~37页。

[21] 开封地区文管会、新郑县文管会：《河南新郑裴李岗新石器时代遗址》，《考古》1978年第2期，第73~79页；开封地区文物管理委员会、新郑县文物管理委员会、新郑大学历史系考古专业：《裴李岗遗址一九七八年发掘简报》，《考古》1979年第3期，第197~205页；中国社会科学院考古研究所河南一队：《1979年裴李岗遗址发掘报告》，《考古学报》1984年第1期，第23~52页。

[22] 河南省文物考古研究所：《舞阳贾湖（上卷）》，科学出版社，1999年，第3~544页。

[23] 河南省文物研究所：《长葛石固遗址发掘报告》，《华夏考古》1987年第1期，第47~56页。

[24] 郑州市文物考古研究所：《郑州大河村》，科学出版社，2001年，第25~38页。

[25] 国家文物局考古领队培训班：《郑州西山仰韶时代城址的发掘》，《文物》1999年第7期，第4~15页。

[26] 郑州大学考古系、开封市文物工作系、尉氏县文物保管所：《河南尉氏县椅圈马遗址发掘简报》，《华夏考古》1997年第3期，第1~16页。

[27] 杨建芳：《略论仰韶文化和马家窑文化的分期》，《考古学报》1962年第1期，第49~79页；安志敏：《裴李岗、磁山和仰韶——试论中原新石器文化的渊源及发展》，《考古》1979年第4期，第335~346页；张忠培：《客省庄文化及其相关诸问题》，《考古与文物》1980年第4期，第78-85页；李昌韬：《试论"秦王寨类型"和"大河村类型"》，《史前研究》1985年第3期，第16~26页。

[28] 商水县文化馆:《河南商水发现一处大汶口文化墓地》,《考古》1981年第1期,第87、88页。
[29] 周口地区文化局文物科:《周口市大汶口文化墓葬清理简报》,《中原文物》1986年第1期,第1~3页。
[30] 河南省文物研究所:《长葛石固遗址发掘报告》,《华夏考古》1987年第1期,第47~56页。
[31] 张文军、张志清、赵新平:《试析河南鹿邑县武庄遗址新石器时代文化遗存》,《考古》2003年第2期,第52页。
[32] 张文军、张志清、赵新平:《试析河南鹿邑县武庄遗址新石器时代文化遗存》,《考古》2003年第2期,第52页。
[33] 孔晁注:《逸周书》,台北商务印书馆,1986年,第43页。
[34] 中国历史博物馆考古部、山西省考古研究所、垣曲县博物馆:《垣曲古城东关》,科学出版社,2001年,第22~89页。
[35] 山西省考古研究所:《翼城枣园》,科学技术文献出版社,2004年,第163~206页。
[36] 王建新、张晓虎:《试论班村仰韶文化遗存的分期及相关问题》,《考古与文物》2001年第3期,第49页。
[37] 河南省文物管理局、河南省文物考古研究所:《新安荒坡:黄河小浪底水库考古报告(三)》,大象出版社,2008年,第189~192页。
[38] 魏兴涛:《灵宝底董仰韶文化遗存的分期与相关问题探讨》,《中国国家博物馆馆刊》2011年第1期,第47~57页。
[39] 靳松安:《河洛与海岱地区考古学文化的交流与融合》,科学出版社,2006年,第38页。
[40] 陕西省考古研究所:《临潼零口村》,三秦出版社,2004年。
[41] 中国科学院考古研究所山西工作队:《山西芮城东庄村和西王村的发掘》,《考古学报》1973年第1期,第1~63页。
[42] 北京大学考古文博学院:《洛阳王湾考古发掘报告》,北京大学出版社,2002年,第42~68页。
[43] 中国科学院考古研究所洛阳发掘队:《洛阳涧滨古文化遗址及汉墓》,《考古学报》1956第1期,第11~28页。
[44] 北京大学考古文博学院:《洛阳王湾考古发掘报告》,北京大学出版社,2002年,第42~68页。
[45] 河南省文物管理局、河南省文物考古研究所:《黄河小浪底水库考古报告(一)》,中州古籍出版社,1999年,第240~257页。
[46] 何建章:《战国策注释》,中华书局,1990年,第74页。
[47] 何建章:《战国策注释》,中华书局,1990年,第860页。
[48] 孙诒让撰,孙启治校:《墨子间诂》,中华书局,2001年,第145、146页。
[49] 宋国定、王涛、蒋洪恩:《河南淅川坑南遗址考古发掘:为探索南阳盆地周围旧石器时代向新石器时代过渡提供了重要依据》,《中国文物报》2011年11月18日第4版。
[50] 郁金城:《从北京转年遗址的发现看我国华北地区新石器时代早期文化的特征》,《北京文物与考古·第五辑》,北京燕山出版社,2002年,第37~43页。

[51] 北京大学考古文博学院、北京大学考古学研究中心、北京市文物考古研究所：《北京市门头沟区东胡林史前遗址》，《考古》，2006年第7期，第3~8页。

[52] 梅惠杰：《泥河湾盆地旧、新石器时代的过渡：阳原于家沟遗址的发现与研究》，北京大学博士学位论文，2007年，第48~86页。

[53] 河北省文物考古研究所、保定市文物管理所、徐水县文物管理所：《1997年河北徐水南庄头遗址发掘报告》，《考古学报》2010年第3期，第361~392页。

[54] 安阳地区文管会、淇县文化馆：《河南淇县花窝遗址试掘》，《考古》1981年第3期，第279~281页。

[55] 河北省文物管理处、邯郸地区文物保管所、邯郸市文物保管所：《河北武安沼河流域几处遗址的试掘》，《考古》，1984年第1期，第362-373页。

[56] 山西省考古研究所晋东南工作站：《长治小常乡小神遗址》，《考古学报》，1996年第1期，第63-110页。

[57] 苏秉琦：《中国文明起源新探》，商务印书馆，1997年，第107~140页。

[58] 高江涛：《中国文明与早期国家起源的陶寺模式》，《三代考古·五》，科学出版社，2013年，第38~46页。

[59] 赵辉：《良渚文化的若干特殊：论一处中国史前文明的衰落原因》，《良渚文化研究：纪念良渚文化发现六十周年国际学术讨论会文集》，科学出版社，1999年，第104~119页。

[60] 何驽：《可持续发展定乾坤：石家河酋邦崩溃与中原崛起的根本原因之对比分析》，《中原文物》1999年第4期，第34~40页。

[61] 赵辉：《以中原为中心的历史趋势的形成》，《文物》2000年第1期，第43~49页。

"大同之世"与庙底沟文化

赵春青

(中国社会科学院考古研究所 北京 100000)

摘 要：中国古典文献上多次提到"大同之世"，曾被历史学们认定为古人对上古时代社会状态的理想化描述，实际上并不存在。但是，中国自考古学产生以来已走过了百年历程，如今200万年以来的中国史前时代已基本建立起文化谱系，特别是距今1万多年以来的新石器时代的文化谱系已经相当完整，古典文献多处提到的大同之世，如果真实地存在过，只能在已经建立起来的考古学文化丛体中去寻找。在现在已经建立起来的考古学文化丛体中，庙底沟文化距今5500~5000年，北抵河套，南过长江，东至郑州，西至甘青地区，是中国史前面积最大的考古学文化，且处处充满和平色彩，最有可能是传说中的"大同之世"。

关键词：大同之世；庙底沟文化；花瓣纹彩陶

一、大同之世：考古学上的庙底沟文化

截至目前，历经百年的中国考古学，已经基本上建立起较为完整的史前文化序列，这就使得长期被视为"三皇五帝""大同之世""小康之世"的中国古史系统，已得到考古学广泛地印证、补充和调整。

目前，五帝时代和"小康之世"已基本上被认定为黄帝、尧、舜时代和夏商周时代，而被先秦文献常常提及的"大同之世"究竟相当于考古学上的哪一个阶段呢？

先秦诸子认为，他们所处的春秋战国时代，是"乱世"，此前的夏商周三代被称为"小康之世"。而被先秦诸子津津乐道"大同之世"究竟是什么时候呢？孔子曰："大道之行也，天下为公。选贤与能，讲信修睦。故人不独亲其亲，不独子其子，使老有所终，壮有所用，幼有所长，矜寡孤独废疾者皆有所养。男有分，女有归。货恶其弃于地也，不必藏于己；力恶其不出于身也，不必为己。是故谋闭而不兴，盗窃乱贼而不作，故外户而不闭，是为大同。"(《礼记·礼运》)

大同之世，究竟相当于先秦文献的哪一时期，孔子并未说明。只是在"小康之世"点明具体人物。《礼记·礼运》曰："今大道既隐，天下为家，各亲其亲，各子其子，

货力为己。大人世及以为礼，城郭沟池以为固，礼仪以为纪。……故谋用是作，而兵由此起。禹、汤、文、武、成王、周公，由此选也。"

我们看到，在黄帝时代之前的神农时代，不仅年代更早，而且强调人人平等的社会风尚，或许神农氏时代就是"大同之世"。

"神农之世，男耕而食，妇织而衣，刑政不用而治，甲兵不起而王。"（《商君书画策》）

"古者民茹草饮水，采树木之实，食蠃蠬之肉，时多疾病毒伤之害。于是神农乃始教民播种五谷，相土地，宜燥湿肥墝高下，尝百草之滋味，水泉之甘苦，令民知所辟就。当此之时，一日而遇七十毒。"（《淮南子·修务训》）

"古之人民皆食禽兽肉。至于神农，人民众多，禽兽不足，于是神农因天之时，分地之利，制耒耜，教民农耕，神而化之，使民宜之，故谓之神农氏。"（《白虎通卷一》）

"包犧氏没，神农氏作。斫木为耜，揉木为耒，耒耨之利，以教天下。神农氏没，黄帝、尧、舜氏作，通其变，使民不倦，神而化之，使民宜之。（《易经·系辞传》）

"昔天之初，作二后，乃设建典。命赤帝分正二卿，命蚩尤宇于少昊，以临四方，司……蚩尤乃逐帝，争于逐鹿之河，九隅无遗。赤帝大慑，乃说于黄帝，执蚩尤，杀之于中冀。"（《逸周书·尝麦解》）

"昔少典娶于有蟜氏，生黄帝、炎帝。黄帝以姬水成，炎帝以姜水成，成而异德，故黄帝为姬，炎帝为姜。……"（《国语·晋语》）

"黄帝者，少典之子，姓公孙，名曰轩辕。轩辕之时，神农氏世衰，诸侯相侵伐，暴虐百姓，而神农氏弗能征。于是轩辕乃习用干戈，以征不享，诸侯咸来宾从。而蚩尤最为暴，莫能伐。炎帝欲侵陵诸侯，诸侯咸归轩辕。轩辕乃修德振兵，治五气，艺五种，抚万民，度四方，教熊、罴、貔、貅、貙、虎，以与炎帝战于阪泉之野。三战然后得其志。蚩尤作乱，不用帝命。于是黄帝乃征师诸侯，与蚩尤战于逐鹿之野，遂禽杀蚩尤。而诸侯咸尊轩辕为天子，代神农氏，是为黄帝。"（《史记·五帝本纪》）

王曰："若古有训：蚩尤惟始作乱，延及于平民。……苗民弗用灵，制以刑。惟作五虐之刑曰法，杀戮无辜。……皇帝哀矜庶戮之不辜，报虐以威，遏绝苗民，无世在下。"（《尚书·吕刑》）

"黄帝之时，以玉为兵。"（《绝越书·卷十一》）

"禹穴之时，以铜为兵，以凿伊阙，通龙门，决江导河，东注于海。"（《绝越书·卷十一》）

按照先秦诸子的说法，禹穴之时，以铜为兵。禹、汤、文、武、成王、周公为"小康之世"。小康之世之前为"五帝时代"，即炎黄时代或黄帝时代，"黄帝之时，以玉为兵。"

黄帝时代之前，或许当时就是"大同之世"。

我们结合考古学材料，就会发现，所谓"小康之世"的夏商周三代，是指二里头文化、二里岗文化和西周文化等考古学文化时期。黄帝时代，包括黄帝、尧、舜时期。

大致是指考古学上的仰韶时代晚期和龙山时代，如仰韶文化的大河村类型、双槐树遗址和龙山时代的陶寺文化、王湾三期文化等。而早于"黄帝时代"的"大同之世"有可能是仰韶文化中期的庙底沟文化时期。

二、什么是庙底沟文化

庙底沟文化指仰韶中期文化或仰韶文化庙底沟期，是中国史前时代一支引人注目的考古学文化。其分布范围北到内蒙古，南至陕南、豫西南，西达甘、青，东至豫北冀南一带，覆盖了整个黄河中游及外围的一些地方，而其影响所及范围更大，在黄河下游和长江中游都有它的影子（图一）。

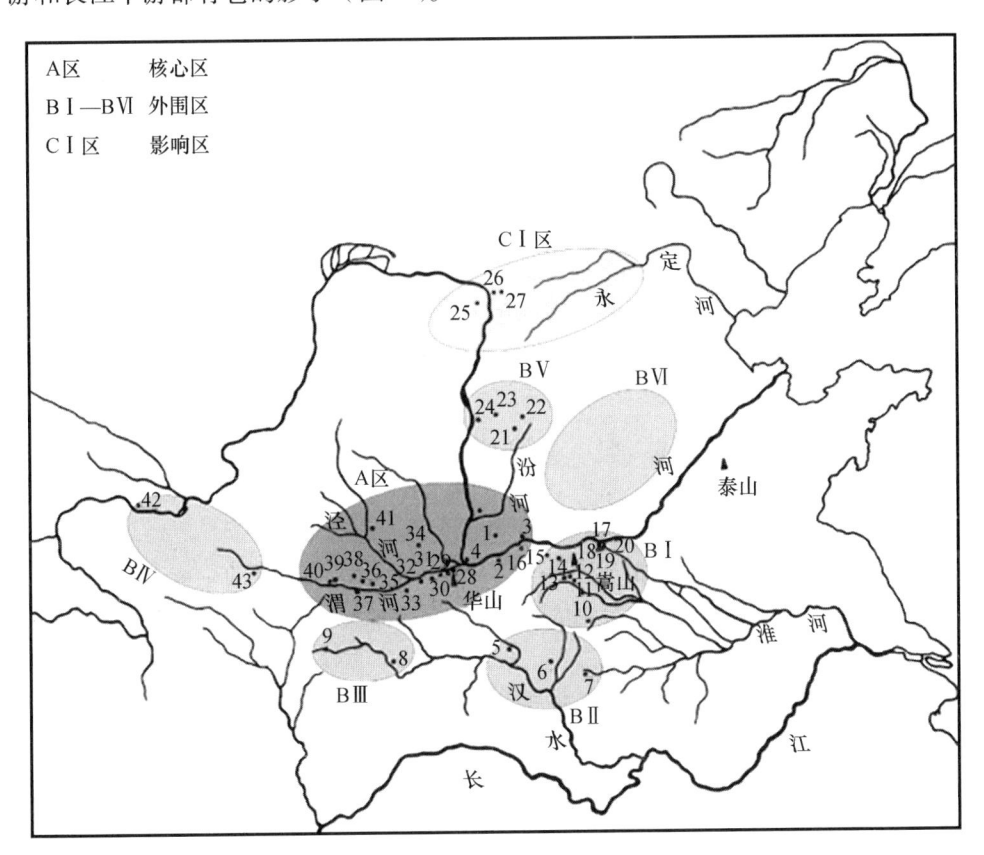

图一 庙底沟文化分布示意图

A区. 庙底沟类型　BⅠ. 阎村类型　BⅡ. 雕龙碑类型　BⅢ. 龙岗寺类型　BⅣ. 师赵村类型　BⅤ. 杏花村类型
BⅥ. 大司空类型　CⅠ区. 白泥窑子类型

1. 西阴村　2. 庙底沟　3. 小赵　4. 西王村　5. 下王岗　6. 八里岗　7. 雕龙碑　8. 阮家坝　9. 龙岗寺　10. 邱公城
11. 中山寨　12. 北刘庄　13. 洪山庙　14. 西高崖　15. 王湾　16. 仰韶　17. 西山　18. 点军台　19. 后庄王
20. 大河村　21. 段家庄　22. 杏花村　23. 吉家村　24. 杨家坪　25. 鲁家坡　26. 后城嘴　27. 庄窝坪　28. 西关堡
29. 南城子　30. 泉护村　31. 北刘　32. 姜寨　33. 半坡　34. 李家沟　35. 浒西庄　36. 案板　37. 白家　38. 王家咀
39. 北首岭　40. 福临堡　41. 吴家坝　42. 胡李家　43. 师赵村

庙底沟遗址位于陕州古城南，距市区4千米，是一处原始氏族公社的村落遗址，总面积约24万平方米。共发现房屋3座、灰坑194个、窑址11座、墓葬156座，出土文物极其丰富，属于新石器时代晚期的仰韶文化中期。其绝对年代约为公元前4000~前3500年。

庙底沟类型或庙底沟文化是中国史前考古学文化中分布范围最广，文化要素最鲜明的考古学文化。

三、庙底沟文化的特征

（1）庙底沟文化陶器群以深腹曲壁的碗、盆为主，还有灶、釜、甑、罐、瓮、钵及小口尖底瓶等（图二）。

（2）典型的陶器有卷缘曲腹盆、曲腹钵、敛口瓮、夹砂罐、小口尖底瓶和灶等。

（3）庙底沟文化的标识之一是独具特征的花瓣纹彩陶，著名考古学家苏秉琦先生曾就认为华族最初以花命名的。

（4）庙底沟文化最常见的彩陶纹饰主要有花瓣纹、豆荚纹、网纹、窄带纹等，其中以各种各样的花卉纹最为常见。[1]

四、庙底沟文化聚落

庙底沟文化的聚落有集中成群分布的现象，在晋南豫西区、渭河流域区、郑洛区表现突出。

中心聚落与普通聚落、文化的中心区与边缘区在社会形态的演化方面可能存在某些不平衡现象，但总体上都处于由简单的相对平等的社会向复杂的分层社会过渡的阶段。

1. 庙底沟文化的房屋

按房屋的建筑格局可分为单间房与分间房。按房基的建造方式可分为半地穴式（个别为浅穴）与平地式两种。按房基的形状可分为方形（包括长方形）、圆形（或近圆形）、五边形及长排房子四种。按房屋规模可分大、中、小三种。

2. 庙底沟文化的墓葬

墓地的结构和布局尽管不尽一致，但都是严格以血缘关系为基础按家族、氏族等血亲组织来安排墓葬的，而且基本反映出较为平等的社会关系。

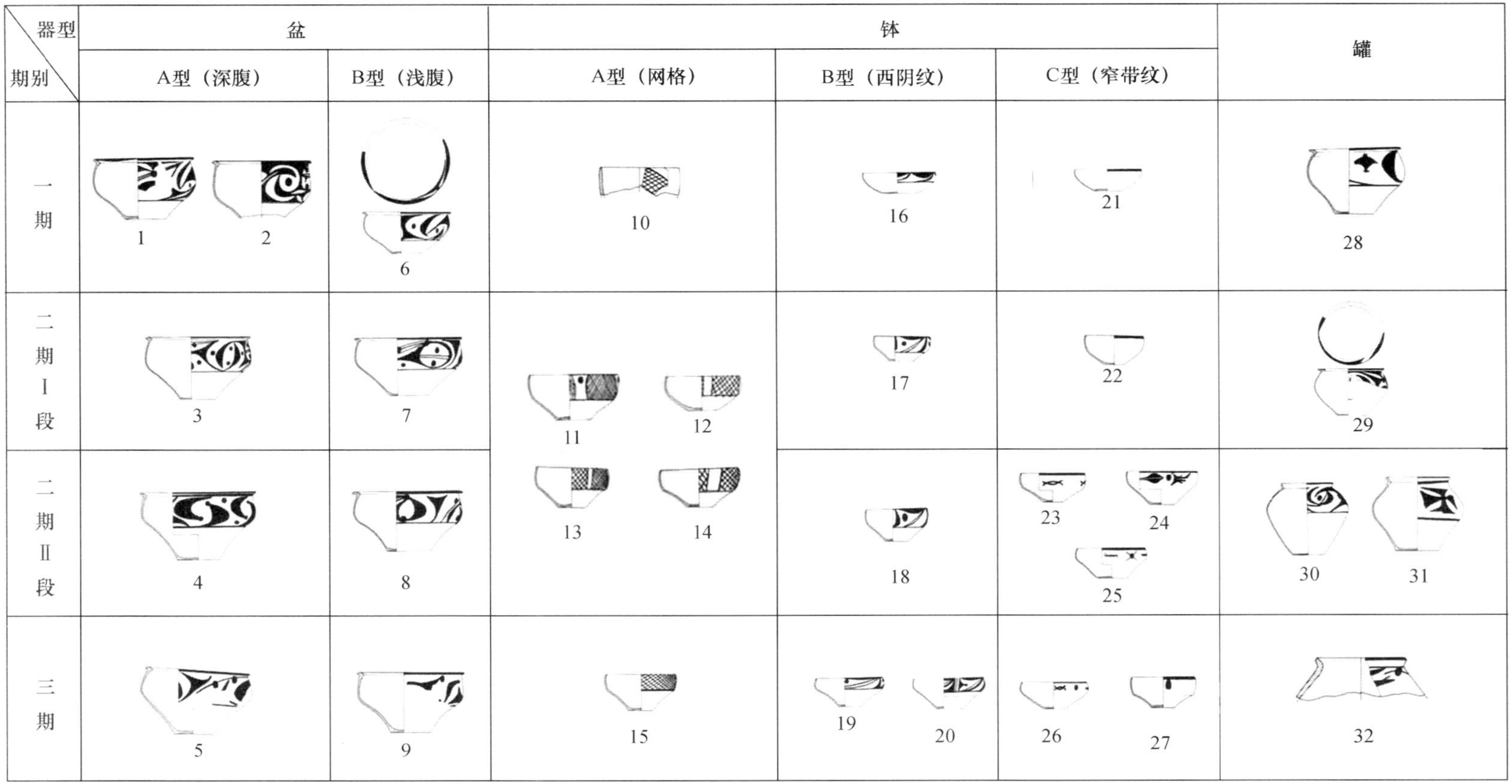

图二　庙底沟遗址陶器分期图（A）

（引自河南省文物考古研究院编：《华夏之花：庙底沟彩陶选粹》，上海古籍出版社，2013年）

A型盆　1. AⅠ式：02SHMT17⑨：90　2. AⅡ式：02SHMT21⑨：25　3. AⅢ式：02SHMT41H278：14　4. AⅣ式：02SHMTⅡH29：7　5. AⅤ式：02SHMTⅡH51：13
B型盆　6. BⅠ式：02SHMT21⑨：89　7. BⅡ式：02SHMT41H278：15　8. BⅢ式：02SHMT52南扩H432：93　9. BⅣ式：02SHMT3H5：5
A型钵　10. AⅠ式：02SHMT17⑧：66　11. AⅡ式：03SHMTG23OH900：208　12. AⅢ式：02SHMT7：2　13. AⅣ式：02SHMTⅡH29：10　14. AⅤ式：02SHMT37H114：14
　　　 15. AⅥ式：02SHMT26H111：6
B型钵　16. BⅠ式：02SHMT21⑨：79　17. BⅡ式：03SHMTG23OH900：28　18. BⅢ式：02SHMT388408：32　19. BⅣ式：02SHMTⅡH51：11　20. BⅤ式：02SHMTⅡHI：4
C型钵　21. CⅠ式：02SHMT21⑨：80　22. CⅡ式：02SHMT13H116：44　23. CⅢ式：02SHMT43H166：19　24. CⅣ式：02SHMT62H477：36
　　　 25. CⅤ式：02SHMT62H477：12　26. CⅤ式：02SHMT34H122：13　27. CⅥ式：02SHMT6H87：4
罐　　 28. Ⅰ式：02SHMT17⑨：46　29. Ⅱ式：02SHMTⅠTH51：9　30. Ⅲ式：02SHMTⅡH29：24　31. Ⅳ式：02SHMT52南扩H432：45　32. Ⅴ式：02SHMTⅡH51：26

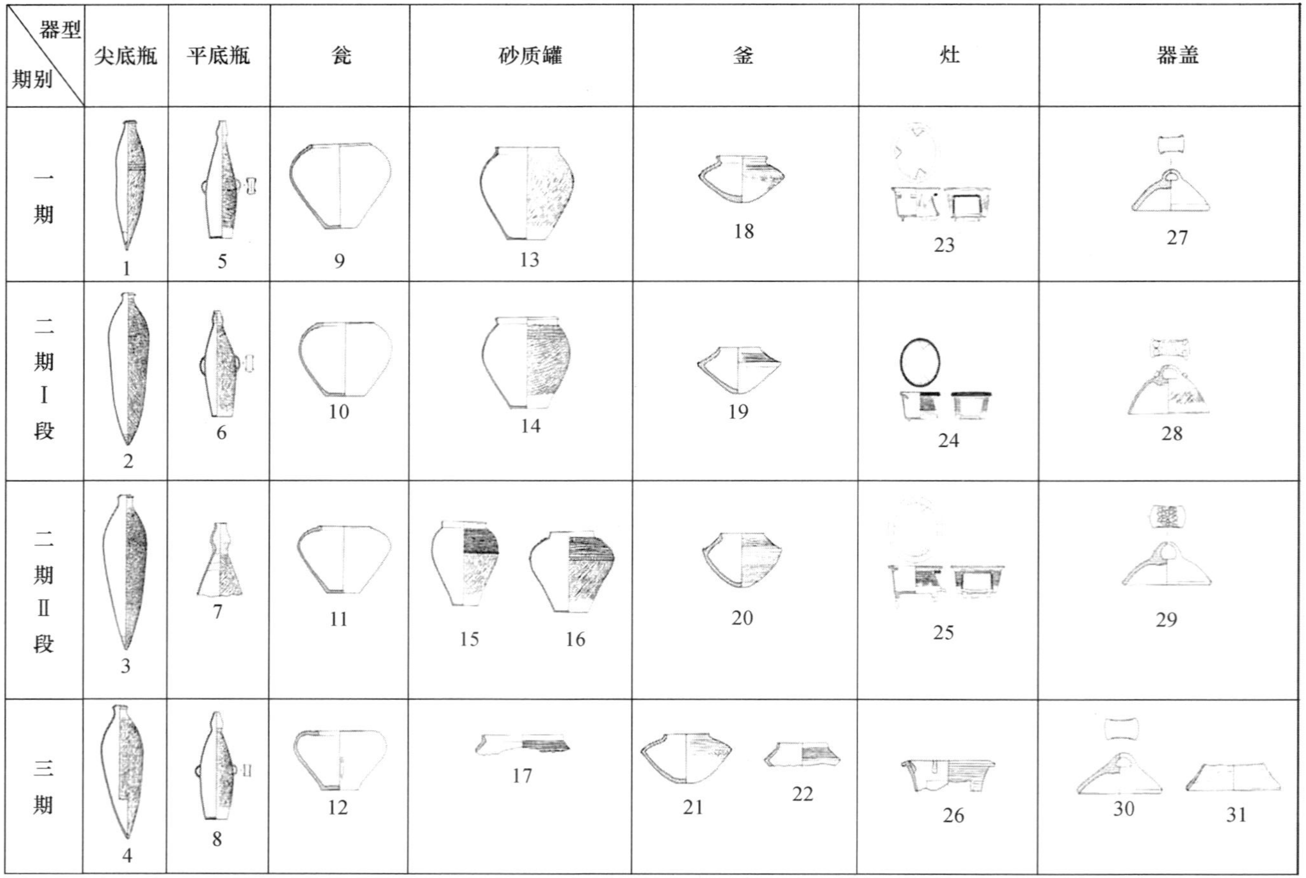

器型\\期别	尖底瓶	平底瓶	瓮	砂质罐	釜	灶	器盖
一期	1	5	9	13	18	23	27
二期Ⅰ段	2	6	10	14	19	24	28
二期Ⅱ段	3	7	11	15、16	20	25	29
三期	4	8	12	17	21、22	26	30、31

图二 庙底沟遗址陶器分期图（B）

（引自河南省文物考古研究院编：《华夏之花：庙底沟彩陶选粹》，上海古籍出版社，2013年）

尖底瓶 1.Ⅰ式：02SHMT21⑨：96 2.Ⅱ式：02SHMT25H108：13M 3.Ⅲ式：02SHMT52H108：15 4.Ⅳ式：02SHMT3H5：12
平底瓶 5.Ⅰ式：02SHMT30H110：9 6.Ⅱ式：02SHMT25M108：15 7.Ⅲ式：02SHMT52H432：98 8.Ⅳ式：02SHMT3H5：12
瓮 9.Ⅰ式：02SHMT17⑧：56 10.Ⅲ式：02SHMT13H116：36 11.Ⅲ式：02SHMT41H255：5 12.Ⅳ式：02SHMT35H170：1
砂质罐 13.Ⅰ式：02SHMT21⑧：98 14.Ⅱ式：02SHMT43H302：10 15.Ⅲ式：02SHMT52南扩 H432：96 16.Ⅳ式：02SHMT41H286：16
釜 18.Ⅰ式：02SHMT12H277：1 20.Ⅱ式：02SHMT41H255：4 21.Ⅲ式：02SHMT18H373：1 22.Ⅴ式：02SHMT43H166：62 17.Ⅴ式：02SHMT21③：105
灶 23.Ⅰ式：02SHMT34H122：5 25.Ⅲ式：02SHMT72H653：17 26.Ⅳ式：02SHMT173：65
器盖 27.Ⅰ式：02SHMT34H102：3 29.Ⅲ式：02SHMT52H432：95 30.Ⅰ式：02SHMT11851：19 31.Ⅴ式：02SHMT21②：106 28.Ⅱ式：02SHMT17⑧：49 02SHMT21③：64

3. 庙底沟文化的生业

庙底沟文化的生业方式是以农业为主，兼营养畜业、狩猎、捕鱼、采集和各种手工业。从出土的数量众多、绚丽多姿的彩陶和一些精致的手工艺品中可以看出当时人们高超的手工技术和充满浪漫色彩的丰富的想象力（图三）。

图三　庙底沟遗址出土的彩陶花卉纹陶器

五、庙底沟文化之思想

庙底沟文化原始先民的思想，通过彩陶昭示后人的至少有以下几点。

（一）从鱼鸟相战到鱼鸟共融

出土于河南西部地区的鹳鸟石斧图的年代，有可能是比庙底沟类型更早的史家类型，而反映"鱼"集团与"鸟"集团从相战到相融演变过程的彩陶图案，分别体现在大鱼吞鸟图（图四，1陕西武功游凤遗址出土）、水鸟啄鱼图（图四，2陕西宝鸡北首岭遗址出土）、鱼鸟共存图（图四，3陕西临潼姜寨遗址）[2]和鱼鸟合体图（图四，4陕西临潼姜寨遗址）之上。

这种鱼鸟相融的主题在新一轮的庙底沟遗址发掘当中，再次得到印证（图五）[3]。

图四　鱼鸟彩陶图
1. 武功采集器　2. 北首岭 M52：1
3. 姜寨二期 M76：10　4. 姜寨二期 H467：1

（二）崇尚平等与和平

庙底沟文化的聚落崇尚平等与和平，看不出阶层分化的色彩。房屋之间，仅有面积

图五　鱼鸟共融图
1. O2SHMT1H9：27（1）　2. O2SHMT1H9：27（2）

大小之别，房屋用途之分，看不出像后来的晚期仰韶文化和龙山时代常见的急剧分化和不平等现象。在庙底沟文化时期，聚落群和聚落群之间，有时反映出不平等的现象，甚至在同一聚落内，大型房址可能与小型房址具有一定差别，从而体现出中心聚落与普通聚落、文化的中心区与边缘区具有一定差别，但总体上都仍处于相对平等的状态。

1. 西坡房址

截至目前，已经在河南灵宝西坡遗址揭露出仰韶文化中期晚段即庙底沟文化晚期阶段的大型房屋四座，房屋的面积达100余平方米[4]，但房址内的设施与仰韶文化早期如姜寨一期的大型房址几乎一样，只是供氏族内部大家族或整个氏族共同使用的公共建筑，并不像仰韶文化后期以后的大房址那样，成为少数人才能使用的高级房屋甚至是原始宫殿[5]。

像西坡这样的大房子在河套地区的王墓山坡下遗址也有发现，那里的最大房址坐落在开阔地带，与其他中小型房址区别明显（图六）。不过，整个聚落仍显示出平等色彩[6]。

2. 杨官寨庙底沟文化墓地

陕西西安杨官寨遗址总面积达80万平方米。是一处大型遗址。其中，庙底沟文化的墓地位于遗址外，总面积9万平方米，保守估计墓葬总数在2000座以上[7]。这一墓地的墓葬从形制上可分为竖穴偏洞室墓、竖穴土坑墓及半洞室墓等三类，以竖穴偏洞室墓为主。葬式均为单人一次葬。墓地内的墓葬分布密集，尚未发现任何一例庙底沟时期的墓葬之间存在打破关系，所有墓葬均排列整齐。有相当一部分没有任何随葬器物，即便有随葬器物的墓葬，数量也非常有限，以一两件为多。墓葬均为东西向，绝大多数为偏洞室（即以东西向的长方形土坑为墓道，向南北两侧掏挖洞室安葬死者），墓道为长方形土坑，底部多不平整，墓室多位于墓道的北侧，略大于墓主人的身高，未发现葬具。

图六　西坡遗址大型房址

（三）崇尚自然

在我国发育成熟的彩陶文化中，彩陶图案都经历了由具象到抽象，以写实开始，以图案化告终的历程。

对彩陶艺术表现方式研究可发现，鱼纹的演变经历了观物取象、得意忘象和大象无形的艺术过程（图七），无象之美成为彩陶最大的魅力所在。

庙底沟彩陶图形元素一目了然，将不同图形元素按一定秩序排列起来，会产生形状的对比。不同形状元素的对比，会增强彼此的原有特点。

（四）和谐共处

彩陶中的几何图形，很多都是由像生图案演化而成。研究者对某些图案做过排列分析，有些象生图案经过不断变形和变化，最终简化得非常精练，成为新的几何纹饰。

六、庙底沟文化"和平"思想的张力

庙底沟文化分布范围广，对周围文化产生过明显的影响，其文化张力非常强劲。其最重要的影响体现在庙底沟文化的彩陶上，以花卉纹及其变体为主体花纹，影响遍及整个黄河流域的上游至下游地区。它还跨越秦岭、淮河，传播到长江中游和上游地区，甚至在江南也能见到庙底沟文化彩陶的踪影。它更是北出塞外，影响到达了河套

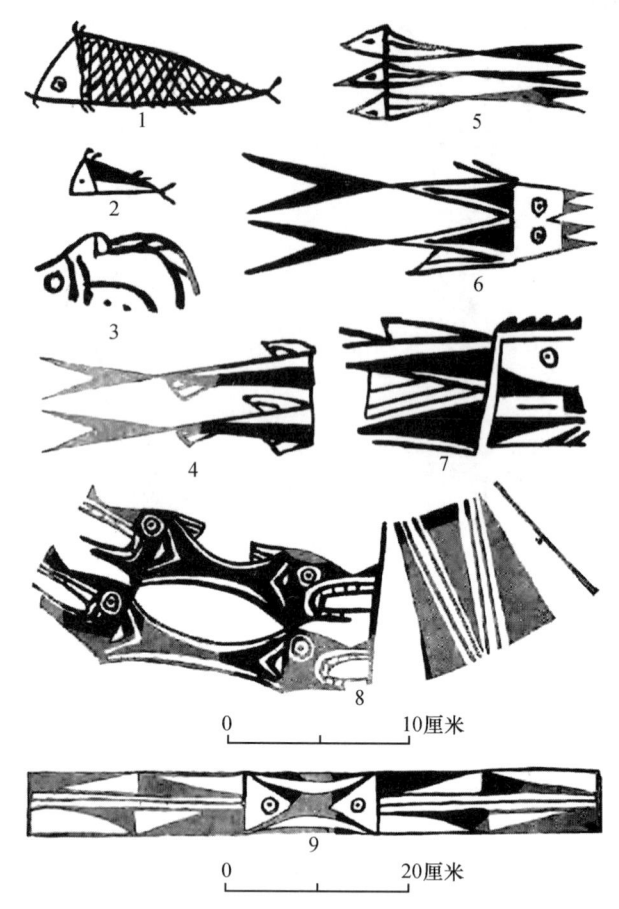

图七　半坡遗址出土鱼纹演变图

（引自西安半坡博物馆编：《西安半坡》，文物出版社，1982年，图一二一）

1. A2e　2. A2d　3. A2f　4. A2i　5. A2k　6. A2g　7. A2h　8. A2l　9. A2j

至辽海地区。庙底沟文化这种以"花"为美体现出的"和平"思想，在庙底沟文化之后，不见或极少见到。众所周知，仰韶文化后期及其以后常见的乱葬坑现象，与庙底沟文化崇尚"和平"的思想大相径庭。

庙底沟文化花卉纹，在庙底沟文化的东西南北四个方向均可遇见，体现出庙底沟文化的思想广为流传。

（一）对南方地区的影响

"西阴纹"和花瓣纹是庙底沟文化彩陶的典型图案，这两种图案，深入长江中游地区，如湖北枝江关庙山遗址和枣阳雕龙碑遗址以及湖南澧县城头山遗址的彩陶中，即可见到这种彩陶，即是明证（图八、图九）。

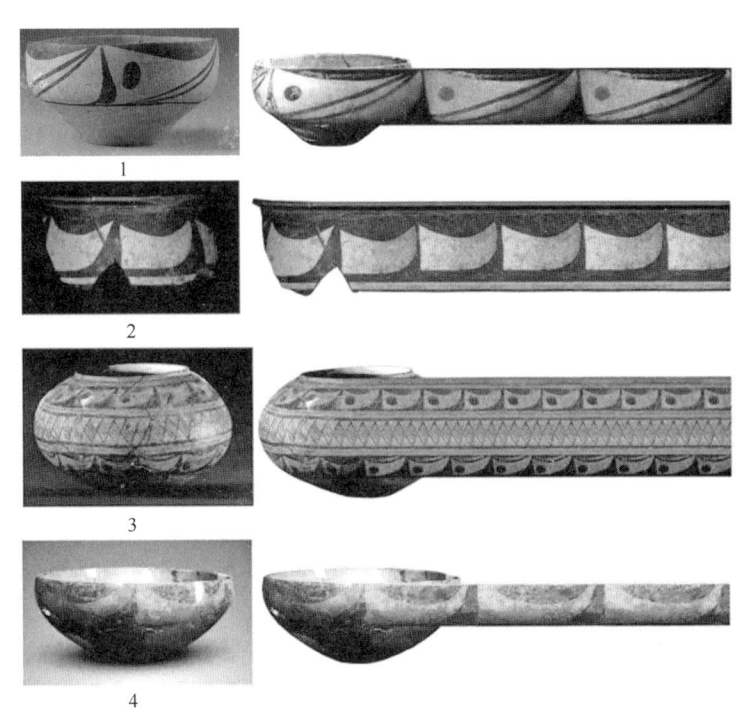

图八　庙底沟文化与雕龙碑类型花卉纹彩陶

1. 河南庙底沟出土（02SHMT38H408：32）　2、3. 湖北枣阳雕龙碑遗址出土（T2722HX01、H5：1）　4. 湖南澧县城头山遗址出土（H210：3）

图九　江苏出土彩陶

1. 江苏邳州市大墩子遗址 M30：8　2. 江苏邳州市大墩子遗址 M33：8

（二）对西北地区的影响

甘青地区虽然没有典型多瓣式花瓣纹的发现，但变体的花瓣纹纹饰还是相当常见的（图一○），尤其在马家窑文化石岭下类型时期（图一一）。

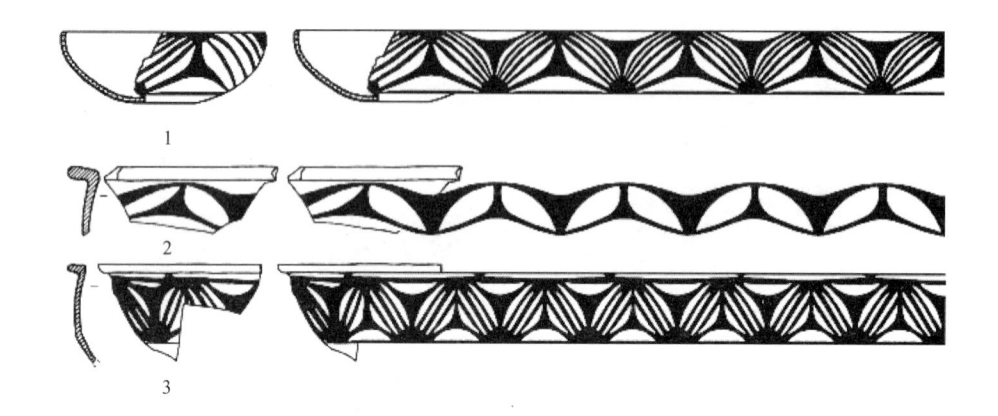

图一○　青海出土彩陶图
1. 民和阳洼坡　2、3. 民和胡李家

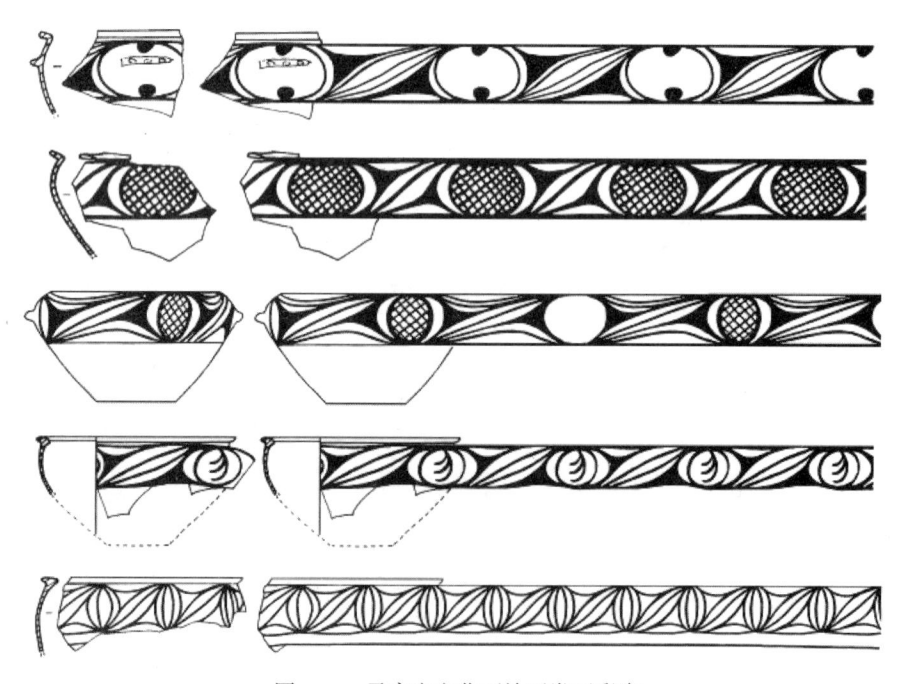

图一一　马家窑文化石岭下类型彩陶

在民和阳洼坡遗址，也有这样以单独形式出现的六瓣花的花瓣纹彩陶，花瓣中间有垂直平行线将六瓣花分隔为左右三瓣。

（三）对东部地区的影响

东部的大汶口文化彩陶，吸收庙底沟文化彩陶的因素，再加以改造和利用，使大汶口文化的彩陶呈现出既有自身传统因素，又有仰韶文化彩陶的因素，花卉纹即是其中突出的一例（图一二，1～3）。长江下游地区的崧泽文化也可见到庙底沟文化常见的弧边三角纹，虽然不尽是彩陶，但是构图的原则却深受庙底沟彩陶的影响（图一二，4）。

图一二　仰韶文化和大汶口文化出土彩陶
1、2. 盆（青台遗址）　3. 钵（大汶口遗址）　4. 豆（崧泽遗址）

（四）对东北地区的影响

庙底沟文化彩陶对红山文化的彩陶也有十分明显的影响，如红山文化彩陶中的鳞纹、回旋纹等，即是接受仰韶文化彩陶因素而形成的。

庙底沟文化处处闪烁着平等友爱的思想火花，使我们不禁联想到上古时代的人们反复传颂的"大同之世"或即考古学上的庙底沟文化。

图一三 红山文化陶器

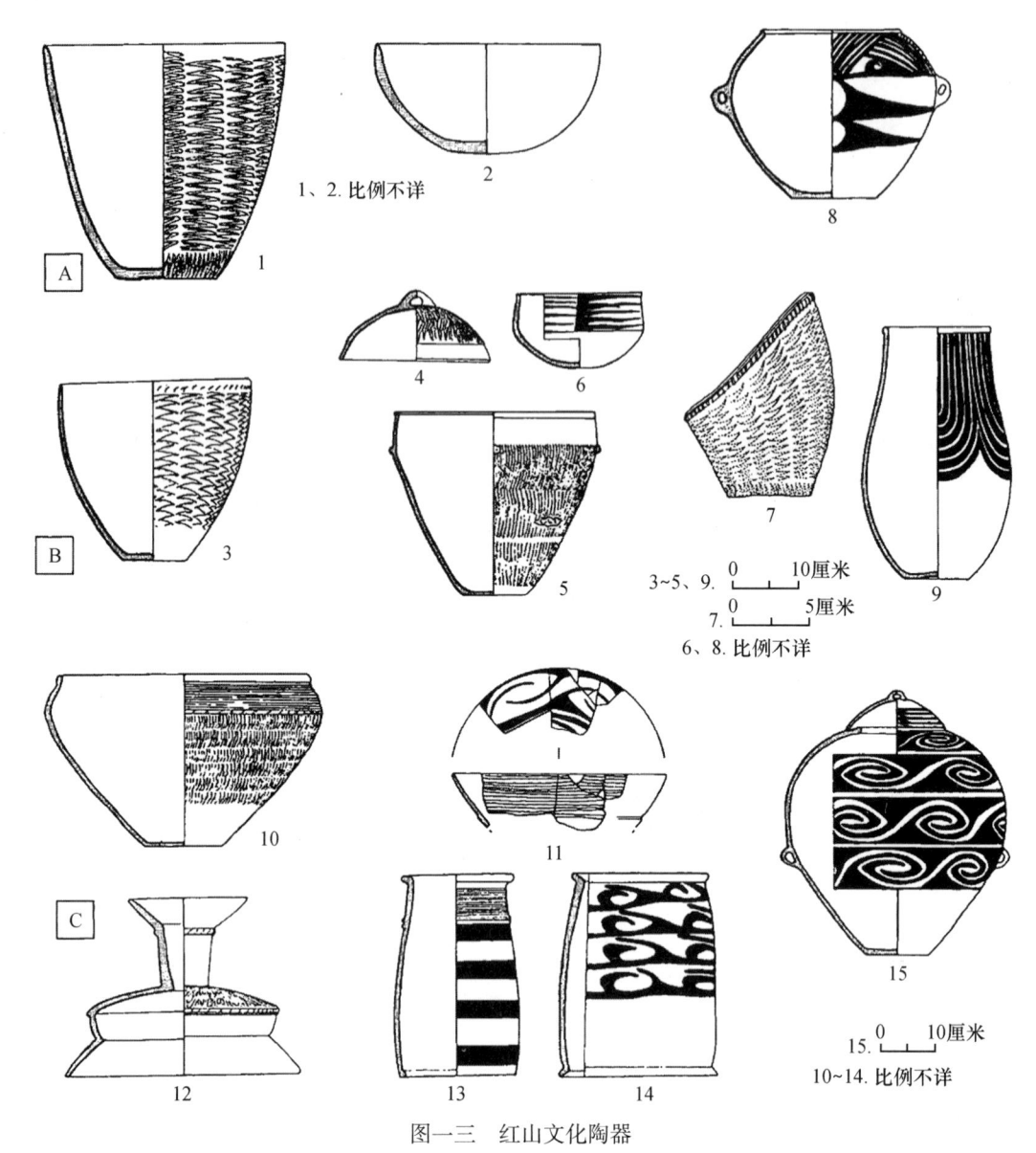

（引自中国社会科学院考古研究所：《中国考古学·新石器时代卷》，中国社会科学出版社，2010年，第346页，图4-56）

A：早期 1.筒形罐（兴隆洼F133） 2.钵（兴隆洼F133）

B：中期 3、5.筒形罐（西水泉F13:31、西水泉T7①:10） 4.器盖（西水泉T8①:10）

6.彩陶钵（西台） 7.斜口器（西水泉F17:37） 8.彩陶双耳罐（敖汉五道湾）

9.彩陶垂腹罐（蜘蛛山T1③:47）

C：晚期 10.鼓肩罐（牛河梁H3:2） 11.彩陶双腹盆（东山嘴TD10②:3）

12.豆形器盖（牛河梁J1B:10） 13、14.彩陶筒形器（东山嘴TE8②:7、城子山T3③:6） 15.彩陶盖罐（牛河梁Ⅱ Z4M6）

注　释

[1] 苏秉琦：《关于仰韶文化的若干问题》，《考古学报》1965 年第 1 期。
[2] 赵春青：《从鱼鸟相战到鱼鸟相融》，《中原文物》2000 年第 3 期。
[3] 赵春青：《鱼鸟共融图试析》，《南方文物》2019 年第 3 期。
[4] 中国社会科学院考古研究所、辽宁省博物馆编：《考古中华：中国社会科学院考古研究所成立 60 周年成果荟萃》，科学出版社，2010 年。
[5] 甘肃省文物考古研究所：《秦安大地湾：新石器时代遗址发掘报告》，文物出版社，2006 年。
[6] 内蒙古文物考古研究所编：《岱海考古 3：仰韶文化遗址发掘报告集》，科学出版社，2003 年。
[7] 杨利平：《陕西高陵县杨官寨新石器时代遗址》，《考古》2009 年第 7 期。

论后冈二期文化与周邻文化的关系

李世伟[1]　靳松安[2]

（1.河南省文物考古研究院　郑州　450007；2.郑州大学历史学院　郑州　450066）

摘　要：不同地区文化之间的交流与互动，是人类历史上客观存在的文化现象，也是推动考古学文化发展并逐步向文明社会迈进的重要因素。因此，探讨考古学文化之间的交流与互动已成为当今考古学研究的重要课题之一。文化因素分析表明，后冈二期文化与周邻地区的王湾三期文化、造律台文化、龙山文化、陶寺文化、杏花文化和雪山二期文化之间存在着不同程度的文化交流与互动，它不仅促进了后冈二期文化的发展，同时也对周邻地区考古学文化的发展走向以及文化格局的改变产生了重要影响。

关键词：后冈二期文化；周邻地区考古学文化；考古学文化交流与互动

后冈二期文化是一支主要分布于豫北冀南地区龙山时代晚期[1]的考古学文化。随着考古材料的不断积累和研究的不断深入，学术界在后冈二期文化的命名与属性、分期与年代、分布与类型等问题上达成了一定的共识，为从事其他方面的研究奠定了基础。关于后冈二期文化与周邻地区不同考古学文化之间的相互关系，以往学界虽有所涉及，但不够系统全面，有待继续深入研究。本文拟在前人研究的基础之上，运用类型学和文化因素分析等方法，探讨后冈二期文化与周邻文化之间的文化交流与互动，以期廓清后冈二期文化与周邻文化的相互关系以及各自在文化交流格局中所处地位，进一步推动后冈二期文化的相关学术研究。

一、后冈二期文化的发现与研究

后冈二期文化是指以河南安阳后冈遗址第二期为代表的一类考古学文化遗存，基本器物组合主要有罐、甗、斝、鬲、高领瓮、折腹盆、平底盆、双横耳覆盆式器盖等。现有材料表明，后冈二期文化集中分布于河南北部和河北南部，山西东南部也是其重要的分布区。到目前为止，此类文化遗存已发现240处左右[2]，其中经过发掘的典型遗址有河南安阳后冈[3]、八里庄[4]、大寒南岗[5]、汤阴白营[6]、淇县王庄[7]、辉县孟庄[8]、新乡洛丝潭[9]、李大召[10]，河北磁县下潘汪[11]、南城[12]、邯郸涧沟[13]、龟台寺[14]、薛庄[15]、武安念头[16]、永年台口[17]、沧州陈于[18]，以及山西长治小神[19]等。

关于后冈二期文化的分期问题，学术界已进行了有益的探讨，主要有三期说[20]和两期说[21]两种观点。1985年中国社会科学院考古研究所安阳工作队，曾依据1979年安阳后冈遗址的考古发掘材料，将该遗址后冈二期文化分为早、中、晚三期。不过有学者认为，三期说中的中期和晚期之间有诸多相似相近之处，分期依据不足，主张将后冈二期文化分为早晚两期为宜[22]。检索现有考古材料不难发现，三期说基本上能够概括目前所见的后冈二期文化遗存，但三期说的中、晚期之间确实存在诸多相似性，而与早期特征差异明显。因此，我们认为将后冈二期文化分为两大期3小段更为妥当，其绝对年代约为公元前2600～前2000年，大体处于龙山时代晚期[23]。

从目前的田野考古发掘材料来看，后冈二期文化的分布范围从早至晚逐步扩大的趋势非常明显。早期遗存主要集中在漳河流域和卫河下游地区。晚期遗存分布范围明显扩大，东面到濮阳地区的程庄[24]、戚城[25]等地，东北抵达滹沱河一线的沧州陈于，北面到冀中地区的任丘喇叭庄[26]一带，向西延伸至太行山西麓的晋东南长治小神村，南界到豫北南部的新乡洛丝潭，西南界限扩展到豫西北地区沁河北岸的博爱西金城[27]。

关于后冈二期文化的地方类型划分问题，学术界也存在着不同认识。有学者以漳河为界将豫北地区的后冈二期文化称为后冈类型，冀南地区称为涧沟类型，晋东南地区则称为小神类型[28]。也有研究者认为，囿于资料不足，后冈二期文化能否划分为不同的地方类型目前尚不甚清楚[29]。现有材料证明，不同区域的后冈二期文化遗存存在着比较明显的地域性差异，那种认为后冈二期文化无法划分地方类型的观点，是由于对后冈二期文化分布范围界定不同所致，而以漳河为界划分后冈二期文化地方类型的方法似也不妥。后冈二期文化从早期到晚期始终以漳河流域及卫河下游为其中心分布区，漳河两岸诸遗址之间特征差别较小，与豫北南部的辉县孟庄、博爱西金城等众遗址之间的差异比较明显，与太行山西麓后冈二期文化之间的差异则更加显著。因此，我们认为将豫北北部与冀南地区、豫北南部和晋东南地区的后冈二期文化分别称为白营类型、孟庄类型和小神类型似乎更符合考古实际[30]。

二、后冈二期文化与周邻文化的交流与互动

龙山时代晚期，后冈二期文化的周邻地区分布着众多考古学文化，主要有海岱地区的龙山文化、豫中嵩山周围地区的王湾三期文化、豫东鲁西南皖北地区的造律台文化、晋南北部地区陶寺文化、晋中北地区的杏花文化以及燕山南麓京津地区的雪山二期文化等（图一）。后冈二期文化与周邻地区诸考古学文化之间存在着较为频繁的文化交流与互动，从而有力地推动了后冈二期文化的发展。

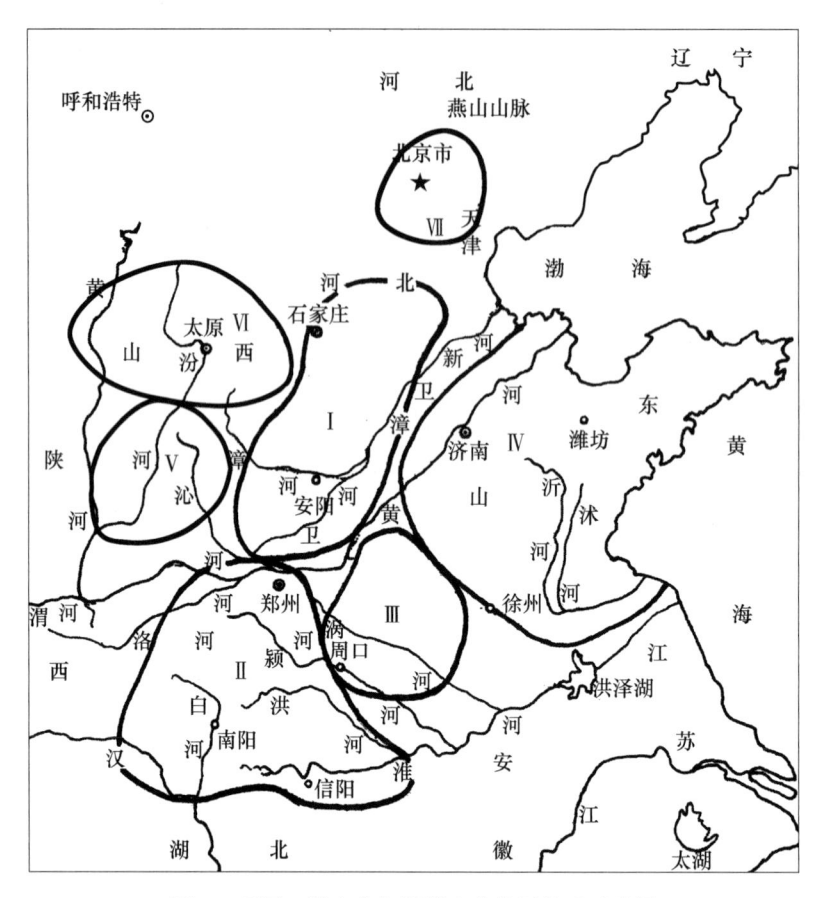

图一　后冈二期文化与周邻文化位置关系示意图
Ⅰ.后冈二期文化　Ⅱ.王湾三期文化　Ⅲ.造律台文化　Ⅳ.龙山文化　Ⅴ.陶寺文化
Ⅵ.杏花文化　Ⅶ.雪山二期文化

1. 后冈二期文化与王湾三期文化的交流与互动

后冈二期文化和王湾三期文化在陶器上存在诸多明显差别，如主要器物组合、流行纹饰以及形态特征等，这些本质上的文化差异表现出两文化不同的文化性质。目前学界一般认为后冈二期文化和王湾三期文化是两支独立的考古学文化。

但两文化之间也存在着诸多相似或相同的文化特征，关系密切。从陶色来看，两者均以灰陶居多，与龙山文化以黑陶为主的特征判然有别。纹饰方面，篮纹、绳纹、方格纹为两文化常见纹饰，但所占比例不同，前者以绳纹占优，后者以篮纹居多。在陶器种类和形制上两者亦有诸多相似之处。如两文化中习见的深腹罐、鼓腹罐，整体形态比较接近（图二，1、2、9、10）；孟庄等遗址出土的小口高领瓮，其形制与新砦等遗址中的同类器物相近，不同之处在于前者多为鼓肩，后者则为圆肩（图二，3、4、11、12）；两文化中出土的束腰平底斝特征近似（图二，5、13）；敞口曲腹平底盆，两文化的该类器物形态相近（图二，6、14）；碗在两者中习见，多敞口、斜腹、平底，其形制几乎相同（图二，7、15）；折腹盆为两文化中较为典型的器物，其形制特征颇为近似（图二，8、16）。瘦袋足鬲等后冈二期文化的习见器物在后者一些遗址中能见到，后者典型器物在前者遗存中也有出土。值得注意的是，郑州和伊洛地区诸多文化遗存文化面貌上存在着一定的差异，如绳纹在前者中所占比例相当大，鬲在前者中发现数量明显多于后者，显然郑州地区地理位置靠东、隔黄河与后冈二期文化相邻，与后冈二期文化的交流与互动较伊洛地区更为频繁，受后冈二期文化影响更多。另外，在豫西北沁河下游地区，沁河以北地区更接近后冈二期文化，是孟庄类型分布的最西缘；沁河以南诸遗址文化面貌属于王湾三期文化，为王湾类型分布最北界。龙山时代晚期，博爱西金城和温县徐堡[31]两座史前古城仁立于沁河两岸，一北一南，分属后冈二期文化和王湾三期文化。沁河一线成为后冈二期文化和王湾三期文化势力范围的边界，是河洛地区两大史前文化在豫西北地区南北对峙的分界线，同时也是两文化之间频繁交流与互动的最前沿，这一点可从沁河南北地区互见大量对方文化因素中看出来。

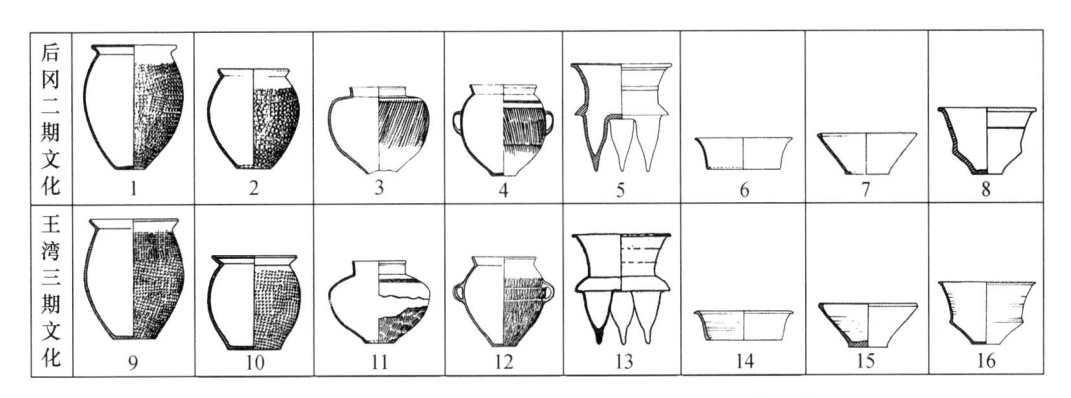

图二　后冈二期文化与王湾三期文化类同文化因素比较

1、2、6、7. 宋窑（T14⑤：64、H11：5、H12：10、H11：7）　3～5、8. 孟庄（H173：2、H173：3、H427：1、H123：9）　9～12、14、15. 新砦（H84：20、H30：31、H92：22、H30：25、H55：2、H99：105）
13. 昝旯王（C20H19）　16. 王城岗（H76：116）

文化因素分析表明，后冈二期文化与王湾三期文化关系密切，是在一定区域内经过了较长发展时期、彼此之间又有诸多联系的独立的"亲属文化"[32]。在两文化之间频繁的交流与互动中，地理位置较为邻近的沁河以南、黄河以北地区以及郑州地区与后冈二期文化的联系更为密切。两文化之间交流与互动的路线可分为东西两条，东线是豫北地区经豫北南部，过黄河，抵郑州地区；西线为豫北地区经豫西北，过沁河，再过黄河，达伊洛地区。在东线方向，后冈二期文化较多文化因素能够到达郑州地区，而西线方向则主要止步于沁河以南、黄河以北地区，鲜有文化因素能抵达王湾类型核心区域的伊洛地区。由此可见，后冈二期文化在东线文化交流上不处于劣势抑或稍占优势，而在西线上，王湾三期文化明显处于强势地位。

2. 后冈二期文化与造律台文化的交流与互动

两文化之间的交流与互动主要体现在后者文化遗存中存在较多与前者相似或相同的文化因素，主要有鬶、深腹罐、圈足盘、平底盆等。鬶在后冈二期文化、造律台文化和龙山文化中较常见，王湾三期文化则少见。王油坊[33]、鹿台岗[34]等遗址出土的鬶，其形态特征与后冈等遗址所见同类器物较为近似（图三，1、2、8、9），而与龙山文化的弧裆、素面等特征的鬶差别显著。考虑到该地区较早时期大汶口晚期文化遗存中鲜有鬶的踪迹，我们认为造律台文化的鬶应是在前者强烈影响下产生的。深腹罐为造律台文化主要炊器之一，其形态特征及纹饰特点与王湾三期文化、后冈二期文化比较接近，而和龙山文化以素面为主的风格差异明显。王油坊、鹿台岗等遗址中见到的深腹罐，与后冈遗址所出的同类器物在形态特征上较为近似（图三，3、4、10、11）。圈足盘习见于后冈二期文化和造律台文化。造律台文化中的圈足盘多为盆形，直口，宽沿，粗圈足，圈足上有镂孔装饰等特点与前者同类器物特征相近（图三，5、6、12、13）。平底盆在后冈二期文化中很是常见，平粮台等遗址中所发现的同类器，其形制与前者十分酷似（图三，7、14）。后冈二期文化中的土坯砌墙技术以及石灰涂抹房屋地面的现象在后者遗存中能见到。此外，造律台文化尤其是其晚期遗存中也有大量海岱地区龙山文化因素，有学者据此认为其文化应当为龙山文化的一个地方类型[35]。察看造律台文化早期考古学材料，不难发现来自龙山文化的因素并不是很多，其主体文化因素主要是在当地大汶口晚期文化的基础之上，受到河洛地区后冈二期文化和王湾三期文化的强烈影响而形成的。鉴于海岱地区两文化因素对该地区文化面貌的改变以及造律台文化的形成所起到的重大影响和关键作用，我们认为将造律台文化归入中原龙山文化系统是比较符合考古学实际的。

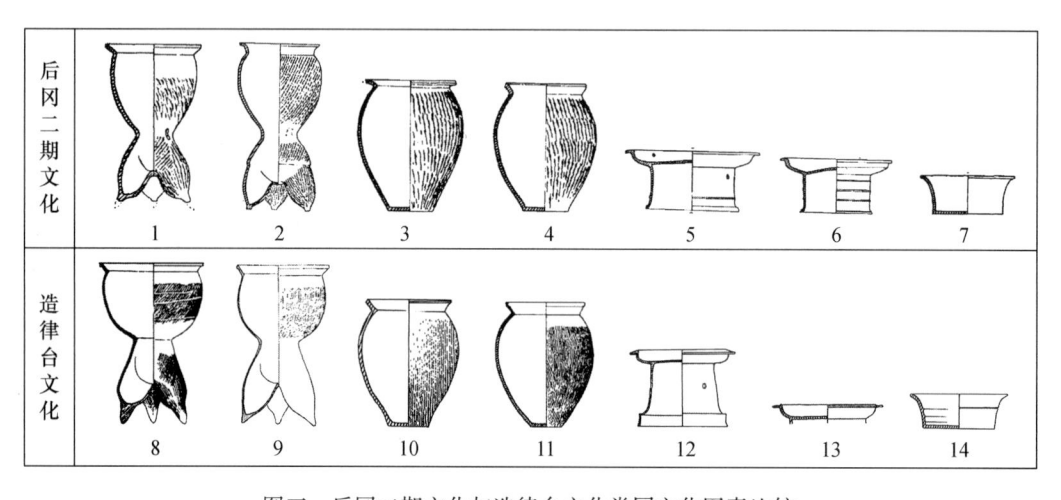

图三　后冈二期文化与造律台文化类同文化因素比较

1~7. 后冈（H1：1、H31：6、M7：4、H45：10、F36：3、T20④：8、H49：2）　8、9、11、12. 王油坊（H5：5、H5：4、H38：12、H5：7）　10、14. 鹿台岗（H107：1、H75：22）　13. 平粮台（H45：15）

通过文化因素分析不难看出，后冈二期文化与造律台文化之间存在着较多的交流与互动，以后者受到前者较多影响为主。后冈二期文化应是经豫北南部，过黄河到达郑州地区，后向东南，将自身文化因素传播至后者的。后冈二期文化对分布于豫东、鲁西南及皖北地区的造律台文化的形成与发展起到了重要作用。

3. 后冈二期文化与龙山文化的交流与互动

关于河洛和海岱地区的考古学文化的交流与互动等问题，以往一些研究者有所提及，后靳松安先生对此做了比较系统、深入的分析与研究[36]。他将龙山时代晚期河洛地区诸考古学文化与海岱地区同时期考古学文化之间的交流与互动分为前后两段，分别探讨不同阶段两地区文化之间的交流与互动以及趋势、地位等问题。诚然，作为河洛地区中原龙山文化系统之一的后冈二期文化与龙山文化之间的交流与互动，属于河洛与海岱地区整体文化交流中的一部分，与整体交流趋势是基本一致的，亦可分为前后两段来探讨。

（1）龙山时代晚期前段。

后冈二期文化中能见到的典型龙山文化因素不多，主要发现于白营类型和孟庄类型，有豆、鼎、筒形杯和圈足盘等少数几种器物。豆为龙山文化重要器类之一，种类较多。孟庄遗址早期遗存中所发现的豆形态特征与茌平尚庄[37]等遗址的同类型的豆较为近似（图四，1）。鼎在后冈二期文化中少见，在龙山文化中多见。见于后冈遗址的外侧有附加堆纹铲形足形制与诸城呈子[38]等遗址出土的同类鼎足相似（图四，2）。筒形杯为龙山文化流行器物，数量甚多。出于白营遗址后冈二期文化早期遗存中的一件筒形杯，无论陶质还是造型，均与西吴寺[39]等遗址所见的同类杯近同（图四，3）。典型龙山文化因素在后冈二期文化遗址中出现，显然是从前者传播而来。

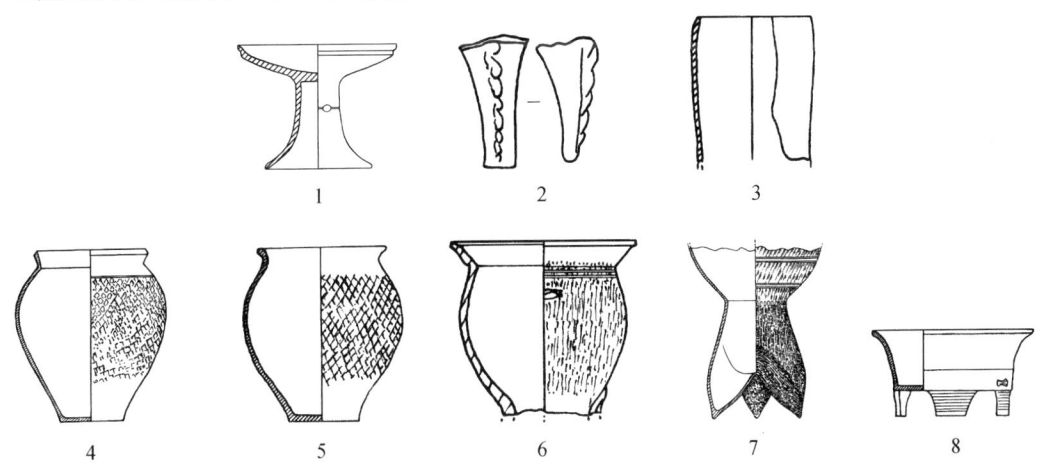

图四　龙山时代晚期前段后冈二期文化与龙山文化中所见对方文化因素

后冈二期文化中龙山文化因素　1.孟庄类型：孟庄（XXIH5∶1）　2、3.白营类型：（后冈H6∶16、白营T32北扩⑥∶3）　**龙山文化中后冈二期文化因素**　4、5、8.城子崖类型：（尚庄H17∶11、H17∶13、H17∶12）　6、7.尹家城类型：（西吴寺H4069∶8、天齐庙H899∶5）

龙山文化早期遗存中也存在一些后冈二期文化因素，集中发现于鲁西北的城子崖类型和鲁中南的尹家城类型，陶器种类有夹砂深腹罐、四瓦足盆、甗等。见于茌平尚庄遗址龙山文化早期遗存中的深腹罐，形制与后冈等遗址的同类器物近似，前者应传自于后者（图四，4、5）。四瓦足盆为后冈二期文化中比较有特色的一种器类。出土于尚庄遗址龙山文化早期遗存的少量四瓦足盆，整体形态与后冈遗址出土的同类器基本相同，无疑前者是后者传播的产物（图四，8）。西吴寺、天齐庙[40]遗址发掘的绳纹或篮纹加绳纹甗，形制与孟庄、后冈等遗址出土的同类甗近同（图四，6、7）。此外，龙山文化西部的早期文化遗存中拥有一定数量的灰陶和绳纹、方格纹等文化因素，应是后冈二期文化的影响所致。

（2）龙山时代晚期后段。

后冈二期文化中来自龙山文化的文化因素大量增加。关于后冈二期文化晚期遗存中发现的典型东方文化因素，早先栾丰实先生做过分析[41]，后靳松安先生对此进行了系统的研究[42]。考古发掘材料显示，后冈二期文化中出现的龙山文化因素颇多，其中以白营类型最多，孟庄类型居次，小神类型极少，陶器种类多样，有鼎、袋足鬶、直口瓮、有领瓮、子母口瓮、子母口罐、折盘豆、圈足盆、子母口盆、子母口盒、筒形杯、器盖等。白营遗址出土的鼎，形制与尚庄遗址同类鼎非常近似（图五，1）。典型的龙山文化鸟首形鼎足在后冈二期文化诸多遗址晚期遗存中能见到，且数量相当可观（图五，2、3）。大寒南岗、八里岗、白营遗址出土的袋足鬶，与尚庄等遗址龙山文化晚期的同类器极为相似（图五，4~6）。南岗遗址所见到的直口瓮，造型与尚庄遗址同类瓮相若。永年台口遗址发掘的有领瓮，形态与尚庄遗址出土的同类器酷似（图五，7）。南岗遗址出土的子母口瓮，形制与阳谷景阳岗遗址[43]同类器相近（图五，8）。子母口罐见于南岗遗址，与尚庄遗址出土的同类器近似（图五，10~12）。折盘豆、圈足盆、子母口盆、筒形杯、筒形器盖等典型龙山文化陶器，在后冈、南岗、白营等后冈二期文化白营类型遗址中能见到，与西吴寺、胶县三里河[44]、邹平丁公[45]、平南陈庄[46]等龙山文化遗址中同类器物在形制特征上相近或相似（图五，13~16）。显然，白营类型中见到的典型龙山文化因素应当是由后者传播而来。孟庄遗址中见到的单耳杯，形态较细，与丁公等遗址同类器特征相近（图六，3）；喇叭状器盖，特征与丁公等遗址同类器盖近同（图六，6）。李大召遗址出土鬶、子母口器盖、子母口缸、蛋壳陶，分别与尚庄、丁公等遗址同类器接近（图六，1、2、4、5）。孟庄类型中包含较多的龙山文化因素，反映出受到后者的强烈影响。另外，小神类型中亦有少量龙山文化因素，如子母口罐、子母口盆等，其子母口的风格特征应是在龙山文化的影响下而出现的。

龙山文化中也存在着一些后冈二期文化因素，仍集中发现于尹家城类型和城子崖类型，主要体现于各类陶器以及"白灰面"房屋中。陶器方面，明确来自后冈二期文

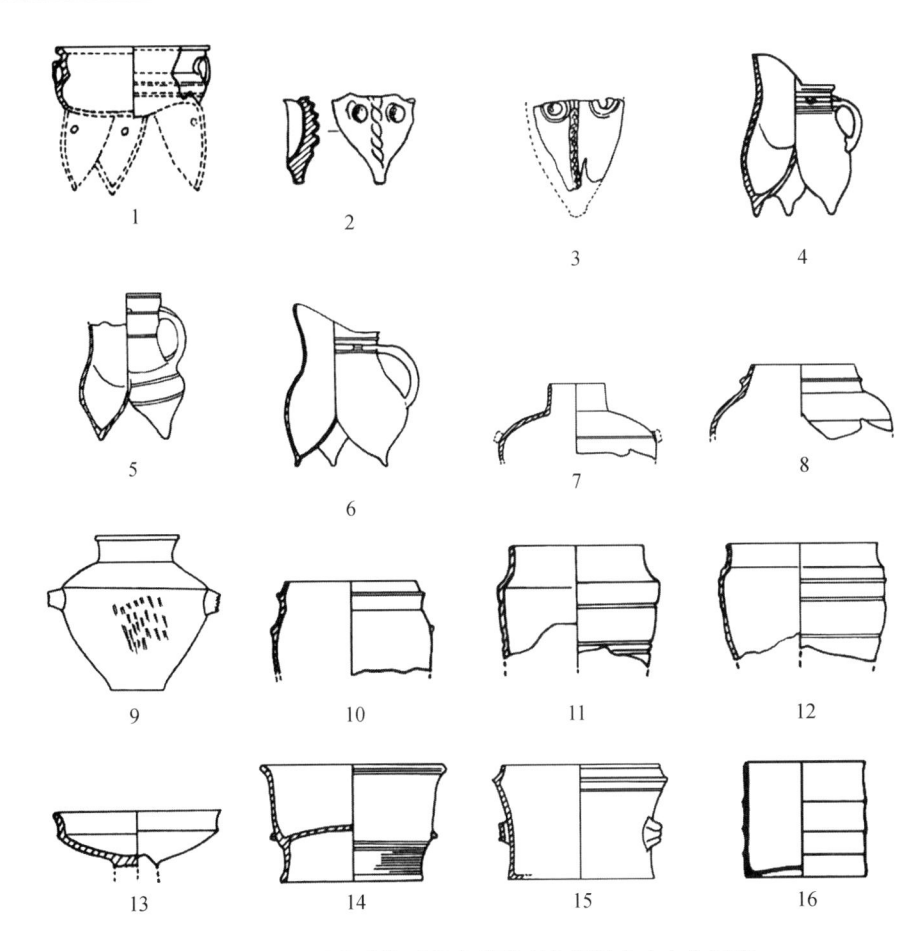

图五　龙山时代晚期后段白营类型中所见龙山文化因素

1、6.白营 H56：10、T10②：5　2.下潘汪 T19②：48　3、4、7、8、10、14~16.南岗 T201③：13、H20：6、J1④：4、T201③：13、T201②：1、H20：11、T5②：23、J1②：9　5.八里庄 F3：1
9.台口 T13②：3　11~13.后冈 T1⑤：63、T5③：18、T18⑤：23

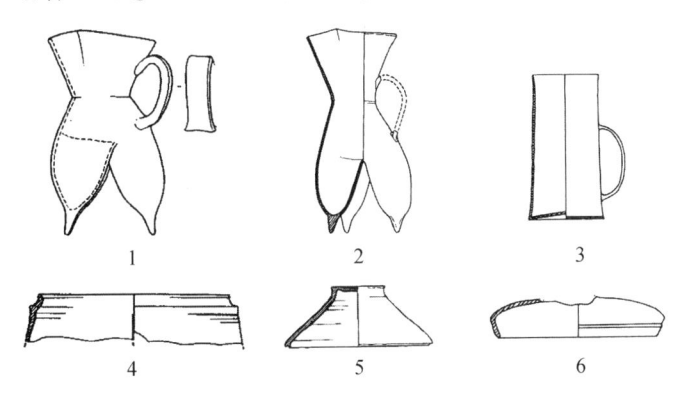

图六　龙山时代晚期后段孟庄类型中所见龙山文化因素

1、2、4、5.李大召Ⅳ T0210H220：1、Ⅳ T0813H20：41、Ⅳ T0211H212：62
3、6.孟庄 XXH215：3、Ⅷ H306：4

化的陶器主要有深腹罐、罐形斝等。南陈庄等遗址出土的深腹罐，形制与淇县王庄等遗址同类罐基本一致（图七，1）。罐形斝见于尚庄遗址，整体造型与后冈遗址出土的同类器相同（图七，3）。尹家城遗址[47]发掘的深腹罐，形态与孟庄等遗址的同类器大体相同（图七，2）。这些后冈二期文化的代表性器物，在龙山文化中出现，应是从河洛地区直接传播而来的。此外，龙山文化晚期遗存中，灰陶及绳纹和方格纹所占比例较早期都有显著增加，尤以其西部地区更为明显，这也应是受到河洛地区后冈二期等同时期文化影响所致。在尚庄、南陈庄、丁公以及尹家城等遗址当中发现少量"白灰面房屋"，有学者指出此类房屋建筑在后冈二期文化中出现时间较早，数量多，龙山文化城子崖类型以及尹家城类型很有可能是在受到前者的影响之后，才开始建造和使用"白灰面"房屋的[48]。

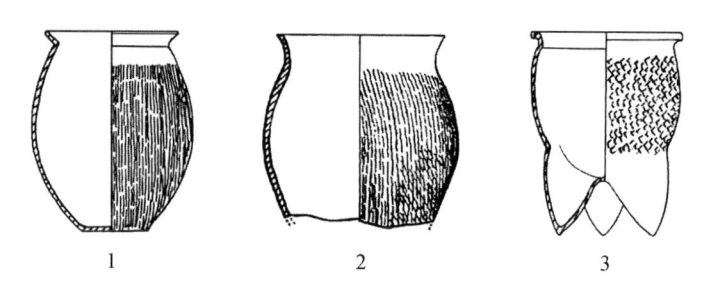

图七　龙山时代晚期后段龙山文化中后冈二期文化因素
1、3. 城子崖类型（南陈庄 F3：1、尚庄 H88：1）　2. 尹家城类型（尹家城 H706：8）

综上所述，龙山时代晚期后冈二期文化与龙山文化的交流与互动，前段相对较少，从龙山文化早期遗存中存在数量较多典型的后冈二期文化因素，而后冈二期文化中具有东方色彩的器物发现较少以及中原龙山文化系统将豫东、鲁西南、皖西北地区纳入其势力范围并形成造律台文化等方面考察，此时期双方文化交流的趋向，似乎是后冈二期文化对龙山文化的影响稍占上风。后段，两文化之间的交流与互动明显增多，文化交流趋向发生逆转，龙山文化占据了主导地位，其文化因素在前者的白营类型中为最多，孟庄类型居次，小神类型最少；后冈二期文化对龙山文化的影响较前段有所减弱，主要集中于后者分布地域西部的城子崖和尹家城类型。

4. 后冈二期文化与陶寺文化的交流与互动

后冈二期文化与陶寺文化之间存在着一定程度的文化交流与影响，主要反映于前者遗存中发现有与后者相似或相近的文化因素。后冈二期文化在其早期阶段发现有陶寺文化因素的陶器并不多，晚期时则有所增加。鬲在陶寺文化中发现数量相对较多，种类有肥袋足鬲、双鋬鬲、单耳鬲等。陶寺文化早期无鬲，中期时鬲开始出现，主要为肥袋足鬲和双鋬鬲，其中肥袋足鬲，尤其是敞口或直口肥袋足鬲在晋中北地区的杏花文化中基本不见。汤阴白营、大寒南岗、长治小神等遗址中发现的鬲,在肥袋足等特征上与陶寺文化同类型陶鬲有相似之处,似乎受到后者的一定影响(图八,1、2、9、10)。单耳鬲在陶寺文化晚期开始出现,且数量较多。安阳后冈等遗址中的单耳鬲,鬲耳在形制、纹饰以安装位置等方面与前者均相近,很可能受到前者的某些影响(图八,5、6、13、14)。李大召、孟庄等遗址发现的单耳杯、附双耳折腹盆等器物与陶寺文化同类器物近似[49]。何驽先生对陶寺文化早期个性因素的来源进行了较为全面的总结,并指出深腹斝和罐形斝受到了客省庄二期文化的影响[50]。陶寺文化较早时期斝的形态多样,晚期时形制较统一,流行折敛口罐形斝。后冈二期文化早期以敞口盆形斝等比较富有时代特征,晚期则以罐形斝等为代表性器物,其晚期常见的罐形斝在形态特征上与陶寺文化晚期折敛口罐形斝较为近似,极有可能是在后者的传播与影响下产生的,其源头似可追溯到客省庄二期文化(图八,7、15)。陶寺文化中晚期遗存中有少量甗,其形制特征与后冈二期文化同类器物有一定相似之处。此外,在陶寺文化遗存中发现有与后冈二期文化相似的"白灰面"房屋。小神类型为后冈二期文化晚期阶段扩张至晋东南而形成的地方类型。该类型中矮领双鋬鬲所占比例较大,不少深腹罐带有双鋬等特征,显示出其受到晋南北部陶寺文化和晋中地区杏花文化的影响更强,与后两文化的交流与互动较其他地方类型更为频繁。

整体上看,后冈二期文化与陶寺文化之间的交流与互动从早到晚明显增多,以陶寺文化对后冈二期文化的影响为主流。但陶寺文化对前者的影响不是持久的、稳定的,随着晚期时的衰落与消亡,其对外的影响也随之减弱甚至消失,并且陶寺文化对后冈二期文化的边缘类型影响较大,而对前者核心分布区域的影响相对较小。与此相对的是后冈二期文化吸收陶寺文化的某些文化因素,晚期时向晋东南地区扩张,后形成的小神类型则成为连接后冈二期文化与晋南北部陶寺文化和晋中地区杏花文化的桥梁,也是后两文化向前者传播影响的中介和通道。

5. 后冈二期文化与杏花文化的交流与互动

后冈二期文化与杏花文化之间存在着较为密切的文化联系,这可从前者诸多遗存中发现有与后者相似或相同的文化因素上表现出来。鬲为杏花文化最具代表性的陶器,数量颇多,形制多样,有双鋬鬲、单把鬲、无耳鬲等,且发展演变规律清晰。白营遗址F59:1鬲属于后冈二期文化早期,有研究者认为该件陶鬲在平裆、制法等方面的特征与杏花文化同类陶鬲近同,它的产生与后者有密切联系[51](图八,2、17)。杏花文化中的鬲以双鋬鬲数量为最多,且基本上均为侧装双鋬。大寒南岗、白营等遗址中所出双鋬鬲也为侧装双鋬,显然是受到杏花文化的直接影响(图八,3、18)。杏花文化中的单耳鬲出现时间较早,数量相对较多。后冈、大寒南岗、涧沟等遗址发掘的单耳鬲在形态与纹饰上与杏花文化近似,很可能是对后者在一定程度上的借鉴(图八,5、

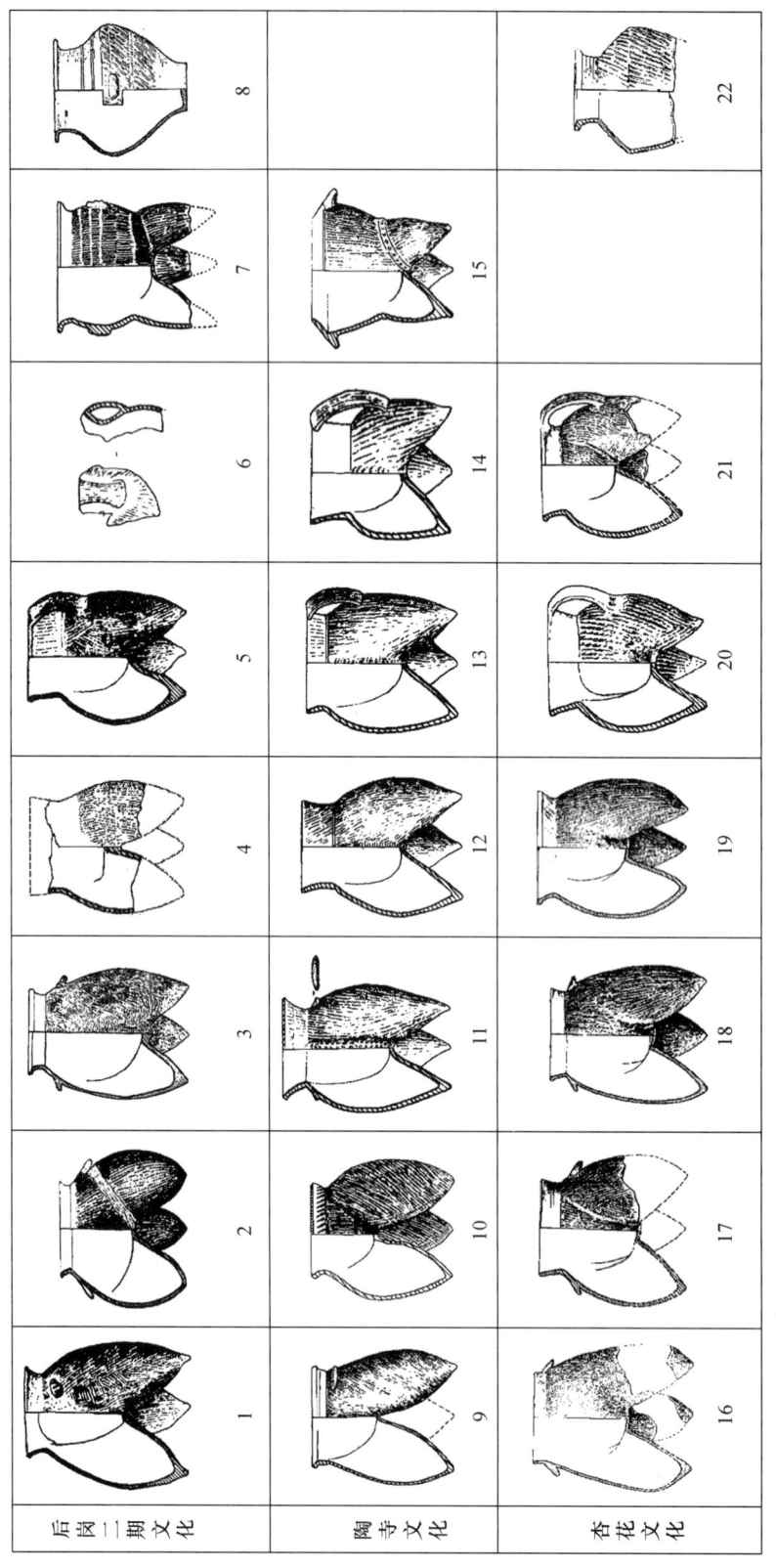

图八 后冈二期文化、陶寺文化、杏花文化相似文化因素比较图

1、5、8.小神 H57：80、H54：1、H77：23 2.白营 F59：1 3.南岗 J1②：38 4.念头 T30②：1 6、7.后冈 T16③：15、H5：13
9、12、14.东许 H8：25、H3：1、H3：6 10.曲舌头 I 13：1 11、13.南石 H1：11、H1：18 15.侯村采集
16～22.杏花村 H118：7、H314下：2、H22：1、H9：4、H6：4、H257上：2、H127：2

6、20、21）。无耳鬲在杏花文化中较常见，在陶寺文化中较少见。后冈、白营、涧沟、薛庄、武安念头等遗址出土的无耳鬲在侈口、领部、绳纹等方面与杏花文化同类鬲造型特征相近，显然是在后者的直接影响下产生的（图八，4、19）。尊在杏花文化中比较常见，形制多样。后冈二期文化晚期阶段形成的小神类型中见有富有特色的卷沿高领圆腹小平底尊形器，应当是受到后者的影响（图八，8、22）。小神类型中的大口双耳罐不见于其他类型，与杏花文化的双大耳罐似乎有一定的联系。

杏花文化是龙山时代晚期分布于太行山以西的一支强势的考古学文化[52]，与主要分布于太行山以东的后冈二期文化关系较为紧密。两文化的交流与互动，早期相对较少，晚期明显增加，以杏花文化对后冈二期文化的影响占主要地位。与陶寺文化不同的是，杏花文化对后冈二期文化的影响不仅存在于前者的边缘类型，更深入到其核心地区，并且这种交流与影响是持续的、稳定的，对豫北冀南地区后冈二期文化的发展走向以及该地区后继考古学文化的形成均产生了重要和深远的影响。

6. 后冈二期文化与雪山二期文化的交流与互动

据相关研究，伴随着全新世气候转暖，冰川融化，渤海海平面上升开始大规模的海侵。距今6000年时，海岸到达最大范围，西达宝坻和惠民一线，而距今5000年海岸则回落到天津、黄骅、海兴一带，略高于现今的海平面[53]。有学者指出，由于龙山时代海侵消失，燕山南麓地区大片沼泽成为陆地，燕山南麓地区和黄河下游地区陆地连成一片，交通便利，使得黄河下游地区的后冈二期文化和龙山文化得以北上[54]，将自身文化因素传播至燕山南麓地区。诚然，自然地理环境的改善是两地区考古学文化之间得以相互交流与影响的前提和基础。

后冈二期文化与雪山二期文化之间存在较多的交流与互动，主要反映于后者遗址中出现大量前者的文化因素。早期阶段，雪山二期文化陶器多为罐类平底器，夹砂褐陶，素面为主，鲜见后冈二期文化因素。晚期阶段，雪山二期文化遗存中陶器种类丰富，新出现甗、鬲等三足器，罐仍是主要陶器，一般都装饰绳纹，后冈二期文化的文化因素明显增加。雪山二期文化以绳纹为主，篮纹、方格纹次之的纹饰特点，与后冈二期文化白营类型相同。雪山二期文化陶器中罐的数量最多，且形状多样。其中夹砂深腹绳纹罐形态特征与后冈二期文化同类器物相近；泥质灰陶篮纹双耳罐的造型特征与后冈二期文化有一定相似之处；平底盆的形态与前者近同；束腰式斝足、盆形甑等器物，与前者同类器物造型特征很是近似。镇江营第四期遗存[55]中出土的折沿鼓腹罐、上部罐形无腰隔绳纹甗、折腹盆、大口曲腹平底盆、小口瓮等器物与后冈、白营等遗址同类器物有相似或相近之处（图九）。此外，雪山二期文化中还有鸟首形鼎足、泥质薄胎黑陶等山东龙山文化因素。带鋬耳的陶鬲、敛口斝等器物与壶流河、桑干河流域龙山文化时期遗存相似，显示出受到后者以及晋中北等地区的影响。在诸多周邻文化因素中，后冈二期文化因素在陶器的种类以及数量上占据优势地位。该地区北有燕山山脉，西有太行山阻隔，古人克服这些自然因素与北部和西部地区文化交流与互动是比较困难的，而随着龙山时代海侵消失，燕山以南大片沼泽变成陆地，燕山以南的京津地区与豫北冀南地区之间有平坦的陆地相连，陆路往来十分便利，这些自然地理因素在很大程度上使得后冈二期文化因素更容易到达燕山以南的京津地区。

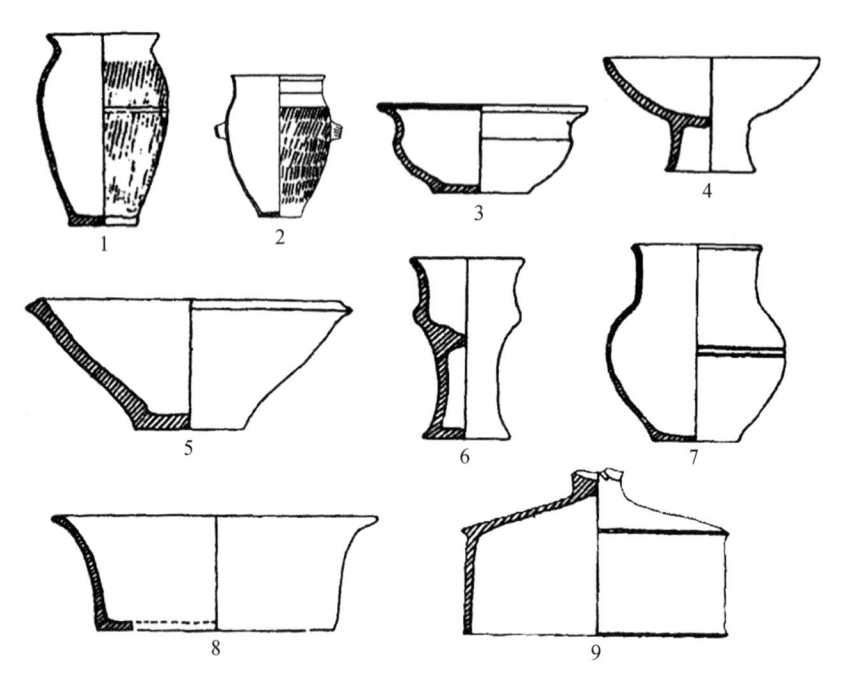

图九　雪山二期文化陶器
（雪山遗址，编号不详）

不难看出，后冈二期文化与雪山二期文化的交流与互动，早期较少，晚期较为频繁，后冈二期文化明显处于主导地位，是文化因素的传播者，而雪山二期文化则相反。后冈二期文化因素在周邻文化因素中占据优势地位，向燕山南麓京津地区施加强势影响，不仅对雪山二期文化的形成与发展起到巨大推动作用，也使该地区考古学文化面貌和格局发生变化，从而脱离北方西辽河文化区的文化传统，而更接近于中原龙山文化系统。

三、结　语

龙山时代晚期，主要分布于豫北冀南地区的较为强势的后冈二期文化，在其形成与发展过程中与周邻文化之间存在着不同程度的文化交流与互动，这使后冈二期文化能够不断吸收融合外来的先进文化因素来丰富、壮大、发展自己，同时也将自身文化因素传播至周邻地区，并对周邻文化的发展走向以及文化格局的改变产生重要的影响。考古学文化之间的文化交流与互动，对史前时期考古学文化的形成与发展以及中国古代文明的起源，甚至于进入王国文明时期的王朝兴起与更替，均具有重要的意义和作用。因此，探讨考古学文化之间的交流与互动已成为当今考古学研究的重要课题之一。

注　释

[1] "龙山时代"这一概念，最早由严文明先生提出来（见严文明：《龙山文化和龙山时代》，《文物》1981年第6期），最初仅是指公元前2500～前2000年这一段时期。后来其他一些研究者将公元前3000～前2500年之间的考古学文化也包括进去，这样就使"龙山时代"这一概念有了新的延伸。对此严文明先生在此后发表的一篇文章里表示了赞同（见《龙山时代考古新发现的思考》，《纪念城子崖遗址发掘60周年国际学术讨论会文集》，齐鲁书社，1993年）。若是，龙山时代可分为早晚两期，早期为公元前3000年～前2500年，晚期为公元前2500年～前2000年。本文赞同并采用关于"龙山时代"这一概念的认识。

[2] 根据文物地图集等相关资料统计。

[3] 中国社会科学院考古研究所安阳工作队：《1979年安阳后冈遗址发掘报告》，《考古学报》1985年第1期。

[4] 安阳地区文管会：《安阳八里庄龙山遗址发掘简报》，《河南文博通讯》1980年第2期。

[5] 中国社会科学院考古研究所安阳队：《安阳大寒村南岗遗址》，《考古学报》1990年第1期。

[6] 河南省安阳地区文管会：《汤阴白营河南龙山文化村落遗址发掘报告》，《考古学集刊（第3集）》，中国社会科学出版社，1983年。

[7] 河南省文物考古研究所：《河南淇县王庄龙山文化遗址发掘简报》，《考古》1999年第5期。

[8] 河南省文物考古研究所：《辉县孟庄》，中州古籍出版社，2003年。

[9] 新乡地区文管会、新乡县文化馆：《河南新乡县洛丝潭遗址试掘简报》，《考古》1985年第2期。

[10] 郑州大学历史学院考古系：《新乡李大召仰韶文化至汉代遗址发掘报告》，科学出版社，2006年。

[11] 河北省文物管理处：《磁县下潘汪遗址发掘报告》，《考古学报》1975年第1期。

[12] 河北省文物研究所：《河北磁县南城遗址发掘获重要发现》，《中国文物报》2009年2月25日第2版。

[13] 邯郸考古发掘队：《1957年邯郸发掘简报》，《考古》1959年第10期；《河北省文化局文物工作队：《河北邯郸涧沟村古遗址发掘简报》，《考古》1961年第4期。

[14] 邯郸考古发掘队：《1957年邯郸发掘简报》，《考古》1959年第10期。

[15] 吉林大学边疆考古研究中心、河北省文物局：《河北邯郸薛庄遗址发掘报告》，《考古学报》2014年第3期。

[16] 河北省文物研究所、邯郸市文物研究所：《武安念头遗址发掘简报》，《文物春秋》2014年第4期。

[17] 河北省文化局文物工作队:《河北永年县台口村遗址发掘简报》,《考古》1962年第12期。

[18] 河北省文物研究所:《河北沧县陈于遗址发掘简报》,《河北省考古文集》,东方出版社,1998年。

[19] 山西省考古研究所晋东南工作站:《长治小常乡小神遗址》,《考古学报》1996年第1期。

[20] 邹衡:《关于夏商时期北方地区诸邻境文化的初步探索》,《夏商周考古学论文集》,文物出版社,1980年;中国社会科学院考古研究所安阳工作队:《1979年安阳后冈遗址发掘报告》,《考古学报》1985年第1期。

[21] 董琦:《虞夏时期的中原》,科学出版社,2000年;靳松安:《河洛与海岱地区考古学文化的交流与融合》,科学出版社,2006年。

[22] 董琦:《虞夏时期的中原》,科学出版社,2000年。

[23] 靳松安:《河洛与海岱地区考古学文化的交流与融合》,科学出版社,2006年。

[24] 北京大学考古学系、濮阳市文物保管所:《豫东北考古调查与试掘》,《考古》1995年第12期。

[25] 濮阳戚城文物景区管理处:《濮阳戚城遗址龙山文化灰坑清理简报》,《中原文物》2007年第5期。

[26] 河北省文物研究所、沧州地区文物管理所:《河北省任邱市哑叭庄遗址发掘报告》,《文物春秋》1992增刊。

[27] 王青、王良智:《河南博爱西金城遗址发掘取得重要成果》,《中国文物报》2008年1月23日第2版;山东大学考古系、河南省文物管理局南水北调文物保护办公室:《河南博爱县西金城龙山文化城址发掘简报》,《考古》2010年第6期。

[28] 董琦:《虞夏时期的中原》,科学出版社,2000年。

[29] 中国社会科学院考古研究所:《中国考古学·新石器时代卷》,中国社会科学出版社,2010年。

[30] 靳松安:《河洛与海岱地区考古学文化的交流与融合》,科学出版社,2006年。

[31] 毋建庄、邢心田、韩长松,等:《河南焦作发现徐堡发现龙山文化城址》,《中国文物报》2007年2月2日第2版;焦作市文物工作队等:《河南焦作温县徐堡龙山文化遗址发掘简报》,《焦作文博考古与研究》,中州古籍出版社,2008年。

[32] 严文明:《龙山文化和龙山时代》,《文物》1981年第6期。

[33] 商丘地区文物管理委员会、中国社会科学院考古研究所洛阳工作队:《1977年河南永城王油坊遗址发掘概况》,《考古》1978年第1期;中国社会科学院考古研究所河南二队、河南商丘地区文物管理委员会:《河南永城王油坊遗址发掘报告》,《考古学集刊·第5集》,1987年。

[34] 郑州大学考古专业、开封市文物工作队、杞县文物管理所:《河南杞县鹿台岗遗址发掘简报》,《考古》1994年第8期。

[35] 栾丰实:《龙山文化王油坊类型初论》,《考古》1992年第10期。

[36] 靳松安:《河洛与海岱地区考古学文化的交流与融合》,科学出版社,2006年。

[37] 山东省博物馆、聊城地区文化局、茌平县文化馆:《山东茌平县尚庄遗址第一次发掘简报》,《文物》1978年第4期;山东省文物考古研究所:《茌平尚庄新石器时代遗址》,《考古学报》1985年第4期。

[38] 昌潍地区文物管理组、诸城县博物馆：《山东诸城呈子遗址发掘报告》，《考古学报》1980年第3期。

[39] 文化部文物局田野考古领队培训班：《兖州西吴寺遗址第一、二次发掘简报》，《文物》1986年第8期。

[40] 国家文物局田野考古领队培训班：《泗水天齐庙遗址发掘的主要收获》，《文物》1994年第12期。

[41] 栾丰实：《论城子崖类型与后冈类型的关系》，《考古》1994年第5期。

[42] 靳松安：《河洛与海岱地区考古学文化的交流与融合》，科学出版社，2006年。

[43] 山东省文物考古研究所、聊城地区文化局文物研究室：《山东阳谷县景阳岗龙山文化城址调查与试掘》，《考古》1997年第5期。

[44] 中国社会科学院考古研究所：《胶县三里河》，文物出版社，1998年。

[45] 山东大学历史系考古专业、邹平县文化局：《山东邹平丁公遗址试掘简报》，《考古》1989年第5期；山东大学历史系考古专业：《山东邹平丁公遗址第二、三次发掘简报》，《考古》1992年第6期；山东大学历史系考古专业：《山东邹平丁公遗址第四、五次发掘简报》，《考古》1993年第4期。

[46] 山东大学历史系考古专业聊城地区文化局、茌平县图书馆：《山东省茌平县南陈庄遗址发掘简报》，《考古》1985年第4期。

[47] 山东大学历史系考古专业教研室：《泗水尹家城》，文物出版社，1990年。

[48] 国家文物局田野考古领队培训班：《泗水天齐庙遗址发掘的主要收获》，《文物》1994年第12期。

[49] 中国社会科学院考古研究所山西工作队、临汾地区文化局：《山西襄汾县陶寺遗址发掘简报》，《考古》1980年第1期。

[50] 何驽：《陶寺文化谱系研究综述》，《考古学集刊·第16集》，科学出版社，2006年。

[51] 张忠培：《杏花文化的侧装双鋬手陶鬲》，《故宫博物院院刊》2004年第4期。

[52] 国家文物局、山西省考古研究所、吉林大学考古系：《晋中考古》，文物出版社，1999年。

[53] 张业成、胡景江、刘春凤：《全新世以来渤海海岸变迁历史及未来发展趋势的初步分析》，《中国地质科学院562综合大队集刊等7、8号》，地质出版社，1989年。

[54] 索秀芬、李少兵：《燕山南北地区新石器时代考古学文化序列和格局》，《考古学报》2014年第3期。

[55] 北京市文物研究所：《镇江营与塔照：拒马河流域先秦考古文化的类型与谱系》，中国大百科全书出版社，1999年。

山东菏泽地区史前文化的谱系及相关问题研究

袁广阔

(首都师范大学历史学院　北京　100048)

摘　要：菏泽所在的鲁西及邻近的豫北地区共同组成了一个介于中原、海岱之间的文化区域。优越的地理位置使得菏泽地区形成了中原、海岱文化系统争相控制的战略要地。在整个史前时期，菏泽地区见证了中原与海岱文化系统的交融与早期国家文明的形成。

关键词：菏泽；何楼；早期文明

菏泽地处黄河中下游，山东省西南部，与豫、皖、苏三省接壤，现辖两区七县，另有两个开发区。因处于中原与海岱文化区的交界，菏泽地区的史前文化十分繁荣，虽有黄河淤沙掩埋，但依然留下了不少文化遗存。结合近年来的发掘资料和相关研究成果，笔者拟对菏泽地区史前文化的分期、年代、谱系、性质等问题进行讨论。

一、菏泽地区史前文化的考古发现

菏泽地区的田野工作肇始于20世纪70年代。1976年和1981年，山东省博物馆和菏泽地区文展馆分别对安邱堌堆遗址进行试掘，1984年北京大学考古学系等单位对安邱堌堆遗址进行第三次发掘，揭露龙山、岳石、早商、晚商四个时期文化遗存[1]。龙山文化遗存发现房基、灰坑、灰沟等，出土遗物有陶、石、骨、蚌器等。岳石文化遗存发现灰坑、灰沟等。

1976年，菏泽地区文物工作队对曹县梁堌堆、东明窦固堆遗址进行了调查和试掘。梁堌堆遗址发现龙山、商、周、汉代等多个时期文化遗存，出土遗物主要有龙山时期的泥质方格纹灰陶罐、凿形鼎足、器盖、釜、陶纺轮等[2]。窦固堆遗址文化堆积丰厚，可达6米，出土遗物多为龙山时期陶片，器形有夹砂灰陶甗、方格纹罐、器盖、鼎足等[3]。同年和1979年春，菏泽地区文物工作队对曹县莘冢集遗址分别进行了调查和发掘，揭露龙山时期灰坑7座，出土遗物主要是大汶口和龙山时期的陶器残片，大汶口陶器极少，主要有泥质红陶钵、盆、罐等，龙山陶器较多，特征与梁堌堆遗址近同[4]。

2007~2008年，山东省文物考古研究所、菏泽市文物事业管理处和牡丹区文物保护管理所共同组队，对成阳故城址和尧陵遗址进行了专题考古调查和试掘工作。成阳故城试掘点在城垣东北部，采用探沟的形式对北墙垣东端进行解剖。墙体上部宽13~14米，下部宽24~25米，局部残存高度约6米。城垣主体始建于战国，汉代大规模向外扩建补筑，至金代墙体废弃。城墙底部发现10余片素面红褐陶片，多夹砂，少量泥质及夹植物茎叶，可辨器形有平底罐、敞口盆、钵等，另有少量圆柱状磨棒等残石器。

2009年，山东省文物考古研究所等单位又对尧陵遗址进行了考古发掘，发现遗址最早属龙山时期，延续至商、周、汉、金、明、清等多个时期。尧陵南约600米的古赵王河西岸的毛庄村，地下6.3~13.5米处发现了厚约7米的文化堆积层，内含少量陶片、料姜石等，表明遗址当时的地表约在今地表下6.3~13.5米处。这次发掘意义重大，主要体现在于勘探中发现了一些夯土遗迹；遗址与郦道元记载中的尧陵及尧母庆都陵的地望相吻合。

2014~2015年，山东省文物考古研究院对定陶十里铺北遗址进行了大规模勘探发掘。经勘探了解，遗址完全淤埋于地表下，由北部的堌堆遗存及西南、东南部的两块岗地构成。北部堌堆遗存文化堆积平均厚达2米，上部普遍覆盖0.7~2.1米厚的淤积层，包含大汶口、龙山、岳石、商、东周、汉、唐等不同时期的文化遗存。该遗址是鲁西南地区现存古文化延续时间最长、保存最完整、发掘面积最大的堌堆遗存[5]。

2018年3~8月，山东大学考古队对青邱堌堆遗址进行了发掘。据初步勘探，遗址文化堆积厚达7米左右，且很多为黑色堆积，内夹杂商周陶片。从发掘的地层情况来看，生土以上，文化层堆积从龙山文化、岳石文化、商文化、周至汉文化依次叠加，再向上直接叠压着较晚的清代耕土层，然后是1855年及之后黄河泛滥形成的淤积层，最上面是近现代扰土层和现代耕土。发掘者认为，青邱堌堆形成过程复杂，龙山时期，菏泽可能存在大型平地聚落址；商周特别是晚商时期，聚落堆积速度骤然加快应与黄河下游泛滥有关[6]。

2018年4~11月，首都师范大学考古学系对定陶何楼遗址及其周边地区进行了勘探与发掘，发现了丰富的大汶口文化遗存（实为仰韶文化遗存）。揭露遗迹主要有灰坑、灰沟、房址、墓葬等，遗物多为陶器，器形有罐形鼎、釜形鼎、釜、盂、支脚、红顶钵、圆腹盆、斜腹盆、折腹盆、小口壶、碗、器盖等。本次发掘工作不仅对于建立和完善菏泽地区新石器文化序列和编年具有重要意义，同时也有助于认识和了解这一地区的考古学文化格局演变[7]。

2000年以来，菏泽市历史与考古研究所和菏泽历史文化与中华古代文明研究会采用了新的考古调查思路，即依托古文献寻找古遗址、借助新设备（地质用岩土取芯机等）拓展发掘深度，在全市范围内进行了十分细致的考古调查和勘探工作。在厚厚的黄土层下，新发现了一大批不同时期的古文化遗址，其中包括10余处堌堆型的古聚落遗址。这些发现为研究菏泽地区史前文化的年代与性质等问题打下了坚实基础。

二、菏泽地区史前文化的分期、年代与谱系

梳理以上遗址的调查和发掘资料可知，菏泽地区的史前文化主要有仰韶文化、大汶口文化、龙山文化、岳石文化。

仰韶文化，以定陶何楼遗址等为代表。陶器特征鲜明，陶质陶色有泥质红陶和掺碎蚌壳的红陶、褐陶及泥质灰陶四种。泥质陶多于夹砂陶，夹砂陶又以掺碎蚌壳陶为主。纹饰以素面或磨光为主，夹砂鼎内外壁见有一种特别的"竖条纹"，泥质钵口沿有红色条带，即所谓的"红顶"。该时期文化特征与北辛文化近同，部分陶器如釜形鼎等与北辛文化同类器相似，但钵、盆、小口双耳壶、罐等常见器型与西水坡后冈一期文化同类器更为接近，据此来看，何楼仰韶文化遗存的性质应属后冈一期文化。菏泽地区后冈一期文化遗存的发现表明在仰韶早期阶段，这一区域是属于中原文化区的分布范围的（图一、图二）。

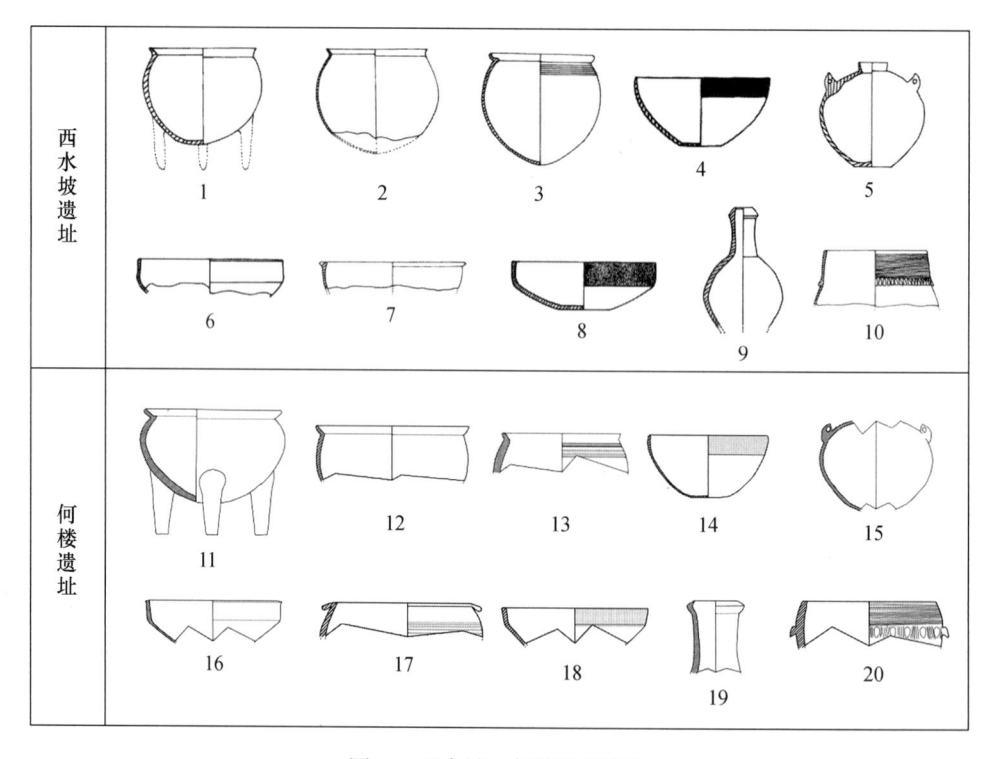

图一　西水坡、何楼遗址陶器

1、11. 鼎（H346∶1、H31∶42） 2、3、12、13. 釜（W38∶1、T164④∶5、H31∶130、H31∶65） 4、14. 钵（T171⑥∶9、H31∶49） 5、15. 壶（T171⑤∶34、H31∶48） 6~8、16~18. 盆（T171⑧∶6、T171⑥∶20、H307∶2、H31∶58、H31∶171、T3319③∶3） 9、19. 瓶（T224⑤∶11、H31∶201） 10、20. 鼓（T322④∶1、T3420③∶1）

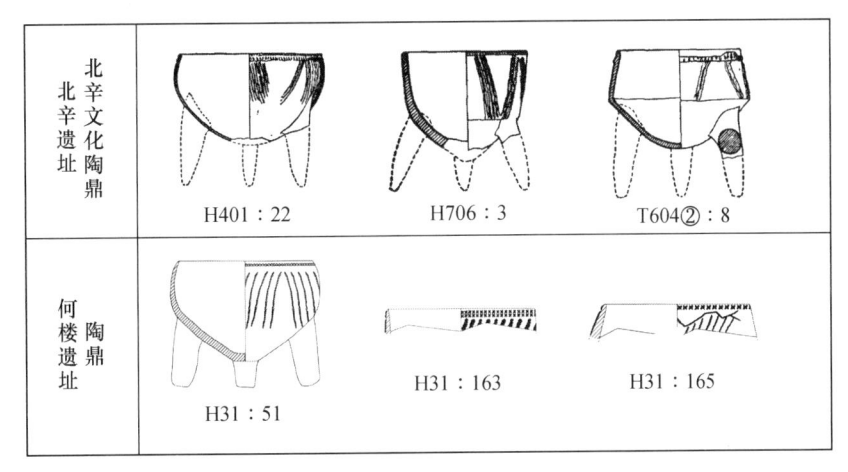

图二 北辛、何楼遗址陶鼎

大汶口文化，以定陶十里铺北遗址等为代表。十里铺北东北、东南部边缘清理了大汶口文化中期的窖穴及地层堆积，出土有泥质彩陶罐、夹砂并掺蚌壳末的鼎、罐等器物，特征与茌平尚庄遗址大汶口文化遗存基本一致[8]。此期菏泽地区发现的大汶口文化遗存与仰韶文化遗存迥然有别，属海岱文化系统，表明中原文化系统的势力已被驱逐出去。大汶口文化推进到这里后，对中原尤其豫北和豫东地区产生了强烈影响，在一定程度上改变了中原、海岱交界地区的文化面貌和文明化发展进程。大汶口文化时期，海岱文化系统十分强势，中原东部（豫东）已被纳入该文化的版图之中，甚至中原腹地的郑州一带也受到大汶口文化的强烈影响。栾丰实先生据此认为，大汶口人的西进使得皖北、豫东和鲁西南地区成为大汶口文化的一个新的稳定分布区。

龙山文化，以定陶十里铺北、菏泽安邱堌堆遗址等为代表，可分早、晚两个阶段。早期遗存较少，陶器风格与濮阳西水坡五期相近，如陶质陶色以夹砂和泥质灰陶为主，纹饰多为斜篮纹，器形有罐形鼎、花边口沿深腹罐、小口高领瓮、夹蚌罐、敞口盆、刻槽盆、豆、敛口钵、杯、尊形器等。晚期遗存极为丰富，以泥质灰陶为主，有一定数量的红褐陶，少量的磨光黑陶和夹蚌陶等，纹饰以篮纹为主，次为弦纹、绳纹等。器型有深腹罐、大口瓮、小口瓮、圈足盘、平底盆、大器盖、甗等。从陶器特征看，菏泽地区发现的龙山文化（晚期）遗存属于中原文化系统的后冈二期文化，同时也受到山东龙山文化的强烈影响，濮阳马庄、定陶十里铺北遗址存在不少山东龙山文化的一些因素，如鬶、素面深腹罐、壶、子口瓮、折壁器盖等（图三）。

岳石文化，以定陶十里铺北遗址等为代表。文化内涵丰富，生产工具以半月形双孔石刀为主，生活用具主要为陶器，多见中粗夹砂陶，胎壁较厚重，形不规整，颜色不均，火候较低，多褐红色。器表除素面外，绝大多数饰绳纹。器形多样，有夹砂红褐色大口罐、中口罐、甗、小罐形鼎、泥质灰陶豆、卷沿鼓腹盆、器盖、尊形器等。此期还发现了少量下七垣文化遗物，如细绳纹鬲、罐、花边口沿绳纹盆或罐等。

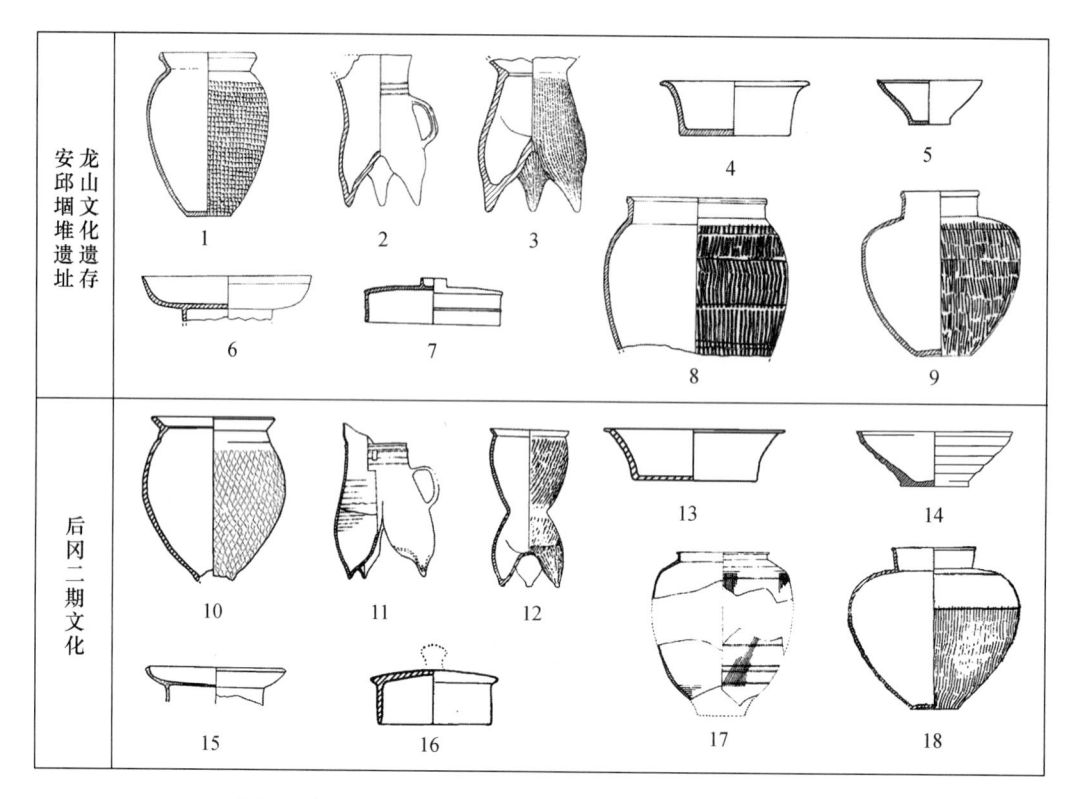

图三 安邱堌堆遗址龙山文化遗存与后冈二期文化陶器对比

1、10. 罐（G2：102、T3②：178） 2、11. 鬲（T13⑧：12、H1：1） 3、12. 甗（F3：1、H50：8）
4、13. 平底盆（F5：17、T4②：2） 5、14. 碗（T60③：44、H20：2） 6、15. 豆（T39②：7、T13④：5）
7、16. 器盖（F5：22、T5③：15） 8、9、17、18. 瓮（T68⑦：160、H2：3、H1：17、H1：39）
（1~9. 菏泽安邱堌堆遗址，10、13、14. 濮阳铁丘遗址，11、17. 濮阳戚城遗址，12、15、16. 安阳后冈遗址，
18. 武陟大司马遗址）

以上分析表明，菏泽地区处于中原、海岱文化区的交汇地带，该区时而被中原文化系统控制，时而被海岱文化系统控制。具体而言，菏泽地区在仰韶早期、龙山时期主要属于中原文化系统，仰韶晚期及二里头文化时期主要属于海岱文化系统。正是在这种多元文化交汇冲击的背景下，菏泽地区的史前文化表现出了强烈的地域特色，这是该区在公元前2000年前后较早迈入文明社会的重要原因。

三、海岱与中原文化区的交融在古文献中的反映

结合考古学、历史学的相关研究可知，东夷（海岱）部族与华夏（中原）部族存在悠久的文化交流史。早在8000年前，海岱地区的后李文化就与中原地区的裴李岗文化存在一些交流。后李文化之后的北辛文化，因与裴李岗文化存在较多共性因素而被高广仁、栾丰实等先生视为后李文化与裴李岗文化交融后的产物。

1. 古史关于神农伏羲的传说

菏泽地区后冈一期文化遗存，有助于认识这一地区考古学文化格局的演变与古史传说的关系。古史记载了神农伏羲时期豫北鲁西有很多传说，《帝王世纪》载："燧人之世，有大人迹出于雷泽，华胥履之，而生包牺，长于成纪。"雷泽一说就在今濮阳、菏泽一带，作为人文始祖的伏羲在濮阳菏泽一带都有不少传说。《帝王世纪》载："炎帝自陈，营都于鲁曲阜；黄帝自穷桑登帝位，后徙曲阜；少昊邑于穷桑，以登帝位，都于曲阜；颛顼始都穷桑，徙商丘。穷桑在鲁北，或云穷桑即曲阜也。又为大庭氏之故国，又是商奄之地。"《左传·定公四年》："因商奄之民，命以伯禽，而封于少皞之虚。"注曰："少皞虚，曲阜也。"由此可知，从伏羲、神农到颛顼、少昊，其活动范围都与曲阜有关，而曲阜就在夷夏交互前沿的范围之内。

2. 后冈二期文化的早中期与古史记载的五帝时期

龙山文化时期，海岱文化系统西进的势头在豫北戛然而止，中原后冈二期文化开始主导鲁西、豫北地区的文化面貌，并与邻近的山东龙山文化产生了交融。需要指出的是，考古学上的龙山中期已进入中国古史传说的五帝时代，文献记载的帝喾、颛顼、帝尧、帝舜等的活动范围很可能就在海岱与中原文化系统交界的鲁西、豫北地区。

帝喾，相传葬于濮阳西部的内黄，现有帝喾陵。

颛顼，《左传·昭公十七年》载："颛顼居帝丘，称高阳氏；卫，颛顼之虚也，故为帝丘。"注曰："卫，今濮阳县，昔帝颛顼居之，其城内有颛顼冢。"《史记·五帝本纪·集解》引皇甫谧曰："都帝丘，今东郡濮阳是也。"

帝尧，《史记·五帝本纪·集解》引《皇览》曰："尧冢在济阴城阳。刘向曰：'尧葬济阴，丘垄皆小'。《吕氏春秋》曰：'尧葬谷林'。"《史记正义》又引《括地志》云："尧陵在濮州雷泽县西三里。"《汉书·地理志》记载济阴郡成阳"有尧冢灵台"。《帝王世纪》也载尧死后"葬于济阴之成阳西北，是为谷林"。《水经注》言："成阳城西二里有尧陵，陵南一里有庆都陵。于城西南称之灵台乡，曰崇仁邑，号修义，其葬处明若此。"山东省文物考古研究院等单位近年发现的尧陵遗址（现仍有尧陵、尧庙遗存），很可能就是文献所记载的帝尧陵之所在。

帝舜，《史记·五帝本纪》："舜耕历山，渔雷泽，陶河滨，做什器于寿丘，就时于负夏。"《淮南子·原道训》载："昔舜耕于历山。"注曰："历山在济阴成阳，一曰济南之历城山也。"《水经注·瓠子河》："雷泽西南十许里有小山，孤立峻上，亭亭杰峙，谓之历山。……有陶墟，缘生言：'舜耕陶所在'。"文献所载的陶丘、成阳、历山均能在菏泽境内找到其遗迹。《史记》作"舜耕历山"，《上博简》容成氏写作"鬲山"，而《楚简》作"鬲丘"，《清华简》写作"鬲茅"，潘建荣先生认为今鄄城阎什镇古雷泽西南岸的历山庙村很可能与之相关。

犬丘与伯益，犬丘又名垂都，是少昊后裔伯益族的发祥地，因宗庙在此，故曰垂都。该城毁于战国，所谓"垂都焚，文台堕"是也。京相璠《春秋释地名》记垂都犬丘在小成阳东五里。

蚩尤，《史记·五帝本纪·集解》引《皇览》："蚩尤冢在东平郡寿张县阚乡城中……肩髀骨在山阳郡巨野县重聚，大小与阚冢等。"《史记·封禅书》记始皇封禅泰山祭祀蚩尤，曰："祠蚩尤。蚩尤在东平陆监乡，齐之西境也。"这里的东平郡寿张县阚乡即在今山东省阳谷县境内，另外在河南濮阳范县也见有蚩尤冢。

四、结　语

菏泽所在的鲁西及邻近的豫北地区共同组成了一个介于中原、海岱之间的文化区域。在整个史前时期，菏泽地区不仅见证了中原与海岱文化系统的交融，同时还借此契机发展，促进了该区文化的繁荣和"天下之中"地位的形成。史前时期的菏泽地区河流湖泊众多，水网密布，丘陵山地夹错其中，尤其在龙山时代，这里矗立有大量的丘类遗址，呈现一派欣欣向荣的景象。优越的地理位置使得菏泽地区形成了中原、海岱文化系统争相控制的战略要地。

在考古文化上，东夷部族与中原华夏部族存在着悠久的文化交流历史，如山东地区的后李文化与中原的裴李岗文化已经存在交流现象。高广仁、栾丰实等先生认为，汶泗流域的北辛文化就是在后李文化、裴李岗文化的共同基础上发展起来的。东夷的中心是今山东地区，北辛文化、大汶口文化到龙山文化都应属于东夷远古文化的系统。

仰韶早期和龙山时期，菏泽地区主要属于中原文化系统，仰韶晚期和二里头文化时期，菏泽地区属于海岱文化系统。这种多元文化的碰撞交流促进了该区史前文化的繁荣，古文献记载的五帝时代和夏时代的传说多集中于鲁西、豫北地区也从侧面印证了该区的特殊性。古文献记载的上古传说大都与鲁西、豫北地区相关，该区的文化过渡位置不仅带来了文化的繁荣昌盛，而且也让这里成为当时的政治、文化中心。《禹贡》兖州条下有"桑土既蚕；是降丘宅土"。兖州条下另一处为"作十有三载"。这与"禹抑洪水十三年"（《史记·河渠书》）和"禹湮洪水十三年"（《汉书·沟洫志》）的记载相一致。徐旭生认为只有兖州条下写洪水，说明洪水只在兖州境内发生。豫东、鲁西地区正是当时的兖州[9]。夏王朝早期都城多在河济流域，禹都阳城。《世本》云："禹居阳城，在大梁之南。"可知阳城在今开封以南。帝相都帝丘。《左传·僖公三十一年》："冬，狄围卫，卫迁于帝丘，卜曰三百年。卫成叔梦康叔曰：'相夺予享，公命祀相，宁武子不可。'曰：'鬼神非其族类，不歆其祀，杞、鄫何事？相之不享于此久矣，非卫之罪也'。"杜预注："帝丘，东郡濮阳县。"这里所说的"相"指的是夏王朝第四代国王，其他文献中又称作"帝相"。帝宁居原。古本《竹书纪年·夏纪》："帝宁居原，自迁于老丘。"《春秋地名考》记载："老丘，古地名，在今河南陈留城北。"《左传·定公十五年》云："郑罕达败宋师于老丘。"杜预注："老丘，宋邑。"《大清一统志》开封府条引《太平寰宇记》云：老丘城"在陈留县北四十五里"。此地在今开封市东，一般认为此老丘即帝宁所居。正是在这种地理位置适中、多元文化交汇的背景下，菏泽地区在约公元前2000年前率先迈入了文明社会的门槛。龙山文化晚期河南后冈二期文化直接对山东龙山文化产生的影响巨大，菏泽一带属于后冈二期文化的势力范围。主要分布于泰山以南的鲁中南一带的尹家城类型中也有较多后冈二期文化因素发现。这与夏文化早期同样与鲁西、豫北地区关系密切有关。

注　释

[1] 北京大学考古系商周组、菏泽地区博物馆、菏泽市文化馆：《山东菏泽安邱堌堆遗址1984年发掘报告》，《考古学研究·八》，科学出版社，2011年，第317~405页。

[2] 菏泽市委党史研究院：《梁堌堆》，《菏泽日报》2019年12月18日。

[3] 国家文物局：《中国文物地图集·山东分册》，中国地图出版社，2007年，第908页。

[4] 菏泽地区文物工作队：《山东曹县莘冢集遗址试掘简报》，《考古》1980年第5期。

[5] 高明奎：《山东定陶十里铺北遗址发掘获重要收获》，《中国文物报》2016年2月26日。

[6] 文杰：《青邱堌堆遗址入选2018年度山东省五大考古新发现》，《牡丹晚报》2019年5月16日。

[7] 王涛、朱光华、高明奎，等：《山东定陶何楼遗址发现新石器及汉代金元遗存》，《中国文物报》2019年5月5日。

[8] 山东省博物馆、聊城地区文化局、茌平县文化馆：《山东茌平县尚庄遗址第一次发掘简报》，《考古》1978年4期。

[9] 文杰：《青邱堌堆遗址入选2018年度山东省五大考古新发现》，《牡丹晚报》2019年5月16日。

豫北南部仰韶晚期遗存及相关问题研究

秦存誉[1] 郭 强[2]

（1.首都师范大学历史学院 北京 100048；2.新乡市文物考古研究所 新乡 453000）

摘 要：多年来的考古学材料已经可以证明，豫北南部自旧石器以来就已经有了人类活动。新石器时代这一地区更是逐渐成为了中原地区与周边文化交流的重要通道。本文从公开发表的考古材料出发，系统分析豫北南部仰韶晚期的文化分期、年代谱系，以对豫北南部的仰韶晚期文化交流与文化格局进行探讨。

关键词：仰韶文化；早期国家；中原考古

豫北南部主要指河南省黄河以北和太行山南麓之间的区域，包括新乡、焦作、济源三地市和洛阳市的吉利区。新石器时代的豫北南部，西北有太行山脉绵延，东南有古黄河及支流流经，由此形成丘陵、高岗、河网、湖沼池泽交错分布的自然环境，十分适宜早期人类的生存与发展。多年的考古发现与研究也证实，豫北南部自旧石器时代晚期以来就有人类活动的迹象[1]，至新石器时代，这里逐渐成为中原与周边居民交互往来的通道。

仰韶晚期，随着庙底沟文化的解体和控制能力的减弱乃至消失，中原各地相继产生了带有浓厚地域特点的考古学文化（类型），并分别走上了独立发展的道路。豫北南部西依太行山与晋南文化区接壤，南濒黄河与郑洛文化区遥望，东连山东与海岱文化区毗邻，是各地考古学文化碰撞、交流与融合的重要区域。正因为如此，该区的文化面貌十分复杂，有必要专门撰文讨论。依据公开发表的考古资料，同时结合相关研究，笔者拟对豫北南部仰韶晚期的分期、年代、谱系及与周边文化的关系等问题进行梳理剖析。

一、豫北南部仰韶晚期遗存的发现

截至目前，豫北南部发现的仰韶文化遗址超过70处[2]，经过系统调查或发掘的明确包含仰韶晚期遗存的遗址有近20处（图一），具体情况如下。

1978、1984年，新乡地区文管会、武陟县博物馆对武陟县东石寺遗址进行了多次文物普查，采集到仰韶、龙山、商代等多个时期文化遗物[3]。仰韶文化遗物以陶器居

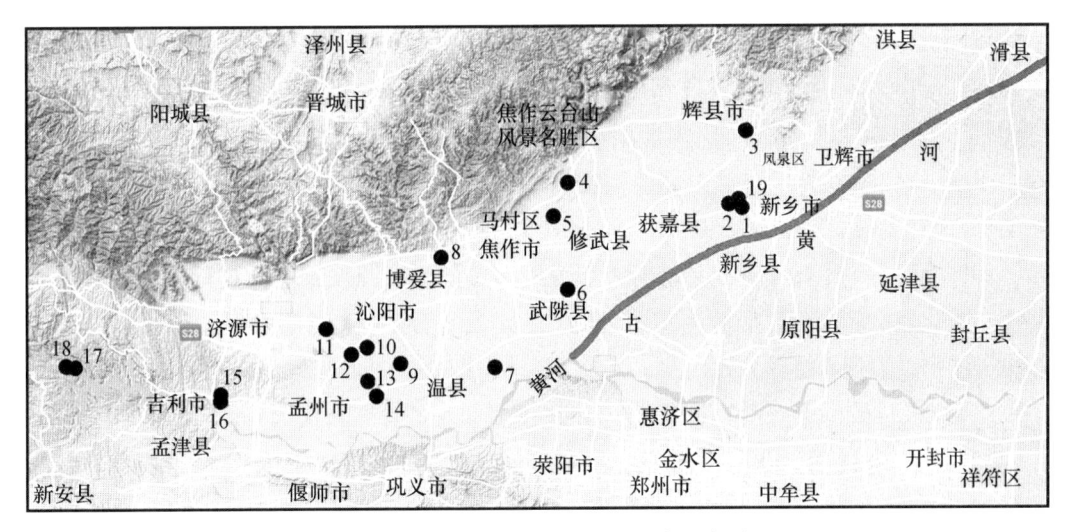

图一　豫北南部仰韶晚期遗址分布示意图

1. 新乡洛丝潭　2. 新乡李大召　3. 辉县孟庄　4. 焦作聤城寨　5. 焦作郭范街　6. 武陟东石寺　7. 武陟赵庄　8. 博爱酒奉　9. 温县韩村　10. 温县蔡庄　11. 沁阳圪垱坡　12. 温县段村　13. 温县东口　14. 温县上苑　15. 洛阳古湛城　16. 洛阳南陈　17. 济源长泉　18. 济源桥沟　19. 新乡丁固城

多，年代基本处于仰韶文化晚期，内涵上兼具大司空类型和大河村类型特点。2013年3~6月，河南省文物考古研究院对该遗址进行抢救性发掘，获得大批遗迹遗物[4]。发掘者将这批遗存分为三期，年代分别与大河村二、三、四期相当。

1979~1981年，北京大学考古专业商周组、山西省考古研究所、河南省安阳、新乡地区文化局等单位在河南、山西、湖北三省开展了一系列调查工作[5]。在武陟县赵庄遗址的调查和试掘中发现较多仰韶文化遗存，可分两期，早期见有釜形鼎、双唇口尖底瓶等，属仰韶中期遗存，晚期有网格纹彩陶罐、小口瓮等，属仰韶晚期遗存。

1982年4~6月，新乡地区文管会、新乡县文化馆联合对新乡县洛丝潭遗址进行了小范围发掘[6]。遗址文化内涵丰富，可分三期，第一期为仰韶晚期遗存，年代约与大河村四期相当，第二期为仰韶晚期向龙山早期过渡的遗存，第三期为龙山文化晚期遗存。

1984年4~5月，河南省文物研究所、新乡市博物馆、新乡地区文管会联合对新乡县丁固城墓地进行了抢救性发掘[7]。发现仰韶晚期灰坑3座，出土遗物以陶器占绝大多数，内涵与洛丝潭一、二期相似，同时还有大河村仰韶晚期的一些特点。

1985年7月，张新斌、王再建对温县西部的韩村、蔡庄、段村、东口、上苑遗址进行了系统调查[8]。这五处遗址均为仰韶文化遗址，所见遗物基本为仰韶晚期，年代约略与大河村三期、洛丝潭一期相当。

1992~1995年，河南省文物考古研究所等单位对辉县孟庄遗址进行了大面积发掘，揭露多个时期文化遗存[9]。仰韶文化遗存主要分布于遗址西南部，发掘者将其分为两组，第一组约与大河村四期相当，第二组处于向龙山早期过渡的阶段。

1993年6月，河南省文物考古研究所、焦作市文物工作队对焦作聪城寨遗址进行了抢救性发掘，发现一批与大河村仰韶一期（即仰韶中期）相似的遗存[10]。1995年春，中国社会科学院考古研究所、焦作市文物工作队对焦作市及其所辖七县进行了系统调查[11]。在焦作聪城寨、郭范街、沁阳圪垱坡、博爱酒奉四处遗址内发现了大量仰韶文化遗存，总体面貌接近洛阳地区的仰韶晚期文化。

1996年4~9月，河南省文物考古研究所等单位对济源长泉遗址进行了发掘，揭露裴李岗文化、仰韶文化、庙底沟二期文化、东周、汉代等多个时期遗存[12]。仰韶文化遗存十分丰富，发掘者将其分为四期，第一、二、三期处于仰韶中期，年代分别与王湾一期一段、大河村一期、大河村二期相当，第四期处于仰韶晚期，年代约与大河村三期相当。

1996年9~11月，焦作市文物工作队对济源桥沟遗址进行了抢救性发掘[13]。发掘者将遗址堆积分为两期，第一期为仰韶文化向龙山文化过渡、年代与大河村四期相当的大河村类型遗存，第二期为龙山文化王湾类型遗存。

2002~2003年，郑州大学历史学院考古系对新乡县李大召遗址进行了大面积发掘，揭露多个时期文化遗存[14]。仰韶文化遗存极少，仅发现两座灰坑，出土遗物相对丰富，从内涵上可作两期，第一期为仰韶文化后冈类型，第二期为仰韶文化大司空类型。

2004年3~6月，河南省文物考古研究所对洛阳吉利区南陈遗址进行了抢救性发掘，清理新石器时代灰坑13座，壕沟1条[15]。发掘者通过对出土遗物的分析对比，认为这批新石器时代遗存的年代约与仰韶晚期的秦王寨类型相当。

以上遗址由西向东，集中分布于太行山南麓与古黄河之间的狭长区域内。古黄河以南即今新乡东南部的原阳、延津、封丘、长垣四县市境内目前尚未发现仰韶晚期遗址，原因可能有两种，一是当时的人群未在此处定居，二是这里长期为黄泛区，遗址被深埋于黄河淤沙之下，笔者认为后者的可能性最大。

二、豫北南部仰韶晚期遗存的分期与年代

根据遗址地理位置和出土遗物的具体文化内涵，可将豫北南部细分为三个小区，即卫河上游区、沁河下游区、黄河沿岸区。这里首先对各小区进行单独分期，然后对比它们的相对年代，得出该区仰韶晚期遗存的总分期，最后讨论其绝对年代。

（一）卫河上游区

卫河上游区的典型遗址有新乡洛丝潭、李大召、丁固城、辉县孟庄等。

洛丝潭仰韶晚期遗存即洛丝潭遗址的第一期遗存。简报披露了两组打破关系：T3⑥→T3H3→T3H4、T3H2→T3H1；T3⑥→T3H6→T3H9。T3H6鼓腹罐（T3H6：2、

10）与 H13 鼓腹罐（H13：1、3）形态一致，H14 缸（H14：9）、T3H5 平口罐或缸（T3H5：1）与 H13 缸（H13：6）口部特征近似。T3H1、T3H3 各发表一件彩陶片，风格与 H13 相同。T3⑥发表陶器极少，所见者均为折腹的彩陶钵、盆等，与前述几个单位差异较大。据此，可将洛丝潭仰韶晚期遗存分为两段（图二），Ⅰ段以 T3H6、H13、T3H5 为代表，包括 T3H1、T3H3、H14 等单位，Ⅱ段以 T3⑥等为代表。

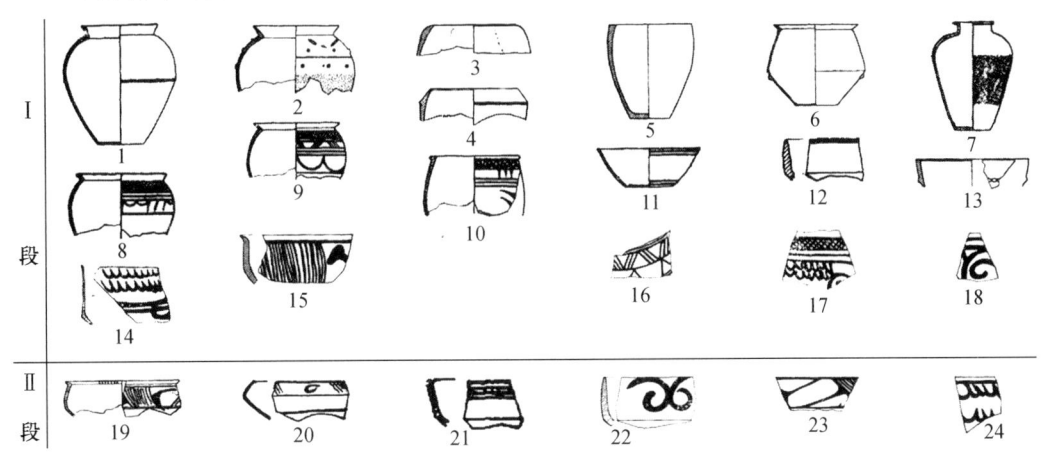

图二　洛丝潭遗址仰韶晚期陶器分段

1、2. 鼓腹罐（H13：1、T3H6：2）　3、4. 缸（H13：6、H14：9）　5. 平口罐（T3H5：1）　6. 折腹罐（T3H5：2）
7. 瓮（H13：5）　8～10. 彩陶罐（H13：9、10、H14：16）　11. 彩陶碗（H13：17）　12、19～21. 彩陶钵（H14：8、T3⑥：6、15、8）　13. 盆（H14：24）　14～18、22～24. 彩陶纹饰（T3H1：1、T3⑥：5、H13：12、16、H14：17、T3⑥：9、14、7）

李大召仰韶晚期遗存仅发现 1 座灰坑。出土陶片以泥质红陶为主，另有泥质灰陶、黑陶等，器型有敛口钵、斜腹碗、鼓腹罐、高领罐等。彩陶以褐彩为主，多饰于钵、碗、罐等之上，图案有弧边锯齿纹、线纹、彗星纹、∞纹、梳形纹、网纹等。素面高领罐、彩陶罐形制与洛丝潭Ⅰ段相同或相近，敛口钵、彩陶纹饰则与洛丝潭Ⅱ段基本一致，表明李大召仰韶晚期遗存处于洛丝潭Ⅰ、Ⅱ段之间，与Ⅱ段更为接近。

丁固城墓地仰韶晚期遗存发现 3 座灰坑。坑内出土较多陶片，以泥质灰陶为主，次为夹砂灰陶，红陶较少，纹饰以素面为主，纹饰少见，多为划纹、附加堆纹、弦纹、篮纹等，器形有罐、钵、盆、碗等。彩陶极少，均为采集品，有红、黑两种色彩，图案有带状纹、网状纹、竹叶纹、逗点纹等。彩陶与洛丝潭Ⅱ段相似，大量罐类器与洛丝潭第二期近同，表明其年代要稍晚于洛丝潭Ⅱ段（图三）。

孟庄仰韶晚期遗存较为丰富，发现灰坑 22 座、房基 12 座、瓮棺 19 座，出土大量生产生活工具。发掘者将这批遗存分为两组（图四），依笔者所见，第 2 组已明显进入龙山时代，不宜再归入仰韶晚期[16]。这样，孟庄仰韶晚期遗存就只包括以ⅡT191H2、ⅡT239⑤等为代表的若干单位。经过分析，这些单位出土的深腹罐、高领瓮等颇具庙底沟二期文化风格，圈足杯、釜形器、尊形器则具有大汶口文化的一些特点，罕见彩

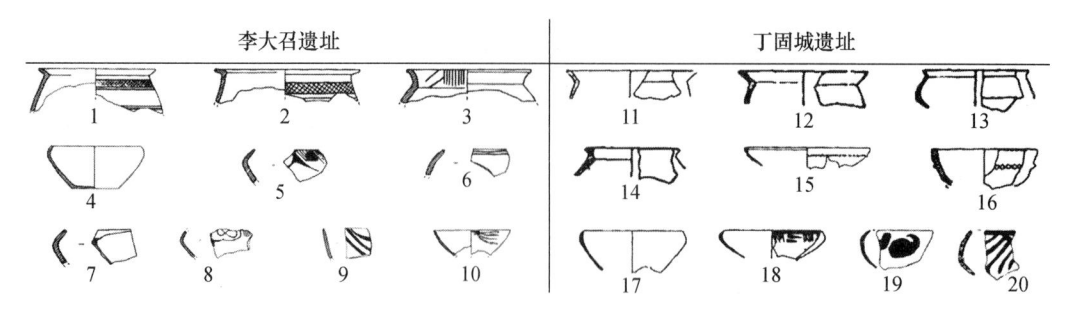

图三　李大召、丁固城遗址仰韶晚期陶器

1~3、11~14.罐（H242：4、9、8、H4：8、9、11、H5：25）　4~8、17、18.钵（H242：1、4、10、11、12、采：2、3）　9、10.罐（H242：7、16）　15、16.盆（H4：4、H15：18）　19、20.碗（采：4、5）

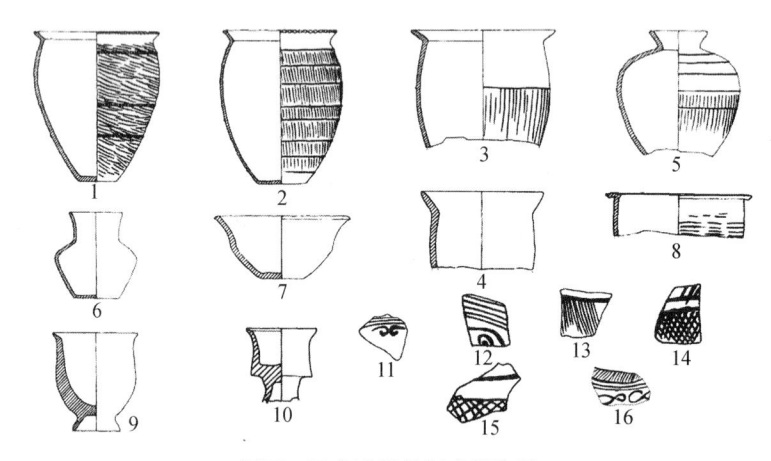

图四　孟庄遗址仰韶晚期陶器

1、2.深腹罐（H2：4、12）　3.大口罐（T239⑤：7）　4.素面罐（T239⑤：8）　5.高领瓮（T239⑤：1）
6.壶（H2：21）　7.双腹盆（H2：17）　8.釜形器（H2：26）　9.尊形器（T239⑤：3）　10.圈足杯（H2：28）
11~16.彩陶片

陶器，皆为碎片，器型多为钵、壶、高领瓮等。据此来看，孟庄仰韶晚期遗存应处于仰韶晚期的最末段。

根据以上典型遗址出土陶器的演变特点及其他信息，可将卫河上游区的仰韶晚期遗存分为3个小段（表一）。第1段以洛丝潭Ⅰ段为代表，第2段以洛丝潭Ⅱ段、李大召H242为代表，第3段以丁固城H4、H5、孟庄ⅡT191H2、ⅡT239⑤等为代表。

表一　卫河上游区仰韶晚期典型遗存分段对照表

分段	典型遗址			
	洛丝潭	李大召	丁固城	孟庄
第1段	Ⅰ段			
第2段	Ⅱ段	H242		
第3段			H4、H5等	ⅡT191H2、ⅡT239⑤等

（二）沁河下游区

沁河下游区的典型遗址有武陟东石寺、沁阳圪垱坡、焦作聩城寨、温县韩村、段村、上苑等。

东石寺仰韶晚期遗存即1983、1987年调查采集的仰韶文化遗物和2013年发掘出土的仰韶文化第二、三期遗存，前者内涵基本不出后者之范畴。因2013年发掘报告公布的陶器多为残片，难以进行深入分析，笔者依从发掘者的分期方案。据此，可将东石寺仰韶晚期遗存分为两段（图五），Ⅰ段以 T0208⑨、T0212④为代表，包括 T0207⑨、T0208④、W1等单位，Ⅱ段以 H2、H6为代表，包括 H16等单位。

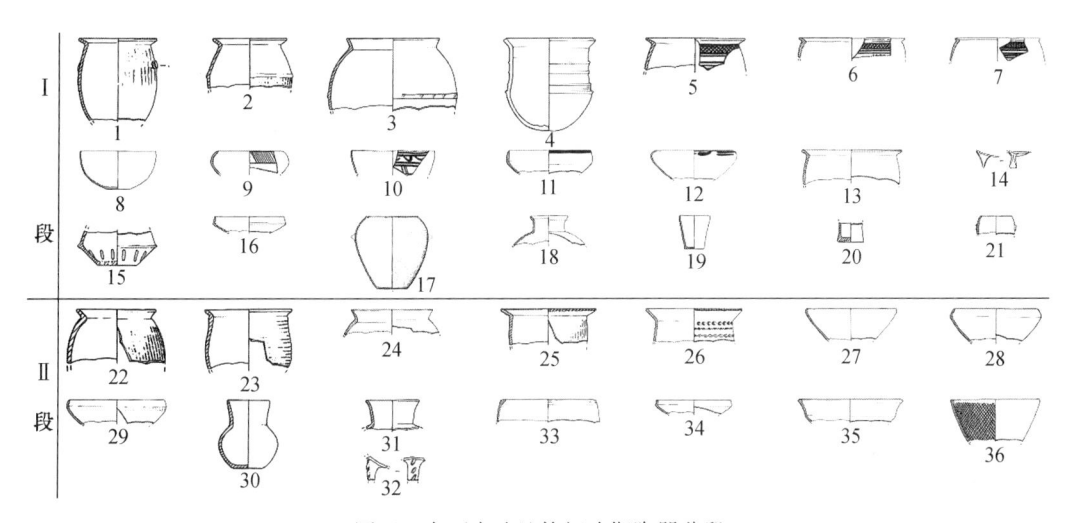

图五　东石寺遗址仰韶晚期陶器分段

1、2、22、23.折沿罐（T0208⑨：16，T0212④：8，H6：6，H16：4）3、24.大口鼓腹罐（W1：2，H2：1）4.圜底弦纹罐（T0212④：23）5~7.彩陶罐（T0207⑨：12，T0212④：21，22）8~12、27~29.钵（T0207⑨：11，T0212④：20，19，T0207⑨：3，T0208⑨：19，H2：8，H6：12，15）13、14、32.鼎（T0207⑨：17，T0208⑨：13，H2：16）15.甑（T0208④：10）16、34.豆（T0208⑨：3，H16：8）17.瓮（W1：1）18、30、31.壶（T0212④：2，H6：3，H2：3）19~21.杯（T0208⑨：23，T0212④：11，13）25、26.花边罐（H6：11，3）33.缸（H2：7）35.盆（H2：17）36.刻槽盆（H6：17）

圪垱坡、聩城寨遗址，连同酒奉、郭范街两处遗址（图六），其仰韶晚期遗存均为1995年春调查所获的采集品，文化内涵基本一致，年代亦应相当。陶器以泥质红陶为主，彩陶多深红色彩，偶见红、黑彩，图案有网格纹、平行横（竖、斜）线纹、弧线纹、水波纹、钩纹、垂障纹、山字纹、F形纹等。器型可辨者有罐、彩陶罐、彩陶钵、彩陶盆、壶、缸、瓮、盆等，特征与东石寺Ⅰ段同类器相同或相近。

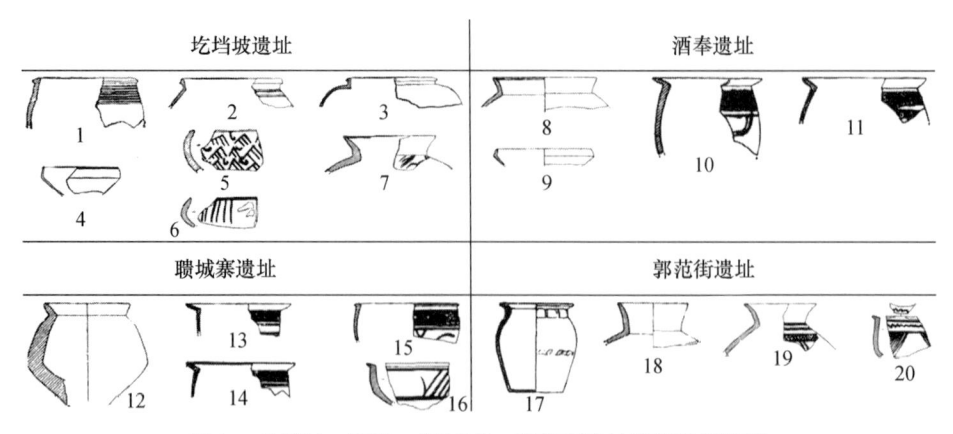

图六 圪垱坡、酒奉、聤城寨、郭范街遗址仰韶晚期陶器

1、2、8、17. 罐（HQG：19、13，HBJF：18，HJG：3）3. 瓮（HQG：5）4. 红顶钵（HQG：1）5、6. 彩陶钵（HQG：31、38）7、19. 彩陶壶（HQG：15，HJG：11）9. 钵（HBJF：17）10、11、13、14. 彩陶罐（HBJF：3、14，HJK：6、11）12. 壶（HJK：4）15、16、20. 彩陶盆（HJK：14、15，HJG：15）18. 瓮（HJG：20）

韩村、段村、上苑遗址与蔡庄、东口遗址采集的仰韶晚期遗物特征近同（图七）。陶器以泥质红陶为主，器表多素面，纹饰有弦纹、附加堆纹等，彩陶有白衣褐彩、黑彩、红衣黑彩、红彩者，也有白衣兼施红、褐彩者，图案常见网格纹、带状纹、竹叶纹、3字形纹、变形逗点纹、太阳纹、圆圈纹等。器型有罐、彩陶罐、彩陶钵、盆、缸、鼎等。陶器组合与圪垱坡等遗址大体无异，但从彩陶风格来看，年代应稍早一些。

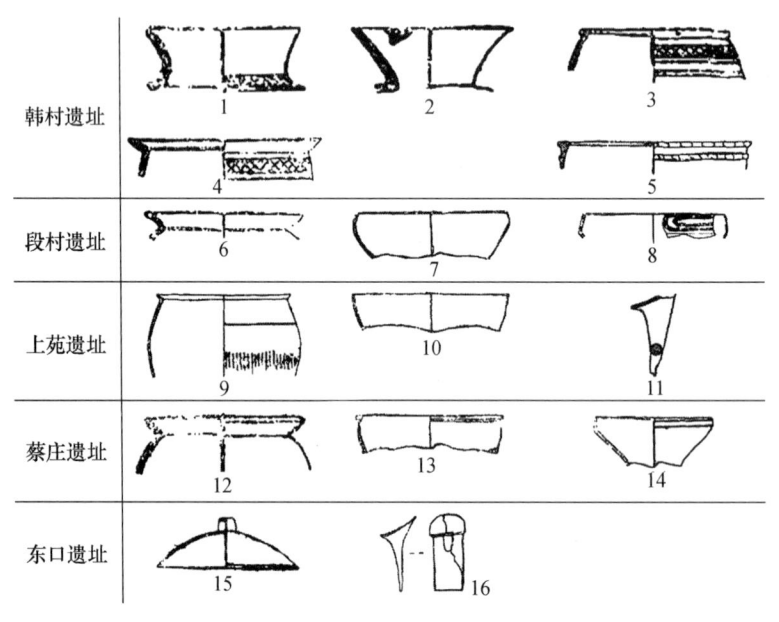

图七 韩村、段村、上苑、蔡庄、东口遗址仰韶晚期陶器

1~4. 彩陶罐（韩村：3、4、6、11）5、9. 缸（韩村：7，上苑：1）6、12. 罐（段村：6，蔡庄：1）7、10、13. 盆（段村：5，上苑：4，蔡庄：13）8、14. 钵（段村：7，蔡庄：14）11、16. 鼎足（上苑：3，东口：8）15. 器盖（东口：5）

根据以上典型遗址出土陶器的演变特点及其他信息,可将沁河下游区的仰韶晚期遗存分为 3 个小段(表二)。第 1 段以韩村、段村、上苑等为代表,第 2 段以东石寺 I 段、圪垱坡、聩城寨等为代表,第 3 段以东石寺 II 段为代表。

表二 沁河下游区仰韶晚期典型遗存分段对照表

分段	典型遗址					
	东石寺	圪垱坡	聩城寨	韩村	段村	上苑
第 1 段				√	√	√
第 2 段	I 段	√	√			
第 3 段	II 段					

(三)黄河沿岸区

黄河沿岸区的典型遗址有洛阳南陈、济源长泉等。

南陈仰韶晚期遗存发现 13 座灰坑和 1 条壕沟,以 G1、H5、H21 等为代表(图八)。陶器以夹砂灰褐陶为主,器表纹饰多见附加堆纹、绳纹、弦纹等。彩陶较少,见有红彩、黑彩、复合彩等,图案有网格纹、平行横(竖、斜)线纹、X 形纹等。器型有折沿罐、深腹罐、圆腹罐、敛口钵、敛口瓮、深腹盆、壶、缸、瓶、器盖等。与邻近的孟津妯娌遗址相比,南陈仰韶晚期遗存的年代约略与妯娌二期相当[17]。

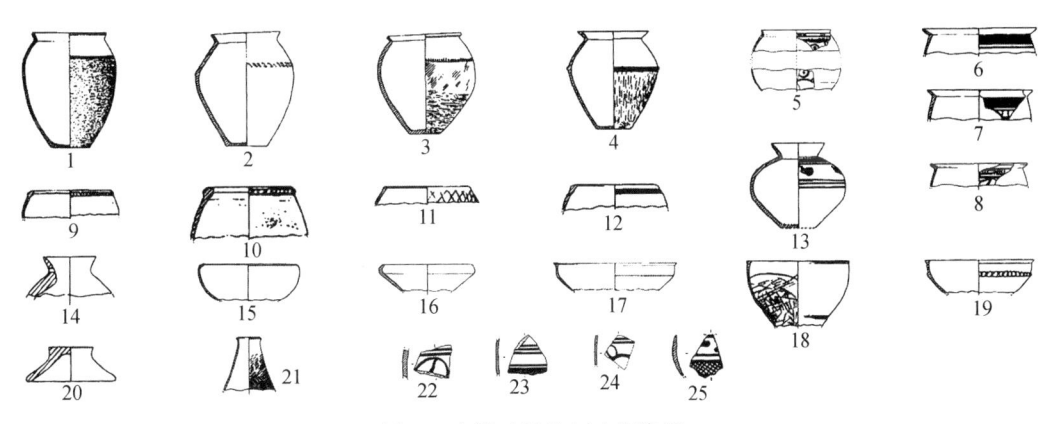

图八 南陈遗址仰韶晚期陶器
1~4. 罐(H21:8、9、10、H45:3) 5~8. 彩陶罐(G1:40、32、34、39) 9~12. 瓮(G1:145、146、292、159) 13、14. 壶(H45:4、H5:13) 15、16. 钵(G1:110、131) 17~19. 盆(G1:162、31、148) 20. 器盖(H21:1) 21. 瓶(H21:35) 22~25. 彩陶片(G1:6、61、73、78)

长泉遗址出土的仰韶文化遗存极为丰富,发掘者将其分为四期,认为第一、二、三期的年代约与大河村一、二期相当,即处于仰韶中期阶段,第四期约与大河村三期相当,即处于仰韶晚期阶段。笔者赞同发掘者的分期方案。长泉仰韶四期遗存以 H16、

H63等为代表,陶器以泥质灰陶为主,器表多为素面,纹饰以附加堆纹居多,其他有少量细绳纹、凹弦纹、篮纹等。彩陶极少,偶见饰于钵类器的黑彩、棕红彩、白底黑彩,图案有条带纹、圆点纹、弧线纹等。器型主要有钵、罐、瓮、尖底瓶、器座等,特征与妯娌一期同类器相同或相近,年代应相当(图九)。

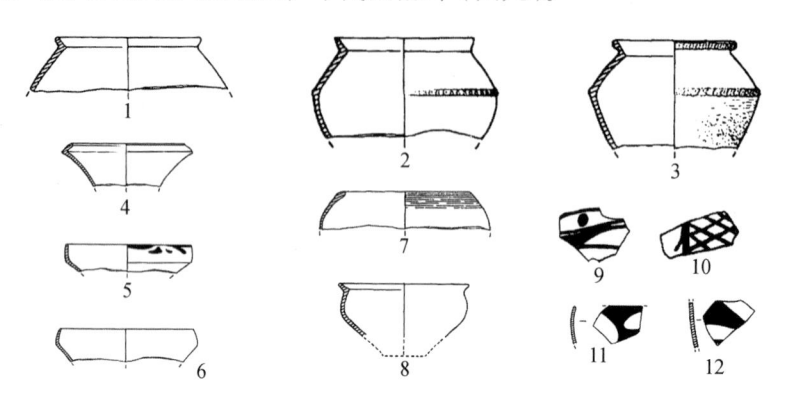

图九 长泉遗址仰韶晚期陶器

1~3.罐（H16:10、7、6） 4~6.钵（H16:1、2、3） 7.瓮（H16:5） 8.盆（H36:1） 9~12.彩陶片（H25、H63、H63、H63）

根据这两处遗址出土陶器的特征,可将黄河沿岸区的仰韶晚期遗存分为2个小段。第1段以长泉H16、H63等为代表,第2段以南陈G1、H5、H21等为代表。

(四)总分期与绝对年代

卫河上游区、沁河下游区的仰韶晚期遗存均可细分为3小段,黄河沿岸区的仰韶晚期遗存可细分为2小段,它们之间的相对年代关系可利用郑州大河村[18]的发掘资料进行串联。对比罐、钵、盆、瓮、彩陶等典型器可知,洛丝潭Ⅰ段与大河村四期相当,丁固城、孟庄基本处于大河村四期的最晚段甚至更晚。东石寺Ⅰ段、赟城寨、圪垱坡、韩村、段村、上苑等遗址与大河村三期大体同时,东石寺Ⅱ段约与大河村四期相近。南陈、长泉约与大河村三期相当。据此可将豫北南部的仰韶晚期遗存分为两期5段(表三)。

表三 豫北南部仰韶晚期遗存综合分期表

分期		卫河上游区				沁河下游区						黄河沿岸区	
		洛丝潭	李大召	丁固城	孟庄	东石寺	圪垱坡	赟城寨	韩村	段村	上苑	长泉	南陈
早期	Ⅰ								√	√	√	√	
	Ⅱ					Ⅰ段	√	√					√
晚期	Ⅲ	Ⅰ段				Ⅱ段							
	Ⅳ	Ⅱ段	√										
	Ⅴ			√	√								

早期：Ⅰ段以韩村、段村、上苑等为代表，Ⅱ段以东石寺Ⅰ段、圪垱坡、聤城寨、南陈等为代表。主要特点是：以泥质红陶为主，器表多素面，纹饰极少。彩陶发达，以红、棕、黑三色为主，也有两色兼施者，图案丰富，有网格纹、垂幛纹、平行横（竖、斜）线纹、竹叶纹、弧线纹、X形纹、山字纹、F形纹、锯齿纹、彗星纹、∞形纹、梳形纹、变形逗点纹、太阳纹、圆圈纹等。器类以各式罐、钵、鼎类器为主，还有缸、瓮、壶、豆、杯、器盖等，罐类器整体较鼓，折腹是一大特色。

晚期：Ⅲ段以洛丝潭Ⅰ段、东石寺Ⅱ段为代表，Ⅳ段以洛丝潭Ⅱ段、李大召为代表，Ⅴ段以丁固城、孟庄为代表。主要特点是：泥质红陶减少，夹砂灰陶大幅增加，器表纹饰如附加堆纹、绳纹、篮纹等增加。彩陶急剧衰落，至Ⅴ段基本绝迹。均为单彩，设计简单，所见图案多为网格纹、条带纹等。器类与早期大体无异，但型式变化较大。罐、瓮、缸类器由鼓腹渐变为深腹，最大腹径上移，折腹器罕见，高领器增多。钵、碗逐渐减少，长颈壶、高圈足杯、尊形器、釜形器等有了明显增加。

豫北南部仰韶晚期遗址均未经过测年，只能依据周边同时期遗址的测年数据判断。该区早期Ⅰ段约与大河村三期年代相当，晚期Ⅴ段约与大河村四期相当或稍晚。大河村三、四期共测得21个数据，经过树轮校正，大河村三期的绝对年代约为距今5100~4700年，大河村四期约为距今2700~2400年。结合张海[19]、魏兴涛[20]等先生的相关研究，笔者推定豫北南部仰韶晚期遗存的绝对年代约为公元前3100~2400年。

三、豫北南部仰韶晚期遗存的性质

诚如前述，豫北南部仰韶晚期遗址大体集中分布于卫河上游、沁河下游、黄河沿岸三个区域。这三区的仰韶晚期遗址不仅在地理位置上有一定距离，在遗存内涵上也有不小差异，很可能分属不同的考古学文化。

首先来看卫河上游区。该区仰韶晚期遗存可以明显分为以洛丝潭Ⅰ段为代表的A群和以洛丝潭Ⅱ段、李大召、孟庄等为代表的B群（图一〇、图一一）。

A群陶器组合主要有折沿鼓腹或折腹罐、彩陶罐、敛口瓮、大口缸、钵、盆等，罐、缸类器丰富，钵、盆类器极少。典型器型及彩陶图案与大河村四期特征基本一致，表明A群遗存属于秦王寨文化。B群陶器组合有折腹盆、折腹钵、碗等，器型简单，彩陶图案有平行线纹、蝶须纹、X形纹、波线纹等，与安阳鲍家堂[21]、大正集老磨岗、大寒南岗[22]、磁县界段营[23]等仰韶晚期遗存内涵大体相同，表明B群遗存属于大司空文化。

需要指出的是，A、B两群遗存的区分并非泾渭分明，两群之间还存在一些共性或混合因素。如：两群均有一些形制相似的罐、钵类器，彩陶方面，均有网格纹、弧线纹、平行线纹等，属于彼此典型因素的器型，如A群的鼓腹罐、B群的折腹钵、碗等有时互见于对方的器物群之中。但总体而言，A群陶器以罐、缸、瓮类器为主，彩

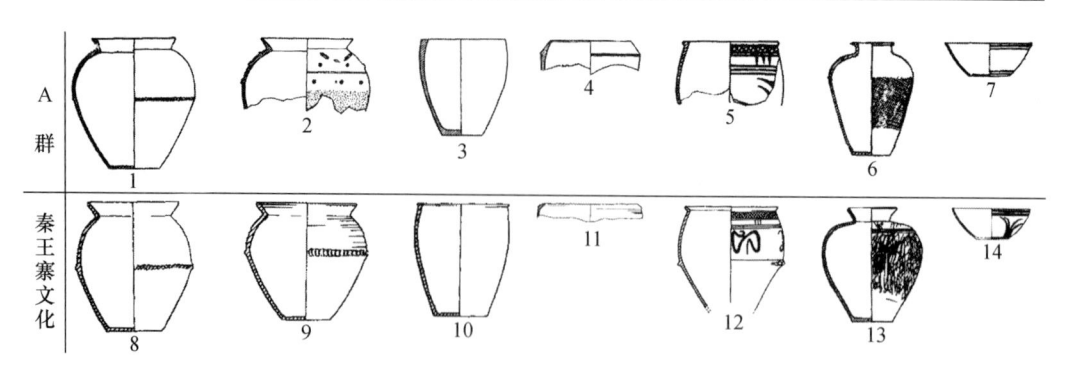

图一〇　卫河上游区 A 群陶器与秦王寨文化陶器对比

1、2.鼓腹罐（H13:1、T3H6:2）3.平口罐（T3H5:1）4、11.缸（H14:9、H189:16）5、12.彩陶罐（H14:16、H254:3）6、13.瓮（H13:5、H24:2）7、14.彩陶碗（H13:17、H232:10）8~10.罐（H206:2、T23④:20、H252:4）（1~7 洛丝潭，8~14 大河村）

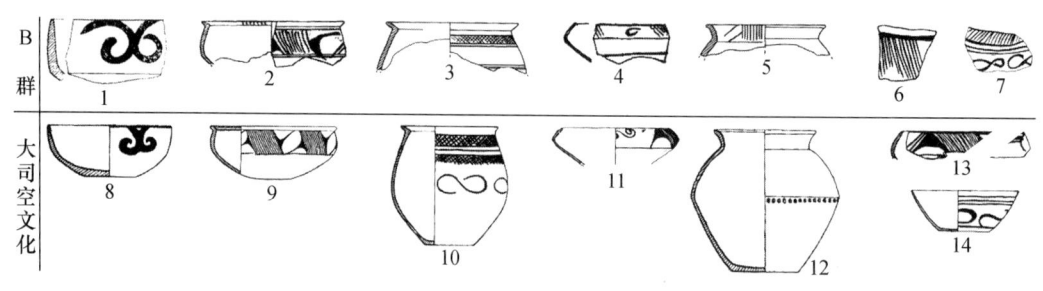

图一一　卫河上游区 B 群陶器与大司空文化陶器对比

1、2、4、9、11、13.彩陶钵（T3⑥:9、6、15、H7:32、H4:9、H1:2）3、10.彩陶罐（H242:4、H108④:3）5、12.罐（H242:8、H10:4）6、7.彩陶片（孟庄、孟庄）8、14.彩陶碗（H35:5、H7:8）（1、2、4 洛丝潭，3、5 李大召，6、7 孟庄，8、12 界段营，9 大正集老磨岗，10、11、14 鲍家堂，13 大寒南岗）

陶图案复杂，构型多变，B 群陶器以钵、盆、碗类器居多，彩陶图案简单，构型单一。综合以上信息，笔者认为卫河上游区应为秦王寨文化与大司空文化分布的边缘地带。

再来看沁河下游区。该区仰韶晚期遗存内涵相同，属同类文化范畴，具体可分为以东石寺Ⅰ段、圪垱坡、韩村等代表的前段和以东石寺Ⅱ段为代表的后段（图一二）。

前段遗存陶器组合有折沿鼓腹罐、折腹罐、大口缸、敛口瓮、彩陶罐、鼎、钵、盆、高领壶、筒腹杯等，与大河村三期同类器特征相同或相近。彩陶多为红、黑、白单彩，也有两色兼施，图案有平行线纹、网格纹、宽带纹、竹叶纹、逗点或变形纹、山字纹、F 形纹等。后段陶器组合与前段基本相同，特征接近于大河村四期的同类器。与前段相比，罐类器渐变为深腹，绳纹、篮纹、弦纹比例渐高，长颈壶、豆等大幅增加。彩陶急剧衰落，图案趋于简单，以平行线纹、宽带纹、网格纹等为主。

沁河下游区的仰韶晚期遗存，从宏观角度属秦王寨文化无疑，但其夹杂的部分大司空文化因素（折腹钵、碗等）和特有因素（逗点、竹叶、山字、F 形纹彩陶图案等）又显示这群遗存的独特性。近年来，巩义河洛镇发现一处面积达 117 万平方米的双槐

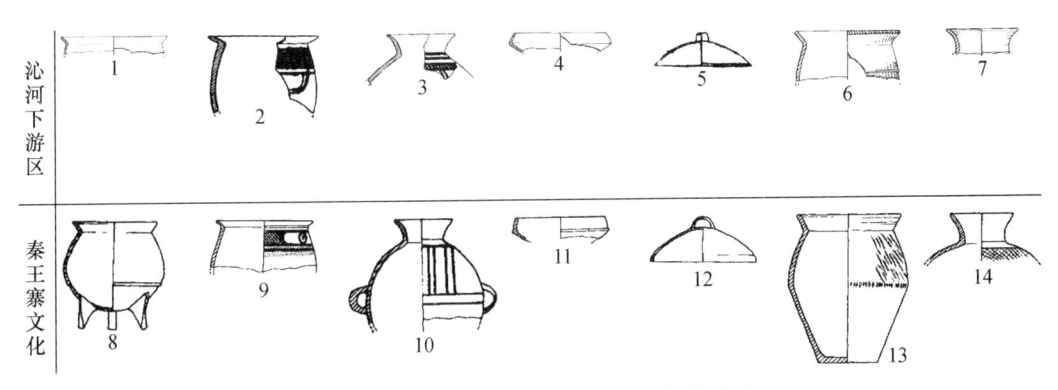

图一二　沁河下游区陶器与秦王寨文化陶器对比

1、8.鼎（T0208⑨：2、F19：15）　2、9.彩陶罐（HBJF：3、T42⑦：64）　3、10.彩陶壶（HJG：11、T43⑧：27）　4、11.豆（T0212④：16、T4⑭：15）　5、12.器盖（东口：5、F1：46）　6、13.折沿罐（H16：5、T23③：17）　7、14.壶（H6：14、T25⑤：42）

（1、4、6、7东石寺，2酒奉，3郭范街，5东口，8～14大河村）

树遗址，被学者认定为秦王寨文化的都邑聚落[24]。遗址与沁河下游区之间仅有黄河相隔，结合该区仰韶晚期遗存的文化面貌，笔者认为这群遗存是秦王寨文化控制该区后，受到本地或大司空文化因素的影响而形成和发展起来的。鉴于东石寺遗址的内涵最为丰富，发现时间也较早，可将这里的秦王寨文化遗存暂称为"东石寺类型"。

最后来看黄河沿岸区。该区以长泉、南陈为代表仰韶晚期遗存亦属同类文化（图一三）。陶器以泥质或夹砂灰（褐）陶为主，纹饰多见绳纹、弦纹、附加堆纹等。彩陶有黑彩、棕红彩、白底黑彩等，图案常见网格纹、平行线纹、弧线纹、条带纹、圆点纹等。器型主要有花边口沿折腹罐、圆腹罐、弦纹敛口瓮或缸、折肩钵、敛口钵、曲腹盆、尖底瓶、豆、壶、器盖等。彩陶器极少，主要为折沿罐、高领壶、钵、碗等，器物组合及特征与芮城西王村[25]、垣曲古城东关[26]、渑池笃忠[27]等遗址的仰韶晚期遗存近同。

豫西西部黄河两岸的仰韶晚期遗存，以洛阳王湾二期[28]、孟津妯娌、新安马河、麻

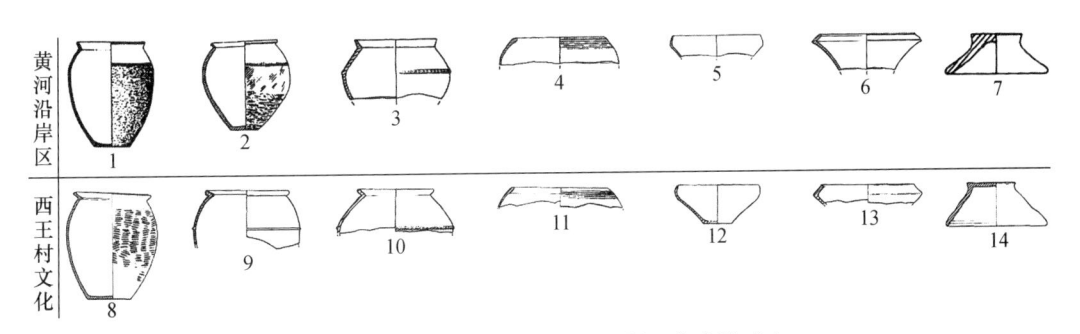

图一三　黄河沿岸区陶器与西王村文化陶器对比

1～3、8～10.罐（H21：8、10、H16：7、H98：14、H29：2、ⅠH72：3）　4、11.瓮（H16：5、ⅠH263：19）
5、6、12.钵（H16：3、1、ⅠH56：57）　7、14.器盖（H21：1、H22：45）　13.盆（ⅡH26：12）

（1、2、7南陈，3～6长泉，8、13、14笃忠，9西王村，10～12古城东关）

峪等最具代表性，学界曾将其命名为"王湾二期文化"[29]，也有人称为"妯娌文化"[30]。笔者亦对其进行过文化因素分析，但倾向于认为，该区以妯娌一、二期为代表的遗存属于西王村文化（即西王类型），以妯娌三期为代表的遗存则属于庙底沟二期文化[31]。张海[32]、韩建业[33]等先生也有与笔者大体相同的观点。结合南陈、长泉仰韶晚期遗存的文化面貌，笔者认为黄河沿岸区的仰韶晚期遗存可归入西王村文化之范畴。

四、豫北南部仰韶晚期的文化格局及相关问题的讨论

庙底沟文化解体后，中原地区受到东方大汶口文化、南方屈家岭文化的强势挤压和渗透，各地逐渐进入一种由不同文化融合与重组的演化状态[34]。研究表明，仰韶晚期的关中渭河流域属于半坡晚期文化，豫西晋西南地区属于西王村文化，环嵩山地区属于秦王寨文化，南阳盆地属于朱家台、屈家岭文化，豫北冀南地区属于大司空文化。豫北南部恰处于各仰韶晚期文化的交汇之地，沁河下游区、卫河上游区、黄河沿岸区分属于秦王寨文化、大司空文化和西王村文化。水路交通的便利、动植物资源的丰富使得它们之间的交流十分频繁，这种交流不仅反映在文化的边缘分布区，同时还表现在中心分布区（图一四）。

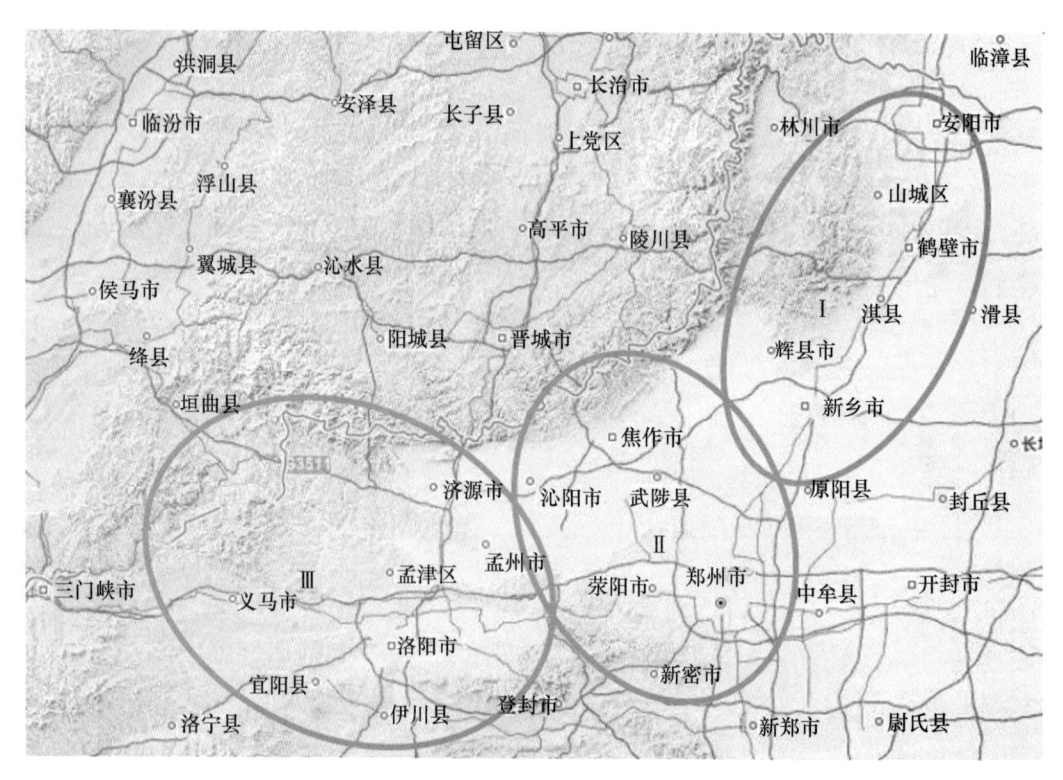

图一四　豫北南部仰韶晚期的文化分布态示意图
Ⅰ.大司空文化　Ⅱ.秦王寨文化　Ⅲ.西王村文化

秦王寨文化主要分布于嵩山周边的郑州、洛阳、许昌、平顶山等地区，以巩义双槐树、郑州大河村、西山[35]、荥阳青台[36]、汪沟[37]、伊川伊阙城[38]等为代表。大河村遗址发现了该文化的完整演化序列，其由庙底沟文化（大河村一、二期）发展而来，最终嬗变为大河村五期文化（大河村五期）。双槐树遗址同样发现了秦王寨文化由庙底沟文化形成，之后演变为大河村五期文化的层位关系。从相对年代上看，沁河下游区以韩村、段村、上苑等为代表的遗存与大河村三期相当或稍晚，以洛丝潭Ⅰ段等为代表的遗存与大河村四期相当，表明秦王寨文化首先在郑州地区形成，然后渡过黄河推进到沁河下游和卫河上游区。

大司空文化主要分布于豫、冀交界的安阳、邯郸等地区，以安阳鲍家堂、大正集老磨岗、大寒南岗、磁县界段营、下潘汪[39]等为代表。该文化的来源尚不明确，笔者依据近年来豫北冀南及邻近地区的考古发现和相关研究，认为大司空文化很可能是在卫、漳河流域土著文化的基础上融合庙底沟、秦王寨等文化因素而形成和发展起来的。从洛丝潭一期遗存的文化面貌来看，卫河上游区最早被秦王寨文化控制，随着大司空文化的南下，秦王寨文化才被驱逐出去[40]。但即便如此，秦王寨文化依然强势，其在沁河下游区与大司空文化对峙并产生了强烈的碰撞、交流与融合，东石寺类型就是在此背景下产生的。

西王村文化主要分布于豫、晋交界的三门峡、运城等地区，以渑池笃忠、灵宝涧口[41]、陕县庙底沟[42]、芮城西王村、垣曲古城东关等为代表。该文化的典型陶器皆由庙底沟文化同类器传承或演变而来，另外还发现了西王村文化叠压或打破庙底沟文化的层位关系，表明前者是在后者的基础上形成的[43]。西王村文化形成后，虽不及庙底沟文化的扩张势头猛烈，但依然将其核心区——豫西晋西南——紧密团结起来。豫西西部黄河两岸包括长泉、南陈、妯娌等在内的仰韶晚期遗存均属西王村文化，陶器群中出现的秦王寨文化因素，如鼎、折腹深腹罐、瓮、彩陶纹饰等，表明这里很可能是两支文化分布的边缘区。

以上分析似乎表明，东石寺类型作为秦王寨文化的北方屏障，使其几乎不受大司空、西王村文化因素之影响，其实不然。大河村、郭范街、圪垱坡、洛丝潭等遗址中的水波纹、带状纹、折腹钵、碗等属于典型的大司空文化因素，装饰绳纹或附加堆纹的夹砂深腹罐、弦纹缸等则属于西王村文化因素。当然，从大河村多组连排房屋、西山城址、双槐树三重环壕及多处大型院落夯土基址等的发现情况来看，秦王寨文化已经形成了规模巨大的多层级聚落群，其繁荣程度是大司空和西王村文化所不及的。正因为如此，秦王寨文化可以北渡河济，西控伊洛，南辖汝颖，成为中原地区继庙底沟文化之后的最为强盛的考古学文化。

需要注意的是，秦王寨文化所在的环嵩山地区，仰韶早中期的文化发展长期处于低落的边缘化状态。那么，是何因素让仰韶晚期的秦王寨文化迅速强大的呢？笔者认为与仰韶中晚期大汶口文化的西进和屈家岭文化的北上有关。关于大汶口、屈家岭文化对中原地区的影响,学界著述颇多,相关研究也较为深入[44],综合这些研究可知,环嵩山地区是受大汶口、屈家岭文化影响最为强烈的地区,同时还受到庙底沟、大司空、西王村等文化的影响。这些文化在庙底沟文化的统一格局瓦解后,相继向中原腹地挺进,变革了环嵩山地区的文化面貌,最终导致了秦王寨文化的生成和社会形态的"断崖式"变化。

还需注意的是,秦王寨文化虽在中原文化系统中处于强势地位,但在海岱、江汉文化系统中则处于相对弱势的状态。有学者认为西山不规则圆形城址的设计理念、城内大量屈家岭文化因素的发现,很可能表明西山城址是受屈家岭文化北进的压力而建造的[45]。大汶口文化西进的猛烈势头更加明显,大河村三、四期镂孔圈足器、壶形鼎、鬶、圈足豆、尊等器物的发现,表明大汶口文化自始至终都对秦王寨文化进行着渗透[46],甚至庙底沟二期文化釜形陶斝的出现,也是大汶口文化驱逐秦王寨文化人群西迁进入豫西晋西南地区时[47],当地居民融合大汶口文化袋足鬶与秦王寨文化高领折腹鼎的特点而创制出来的(图一五)。

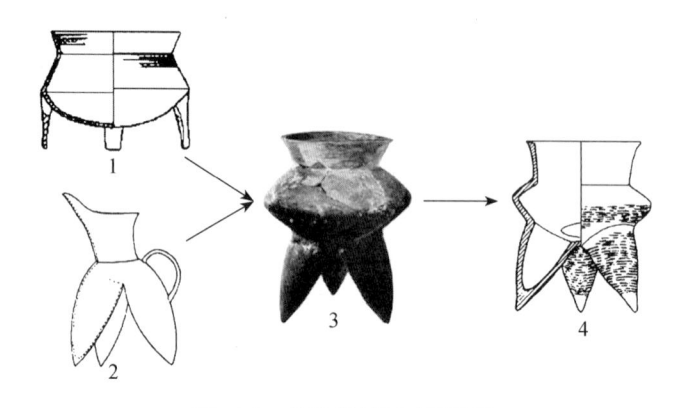

图一五　釜形斝创制过程推测
1. 大河村 W126　2. 尉迟寺 F61∶15　3. 庙底沟 H569∶03　4. 古城东关 H251∶62

一般认为,西王村文化属于仰韶晚期文化,与秦王寨文化大体处于同一时期,庙底沟二期文化属于龙山早期文化,与大河村五期文化基本同时。但从近些年的最新研究来看,西王村文化与庙底沟二期文化的交替时间约在公元前3000年前后[48]。然而,秦王寨文化的绝对年代下限(大河村四期)约在公元前2500年前后,显示庙底沟二期文化的形成时间要早于秦王寨文化的结束时间,也就是说,环嵩山地区龙山时代的开启约在公元前2500年前后。不仅如此,紧接大司空文化而出现的孟庄龙山早期文化在形成过程中也受到了庙底沟二期文化的影响[49],表明豫北地区龙山时代的开启很可能也迟至龙山中期。

西王村文化向庙底沟二期文化嬗变的时间约在龙山早期,符合学界对仰韶、龙山时代的认识规律，但是秦王寨文化向大河村五期文化、大司空文化向孟庄龙山早期文化的演化基本在龙山中期，个中缘由，耐人寻味。戴向明先生在论文中指出，无论是秦王寨文化还是大司空文化（文中分别称秦王寨亚文化和大司空亚文化），它们因受大汶口、屈家岭等外来文化因素的影响，"非仰韶"因素已经完全居于主导地位，可以说已经从仰韶文化中脱胎出来[50]。此说颇有道理，笔者深表赞同。若然，秦王寨、大司空文化横跨仰韶晚期和龙山早期，出现不同于仰韶、龙山时代发展进程的原因也就不言而喻了。

仰韶中晚期西王村、大司空、大汶口、屈家岭文化向中原腹地的汇聚，促进了该地区的社会复杂化与文明化进程。仰韶中期开始，中原地区的聚落数量、组成结构发生了巨大变化，灵宝北阳平面积约90余万平方米，西坡约40万平方米，周边围绕着大量数万平方米的小型聚落，表明这时已经出现了不同层级的中心聚落，西坡墓地则揭示了社会群体之间的阶层分化和等级制度[51]。仰韶晚期，中原地区的文化重心转移到环嵩山地区，巩义双槐树面积约117万平方米，周围分布着30万~80万平方米的中型遗址和数万平方米的小型遗址[52]，表明秦王寨文化形成了一个规模宏大的"金字塔"形的多层级聚落，为此，有学者建议将双槐树命名为"河洛古国"[53]。

总之，豫北南部仰韶晚期文化格局的形成及与周边文化的互动交融，既与其特殊的地理位置有关，也与仰韶中晚期中原及周边地区相继开启文明化进程的社会发展态势有关。相对于西王村和大司空文化，秦王寨文化取得的社会变革更为明显。仰韶文化基因的稳定传承和外来先进文化因子的融入，使得秦王寨文化脱颖而出，成为中原地区仰韶晚期先进文化的代表。秦王寨文化物质文化（大型环壕、大型夯土基址、丝织物、牙雕家蚕等）、精神文化（祭坛遗迹等）的高度发展与发达，奠定了早期国家的形成的重要基础。

五、结　　语

仰韶时代尤其仰韶中晚期是中国史前文化大发展，各地居民大融合的时代，豫北南部仰韶晚期遗存的形成、发展和演变就反映了这一时期的文化格局和变迁态势。通过对该区仰韶晚期遗存分期、年代、性质、谱系等问题的分析，笔者得出了如下结论。

豫北南部仰韶晚期遗存主要分布于沁河下游、卫河上游、黄河沿岸三个区域。沁河下游区仰韶晚期遗存可细分为3小段，第1段以韩村、段村、上苑等为代表，第2段以东石寺Ⅰ段、圪垱坡、矌城寨等为代表，第3段以东石寺Ⅱ段为代表。卫河上游区仰韶晚期遗存可细分为3小段，第1段以洛丝潭Ⅰ段为代表，第2段以洛丝潭Ⅱ段、李大召为代表，第3段以孟庄、丁固城为代表。黄河沿岸区仰韶晚期遗存可分2小段，第1段以长泉为代表，第2段以南陈为代表。梳理它们之间的相对年代，可将豫北南部仰韶晚期遗存分为两期5段，早、晚期各分为2小段和3小段。绝对年代约为公元前3100~前2400年。

文化因素分析表明，沁河下游区仰韶晚期遗存属于秦王寨文化，卫河上游区以洛丝潭Ⅰ段为代表的A群遗存属于秦王寨文化，以洛丝潭Ⅱ段、李大召、孟庄等为代表的B群遗存属于大司空文化，黄河沿岸区仰韶晚期遗存属于西王村文化。卫河上游区是大司空、秦王寨文化分布的边缘区，黄河沿岸区是西王村、秦王寨文化分布的边缘区，沁河下游区是秦王寨文化的重要分布区，受本地或周边文化因素的影响而形成了新的地域类型——东石寺类型。水路交通的便利、动植物资源的丰富使得它们之间的交融十分频繁，这种交融不仅反映在文化的边缘分布区，同时还表现在中心分布区。

豫北南部仰韶晚期文化格局的形成及与周边文化的互动，既与特殊的地理位置有关，也与仰韶中晚期中原及周边地区相继开启文明化进程的社会发展态势有关。相对于西王村和大司空文化，秦王寨文化取得的社会变革更为明显，尤其是环嵩山地区，自庙底沟文化解体后就一直受到东方大汶口、南方屈家岭、西方西王村、北方大司空文化的挤压和渗透。这些文化向中原腹地的挺进，改变了环嵩山地区的文化与社会面貌。仰韶文化基因的稳定传承和外来先进文化因子的融入使得环嵩山地区的秦王寨文化脱颖而出，成为中原地区仰韶晚期先进文化的代表，奠定了早期国家形成的物质文化和精神文化基础。

注　释

［1］　赵朝洪、武弘麟：《河南济源市王屋山地区石器时代地点调查》，《考古》1995年第10期。

［2］　河南省文物局：《河南文物》，文心出版社，2008年。

［3］　新乡地区文管会、武陟县博物馆：《河南武陟东石寺遗址调查简报》，《考古》1990年第3期。

［4］　河南省文物考古研究院、河南省文物局南水北调文物保护办公室：《河南武陟东石寺遗址发掘报告》，《华夏考古》2017年第2期。

［5］　北京大学考古专业商周组、山西省考古研究所、河南省安阳、新乡地区文化局等：《晋豫鄂三省考古调查简报》，《文物》1982年第7期。

［6］　新乡地区文管会、新乡县文化馆：《河南新乡县洛丝潭遗址试掘简报》，《考古》1985年第2期。

［7］　河南省文物研究所、新乡市博物馆、新乡地区文管会：《河南省新乡县丁固城古墓地发掘报告》，《中原文物》1985年第2期。

［8］　张新斌、王再建：《河南温县仰韶文化遗址调查简报》，《中原文物》1988年第2期。

［9］　河南省文物考古研究所：《辉县孟庄》，中州古籍出版社，2003年。

［10］　河南省文物考古研究所、焦作市文物工作队：《河南焦作聘城寨遗址的发掘》，《华夏考古》1998年第4期。

［11］　中国社会科学院考古研究所河南一队、焦作市文物工作队：《河南焦作地区的考古调查》，《考

古》1996年第11期。
[12] 河南省文物管理局、河南省文物考古研究所：《黄河小浪底水库考古报告（一）》，中州古籍出版社，1999年。
[13] 河南省文物管理局、水利部小浪底水利枢纽建设管理局移民局：《黄河小浪底水库文物考古报告集》，黄河水利出版社，1998年。
[14] 郑州大学历史学院考古系：《新乡李大召：仰韶文化至汉代遗址发掘报告》，科学出版社，2006年。
[15] 河南省文物考古研究所：《洛阳市南陈遗址仰韶文化遗存的发掘》，《中原文物》2008年第2期。
[16] 秦存誉、袁广阔：《豫北冀南地区龙山早期遗存新探》，《南方文物》2019年第5期。
[17] 河南省文物局：《黄河小浪底水库考古报告（二）》，中州古籍出版社，2006年。
[18] 郑州市文物考古研究所：《郑州大河村》，科学出版社，2001年。
[19] 张海：《公元前4000至前1500年中原腹地的文化演进与社会复杂化》，北京大学博士学位论文，2007年。
[20] 魏兴涛：《豫西晋西南地区仰韶文化晚期遗存研究》，《考古学研究·十》，科学出版社，2012年。
[21] 中国社会科学院考古研究所安阳队：《安阳鲍家堂仰韶文化遗址》，《考古学报》1988年第2期。
[22] 中国科学院考古研究所安阳发掘队：《安阳洹河流域几个遗址的试掘》，《考古》1965年第7期。
[23] 河北省文物管理处：《磁县界段营发掘简报》，《考古》1974年第6期。
[24] 顾万发、汪旭、胡亚毅，等：《河南巩义双槐树遗址考古发掘取得阶段性重要成果》，《中国文物报》2021年1月1日第8版。
[25] 中国科学院考古研究所山西工作队：《山西芮城东庄村和西王村遗址的发掘》，《考古学报》1973年第1期。
[26] 中国历史博物馆考古部、山西省考古研究所、垣曲县博物馆：《垣曲古城东关》，科学出版社，2001年。
[27] 河南省文物考古研究所：《河南渑池笃忠遗址2006年发掘简报》，《华夏考古》2010年第3期。
[28] 北京大学考古文博学院：《洛阳王湾考古发掘报告》，北京大学出版社，2002年。
[29] 河南省文物管理局：《黄河小浪底水库考古报告（二）》，中州古籍出版社，2006年。
[30] 王生慧：《妯娌文化研究》，武汉大学硕士学位论文，2018年。
[31] 秦存誉：《孟津妯娌史前遗存及相关问题研究》，首都师范大学硕士学位论文，2018年。
[32] 张海：《公元前4000至前1500年中原腹地的文化演进与社会复杂化》，北京大学博士学位论文，2007年。
[33] 韩建业：《早期中国：中国文化圈的形成与发展》，上海古籍出版社，2015年。
[34] 曹兵武：《仰韶文化：华夏文明的奠基者》，《中国文物报》2020年11月20日。
[35] 国家文物局考古领队培训班：《郑州西山仰韶时代城址的发掘》，《文物》1999年第7期。
[36] 郑州市文物工作队：《青台仰韶文化遗址1981年上半年发掘简报》，《中原文物》1987年第1期。
[37] 顾万发：《文明之光：古都郑州探索与研究》，科学出版社，2016年。

[38] 洛阳市第二文物工作队：《河南伊川县伊阙城遗址仰韶文化遗存发掘简报》，《考古》1997年第12期。

[39] 河北省文物管理处：《磁县下潘汪遗址发掘报告》，《考古学报》1975年第1期。

[40] 崔宗亮：《略论新乡地区新石器时期的文化演进与交流通道》，《新乡古代文明研究》，上海交通大学出版社，2020年。

[41] 河南省文物研究所：《河南灵宝涧口遗址发掘报告》，《华夏考古》1989年第4期。

[42] 中国科学院考古研究所：《庙底沟与三里桥》，科学出版社，1959年。

[43] 魏兴涛：《豫西晋西南地区仰韶文化晚期遗存研究》，《考古学研究·十》，科学出版社，2012年。

[44] 杜金鹏：《试论大汶口文化颍水类型》，《考古》1992年第2期；栾丰实：《试论仰韶时代东方与中原的关系》，《考古》1996年第4期；孙广清：《河南境内的大汶口文化和屈家岭文化》，《中原文物》2000年第2期；张翔宇：《中原地区大汶口文化因素浅析》，《华夏考古》2003年第4期；许永杰：《距今五千年前后文化迁徙现象初探》，《考古学报》2010年第2期；孟原召：《屈家岭文化的北渐》，《华夏考古》2011年第3期；张鑫：《大汶口文化研究》，吉林大学博士学位论文，2015年；单思伟：《屈家岭文化研究》，武汉大学博士学位论文，2018年。

[45] 张海：《公元前4000至前1500年中原腹地的文化演进与社会复杂化》，北京大学博士学位论文，2007年。

[46] 张闯辉：《大河村遗址仰韶时代晚期遗存研究》，吉林大学硕士学位论文，2007年

[47] 许永杰：《距今五千年前后文化迁徙现象初探》，《考古学报》2010年第2期。

[48] 魏兴涛：《豫西晋西南地区新石器时代文化与社会》，北京大学博士学位论文，2010年。

[49] 秦存誉、袁广阔：《豫北冀南地区龙山早期遗存新探》，《南方文物》2019年第5期。

[50] 戴向明：《黄河流域新石器时代文化格局之演变》，《考古学报》1998年第4期。

[51] 戴向明：《中原地区早期复杂社会的形成与初步发展》，《考古学研究·九》，文物出版社，2012年。

[52] 顾万发：《文明之光：古都郑州探索与研究》，科学出版社，2016年。

[53] 顾万发、汪旭、胡亚毅，等：《河南巩义双槐树遗址考古发掘取得阶段性重要成果》，《中国文物报》2021年1月1日。

原阳县历史文化考析

李 婵

（新乡市原阳县博物馆　新乡　453500）

摘　要：原阳濒临黄河，历史悠久，文物古迹众多，本文以"毛遂故里在原阳、张良击秦博浪沙、陈平地道原阳人、原阳是官渡之战主战场、原阳县古民居夏家院"五部分试分析之。

关键词：毛遂自荐；张良击秦、博浪沙；陈平、阳武县、户牖乡；官渡之战；古代民居、夏家院

由于工作原因，笔者在对原阳历史文化研究的过程中，分别对历史人物毛遂、张良、陈平及与原阳历史有关的"官渡之战"和原阳古民居夏家院等进行过系统性的考研，现分节试予以分析。

一、毛遂故里在原阳

战国时期的毛遂，以其自荐精神，因"三寸不烂之舌，强于百万之师"而闻名于世，成为历代推崇的人物。因其人其事流传于世的成语更是为人所乐道，如"毛遂自荐""脱颖而出"等，脍炙人口，经久不衰。

《史记·平原君虞卿列传》载："门下有毛遂者，前，自赞于平原君曰：'遂闻君将合从于楚，约与食客门下二十人偕，不外索。今少一人，愿君即以遂备员而行矣……。'"

在司马迁笔下，深明大义、大智大勇、凭三寸不烂之舌说服楚王发兵救赵、力挽赵国于狂澜的毛遂，被刻画得栩栩如生，细致入微。但通读整篇传记，发现其对毛遂的生平籍贯只字未提。那么，毛遂究竟是何方人士呢？

名人故里之争，古已有之。毛遂故里，争之尤甚！

毛遂故里之争，比较著名的有河南原阳说、山东滕州说、河北鸡泽说等，不一而足。

然而，毛遂只其一人，其出生地也只能有一个。笔者试以史料记载、谱系传承、考古发现、文化遗存、专家认定等为依据，来揭开这个困扰人们两千多年的历史谜团，对毛遂故里给出一个令人信服的定位。

先看史料记载。

（一）《东周列国志》

此书是中国古代的一部历史演义小说，作者是明末小说家冯梦龙。这部小说由古白话写成，主要描写了从西周宣王时期至秦始皇统一六国这五百多年的历史。

在该书第九十九回《武安君含冤死杜邮，吕不韦巧计归异人》中有关于毛遂的记载："有下坐客一人，出言曰：'如臣者，不识可以备数乎？'平原君问其姓名，对曰：'臣姓毛名遂，大梁人，客君门下三年矣……'"从这段对话中可以得知，毛遂自报家门时说自己是大梁人，其实是该书的作者冯梦龙这样认为的。尽管我们对冯梦龙认为毛遂是大梁人的依据不得而知，但有一点可以肯定，这是众多史料中关于毛遂籍贯难得的一处记载。

那么，大梁究竟是指现在的何地呢？

大梁即今开封。阳武（今原阳）与开封毗邻，先秦置县，战国时与开封连在一起。据史载，公元前453年，韩、赵、魏三家分晋，到公元前403年，周王室才正式承认魏国。公元前364年，魏惠王迁都大梁，故魏又称梁。今说毛遂故里在原阳县师寨镇路庄村，其时，路庄属魏国卷城，古卷城在今原阳县境。而毛遂自荐之事发于魏迁都大梁之后，故谓毛遂为大梁人，一是以魏国的国都大梁代指魏国，二是说毛遂本身就是大梁人，所有这些，都与毛遂故里在原阳并不矛盾，且是进一步的证明。

（二）《毛藻墓志铭》

毛藻（601~673年），字行斌，河北省邯郸市鸡泽县人。自幼聪颖，隋末归唐，在平定王世充、攻打窦建德的战役中，英勇善战，屡立战功，被封为朝散大夫。其墓葬出土有《毛藻墓志铭》。

铭文曰："公讳藻，字行斌，家本荥阳。先自颛顼，遂因仕历，择里漳滨，故为鸡泽人也……"

从这段文字不难看出，毛藻的老家在荥阳。他的祖先毛遂因自荐成名做官，由老家荥阳迁到漳水之滨的鸡泽定居下来，因此，鸡泽成为毛遂的第二故乡，他的后裔毛藻也就成为鸡泽人。也可以这样解释，毛藻是荥阳人，他的祖先是颛顼、毛遂，毛藻因为做官，由老家荥阳迁到漳水之滨的鸡泽定居下来，因此，毛藻成为鸡泽人。这两种解释，无论哪种，都说明毛遂老家本在荥阳。

那么，荥阳与原阳又有什么关联呢？

荥阳与原阳相距很近，且唐代置有荥阳郡，辖阳武、原武二县，即今原阳县。因此，唐代人写的墓志铭中说毛遂是荥阳人也就顺理成章了。

（三）《清漾毛氏族谱》

编纂于清同治己巳年（1869年）的《清漾毛氏族谱》，是一部民间修纂的私家谱牒，也是衢州毛氏现存最完整的族谱，具体反映了毛氏特别是江南毛氏主支在衢州繁衍、迁播的情况，对研究中国古代人口迁移、家族繁衍等有重要参考价值。

2002年3月，《清漾毛氏族谱》被国家档案局和中央档案馆首批公布为《中国档案文献遗产名录》。

该族谱记载："遂为平原君客，定楚有功，威震诸侯，置守之地，入于荥阳，后以为望族。"并记有"州陵（指江南毛姓始祖、州陵开国侯毛宝）而前皆荥阳阳武人也，归乡（指毛宝之孙、归乡公毛璩）而后，皆三衢信安人也"。此外，晋毛宝、唐毛衷、宋毛渐、民国蔡元培等，都曾参与过各自所处不同时期的《毛氏族谱》编纂。这些《毛氏族谱》与《清漾毛氏族谱》的上述记载大同小异。因此，说毛遂是荥阳阳武人有族谱可证。

（四）《原阳县志》

《原阳县志》明确记载今师寨镇路庄村是毛遂故里。

除以上史料记载外，还有一些相关佐证可证明毛遂是原阳县人。

（五）荥阳因毛遂而形成郡望

"郡望"是"郡"与"望"的合称。"郡"是行政区划，"望"是名门望族。"郡望"连用，即表示某一地域范围内的名门大族。

查阅相关史料，全国的毛氏郡望共有四个，即荥阳、西河、河阳、北地。而《清漾毛氏族谱》载："遂为平原君客，定楚有功，威震诸侯，置守之地，入于荥阳，后以为望族。"也就是说，自毛遂成名，荥阳才形成毛姓郡望。

（六）原阳有诸多关于毛遂的文化遗存

自原阳县城西去12.5千米，有路庄村，谓之毛遂故里，其遗址为市级文物保护单位。

遗址遗存有三：一为庙。原有"灵宫三间，拜殿三楹"，今存大殿，面阔十二米，进深八米，雕梁画栋，飞檐挑角。大殿内壁皆为关乎毛遂神话壁画。正中供奉毛遂塑像一尊，威严端庄，谒者甚多，香火旺盛。二为碑。遗址现存新旧碑刻二十余通，其中民国旧碑四通。据《毛遂庙碑文》载："路庄是其（毛遂）故居。"且因毛遂"能御大灾……永为一方之保障"。三为墓。毛遂庙南百米稍偏东处，有丘岗一座，占地二三亩[①]，村人谓之毛遂岗，又谓毛遂墓。有"毛遂之墓"碑，立于"颖脱亭"中。

（七）原阳关于毛遂的民间故事和传说

在原阳县，如毛遂自荐、拉塔、打醋、铡草等诸多民间故事和传说流传甚广。另据野史记载，毛遂曾与苏秦、张仪、孙膑、庞涓等师从于鬼谷子。至于苏秦、张仪师从于鬼谷子，《史记》有载；孙膑、庞涓师从于鬼谷子，也见于《孙庞演义》；而毛遂师从于鬼谷子，就只有今淇县云梦山中的毛遂洞为之佐证。

（八）当代专家、学者的认定

在原阳县毛遂故里遗址上，有中国社会科学院历史研究所所长张政烺先生题写的"毛遂之乡"碑，有中国文物鉴定委员会副主任史树青先生和中国历史博物馆研究员曹肇基先生分别题写的"毛遂故里"碑等。其中，"毛遂之乡"碑立于"自荐亭"中。这些当代史学界的专家、学者都对原阳是毛遂故里给予了充分肯定。

（九）国家邮政总局的认可

以历史名人或名人故事为题材的邮票须经国家邮政局严格审定把关后，其邮票首发式才能在当地举办。2010 年，毛遂自荐邮票首发式在原阳成功举办，这也是对原阳是毛遂故里的一个有力佐证。

综上，可以完全肯定地说，毛遂故里在原阳不容置疑！

二、张良击秦博浪沙

博浪是原阳县的一处古老地名，因为张良刺秦而蜚声中外。"博浪击秦"这一重大历史事件，发生于公元前 218 年。

《史记·秦始皇本纪》是这样记载的："二十九年，始皇东游。至阳武博浪沙中，为盗所惊。求弗得，乃令天下大索十日。"

而《史记·留侯世家》中的记载较之本纪则更为详尽："留侯张良者，其先韩人

---

① 1 亩≈666.7 平方米。

也……良尝学礼淮阳。东见仓海君。得力士，为铁椎重百二十斤。秦皇帝东游，良与客狙击秦始皇博浪沙中，误中副车。秦皇帝大怒，大索天下，求贼甚急，为张良故也。良乃更名姓，亡匿下邳。"

《史记》中的这两段文字记载了这样一段史实。

秦始皇二十九年，即公元前218年，秦始皇东游，途经阳武博浪这个地方，遭到韩国后裔张良和他觅来的大力士的狙击。大力士手持120斤重（相当于现在的30多千克）的大铁椎，椎击秦始皇的车辇，但误中副车，秦始皇幸免于难。秦始皇大怒，在全国大肆搜捕缉拿刺客。张良于是更姓改名，逃到下邳躲藏起来。

关于张良其人，历代考证不一。史载，张良，字子房，战国时韩国公子。其祖父张开地、父亲张平皆为韩国丞相，因侍奉了五代韩国国王，故称"五世相韩"。秦灭韩国时，张良因为年轻，尚未在韩国做官。韩国灭亡后，张良遣散家奴300人，弟死也不予厚葬，携全部家资外出寻求勇士以谋刺秦始皇，终于在东方找到一名能使120斤重大铁椎的力士，埋伏于阳武县（今原阳县）博浪，刺杀秦始皇，以报灭韩之仇。

博浪，古地名，在今原阳县境。而原阳县是于1950年3月由阳武、原武二县合并后各取首字而得名，古阳武就在今原阳县境内。自古至今，无论地形如何变化，或归属如何变更，"博浪击秦"之事发生于古阳武均无异议。但"博浪"今已无此地名。那么，秦时的古"博浪"究竟在何处呢？

据《原阳县志》载："博浪沙在今原阳县东南。"

《资治通鉴》载："博浪，阳武南，地名也。今有亭，此未详也。"

张良击秦的"博浪"为一地域名称，当时称为"博浪亭"。《辞海》云："亭，秦汉时乡以下的行政机构。"《汉书·百官公卿表上》载："大率十里一亭，设亭长，以防御敌人。"由此可知，"亭"乃秦汉时能辖方圆十里范围的行政机构。汉高祖刘邦就曾任过亭长这样的小官，可为参考。

唐司马贞《史记索引》载："今浚仪西北四十里有博浪城。"浚仪，古县名，西汉置，治所在今河南开封市。

《大明一统志》载："博浪城，在府城（开封府）北三十里，一名博浪亭，即张良令力士狙击秦始皇处。一云在阳武东南三里。"《嘉庆河南通志》《续河南通志》均沿袭此说。这里所说"阳武东南三里"，指的是阳武故城东南三里。那么，秦时的阳武故城又在何处呢？

《辞海》"阳武"条云："阳武，旧县名。治今河南原阳东南。1950年以原武县并入，改名原阳。古黄河流经县城北，金明昌五年（1194）黄河在此决口，灌封丘而东，元明以后改经县南。"

又据宋《太平寰宇记》载："阳武故城在县东南二十八里，高齐天保七年移汴水南一里，今无遗址，隋开皇五年复理此城。"

此外,《嘉庆重修一统志》《隋书地理志考证》都有"阳武故城,在今阳武县东南"的记载。

《原阳县志》更为明确:"秦时,置阳武县,治今原阳县城东南14公里处(早为河湮),辖今原阳县东部、中部。"

由此可以得出结论,秦时的古"博浪",在今原阳县城东南14千米处的阳武故城东南1.5千米处,即今原阳县陡门乡郭庄一带。只不过由于年代久远,阳武故城早已被河水淹没而已。

弄清楚"博浪"的地理位置后,我们再进一步考证分析张良为何要选择在此地刺秦。

秦始皇这次东巡所经路线为出函谷关,过洛阳、荥阳、大梁、户牖、定陶,往东登芝罘,住琅琊行宫。

巡视途中,秦始皇以六百黄门郎中、六千虎贲军、六万精锐秦兵作护卫,以炫耀秦朝的强盛武力和皇帝的尊严。

众所周知,张良是怀着国仇家恨而刺秦的,张良又是辅佐刘邦建立西汉政权的"汉初三杰"之一。以张良的果敢和睿智,他在选择击秦之地时,一定会深思熟虑,首先考虑刺杀能否成功,然后考虑刺杀后又如何逃脱。因此,这一地点必须具备以下几个条件:一是险要,二是便于藏身,三是便于逃匿。

然而,今之"博浪"故地却不具备上述刺秦的条件。

秦史专家马元材先生曾于20世纪30年代至博浪沙考察,著有《博浪沙考察记》。正如马元材先生亲眼所见:"及亲莅兹土,始知除荒沙一大堆之外,殆全为无草木、无山涧溪谷之一大平原,牛羊散其间,可数而知也。盖博浪乃当日一地名,其地必多风沙。"

马先生所见之"博浪沙",既非草木繁茂,又无山涧溪谷,乃一望无际的大平原,根本不具备刺秦的条件。但在秦时,这里的地形地貌却是大相径庭。

经查阅相关史料,当时的"博浪"却是另外一番景象。

(1)此地有一条官道。唐朝人张守节的《史记正义》云:"郑州阳武县有博浪沙,当官道。"官道即秦时的驰道。秦始皇统一中国后,便开始修建以首都咸阳为中心,通向全国的驰道网。据《汉书·贾山传》载,秦时的驰道,"东穷齐、燕,南极吴、楚,江湖之上,濒海之观毕至。道广五十步,三丈而树,厚筑其外,隐以金椎,树以青松"。

《史记》还记载了秦始皇于公元前220~前210年的11年间,曾巡视全国,大部分是乘车,足见其路网范围之广。秦始皇途经博浪的这段驰道,是在战国时期的"成皋之路"基础上扩建的,历来为洛阳至大梁、山东的必经之路。因此,秦始皇东巡,必经博浪之地。

(2)此地水系发达。据众多史料记载,秦时的博浪,北邻黄河,南接官渡,另有蒲田泽、济水、鸿沟、蒗荡渠等水系分布周边。因此,这里官道两旁沟渠河汊交错,沼泽坑塘密布,芦苇丛生,百草丰茂,便于隐蔽和逃匿。

（3）此地地势险要。历史上的原阳，春秋时曾发生过十五次诸侯会盟。三国时的官渡之战中，曹操与袁绍曾在这里对峙长达数月之久。作为兵家必争之地，马元材先生的想象不无道理："当未至其地时，每疑所谓博浪沙者，必为深山大泽，茂林曲涧之地，可以蔽匿遁逃；否则，发笱门，却笠居，凭力斗于穴，可幸免耳。不然，则张良何以必于此地狙击始皇帝？又何以狙击不中后，竟能大索十日而不可得？"可以想见，当时的"博浪"官道两旁，沙丘密布，丘岗起伏。丘岗上，酸枣树、红荆棵等荆棘树种密密麻麻，盘根错节。正是由于此地有荆棘密布的大丘岗，才为张良和大力士提供了行刺的藏身之地，也便于大力士居高临下投掷重达120斤的大铁椎。

（4）此地的气候条件恶劣。原阳至今仍多风沙。马元材先生亲临博浪考察后说："此种风沙起时，往往弥漫空中，白昼如夜，对面不辨景物。不仅阳武如此，予在开封，即已遇有三四次之多。正惟其狙击系在风沙之中，故观察不确，致有误中副车之事。亦惟其系在风沙之中，故虽狙击未中，亦无法能从万人载道之内，将主犯明白认出。及至大索十日之时，则张良等已去之远矣。"

（5）张良对此地的地形地貌颇为熟悉。博浪在战国时是韩国和魏国交界的地方。张良是韩国后裔，当时的韩国都城在新郑，距博浪很近，因此，张良对这里的地形地貌了如指掌。

正是由于上述原因，张良才选择了"博浪"这一绝佳之地行刺秦始皇。

历史上有关刺秦事件的记载共发生过三次：一是众所周知的荆轲刺秦，二是高渐离刺秦，三是张良刺秦。荆轲刺秦和高渐离刺秦，《史记》记载都比较详细。特别是荆轲刺秦，在行刺之前，司马迁就作了大量的铺陈描写，首先是田光的自杀和樊於期的献身，接下来又有"风萧萧兮易水寒，壮士一去兮不复还"的易水送别慷慨悲歌，最后是"图穷匕首见"的秦庭搏杀，整个事件充满了戏剧冲突并极具现场感。而张良刺秦，司马迁只用了寥寥数语，但较之荆轲和高渐离，张良刺秦无论在时机的把握，还是方式、方法及目的意义上，都要比前两次高明很多，意义也更加深远。

（1）张良刺秦不是出于个人恩怨，而是为了报国仇家恨，这起点本身就比荆轲为报私人之恩高，充分体现了张良的爱国主义高尚情操。

（2）张良刺秦不像荆轲那样激于一时义愤，仓促成行，而是经过了长期酝酿和精心筹划。先是散家财、寻刺客、铸铁椎，接下来定奇策、行狙击，行刺未成留有退路，荆轲寄希望于偶然的侥幸心理与此不可同日而语。

（3）张良刺秦是在秦朝大一统之后。秦王朝的横征暴敛、严刑峻法，加之焚书坑儒、修筑长城、修建阿房宫和骊山陵墓，致使民怨沸腾。张良刺秦充分体现了对暴秦统治的反抗。从此之后，全国各地的农民起义风起云涌，短短几年时间，秦王朝便在农民起义的烽火中分崩离析，大厦倾覆。

对于张良刺秦，历史上给予了高度评价，历代诗人歌咏博浪沙的诗章更是不胜枚举,并有众多的诗词歌赋流传于世。如李白的《猛虎行》:"朝过博浪沙,暮入淮阴市。"《经下邳圯桥怀张子房》:"沧海得壮士,椎秦博浪沙。"诸如此类,历代诗人反复歌咏,更让博浪沙名扬四海。历代歌咏博浪沙的诗人有唐代的李白、李商隐、刘知几、司马贞、李贺,北宋的王安石,元代的陈孚,明代的刘伯温,清代的林则徐、曾国藩,民国的陈立夫,近现代的秋瑾、周恩来、陈毅、陶铸等。特别是周恩来的"极目青郊外,烟霾布正浓。中原方逐鹿,博浪踵相踪"一诗,更让"博浪"大地名扬天下。

如今,在原阳县城东郊的古博浪沙遗址纪念地,有清康熙二年阳武知县谢包京立石拜书的"古博浪沙"碑。遗址上的主要建筑有古博浪沙碑及碑亭、跪履桥、张良大殿、日本校歌碑、博浪碑林等,是一处市级文物保护单位。

时光虽然已经流逝了两千多年,但"博浪击秦"这一重大历史事件,对原阳乃至中国都产生着深远的历史影响。

现在,"博浪"已成为原阳县的代名词,人们习惯用"博浪大地"代指原阳这块历史文化积淀深厚的古老土地。在这块古老的土地上,早已不见昔日荒凉的景象,而是"土地平旷,屋舍俨然,有良田美池桑竹之属,阡陌交通,鸡犬相闻"的富庶与安宁。勤劳善良的原阳人民,在张良不畏强暴、勇于抗争的爱国主义精神激励下,一代代生息繁衍,自强不息,用自己的勤劳、智慧,建设着自己的美好家园!而张良刺秦的博浪沙,也早已建成了博浪沙公园,吸引着全国各地的游客前去观瞻,评说着他的传奇故事。

三、陈平地道原阳人

阳武,古县名,乃先秦置县,1949年后,与原武县合并为今原阳县。

《史记·陈丞相世家》载:"陈丞相平者,阳武户牖乡人也。"就连《辞海》也定论:陈平乃原阳县人也!

那么,陈平故里在东昏户牖乡又从何说起呢?问题就出在蔡邕身上。

《史记》锁定"阳武",蔡邕误将东昏(今河南兰考)户牖说成阳武户牖,徐广、郦道元等史、地学大家因袭其说,乃至于陈平故里以讹传讹,将错就错,变得扑朔迷离起来。

蔡邕(132~192年)是陈平"东昏户牖说"的始作俑者,汉献帝时曾官拜左中郎将,被后人称作"蔡中郎"。其满腹经纶,既是文学家,又是书法家,尤精隶书,是中国第一部石经《熹平石经》的倡议者和书丹者。

蔡邕曾写有一篇《东库上里社铭》文,铭文中这样写道:"惟斯库里,古阳武之户牖乡也。春秋时有子华为相。汉兴,陈平由此社宰,遂佐高帝克定天下,为右丞相,封曲逆侯……"自此,就有了"东昏户牖即阳武户牖"之说。

蔡邕此说后，东晋徐广在《史记音义》中云："阳武属魏地。户牖，今为东昏县，属陈留。"唐司马贞《史记索引》则进一步说："徐云：'阳武属魏'，而地理志属河南郡，盖后阳武分属梁国耳。徐又云：'户牖，今为东昏县，属陈留。'与汉书地理志同。"这就是说，战国时期魏国的别称梁国和汉初景帝之弟刘武的封地梁国（其国都在今睢阳），在阳武县的管辖上，大概是一样的。

就连北魏郦道元在《水经注·济水》里亦云："济水（过了封丘县南）又东，径东昏县故城北，阳武县之户牖乡矣。汉丞相陈平家焉……今民祠其社。"

此外，南朝梁国人刘昭的补注《后汉书·郡国志》、宋国人裴骃的《史记集解》、唐朝人颜师古的《汉书·陈平传》、张守节的《史记正义》、明末清初顾祖禹的《读史方舆纪要》，也是众口一词，基本上都是对蔡邕、徐广文字的转引或进一步的认定。

那么，东昏户牖与阳武户牖真的是一回事么？答案只有一个字：不！

理由如下。

（一）司马迁对阳武县的地理位置不明

查阅《史记》，《曹丞相世家》《灌婴传》《傅宽传》三个人物传记中，有三场战争涉及阳武，把阳武古城的地理位置交代得很清楚。另，《张丞相列传》《秦始皇本纪》对张苍是今原阳人，"博浪击秦"事件发生在原阳县境的记载，古往今来均无异议。此外，《原阳县志》载："秦王嬴政统一六国，建立秦王朝，并设立郡县制，于今原阳县境内，置阳武县与卷县，皆属三川郡。"由此可以确定，秦汉交替时的古阳武就在开封之西，与中牟相邻，即现在的原阳境内。

（二）阳武县与东昏县历史上不属同一行政区域

按照一般的常识，东昏户牖能称作阳武户牖的先决条件，要么东昏历史上曾经有过阳武的称谓，要么阳武是一个比较大的地域概念，譬如是一个郡，管辖东昏。那么，事实上又是如何呢？

其一，东昏置县较晚，历史上不曾见有过阳武的称谓。

其二，阳武秦时始置县，隶属三川郡。又据《汉书·地理志》载：河南郡，故秦三川郡，汉高祖六年（前201年）改名河南郡，辖二十二县，含阳武、中牟、开封。陈留郡，武帝元狩元年（前122年）置，辖十七县，含东昏。何况，《史记》成书于公元前91年，此时东昏已置县30多年，如果陈平真是东昏户牖人，司马迁如何会犯如此低级的错误，将其记为"阳武户牖乡人"呢？因此，阳武在秦汉时期不曾设过郡。且与之相邻的中牟、开封也是正式的县制，隶属于河南郡，尽管阳武比东昏置县较早，但阳武绝不可能隔着中牟、开封二县管辖东昏。至于东昏在汉武帝时又置县，隶属陈留郡，那么阳武县更无管辖东昏县之可能了。

（三）《汉书》作者对陈平故里《史记》的记载认同

众所周知，《汉书》对《史记》的失误是多有匡正的，且在阳武小住过的《汉书》主编班固之妹班昭也参与了《汉书》的编写，并在其兄班固死后，《汉书》由她最后修订完成。

班昭曾于东汉安帝永初七年随儿子曹成至陈留赴任，路上曾作《东征赋》记述见闻与感受。赋中写道："食原武之息足，宿阳武之桑间。"意为，在原武城中吃过午饭休息了一会儿，晚上住在阳武县的桑间这个地方。桑间，在汉代为一大集镇，其故址在今原阳县的桑园村。以班固兄妹治史之态度严谨，又到过阳武，如果司马迁记述有误，是不可能不做更正的。而《汉书》在《陈平传》里，仍写到"陈平阳武户牖乡人也"，这时东昏已置县 200 多年。此足以证明，班固兄妹当时并不认为或发现司马迁所记的阳武户牖即东昏户牖而加以匡正。

（四）原阳县陈平祠可以为证

目前，能够见到的明嘉靖六年（1527 年）所修最早一部《阳武县志》载："陈平祠在县治东北，汉武帝三年创建。洪武一年，邑人张达重建。给事中毛志有《陈平迹传》。后世在阳武为官之人或文人墨客多有诗文载于志书缅怀先贤。

清康熙二十九年重修的《阳武县志》中，有张慎为的一篇《重修汉曲逆侯祠记》。张慎为，阳武人，清顺治三年进士，曾任浙江湖州府长兴县知县。他在《重修汉曲逆侯祠记》中对蔡邕、徐广的观点进行了批驳。《重修汉曲逆侯祠记》云："曲逆侯阳武户牖乡人。又邑乘收入东昏志中，以故侯两祠之。其所谓户牖乡者，亦未有的属也。盖缘徐广《音义》，蔡邕库上碑记，一误遂至再误。从古郡县省置不恒，阳武历秦汉迄今无弗置也，东昏距阳武无越数百里而相辖属之理？……则户牖乡当从世家无疑矣。吾邑东北二十里有村曰阳阿……意即斯地也。"意思是说，陈平故里被列入东昏，是蔡邕、徐广等一错再错造成的。阳武自置县以来，没有隔数百里之遥而辖东昏的道理。陈平故里就在今阳武县的阳阿村。

中华民国二十五年重修的《阳武县志》中，则载有清康熙元年重修陈平祠的一篇《陈曲逆侯祠碑记》，是由时任阳武知县、题写"古博浪沙"碑的谢包京所撰。

《陈曲逆侯词碑记》云："壬寅秋，谢包京出宰阳武，明年春社，父老请举祀典，入户牖乡，谒陈丞相曲逆侯平庙。"此段文字，说明谢包京任阳武知县时，阳武仍有户牖乡，仍对今阳阿村的陈平祠重修过，且谢知县亲自参与了当年陈平主持分肉而延续下来的春社祀典传统。

因此，可以这样说，有县志可查以来，至少在600年前，在阳武人和到阳武为官之人的心目中，对于阳武乃陈平故里并无疑义！

是不是可以做如此猜测，假若阳武陈平祠真是创建于汉武帝三年，那么，当时与陈平的曾孙陈何（因罪绝爵）、陈掌（卫青的女婿）同朝为官的司马迁很可能应该有所耳闻？这就更增加了《史记》所载陈平故里的真实性。

（五）陈姓族谱可以为证

据王大良编著的《中国大姓寻根与取名》介绍：陈姓是周武王把胡公满封于陈（今河南淮阳）建立陈国后以国为姓的姓氏，到陈哀公（前568～前534年）时，因陈哀公立妾生之子陈留为储君，引起国内变乱，楚国发兵来攻，陈留逃到郑国。他曾经居住过的地方，便以他的名字作为地名，也就是今天的河南省开封市南边的陈留镇，如今那里的陈姓居民应是陈留的后代。

到了公元前479年，楚惠王又派兵攻陈，陈湣公被杀，其长子陈衍逃往阳武户牖，并定居下来。到了西汉初年，因其后人陈平为相，因此阳武户牖也就天下皆知了。陈衍曾仕于齐国，死后归葬阳武，其子陈琏守丧，留在阳武不再出仕，陈琏这一支从此落户阳武。

由此可以看出，陈留确有一支陈姓，是陈留的后代，而东昏距陈留很近，东昏的陈姓也是陈留的后代。但阳武的陈姓是陈衍的后代，与陈留的陈姓不是一支系，其始祖都是胡公满。

（六）陈氏郡望可以为证

郡望是指"郡中显贵的姓氏"。每个郡中都有一些出身显赫的家族，与人交谈往往自称某郡某氏以抬高身份。

陈氏郡望共有六个，分别为颍川郡、广陵国、下邳国、东海郡、汝南郡、河南郡。

今之兰考（东昏）在陈姓的六个郡望中都不包括，假若陈平是兰考人，以陈平的地位和影响，陈留绝不可能不形成郡望，这在姓氏学中是说不通的。而阳武，自有河南郡以来，始终都归河南郡管辖，正是由于陈平是阳武人，因陈平形成陈姓河南郡望，也就顺理成章了。

既然如此，何以会有"东昏户牖即阳武户牖"之说呢？我们不妨做如下推理。

（1）历史上是否有两个户牖存在。

阳武有个户牖乡，除司马迁在《史记》中多次提及外，《阳武县志》也有明确记载，古户牖乡所在地，即今原阳县的阳阿村所在地。但是，经查阅史料，《左传·哀公十三年》中就有东昏户牖的记载，说明东昏户牖最晚在春秋末年就已经存在了。《史记·夏侯婴传》中也有东昏户牖的记载，说明司马迁对东昏有个户牖也是很清楚的，因此，司马迁不可能把阳武户牖与东昏户牖混为一谈。但需要说明一点的是，东昏虽确有户牖这一地名，可究竟是县、是乡、是亭、是里，有待进一步考证。

（2）东昏户牖的陈氏后裔。

东昏的陈氏后裔是陈留的后代，而阳武的陈氏后裔是陈衍的后代，陈平是陈衍的后代。

（3）蔡邕此说不是无中生有。

东昏陈姓后裔以陈平为荣，把陈平当成祖先建祠祭祀是很有可能的。蔡邕是东汉人，距陈平离世已有四百年，因当时交通不便，文字资料相对较少，陈留人蔡邕写《东昏库上里社铭》时年仅28岁，乃乡下一介布衣，很有可能到过东昏户牖，且在那里见到了陈平祠，在这种情况下，蔡邕误把东昏户牖说成阳武户牖也并非无中生有、故意篡改历史。

（4）两个户牖迷惑了众人。

蔡邕的东昏户牖即阳武户牖说，尽管十分牵强，但由于其后来的名气很大，兼之东昏确有户牖，东昏又有陈氏后裔，且不排除也建有陈平祠，因此，后世的徐广、郦道元等许多史、地学大家们也都采取了模棱两可的态度，使得陈平故里变得扑朔迷离、莫衷一是。

综上正反两方面，我们可以得出以下结论：《史记》《汉书》《辞海》《阳武县志》对陈平故里的记载准确无误，最具权威。至此，可以毫不讳言地说，陈平故里在阳武不容再置疑，陈平确为原阳县人确凿无疑！

四、原阳是官渡之战主战场

汉献帝建安五年，即公元200年，曹操和袁绍之间发生了一场重大战役，史称"官渡之战"。官渡之战是中国历史上一次以少胜多的著名战例，双方在原阳县、中牟县展开了旷日持久的"拉锯战"，最后，曹操以少胜多，战胜了袁绍军队，取得了辉煌战绩。

由于战争年代久远，战场涉及地面广，古地名变化大，官渡之战的主战场究竟在何处呢？史学界对此众说纷纭，一直没有一个统一的说法。

查阅相关史料，官渡之战记载中涉及的如黄河、官渡、白马、延津、南陂下、阳武、乌巢等，这些古水系、古地名当时究竟在什么地方？是否现在所处的位置？弄清了这些，官渡之战的主战场也就清晰可见了。

那么，我们考证官渡之战，就要以战争的进展为主线，以探究这几个古地名为重点，通过史料佐证、实地探访、专家访谈等形式，对官渡之战的主战场重新给出一个真实、准确的定位。

官渡之战是三国时期的三大战役之一，历时近一年，经历了交锋、相持、转折、决胜四个阶段。

200年2月，袁军与曹军初次交锋于白马。

《辞海》中说：白马，古县名，春秋卫国曹邑，秦置县，治所在今滑县城东。此役曹操用声东击西之计，借关羽之手斩袁绍大将颜良，遂解白马之围。白马即今滑县，史地学界均无争议。

白马解围后，曹操采用坚壁清野的战术，将白马城内的人、物全部带走，沿黄河西行。袁军为了截击曹军，从延津关过河，追至一土山前。《三国志》载，绍军至延津南，操勒兵驻营南陂下。

袁军在土山发现曹军遗弃了众多的财物辎重，遍地皆是，误以为乃曹军狼狈逃窜所致，便开始哄抢。趁袁军哄抢之际，曹操设在土山上的伏兵出击，大败袁军，并斩杀袁军大将文丑。此役乃官渡之战中继白马解围后两军的第二次交锋。

那么，三国时黄河流经何处？当时的延津、南陂下又在什么位置呢？

据《原阳县志》载："春秋时原阳地方已临黄河。"今县境北部尚有古河床遗址。黄河自获嘉县南入原武县北，东经阳武、延津、汲县、胙城向东北入海，被称为黄河故道。

据考，今原阳县和平原新区的口里、磁固堤、师寨、黑洋山、下马头等村庄皆为古黄河南岸村落。由此可知，当年的阳武县在黄河的南岸。如今，在原阳县北部的福宁集至秦庄一带，尚存金章宗明昌时河决故堤之老口门，今谓之黄河金堤。其堵河时所修排水坝和堤上夯土层等遗迹至今犹存。

三国时的延津也非今之延津。据《新乡市地名词典》载：延津关，古关隘。在新乡市中心东南，新乡县申店、关堤南，古黄河北岸。又据《辞海》载，延津，县名，在今河南北部。秦置酸枣县，宋改延津县，金升为延州，元复为延津。可见，当时并没有延津县的设置，只能是古津渡的延津，也就是现在的新乡县关堤与原阳县的延州村之间。

另据《阳武县志》载：土山，旧志名凹腰岗，又名酸枣山，在县东北35里，即今之土山村。且在村中挖土时曾发现过大量成片尸骨和簇头，村内现在还有南关路（指的是延津南关）、马道街（指的是关羽离曹奔刘之路）、关公庙等地名和遗址。故"操勒兵驻南陂下"的具体位置，应在今原阳县阳阿乡的土山村附近。随着时代的变迁，只不过当年的土山已荡然无存，变成了现在的良田和村落。

试想，曹军以两万人马抵挡五倍于自己的袁军，两次小的交锋，曹操虽胜，但自知实力不敌，便还军官渡。7月，袁绍军进入阳武。8月，袁军又向前推进，逼近官渡，沿沙丘安营扎寨，东西绵延数十里，两军进入长达三个月的战略相持阶段。

那么，官渡是以什么命名的呢？当时的阳武又是在哪里的呢？

按《史记·项羽纪》注：“渠水分为二：一渠东南流，始皇凿引河水以灌大梁，谓之鸿沟；一渠东径阳武县南，为官渡水。”又据《阳武县志》载，当时的阳武县城在今原阳县城东南28里，也就是现在的陡门乡郭庄村南，原古官渡水的北岸，而当时的官渡水应在今黄河的位置。

由此分析，官渡之战并非一定是以地名命名，更大程度上是以官渡水而得名。

就在曹操坚持固守之时，袁绍的谋士许攸投奔了曹操。于是，战争形势急转而下。《曹瞒传》载，曹操一听说许攸来奔，"抚掌笑曰：'吾事济矣。'"果然，许攸一到曹营，就为曹操献上了"火烧乌巢"之计。

乌巢之战作为战争的转折点，决定了官渡之战的胜负，那么，乌巢又在什么地方呢？

如前所述，今延津县乃秦置酸枣县，宋改延津，金升为延州。据史书记载，酸枣故城在今延津县西南7.5千米，现原阳县的延州村正好距延津县城7.5千米。延州应是当时的酸枣故城。再从《三国志》的记载来看，乌巢距绍营四十里。绍营在汉阳武城，汉阳武城距延州恰好四十里左右。由此可以推断，曹操袭乌巢的具体位置，就是现在的延州一带。

火烧乌巢之后，袁绍的大将张郃投降了曹操，此时袁绍已众叛亲离，完全丧失了斗志，战争迅速进入决胜阶段。曹操集中兵力，大举反攻，此战消灭袁军七八万人，缴获大批珍宝、图书、辎重等物，袁绍与其子袁谭仅带八百余名亲兵渡河而逃。由此可以想见当时战争场面的惨烈。

2004年，原阳县大宾乡马头村的几位村民不经意间在村头挖出了几通碑刻，一通是明万历年间的《黄经碑》，另一通是清乾隆年间村上的五佛寺《重修碑记》，两通碑刻都有该村原名"古官渡"的记载。其中，《重修碑记》载："想建庙伊始或以袁军败没兹土，往往磷燹，鬼哭惊人，赖菩萨坐镇呵禁，默为保障乎！"这更说明了官渡之战在这里发生，给这里造成了"白骨露于野，千里无鸡鸣"的悲惨景象，致使千百年以后，当地百姓还难以忍受那"走路踢白骨，风吹闻鬼嚎"的精神惊扰，只能以修建五佛寺的方式，供奉菩萨，坐镇驱邪，祈求平安。

综上所述，除"白马解围"一役发生在滑县外，"南陂设伏""火烧乌巢""官渡对峙""决胜反击"，整个官渡之战的主要战事都发生在今原阳县境内。由此可以定论，原阳就是官渡之战的主战场。

五、原阳县古民居夏家院

夏家院坐落于原阳县城老城区，为明末清初建筑，至今保存完整。原占地面积5000余平方米，有房屋150间，位于老城区新华街路东。现保存完整的是其主院，东西长73.4米，南北宽22.3米，占地面积1636平方米，有房屋74间，皆为楼阁式建筑，形式为"转厢楼"。

夏家院因是文物保护单位，其临街建筑凸显于人行道上，伸出路面1.73米，位置十分明显，风格也与周边建筑大相迥异。

从夏家院建筑的中轴线上环视四周，可见主院房房相衔，配院院院相通。整座建筑青砖蓝瓦，五脊六兽，精雕细刻，古朴典雅，布局严谨，结构合理，曲径回廊，静雅深幽，堪称北方民居建筑之典范。

夏家院民居采用北方传统的"四合院"建筑形式，楼高9~11米，墙体厚0.6~0.8米。主院分三进院落。前院有大门、倒座、南北厢房和过厅；中院有南北厢房和围墙；后院有南北厢房和正房。其前院面墙皆为木质隔扇，上雕各种优美图案。走廊环绕，木柱擎顶，镂雕彩装，做工精细。后院传有昔日防盗所用之"蒙天网"，使整个院落密如鸟笼。

最值得称道的是夏家院里的雕刻工艺，无论是屏风隔扇，还是门窗雕栏，其图案精美，刀法娴熟，禽鸟虫鱼栩栩如生，梅兰竹菊生机盎然，美轮美奂，堪称一绝！还有"麒麟送子""绶带如意""金玉其相""追琢其章""桂森举立"等木雕篆刻，有"善宜""施吉""戬谷"等砖雕字样，皆笔法苍劲，寓意深远。

夏家院究竟建于何时已无确切记载，盖始建于明末清初，迄今已有三四百年的历史。原阳《夏氏族谱》载："阳武夏氏系出大禹，为神明之胄，支裔最为繁昌。相传明季自他郡迁吾邑之关爷庙，后移居夏庄。清初复迁包厂，后寄居阳武城内，四区均有族人。躬耕读书，科第蝉联，一邑称望族焉。"明代夏氏先人曾任太子少傅、户部尚书，明清两代，夏氏受过诰封、敕授的男女族人就达148人。

夏家院的最后一代男主人叫夏绵祖，字飚生，号绳武，生于清光绪二十四年（1898年）五月二十四日，卒于民国十三年（1924年）五月初九，年二十六岁，未留下后代。其高祖荣德，弟兄六人，有五人皆受敕封、诰赠。祖父夏廷楷，字端卿，曾任湖北广济县知县、署理云庆县知县，诰授奉政大夫。其父夏联奎，字捷三，考中举人，敕授文林郎。夏联奎卒于1918年，享年45岁，膝下一子二女，其子即夏绵祖；女二，长女嫁给由皇帝赐予头品顶戴，曾任兵部侍郎、翰林院编修、山东巡抚的卫荣光之孙；次女无考。

世居官宦，亲朋显赫，加之夏家开有当铺，经夏氏几代人的原始积累，夏家留下了丰厚的家产。其当铺生意曾加入当时全国性的当铺连锁机构"同和裕",门店遍及天津、开封、卫辉、辉县、武陟、沁阳等地。辉县和武陟的木栾店分别有夏家的别墅和大花园,原阳城南的曹庄有其小花园。

夏家院,当地人俗称"夏寡妇院"。夏寡妇即夏家院最后一位男主人夏绵祖之妻,姓王,博爱人,因其丈夫在堂兄弟中排行十四,也被尊称为十四婶,其名不详。

夏寡妇个子不高,略显瘦削,却外柔内刚,巾帼不让须眉。夏绵祖死后,夏家偌大的一份家业全靠她一人支撑。尽管夏寡妇身锁宅院,并不直接参与经营,但她处事沉稳,很能笼络一批人为她效劳,虽历经匪盗天灾、日伪侵扰等变故,她却能处乱不惊,把夏家庞大的生意和家业经营得有条不紊。

后来,在一天早晨,家里的狗对着门外叫个不停,仆人开门后发现有一个女婴被遗弃在门前,就赶快去禀报夏寡妇。她看到这名女婴后认为是天意,遂将女婴抱回家中,并雇来奶妈细心照养,取名为夏保莲,由于是家里的狗儿救了她的命,于是取乳名叫"狗儿"。

抗日战争时期,日军占领阳武城后,即居此院,时称此院为"日本小分队"。1949年后,夏家院民居归公,原阳县委最早在此院办公,当时夏寡妇仍居住在此院后院,后来搬出。

夏寡妇于1956年去世,约60岁。其女嫁到旧原武县新庄,亦早逝。

1965年,原阳县委搬出此院,改此院为县委招待所。1976年,县委招待所复搬出,先后改用为工业局和工业供销公司的办公场所,后被一些机关工作人员家属占用,成为一处大杂院,遭受一定程度上的破坏。

随着人们文物保护意识的增强,1988年12月,原阳县人民政府下发了(〔1988〕110号)文件,将其公布为县级文物保护单位。1991年,县政府又专门下发了《关于将夏家院交付文物部门保护管理的通知》,将夏家院内的办公机构和居民逐步搬出,由文物部门接管,县文物管理所入驻。之后,省文物局先后两次拨出专款,按照"修旧如旧,保持原貌"的文物保护维修原则,对夏家院进行了部分抢救性维修。

2000年,夏家院被公布为省级文物保护单位。2011年,夏家院维修保护方案经省文物局批复。目前,正陆续拨付资金进行全面维修。

现在,夏家院已为原阳县文物管理所的办公所在地,并被辟为"原阳历史名人馆",由时任中华人民共和国文化部部长的王蒙亲题馆名。1997年,夏家院被定为"原阳县爱国主义教育基地"。现馆内有原阳历史上的十多位宰相及毛遂、张良塑像和事迹陈列,有"爱国革命斗争史"等内容陈列。

可以说,夏家院的完整保护,对研究黄河流域民风、民俗及建筑特色,有着重要的文物价值。

孟门与孟门聚落群

张立东

（河南大学　开封　475001）

摘　要：孟门是先秦时期的一个重要地名。它曾是传说中的黄河之源、晚商王畿的西南要地和齐侯伐晋时登入太行之处。经过孟门的白陉是太行八陉之第三陉，有人指认辉县境内的"没牙豁"为孟门。孟门聚落群是指孟门外以孟门为枢纽的聚落群，包括龙山至二里岗时期的孟庄城址，先商时期的潞王坟、王门等遗址，商代的琉璃阁、褚邱等遗址，西周时期的共国，战国时期的共城和魏国墓地等。孟门聚落群代表着一种以交通要点为枢纽的比较特殊的聚落形态。

关键词：孟门；白陉；聚落群

　　古代文献中的孟门是先秦时期的一个重要地名，是传说中的黄河之源、商代晚期王畿的西南要地和春秋时期齐侯伐晋时登入太行之处。其具体所在主要有两处：一处位于晋陕之间的黄河之上；一处位于河南省辉县的太行山上。黄河孟门是万里黄河干流之上的重要节点，而辉县孟门则是太行山南段的一个重要门户。两处孟门具有源流关系，黄河上的孟门之名是由辉县的孟门搬过去的。

　　早年在河南省淇县整理宋窑遗址的出土资料时，在反复阅读徐旭生先生的《洪水解》之后[1]，曾对孟门略加考证，并恳请时任新乡市文管会办公室主任的张新斌先生推荐到新乡出版的杂志之上，希望引起当地学者的关注[2]，可惜并未引起多少反响。2014~2016年参与新乡王门遗址的复查与发掘时[3]，多次不由自主地眺望相距不远的孟门，同时在教学过程中梳理中国交通考古时，更进一步认识到孟门在交通史上的地位，于是萌生实地考察的愿望。2016年暑期受邀短住王门考古队，于7月17日与同事侯卫东先生和学生李三灵、王超超，在新乡市文物考古研究所申文先生的引领下，实地考察了琉璃阁遗址、共城城墙和固围村墓地，并专门访问了辉县市共城文化研究会，与张天利先生、赵全功先生、郭兰玉先生等当地学者进行了亲切交流，并获赠一些当地出版的书刊。2018年秋河南大学与新乡市文物考古研究所共同发掘褚邱遗址之时，曾受同事侯卫东先生之邀两次前往发掘工地[4]。2019年秋主持修武县李固遗址的发掘，曾长住遗址北侧距离孟门不远的古汉山矿。通过与各考古队诸位师生的交流,尤其是2016年夏的最接地气的辉县考察与访学,自觉对孟门的思考又略有进境,并断续将一些想法写出。今恰逢新乡市文物考古研究所举办"纪念新中国辉县考古发掘70周年暨古代文明研讨会",特意整理出来,希望能够得到当地专家学者和政府领导的重视。

对于新乡、辉县而言,"孟门"实在是太重要了,可以说,辉县乃至新乡就是依托孟门发展起来的。本文拟在重新考察辉县孟门的基础上,提出并初步梳理孟门之外以孟门为枢纽的聚落群,并试图归纳出一种以交通要点为核心的聚落形态。

一、辉县孟门

辉县孟门在东周时期比较活跃,秦汉以后似乎沉寂下来,以致不少学者没有注意到这个重要地名。

(一)历史

辉县孟门在先秦文献中主要有两处记载。

一是春秋时期齐侯伐晋。《左传·襄公二十三年》:"齐侯遂伐晋,取朝歌。为二队,入孟门,登大行。"杜预注:"二队,分为二部。孟门,晋隘道。太行山在河内郡北。"[5]秦代及两汉时期的河内郡大略相当于现在河南省境内的太行山南、东麓,北边接近漳河,而西晋时期的河内郡则仅仅相当于现在的焦作市和济源市[6]。杜预注里的太行显然与孟门是不同的两个地方,很可能是指太行八陉中的第二陉太行陉。后来不少学者认同这一说法。例如,高士奇认为:"入孟门,入白陉也。登太行,登羊肠阪也……既取朝歌,则分兵为二部,一入白陉,由朝歌而扼其险隘,一登太行,自河内以瞰其腹心。"[7]这显然是认为齐侯的两路兵马,一路走白陉,一路走太行陉。然若仔细品读,不难看到齐侯进军过程中所分的两队应是前后之别,两队人马先后进入孟门,并由此登上太行。《初学记·卷八·河东道》之"孟门午台"条:"《左传》曰:齐侯伐晋,入孟门,登太行。《十三州志》曰:太行山或曰孟门,盖其险陁。《水经注》曰:午台亭在晋城县界,已上泽州。"[8]显然是将此语境中的太行与孟门视为一地。胡渭《禹贡锥指》云:"历观传记所载……其所指太行者,皆在汉河内、上党二郡,唐怀、泽、潞三州之境。盖滏口以南四陉,实太行山也。"[9]依此,则齐侯西进所入的太行完全可以理解为辉县之西的太行山,而孟门则是其中一条隘道的山门。"入孟门,登太行"的句法与西周金文常见的"入门,立中廷",上博简《容成氏》的"入自北门,立于中庭"极为近似[10]。

二是商代晚期王畿的战略要地。《战国策·魏策一》记吴起之言曰:"殷纣之国,左孟门而右漳釜，前带河，后被山；有此险也，然为政不善，而武王伐之。"[11]

（二）位置

上引吴起之语讲的是殷纣之国的山河之险，孟门是其中之一。此言前后左右，显然是讲殷纣之国的四方险要。商代晚期的都城位于安阳，但吴起之言中的商都很像是后来学者说的纣都朝歌[12]，位于西周至春秋早期的卫国都城，即今河南省鹤壁市淇滨区一带[13]。商纣前带之河应即黄河，商代末年的黄河在郑州附近折向东北，在鹤壁、安阳之东流向东北。既然"前带"之河在商都的东南，那"后被"之山肯定是在商都的西北，非今之太行山脉莫属。右漳釜即邯郸附近漳釜二水的交汇处，在今河北省磁县、邯郸一带。与漳釜相对的孟门自应在商都的西南。至于其具体位置，杨伯峻先生认为："孟门在今河南辉县西，为太行隘道。"[14]史念海、杨升南等先生也有类似的说法[15]。谭其骧先生主编的《中国历史地图集》之"春秋战国地图"也将孟门标在辉县正西偏南处[16]。

关于商代晚期孟门的具体位置，也有不同的说法。《史记·孙子吴起列传》用汉代地名转述《魏策》为："殷纣之国，左孟门，右太行，常山在其北，大河经其南，修政不德，武王杀之。"就将孟门的方位弄错了。其中后两句言北、南，显然前两句的"左""右"是指东、西。既然太行是在商都之西，那么孟门必定在商都之东。《史记索隐》："刘氏按：纣都朝歌，今孟山在其西。今言左，则东边别有孟门也。"[17]就是根据《史记》的转述所做的推论。这当然是大错特错的。也许正是由于《史记》的误导，有的学者才会到处寻找孟门。例如，黄盛璋先生推测："孟门山当指朝歌西北面一带山。"[18]宋镇豪先生怀疑孟门就是武王伐纣时的观兵之地孟津"[19]。正因为《史记》弄错了，所以凡是以《史记》为基础进行的推论，均与《战国策》的文义不符。

孟门还见于晋文公伐原之役。《国语·晋语四》："文公伐原，令以三日之粮。三日而原不降，公令疏军而去之。谍出曰：'原不过一二日矣！'军吏以告，公曰：'得原而失信，何以使人？夫信，民之所庇也，不可失也。'乃去之，及孟门，而原请降。"韦昭注："孟门，原地。传曰：'退一舍而原降。'"[20]邬国义等更明确说是"在原城附近"[21]。春秋时期的原国位于现在的济源，因此王利器先生进一步指认为济源西北的封门镇，并说："封亦曰盟，音转讹也。"[22]现今济源市区西北的王屋镇有一封门村，应即王利器先生所说的"封门镇"。韦注认定孟门位于原地，显然只是根据《左传》所记的一日里程而推断出的，并没有提出其他的证据。《左传·僖公二十五年》："晋侯围原，命三日之粮。原不降，命去之。谍出，曰：'原将降矣'。军吏曰：'请待之'。公曰：'信，国之宝也，民之所庇也。得原失信，何以庇之。所以滋多。'退一舍而原降。"杨伯峻先生认为《国语》文公伐原之役的孟门就是辉县孟门，但指出：辉县孟门"离原不止一日三十里之程，且非晋师之归途，恐不可信"[23]。济源与孟门同在太行山麓，两地相距100多千米，在春秋时期至少是7日之程，故此文公伐原之役中的一日而至孟门显然是讹传，尽管我们现在无法断定是地点有误还是日程有误。

（三）名实

至于孟门的具体所指，历来有不同的说法。主要有以下几类。

（1）山门 《左传·襄公二十三年》："齐侯遂伐晋，取朝歌，为二队，入孟门，登太行。"

（2）城邑 《战国策·魏策一》："殷纣之国，左孟门而右漳釜，前带河，后被山；有此险也，然为政不善，而武王伐之。"此言前后左右，是讲殷纣之国四方的山河之险，文中的孟门应指孟门之外的城邑、关城。

（3）山峰 《吕氏春秋·有始》："何谓九山？会稽、太山、王屋、首山、太华、岐山、太行、羊肠、孟门。"[24]

（4）陉道 《左传·襄公二十三年》杜预注："孟门，晋隘道。"

就词源学而言，最初的孟门应是指具体的"山门"，其后在不同的语境下才转指为附近的山峰、陉道，甚或关城。

辉县太行山中的孟门在汉代以后逐渐消失于人们的生活之中，成为一个古地名。《元和郡县志》卫州共城县条载："白鹿山，在县西五十四里。天门，在县西五十里。淇水，源出县西北沮洳山，至卫县入河，谓之淇门口。"[25]唐代的这处天门与白鹿山同在共城之西，很可能就是过去的孟门。汉唐时期大多定都于西安、洛阳，致使横断太行山的白陉交通地位降低，进而导致当地居民对于孟门之名的记忆逐渐丧失。

二、黄河孟门

黄河之上也有一处孟门，在后世的名声似乎比辉县孟门还要大。

（一）历史

传说黄河上的孟门在大禹开凿龙门之时已然存在。《吕氏春秋·爱类》："昔上古龙门未开，吕梁未发，河出孟门，大溢逆流。无有丘陵沃衍，平原高阜，尽皆灭之。名曰鸿水。禹于是疏河决江，为彭蠡之障，乾东土，所活者千八百国，此禹之功也。"[26]

此处孟门显然是指黄河上的孟门。

《水经注·河水四》对黄河孟门的位置、形势及传说记载颇为详细:"河水南经北屈县故城西,北十里有风山……风山西四十里,河水南出,孟门山与龙门山相对……《尸子》曰:'龙门未辟,吕梁未凿,河出孟门之上,大溢逆流,无有丘陵高阜,灭之,名曰洪水。大禹疏通,谓之孟门。'故《穆天子传》曰:'北登盟门,九河之隥。孟门即龙门之上口也。实为河之巨阨,兼孟门津之名矣。此石经始禹凿,河中漱广,夹岸崇深,倾崖返捍,巨石临危,若坠复倚。古之人有言,水非石凿而能入石,信哉!其中水流交冲,素气云浮,往来遥观者,常若雾露沾人,窥深悸魄。其水尚崩浪万寻,悬流千丈,浑洪赑怒,鼓若山腾,浚波颓迭,迄于下口。'"[27]

(二)位置

至于其具体位置,胡渭《禹贡锥指》云:"龙门之上口为孟门,在今吉州西,西直陕西延安府之宜川县。"[28]《中外地名大辞典》以今地名指出:孟门山"在山西省吉县西,陕西省宜川县东北、龙门之北、黄河两岸"[29]。根据各书所说的具体位置,参以《水经注》的描述,我们可以断定孟门即今吉县和宜川县之间的壶口。

再往北的黄河之上还有一处孟门,在今山西吕梁柳林县西北23千米处,北接碛口,南临军渡,隋代在此设有孟门关。唐设定胡郡,兼领定胡县,曾更名孟门县,后复改名定胡县。元代撤县,设孟门镇。明清时期,在此先后设离石巡检司、孟门巡检司,现为孟门镇。

这两处孟门都是黄河中游最典型的峡谷地带,其地形地貌均可称"门",然就地理形势而言,显然壶口与传说中的孟门更为接近。

(三)名实

与辉县孟门相似,黄河孟门最初也应该是指黄河上的一处两岸壁立、其状若门的地方,但后来也转用到其他方面。现在壶口之下黄河中心的小岛就叫孟门山,而此山附近的渡口叫作孟门渡,而孟门关、孟门镇则位于更北的柳林县。

三、黄河孟门及其与辉县孟门的关系

胡渭已经注意到有两个孟门:"孟门有二:一在龙门山北,三子言'河出孟门之上'者是也。一在太行山东,《左传·襄公二十三年》'齐侯伐晋,取朝歌,入孟门,登太行。'《史记》吴起谓魏武侯曰:'殷纣之国,左孟门,右太行。'《吕氏春秋》曰:

'通乎德之情,则孟门太行不为险矣。'刘孝标《广绝交论》曰:'太行孟门,岂云崭绝?凡与太行连举者,皆非吉州之孟门也。'"[30]

明确两处孟门之后,还有必要讨论两个孟门的关系。它们是互不相干、偶然同名的两个地方,还是存在某种联系?上引早期三书关于孟门的记述有两处颇为费解之处,然若假设黄河孟门是由辉县孟门搬过去的,就很容易说通了。

首先是"洪水"。三书特别强调孟门流下来的水名曰"洪水"或"鸿水",颇为费解。过去一般理解"洪水"就是大水,很少有人思考为什么大水叫作"洪水"。徐旭生先生则认为"洪水"最早应是专名:"水出共山,故名共水,后加水旁为洪,洪水又叫洚水。《说文解字》:'洪,洚水也,从水共声'。《孟门·滕文公下》:'书曰:"洚水警余",洚水者,洪水也。'"他还根据《广韵》'洚'字有户公、户冬、下江、古巷四切音,'洪'字为户公切",认为洚字的户公切与洪字发音全同,并由此推断:"按古初传说是写作洚水,按照战国时普通的用法却写作洪水。孟子拿'洪'来解释'洚',是用当时语解释古语。"[31]

其次是"大溢逆流"。按常理,若龙门未开,河水无法通畅下泄,最后只会到处漫流,流向东西两侧和下方的低洼之处。即便因为积水升高而有所逆流,也不会成为当时河水走向的主流。《孟门·告子下》:"水逆行谓之洚水——洚水者,洪水也。"[32]这种解释虽然是错误的,但提到的洚水逆行的现象却为我们讨论两个孟门的关系提供了线索。关于洚水的逆行,徐先生有颇精到的见解:"大凡两水会合的时候,水大的力强,水小的力弱……淇、共诸水入黄,遇着奔腾的黄流,力弱势小,也成倒流;这就是古人用'逆行'解释洚水的原因。"

将黄河孟门的"洪水""逆流"两个关键词还原到辉县孟门的语境之后,可以清楚地看到三书对黄河孟门的描述显然是因袭了原本对共水的描述。辉县孟门之名被搬到黄河之上,最初对共水的描述也随之被用来形容黄河孟门,但两个孟门的形势全然不同,从而为辨析二者的关系留下了一定的线索。最初的"洪水"是"共水"的专名,而非后世的通名。上古民智未开,人们见到黄河本来比较平稳,在与共水合流之后才泛滥成灾,于是误认共水才是黄河的正源。后来人们认识到西来的大河才是黄河的正源,于是孟门就被搬到了晋陕之间的黄河峡谷之上。

不仅黄河上的孟门是由东方搬过去的,龙门也是如此。禹凿龙门的传说至迟于春秋时期已经形成,《墨子·兼爱中》:"古者禹治天下……凿为龙门,以利燕、代、胡、貊与西河之民。"[33]据上下文,这里的龙门应该是指今山西河津、陕西韩城之间的龙门。可是夏族是在河南的伊、洛、颍、汝流域兴起的,大禹之时甚至整个夏代,山西南部都不是夏族的活动地域,因而也就不可能产生禹凿龙门的神话传说[34]。

徐旭生先生认为:"今河南洛阳县南二十余里的伊阙,俗曰龙门,并且有'假龙门,真香山'的说法,是现在的当地人也并不认它为真龙门。但是此地龙门的名称来源颇古：《杜甫集》中有'游龙门奉先寺'诗，就是指这个龙门。韦应物'龙门游眺'诗：'凿山导伊流'，明指伊水，也是说这个龙门。这就足以证明唐朝人总是把伊阙叫做龙门。《两京新记》内说：'（隋）炀帝登北邙，观伊阙，曰：此龙门也，自古何不建都于此了？'它所说未知确否。但是伊阙又名龙门，虽不见于《汉书》、《水经注》各书，却来源颇古，并非起自唐时，大约可以断言。"并根据《左传·昭公元年》的"天王使刘定公劳赵孟于颖，馆于洛汭。刘子曰：'美哉禹功，明德远矣。微禹吾其鱼乎！吾与子弁冕端委以治民临诸侯，禹之力也。'"进一步推论，"这一点的经过正足以证明春秋时的人全相信伊阙是由大禹开凿的"[35]。

借鉴徐旭生先生关于两个龙门的论述，完全可以推断孟门的传说最早发生于共工氏之地，后来跟龙门一样，随着大禹治水传说中地域的扩大而搬到晋陕之间的黄河峡谷。原来分别位于共水、伊水之上两个山势若门之处，被搬迁到晋陕黄河之上，形成上孟门、下龙门的梯级瀑布之势，而且孟门早在大禹凿开龙门之前已经形成的说法。

我们对两个孟门关系的讨论，不仅很好地补充了徐旭生先生关于大禹治水传说的研究，也在一定程度上更加坐实了太行山上的孟门在辉县的说法，黄河孟门传说中的"洪水""逆流"等关键词，充分显示出孟门与共工氏、共水、共地的关系，从而为具体指认辉县孟门提供了线索：辉县孟门应该位于共水流出太行山之处，是共水之上的一处山势若门的地方。

四、孟门与白陉

迄今所见指实孟门之地的说法均指向辉县之西太行山中的白陉。

所谓白陉是太行八陉之第三陉。晋郭缘生《述征记》："太行山首始于河内，自河内北至幽州，凡百岭，连亘十二州之界，有八陉：第一曰轵关陉，今属河南府济源县，在县理西十一里；第二太行陉，第三白陉，此二陉今在河内；第四滏口陉，对邺西；第五井陉，第六飞狐陉，一名望都关，第七蒲阴陉，此三陉在中山；第八军都陉，在幽州。"[36]

胡渭认为："孟门者，太行隘道之名，疑即今辉县之白陉也……白陉在今卫辉府之辉县。《左传》襄二十三年：'齐侯伐晋，取朝歌，入孟门，登太行。'杜预云：'孟门，晋隘道。'盖即所谓白陉也。"[37] 钱穆先生指出："《左传》襄二十三：'取朝歌，入孟门，登太行'，则孟门明在朝歌西。或疑即白陉，为太行第三陉，今辉县西。"[38] 近现代的工具书也多以白陉当孟门。例如，段木干先生《中外地名大辞典》孟门山条："盖太行隘道之名，疑即今河南省辉县之白陉，为太行山第三陉也。"[39]《辞海》白陉条："一名孟门，太行八陉的第三陉，在河南辉县西，为豫北、晋南之间的交通隘道。"[40]《中国历史大辞典·历史地理卷》孟门条："春秋晋国隘道。在今河南辉县市西……一名白陉。"[41]这些说法都明确指出孟门就是白陉，二者是一回事。

实际上，孟门与白陉决非一回事。根据《元和郡县图志》的"连山中断曰陉"，可知"陉"字的本义是横穿太行山的山谷，而因为沟通太行山两侧的道路主要穿行在这些山谷之中，所以诸陉也用来指称主要穿行在山谷之中的隘道。无论山谷本身，还是通过山谷的隘道，白陉都应该是一条线，而孟门则只是白陉之中靠近东端的一个点。之所以被称作门，只是因为两山壁立，从远处望去，颇似一座山门，以致路人通过这种地方之时，会有出门、入门之感。

现在所说的白陉古道是指从晋城陵川县硤底到河南辉县十里河这一段保存最为完好的原始古道，全程百余千米。据说白陉是因从白鹿山旁经过而得名。至于孟门的具体所在，学者多指认为辉县的"没牙豁。"例如，哈雷说："原古白陉之孟门隘口，两山耸峙，宽仅2米，当地人称'没牙豁'。"[42]

耐人寻味的是，上文谈到的殷纣之国的"左""右"两个要点都与太行八陉有关。孟门与白陉的关系已如上述，而漳滏之与滏口陉的关系也很明显。吴起所说殷纣之国的四个地理要点，是在谈论军事形势时讲的，因此孟门与滏口的战略地位可见一斑。沿着吴起的思路，可以推知他心目中的孟门与漳滏是纣都外围的两个通往山西的要道，它们分别位于西南和东北，不仅守护东西通道，也都位于太行山麓，扼南北交通要冲，是晚商王畿有险可守之处[43]。

春秋战国时期的孟门更是晋国及三晋东出太行的主要出口。春秋晚期晋国的战略形势与抗日战争之时八路军东出太行、进军华北平原颇多相似之处。在这种形势下，只要守住了孟门，就是守住了退往山西的通路，从而攻守自如。孟门应该是晋国在太行山东的一个重要据点。战国时期魏都大梁之后，孟门的位置仍然很重要，辉县一带的诸多高等级魏墓充分说明此点。

地质专家范晓先生说："白陉走的是横穿太行山主脉的磨河峡谷，它处在南太行最险峻、最难通行、但也是最壮观的一段。由于左右两侧有更容易通行的太行陉与滏口陉，所以白陉在交通上并不重要，它只是连接上党与华北平原的辅助陉道。但从景观来看，白陉却是太行八陉中最具有魅力的陉道。"[44]秦汉以降，天下形势大变，交通条件不是很好的白陉也就逐渐失去了干道的地位。

五、孟门聚落群

现有考古资料表明，孟门之外的古代聚落群值得特别关注。总体呈西南—东北走向的太行山脉在辉县一带形成一个西北东三面环山的簸箕状地形，一定程度上阻止了西北方向来的冷风，从而形成一块相对比较温暖的地理片区。

龙山时代的孟庄城址是该地区年代最早的城址。整个城址的平面形状略呈方形，东城墙长约375米，北墙复原长度约340米，西墙长约330米，城墙基础部分宽13～14米，外围有护城河，东城墙中部有一个宽约2.1米的城门，总面积约13万平方米。城址位于太行山前，东、南、西三面均高于周围地面。若由城南向北观察，孟庄遗址位于一个东、西、南三面较高的台地之上。因其年代约与夏人立国前后相应，所以不少学者将该城与古史传说中的共工氏相联系[45]。

孟庄城址在龙山时代之后经过修缮，并继续使用（图一）。至于其文化性质，发掘者最初称之为二里头文化，而张应桥、徐昭峰两位先生则认定其为先商文化辉卫类型，并推断该城曾为先商八迁中的某一迁之处[46]。也有不少学者将其归入辉卫文化[47]。袁广阔先生在认定其为辉卫文化的基础上，认为当地居住的应是二里头文化代表的夏王朝的某一与国[48]。作为迄今为止唯一的辉卫文化城址，其重要性不言而喻。

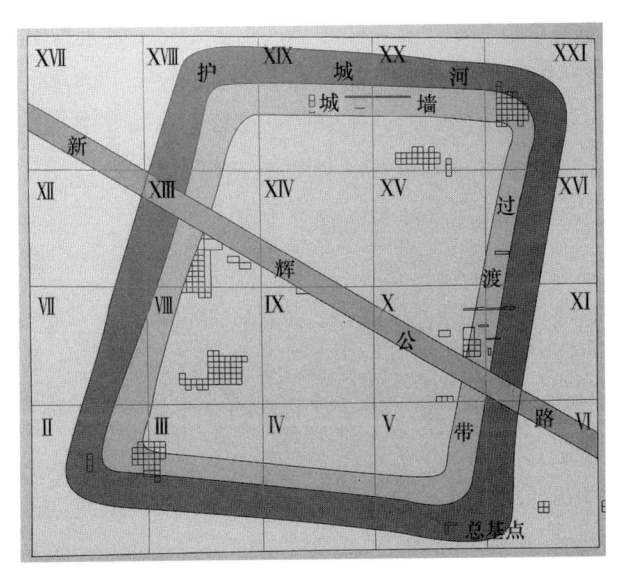

图一 辉县孟庄遗址平面图
（拍摄自新乡市博物馆展览图片）

最初发掘者断定该城"在二里岗时期不再使用，但仍是一个重要的聚落遗址"[49]，并得到不少学者的认同[50]，而许宏先生则认为该城在二里岗时期仍被使用，并称之为孟庄商城[51]。侯卫东先生、张玲女士比较了遗址房基、水井、灰沟、灰坑、墓葬等五类遗迹在各时期的分布情况，认为孟庄商城在二里岗下层二期已经作为城邑被二里岗文化的精英使用，在二里岗上层一期、二期持续使用，殷墟时期则失去了城邑的功能和地位[52]。孟庄西北数千米的琉璃阁遗址也有比较丰富的二里岗文化遗存，曾发现过几座铜器墓[53]。张新斌先生认为琉璃阁的商代墓地当与孟庄城址有一定的关系[54]，李伟珍也将孟庄与琉璃阁视为同一个区域中心[55]，而李静则提出二里岗时期"以孟庄商城为核心的地区中心存在向琉璃阁移动的趋势"[56]。

晚商时期孟庄遗址基本废弃[57]，与之相应的是琉璃阁遗址以及更靠近太行山的褚邱遗址发现有很多铜器墓。1950年在琉璃阁发掘有6座晚商墓葬，其中M150带双墓道，充分说明该墓地的级别较高，已经替代孟庄商城成为新的区域中心[58]。褚邱出土的大量铜器则显示了该遗址的重要性。鉴于该遗址更靠近太行山，很可能是东出孟门之后的第一个驿站性聚落，其交通地位可与近代的薄壁镇相当[59]。

西周至春秋早期辉县为共国之地，厉王无道，国人为乱，于是共伯和被推举代天子执政，共和元年即公元前841年是中国历史有明确纪年的开始。公元前722年，郑国发生内乱，郑庄公之弟共叔段被迫逃到共，表明当时共仍然是一个独立的诸侯国。至于其并入卫国的时间，则应在鲁闵公二年（公元前660年）"狄入卫"之前。《左传·闵公二年》云："益之以共、滕之民。"杜预注："共及滕，卫别邑。"此时，共城已经变成卫国一个边邑。《汉书地理志补注》所说："盖其地逼近卫都，故先为国而后并于卫也。"[60]可惜共国的城邑尚未发现。

琉璃阁春秋晚期大墓显示该地应是当时的地区中心。至于其国属，或归之于卫[61]，或归之于晋。卫国东迁之后，国势衰微，原来的太行山东麓之地大都成为晋国的属地。墓葬出土青铜器多属晋式，因此墓地应该属于晋国。至于墓主的具体身份，多认定为范氏[62]，近年则有人提出魏氏之说[63]。

辉县城内的共城遗址经过勘查和发掘，发现有城墙、夯土基址、铸铁作坊等[64]，出土的文化遗物多属战国中晚期，城址近方形，南北长1500、东西宽1100米[65]。关于战国时期的共城及固围村的三座大墓，论者多归之于魏[66]，而张新斌先生则归之于赵[67]。

现在看来，孟门之外聚落群的中心前后稍有移动。龙山至二里头时期的中心是凤凰山南侧的孟庄，二里岗时期孟庄商城仍在使用，但琉璃阁遗址的地位渐趋重要，到殷墟时期孟庄商城基本废弃，而琉璃阁遗址成为整个聚落群的中心，同时褚丘遗址也变得非常重要。虽然发掘资料仅能推定共城为战国时期，但城内发现的西周、春秋时期的遗迹、遗物，以及琉璃阁的春秋大墓，都引导我们推断西周至春秋时期的中心聚落就在共城或其附近。结合汉代以后的县城所在，以及太行山下的薄壁等地，似可断言晚商时期聚落群的格局一直保持到近代。

六、结　语

河南省新乡市辉县的孟门在东周时期是一个非常重要的地理要点，是晋、魏东出太行的重要山口。黄河之上的孟门之名是从辉县的孟门搬过去的,是东周时期将大禹疆域扩大化之后的产物。

鉴于孟门与白陉的密切关系,吴起所说殷纣之国的"右漳滏"也应当与滏口陉关系密切。吴起提到殷纣之国的左右前后时,是在谈交通、论军事。在吴起的心目中,孟门与漳滏是晚商时期两个最重要的通往山西的交通要道,分别位于都城的西南和西北。孟门在东周时期的重要地位,与当时晋国崛起于山西并东出太行进行发展有关。遍观历史,似乎只有八路军东出太行之势与其比较接近。只是吴起对魏王所讲的"殷纣之国"的军事地理,显然是用东周的形势论晚商之势,不能完全理解为真正的历史。

自古以来,太行山东麓就是南北交通的主要干道。在这条交通线上,与东西向交通路线相交的地方最有可能首先得到发展。这些地方是当时的十字路口,与现代交通中的郑州、武汉相似。本文所论孟门聚落群的交通地位,对于正确理解太行山下各个聚落群的形成和地位具有重要的启发意义。

注　释

[1] 徐旭生:《中国古史的传说时代》(增订本),文物出版社,1985年,128~162页。

[2] 张立东:《孟门传说考略》,《河南师范大学学报》1994年第3期。

[3] 申文、张自强、明永华:《新乡市王门夏商时期文化遗址》,《中国考古学年鉴·2016》,中国社会科学出版社,2017,第304页。侯卫东:《新乡市凤泉区王门夏商周时期遗址》,《中国考古学年鉴·2017》,中国社会科学出版社,2018,第316、317页。

[4] 李慧萍:《河南大学与新乡市文物考古研究所联合考古队辉县褚邱遗址发掘正式启动》,《遗产与保护研究》2018年第9期。

[5] 杜预:《春秋左传集解》,上海古籍出版社,1978年,第999页。

[6] 谭其骧主编:《中国历史地图集(第二、三册)》,中国地图出版社,1982年。

[7] (清)高士奇:《春秋地名考略》,《钦定四库全书》卷五,第10页。

[8] (唐)徐坚等:《初学记》,中华书局,1962年,第172页。

[9] (清)胡渭:《禹贡锥指》,上海古籍出版社,2006年,第351页。

[10] 张立东:《〈容成氏〉夏都"中庭"释论》,《华夏考古》2017年第1期。

[11] 何建章:《战国策注释》,中华书局,1990年,第813页。

[12] 田涛:《谈朝歌为殷纣帝都》,《全国商史学术讨论会论文集》,《殷都学刊》1985年增刊,第160~164页;王健:《帝辛后期迁都朝歌殷墟试探》,《郑州大学学报(哲学社会科学版)》1988年第2期。

[13] 张玉石:《淇县朝歌故城》,《20世纪河南考古发现与研究》,中州古籍出版社,1997年,第438页。夏商周断代工程朝歌遗址调查组:《1998年鹤壁市、淇县晚商遗址考古调查报告》,《华夏

考古》2006年第1期。

[14] 杨伯峻:《春秋左传注》,中华书局,1990年,第1077页。

[15] 史念海:《春秋以前的交通道路》,《中国历史地理论丛》,1990年;杨升南:《卜辞中所见诸侯对商王室的臣属关系》,《甲骨文与殷商史》,上海古籍出版社,1983年,第141页。

[16] 谭其骧主编:《中国历史地图集(第二、三册)》,中国地图出版社,1982年。

[17] (汉)司马迁:《史记》,中华书局,1982年,第2166、2167页。

[18] 黄盛璋:《利毁的作者身分、地理与历史问题》,《历史地理与考古论丛》,齐鲁书社,1982年,第163页。

[19] 宋镇豪:《商代的王畿、四土与四至》,《南方文物》1994年1期,第57页。

[20] 《国语》,上海古籍出版社,1988年,第376、377页。

[21] 邬国义、胡果文、李晓路:《国语译注》,上海古籍出版社,1994年,第332页。

[22] 王利器:《风俗通义校注》,中华书局,1981年,第1240页。

[23] 杨伯峻:《春秋左传注》,中华书局,1990年,第435、436页。

[24] 王利器:《吕氏春秋注疏》,巴蜀书社,2002年,第1235~1240页。

[25] (唐)李吉甫:《元和郡县图志》,中华书局,1983年,第462页。

[26] 王利器:《吕氏春秋注疏》,巴蜀书社,2002,第2672~2677页。

[27] 杨守敬、熊会贞:《水经注校》,江苏古籍出版社,1989年,第281、282页。

[28] (清)胡渭:《禹贡锥指》,上海古籍出版社,2006年,第23页,图十九。

[29] 段木干主编:《中外地名大辞典》,人文出版社,1981年,第1755页。

[30] (清)胡渭:《禹贡锥指》,上海古籍出版社,2006年,第23、24页。

[31] 徐旭生:《中国古史的传说时代》,文物出版社,1985年,第135、136页。

[32] 杨伯峻:《孟子译注》,中华书局,1960年,第295页。

[33] (清)孙诒让校注:《墨子间诂》,中华书局,2001年,第108页。

[34] 徐旭生:《中国古史的传说时代》(增订本),文物出版社,1985年,第156页;张立东:《山西夏都考辨》,《考古求知集:96考古研究所中青年学术讨论会文集》,中国社会科学出版社,1997年,第273~285页。

[35] 徐旭生:《中国古史的传说时代》(增订本),文物出版社,1985年,第156~158页。

[36] (唐)李吉甫:《元和郡县图志》,中华书局,1983年,第444页。

[37] (清)胡渭:《禹贡锥指》,上海古籍出版社,2006年,第24、351页。

[38] 钱穆:《史记地名考》,商务印书馆,2001年,第294页。

[39] 段木干:《中外地名大辞典》,人文出版社,1981年,第1755页。

[40] 辞海编辑委员会编:《辞海》,上海辞书出版社,1980年,第1759页。

[41] 《中国历史大辞典·历史地理卷》编纂委员会编:《中国历史大辞典·历史地理卷》,上海辞书出版社,1996年,第581、582页。

[42] 哈雷:《太行古道——千年留痕路沧桑》,《中国国家地理》2011年第5期。

[43] 彭邦炯：《商史探微》，重庆出版社，1988年，第177页。

[44] 范晓：《太行八陉是连接华北平原和山西高原的古代"国道"》，《中国国家地理》2011年第5期。

[45] 河南省文物考古研究所：《辉县孟庄》，中州古籍出版社，2003年，第87、375、381页；袁广阔：《孟庄龙山文化遗存研究》，《考古》2000年第3期。

[46] 张应桥、徐昭峰：《试论辉县孟庄二里头文化时期城址的性质》，《中国历史文物》2008年第1期。

[47] 段天璟：《二里头文化时期的中国》，社会科学文献出版社，2014，第161~167、381~383页，蒋刚：《文化演进与互动：太行山两翼夏商西周时期青铜文化研究》，科学出版社，2017年，第58、62页。李宏飞：《试论商式联裆鬲》，《文物》2018年第7期。

[48] 袁广阔：《二里头文化与辉卫文化的关系》，《夏商都邑与文化（一）》，中国社会科学出版社，2014年，第241页。

[49] 河南省文物考古研究所：《辉县孟庄》，中州古籍出版社，2003年，第241页。

[50] 例如秦小丽：《豫北地区二里头时代的地域间关系：以陶器资料分析为中心》，《华夏考古》2008年第1期。下面的两种通论著作中均未提及孟庄商城，显然是接受了发掘者的说法。井中伟、王立新：《夏商周考古学》，科学出版社，2013年，第74~101页；许宏：《先秦城邑考古》，西苑出版社，2017年，第177、178页。

[51] 许宏：《先秦城市考古学研究》，北京燕山出版社，2000年，第65页；中国社会科学院考古研究所：《中国考古学·夏商卷》，中国社会科学出版社，2003年，第231页。

[52] 侯卫东、张玲：《论辉县孟庄商城的年代》，《江汉考古》2020年第1期。

[53] 中国科学院考古研究所：《辉县发掘报告》，科学出版社，1956年，第3~68页。

[54] 张新斌：《辉县商代文化遗存的初步研究》，《华夏考古》1994年第1期。

[55] 李伟珍：《太行山东南麓商代青铜容器研究》，河南大学硕士学位论文，2020年。

[56] 李静：《豫北地区早商文化研究》，河南大学硕士学位论文，2020年。

[57] 王炜、孙科科认为孟庄遗址在殷墟时期又得到修补和利用，见《共城三题》，《中国国家博物馆馆刊》2019年第4期。

[58] 常怀颖：《略谈晚商太行山南麓及临近地区的铜器墓》，《中原文物》2020年第4期。

[59] 贺惠陆、宁卫玲：《白陉考辨》，《华夏地理》2016年第8期。

[60] （清）吴卓信：《汉书地理志补注》，清道光二十八年包慎言刻本，第八卷第七页背面。

[61] 李学勤：《东周与秦代文明》，文物出版社，1984年，第71、72页；朱凤瀚：《古代中国青铜器》，南开大学出版社，1995年，第875、878页；李宏：《辉县琉璃阁墓地国别族属考》，《中原文物》2008年第3期。

[62] 俞伟超、高明：《周代用鼎制度研究》，《北京大学学报（哲学社会科学版）》1978年第1、2期，1979年第1期；宋玲平：《晋系墓葬制度研究》，科学出版社，2007年，第17~20页；刘绪：《晋乎？卫乎？——琉璃阁大墓的国属》，《中原文物》2008年第3期。

[63] 王震：《辉县琉璃阁墓地的年代及性质新论》，《考古》2019年第11期。

[64] 崔墨林：《共城考察》，《中原文物》1983年特刊；李京华：《辉县市共城战国冶铁遗址》，《中

国考古学年鉴1990》，文物出版社，1991年，第253页；新乡市文管会、辉县市博物馆：《河南辉县市古共城战国铸铁遗址发掘简报》，《华夏考古》1996年第1期。

［65］新乡市文物考古研究所、辉县市文物局：《河南辉县市古共城南城墙发掘简报》，《华夏考古》2010年第2期。

［66］申文：《战国时代魏国发展进程的考古学观察》，郑州大学硕士学位论文，2012年。

［67］张新斌：《辉县固围村战国墓国别问题讨论》，《中原文物》1994年第2期。

辉县地区战国文化遗存初探

王 政

（新乡市文物考古研究所　新乡　453000）

摘　要：辉县是中华人民共和国第一次进行科学考古发掘的所在地，《辉县发掘报告》是中华人民共和国成立后第一部考古报告。考古资料表明，辉县地区存在大量战国墓地、城址、长城等遗迹，出土了大量有价值的遗物。史料也反映了共城是河内地区的军事、经济、政治重镇。以上都说明战国时期辉县是一处位置极其重要，人口十分密集，生产力水平较高的地区。开展辉县战国文化研究对三晋文化和先秦历史具有重要的研究价值。

关键词：辉县；共城；魏王墓；战国时期

辉县市北依太行，南临卫水，其历史文化悠久，境内现有全国重点文物保护单位6处，省级文物保护单位18处，市县级文物保护单位37处。中华人民共和国成立后，中国社会科学院考古研究所第一次大型考古发掘就是在辉县开始的，并出版了有《辉县发掘报告》。辉县历史悠久，远古时期为共工氏部族居地。夏属冀州之域，殷商系畿内地，周称凡国、共国。春秋属卫，战国属魏。战国时期的文化遗迹十分丰富，现就经过调查和发掘的辉县的战国遗迹进行介绍。

一、战国城址与长城

辉县现存战国城址共三座，分别为共城、攒城、凡城，另外与卫辉、林县交界处有长城一道。

（一）共城城址

西周初年，周武王分封诸侯，共国及其都城始建于此，之后各代一直沿用，多有修补。城址地处南太行东端南麓，西北连苏门山，北枕九山，东北为方山，东为共山。城址西侧有百泉河，东邻五里河（东石河上游）。省级公路新辉路从其东北两侧经过。

其西北 2.5 千米处为全国重点文物保护单位百泉。城址为北纬 35°27′22.1″ ~ 35°28′14″，东经 113°47′45.5″ ~ 113°48′26.8″，海拔 93 ~ 105 米，位于河南省辉县市城区内，地跨城内、城后、东关、吕巷等村。

共城呈方形，据实测，西墙长 1300 米，北墙长 1200 米，南墙长 1200 米，东墙沿东石河南行长 1300 米，城围长 5000 米，共城总面积约 156 万平方米。

其中东城墙断续存在，现存宽度 60 ~ 70 米，东城墙中部约 70 余米长部分因季节性河流在此交汇冲刷，此部分城墙墙体及地表以下的基槽部分被损毁不存，另有 350 米在城市建筑设过程中逐渐消失。东城墙南段于 2014 年改造为遗址公园。

北城墙残存东西两端，现存宽约 50 米，中部（390 米）因设立制药厂及家属院，大部分消失无存。

西城墙仅残存北段 300 余米，宽约 50 米；西北角被改造为共城公园，保存最为完好，西城墙中段及南段现已全部被民居覆盖。

南城墙残存东段 380 余米，宽 30 ~ 60 米。南城墙因修建文昌大道全部损毁。

在三个城角外及部分地区还残留护城河遗迹。

（二）攒城城址

攒城城址位于辉县市占城镇，根据文献记载以及后代考证，占城应为赞城，古为攒城，为西周封国苏国属邑。战国时属魏。

古攒城城墙现已被破坏。城址被掩埋在现在的占城村地下。占城村北有数道高围大堤，为预防山洪所修筑。城址范围内遗物分布很少。

（三）凡城城址

凡城城址位于辉县市北云门镇前后凡城村，距离辉县市城区 10 千米，东南与新乡市凤泉区大块镇秀才庄村相邻，北与姬家寨村交接，前后凡城两村现已连成一片。前凡城村北有一条南北向水泥路，将城址分为东西两部分。城址所在地现在为农田，四周种有防护林。遗址西半部分现残存有近现代陶窑一座，受陶窑取土烧砖影响，遗址西半部南侧高度有所降低。遗址西北部为河南省煤化工集团赵固二矿，遗址在开采沉降影响的范围内。

凡城遗址平面上基本呈方形，边长约 600 米，城墙已不见，现城址台地保存，较四周高约 2 米。台地四边隐约可见城垣残存痕迹。城址范围内散落大量的陶片、砖瓦等文化遗物。凡城城址现基本全部为农田，相对其他几座城邑来说保存状况最佳，这就为以后的工作奠定了良好的基础。

（四）长城遗址

辉县的长城位于辉县张村乡和卫辉大池山乡交接的山岭上，基本走向是西北转正北。该段长城自张村乡杨吕村东的郭坡北部出现断续，延伸至麦窖后消失，又从麦窖西出现，延伸至小青叶，到达坡根附近，在从坡根西北的山脉开始向北延伸，到达六道冲北向西北转向，到榆树岭西边山脊向正北延伸。过大柳西到好汉坡，从好汉坡向北偏东到东西谷水、桑园和涧水凹。涧水凹再向西北到双山岭。双山岭向北到虎蹄郊处被沧河打断。之后，长城从沧河北岸的土池东侧的河谷处向西北延伸至三县交界点秦王恼，再向西到林州关岭南，过秦王井、郜家庄、大西凹到石圪节沟，转向北偏西到小池岭，再向北偏东到大水郊、南牛叫泉，再转北偏西向到东峪村北的山头，与鹿岭隔河相望。之后，长城从鹿岭村西北向孟泉沟，再向西到波兰掌西侧山岭，被淇河截断，又从岸边李家沟西北到南岭、向北到横岭西，在东坡被山谷隔开，在山谷对面继续延伸至蒿地掌，后进入林州境内。

长城大部分墙体修筑在山脉的山脊，海拔在400~900米。整体来讲长城延续性较好，在山形山势的影响下有消失的部分，但基本走势比较清晰。长城墙基宽2~3米，部分长城段墙高半米以上。好汉坡处发现墙体最高处有1.7米，近一人高。鹿岭关发现一处战国障塞遗址，发现灰坑一座，采集到大量板瓦、筒瓦等建筑材料遗存。张村乡麦窖村发现战国墓群，采集到豆柄等遗物。

二、战国墓地

辉县地区存在的战国墓葬主要有五处，分别为琉璃阁墓地、固村墓地、赵固墓地、南宿墓地、要街墓地。

（一）琉璃阁墓地

琉璃阁墓地位于辉县市城区东南，现西邻文昌阁广场，东临辉县市文昌高级中学，北邻文昌路，南邻东新庄村。现琉璃阁墓地范围内已种植防护林带，四十余亩[①]。墓地范围内可见近期被翻动过的土地，其保护状况令人担忧。墓地那边为城市新兴村庄，村北紧邻墓地尚保留有不多土地，大概二十余亩。

琉璃阁墓地分布墓葬主要为战国墓，中央研究院史语所、中科院考古所分别于1935~1937年，1950年、1951年多次发掘，发现一批重要的春秋战国墓葬及随葬品，

---

① 1亩≈666.7平方米。

其中以琉璃阁甲、乙两座墓葬最为著名。发掘成果已发表于《辉县发掘报告》和《山虎镇与琉璃阁》。

1935年冬12月，当时的中央研究所史语所郭宝钧率队在琉璃阁外东南150余米处发现几座汉墓，由于天寒地冻，土酥易裂，墓壁坍塌，故工作草草中断。

1936年9~11月，河南省博物馆在琉璃阁东墓地之东北角发现甲、乙两座大墓。甲墓坐东向西，长方竖穴。东西长约11米，南北宽10.3米，深约11米余。墓底无棺痕，以柏木为椁。出土随葬乐器有编镈4件、甬式编钟8件、复纽编钟9件、单纽编钟9件、石磬11件，随葬礼器包括鼎、簠、鬲、簋等共计66件，兵器包括戈8件、矛9件、斧4件、剑2件、镞417件等，车马器183件，玉器有玉佩两组。乙墓在甲墓北3~4米处，与甲墓整齐并列，墓口长约9.1米，宽约7.6米，深约11米余。也是柏木为椁。出土青铜器包括鼎5件、簠5件、鬲4件、甑1组、簋4件、簠4件、豆1件、方壶1件、洗2件、盘1件、匜1件、舟2件及玉器等。

1937年春，中央研究院史语所由郭宝钧率队发掘了战国大墓5座、普通墓44座，汉墓及后代墓20余座，出土文物数千件。

1950年秋，中国科学院考古所由郭宝钧率队进行发掘，此次发掘在黄家坟一带发掘殷代灰坑4个、殷墓53座，在琉璃阁以东的东西长约600、南北长约400米的地带内发掘战国墓葬27座、战国车马坑1座，其他的还有汉墓17座，后代墓葬11座。出土相当数量的殷代陶器、石器、骨牙器、卜骨、卜甲；战国大量成组随葬陶器，相当数量的青铜兵器，少量青铜礼器、车马器、服饰器等以及石器、玉器、骨器、蚌器、铁器等。大量汉代陶器、铜钱、铁器。

（二）固村墓地

固村墓地位于辉县市东约3千米，其西边1千米为固村。墓地广袤约600米，东、北、南三面皆为断崖古路，中心隆起为平台式高地，东西宽150米，南北长135米，大致为长方形。墓地西面现紧邻孟电大道（南至新辉路孟庄镇，北至常村镇）。其南边1千米为毡匠屯。1950年10月至1951年1月，中国科学院考古研究所郭宝钧先生曾率队在此发掘了6座墓葬，其中除4号墓为宋墓外，其余4座均属战国时期。其中1、2、3号三座大墓尤为重要，墓葬结构复杂特殊，并出土大量珍贵文物。2006年，重庆市文物考古研究所曾配合南水北调工程，在南边的毡匠屯进行考古发掘，发现了一些汉墓。

据《辉县调查报告》，墓地北边2千米为方山（太行支脉），东约5千米为黄花山（土山丘），西望苏门山。现除北边方山被开山破坏外，其他都还存在。据报告，此平台式高地，四边断崖，高出2米余。现经20世纪70年代平整土地后，已削减仅剩1米余。墓地台地上现种植杨树，进行绿化。台地西边紧邻公路，东、南、北三面为农地，种植小麦。

在1956年出版的《辉县发掘报告》上，称此地为固围村，但是此次经实地调查，发现此地过去从未被叫过固围村，过去叫固圉村。考虑到繁体字"圍"与"圉"形近相似，怀疑当年报告有误。

在现场地表还能采集到一些陶片，包含物不是太多。在台地中间现仍有一圆形高土堆，直径约5米，高4米，上立有一水泥牌，看不清上面是否有标识或文字。高土堆东南3米开外有一长1、宽0.5、深约4米的盗洞。根据土质干裂情况来看，该盗洞至少应为一年前所为。

（三）赵固墓地

赵固镇位于辉县市西南15千米处，西倚太行，南临峨河，地势平坦，川流交错。是辉县至获嘉、新乡至薄壁两条要道的交叉点。其向北经辉县、淇县可达安阳殷墟，向西经太行径、陵川可达长治（古之上党），向南可经获嘉、孟县（今孟州市）渡河至孟津抵洛阳，向东经新乡、封丘可至大梁（今开封市）。地理交通位置极其重要。

赵固墓地于20世纪20年代被发现，当时村民在村西治麦场，掘土发现了鼎彝之器，但是他们并不清楚其重要价值，也并未重视。至1930年，豫北盗墓风炽，辉县城郊罗掘已遍，一部分盗者赴赵固查探，幸好被村民驱逐，墓地未遭破坏。但是赵固地下多有古物之讯息却随之四处传播开来。1951年底，中科院考古研究所的郭宝钧先生率队来到这里进行发掘，发现了战国墓7座，新石器时代灰坑3个。出土了大量珍贵文物。

在1956年出版的《辉县发掘报告》上，在村西兴福寺遗基处发现M1、M5~M7，其中尤以M1形制最为完整，出土文物最多，意义最为重要。在赵固村北找到了现年78岁的郭致富老人，他当年曾跟随郭宝钧先生参与了发掘工作。经他指引，我们顺利地找到了当年的发掘地点。现在的兴福寺遗址处已于20世纪60年代建起一座粮库，为河南省粮食储备库辉县市第0619号库，隶属于辉县市粮食局。该粮库内东南部有一明显的高丘，高出地面4米多，现已被水泥覆盖，高丘上建有库房数座，高丘正中为一空阔场地。据郭致富老人回忆，1951年本村人王全信（已故）在收麦前平地时挖出一个三足的圆鼎，被郭宝钧得知，所以才来这里发掘。郭宝钧曾探明在高丘下面还有两座商代大墓，但是由于工期紧促，而商墓埋藏很深，未能发掘，现仍深藏于地下。

在村北地的田间尚能捡到零星绳纹陶片。村北现为麦田。以前曾有人在这里取土建窑烧砖。整体情况并未遭到破坏。

（四）南宿墓地

南宿墓地位于辉县市吴村镇南宿村东，墓地分布面积25万平方米。时代为战国，海拔 102 米。早在 20 世纪七八十年代这里建有砖场，在取土过程中常有墓葬发现，墓葬形式多为长方形竖穴土坑墓，也有一少部竖穴土洞墓。墓室底部多有鹅卵石块和沙土堆砌。出土有铜鼎、铜剑、铜镞、车饰、陶罐及贝币。2013 年，新乡市文物考古研究所发掘战国墓葬 13 座，均为竖穴土坑墓，出土有陶壶、陶匜、陶豆、陶盘和铜带钩等。

（五）要街墓地

要街墓地位于辉县与林县交界之地，鹿岭北部山半坡的一片较平的土台上，山之西北即太行山，山脚下紧邻淇河，河水由西北向东南流入卫河。1958 年农民取土时发现墓葬，随即河南省文物工作队进行了清理。墓室为竖穴土坑，人骨仰身屈肢，腰下有长方形腰坑。出土器物有陶鼎、陶豆、陶鬲、陶盆、陶狗，时代为春秋和战国时期。要街墓地说明在辉县北部山区有东周时期的遗存分布，或许与要街紧邻的战国长城有一定的联系。

三、战国时期辉县地区形势分析

辉县，古代名共，先秦时属河内地区。《战国策·秦策》云："王又举甲兵而攻魏，杜大梁之门，举河内。"[1]《史记正义》言："（河内）即怀州。在河南之北、西河之东、东河之西。"[2] 所以，古代河内地区应是在太行山与黄河的夹角处，即今焦作市、新乡市西部（获嘉、新乡、辉县、卫辉）、鹤壁市和安阳市。该区域为古代著名的交通孔道，"由黄河岸上的温、积，或其东的濮阳直达于北部的燕国（蓟）。由温、积南行，渡河至于洛阳。西行越王屋山，而抵于现在山西西南部为当时所谓的河东。该区域西南部商周时为有苏氏和温苏族国，周襄王二年（前 650 年）被狄人所灭，晋文公利用替周襄王复国之机，争霸中原，襄王十七年（前 635 年）晋国正式取得了对河内地区的控制权。

战国时，河内地区大多为魏国占有。《盐铁论·通有》载："魏之温、积，……富冠海内，皆为天下名都。"[3]《括地志》卷二载："故温城在怀州温县西三十里。"[4] 今温县西南招贤、上宛、安乐寨仍保留有古温城遗址。《括地志》卷二又载："故积城在怀州济源县东南十三里，七国时魏邑。"今济源市东南 5 千米有积城镇，周围的粗城城垣保存完好，面积达 325 万余平方米。《史记·魏世家》言，安厘王九年（前 268 年），"秦拔我怀。……十一年，秦拔我郭（邢）丘"[5]。《史记·秦本纪》云，昭襄王四十一年（前 266 年）"攻魏，取邢丘、怀"。《括地志》卷二云："故怀城在怀州武陟县西十一里。"今武陟县西南阳城乡东张村东北 300 米，仍保存有长 400 米的怀城残迹。《史记正义》言："邢丘在怀州武德县东南二十里，平皋故城是也。"[6] 今温县东 10 千米的北平皋村东北仍有邢丘古城遗迹，周长 4000 余米，在城内还发现有东周时期的"邢公"陶盆和豆。《战国策·赵策》:"秦攻魏,取宁邑。"[7]《括地志》卷二云:"怀州修武县本殷之宁邑。"[8]《韩诗外传》云:"武王伐殷,勒兵于宁,故曰修武。"[9]宁城即今修武县城,或在其附近。《史记·秦本纪》秦庄襄王三年(前247年),"蒙骜攻魏高都、汲,拔之"[10]。汲在今卫辉市西南的汲城村。《史记·魏世家》魏文侯二十九年(前419年),"任西门豹守邺,而河内称治"[11]。《史记·滑稽列传》亦云:"魏文侯时,西门豹为邺令。"[12]《史记·沟洫志》并言,到魏襄王时(前318~前296年)史起为邺令,对当地进行了卓有成效的治理。此邺在今河北临漳西南17.5千米。以上情况反映了魏国在河内地区具有极强的实力,所以《史记·穰侯列传》云:"拔魏之河内,取城大小六十余。"[13]

《战国策·赵策》谈及战国晚期"赵地方二千里,……西有常山,南有河漳,东有清河,北有燕国"。又云:"今赵万乘之强国也。前漳、滏,右常山,左河间,北有代,带甲百万。"即赵以今冀、豫二省交界的古漳水作为自己的南界。关于魏国疆界,《史记·苏秦列传》言:"大王之地,南有鸿沟……西有长城之界,一比有河外,卷、衍、酸枣,地方千里。"[14]《战国策·魏策》亦云:"大王之地。南有鸿沟,……西有长城之界,北有河外,卷、衍、燕、酸枣,岌方千里。"辉县北部的有长城,根据相关遗迹推测应该为赵国和魏国的边界,虽然修建国属仍有不同意见,但是辉县大部分地区应属于魏国是没有争议的。

四、相关思考

通过以上分析,结合古文献记载,可以确定战国时期辉县地区的文化遗存十分丰富。大量战国墓地、城址、长城的出现说明当时辉县是一处位置极其重要,人口十分密集,生产力水平较高的地区。共城是魏国在河内地区的军事、经济、政治重镇。

琉璃阁墓地大墓墓主人拥有5~7件列鼎,显然是魏国高级贵族。其地紧邻共城城址,墓主人与共城必然有着莫大联系。固村墓地距离共城城址也不过3千米而已,这么近的距离也决定了固村墓地大墓的主人与共城也必然有着某种联系。但固村大墓的形制与规格要远远高于琉璃阁战国墓葬,其规模与近些年在新郑胡庄发现的韩王陵相当,如此大规模、高规格的墓葬极可能是魏王陵。辉县出土大量高规格魏国墓葬确实令人疑惑。魏国东迁大梁后,其宗庙并未记载迁移大梁。东迁之后的魏国贵族墓葬集中在共城、汲城附近发现,说明了辉卫之地对于魏国的重要性,不排除辉县地区是魏国的宗庙之地的可能性。此外,战国长城的出现,证明了上党地区与共城之间有着一定的交通联系,是否这种联系使得共城具备了独一无二的重要性——即联系上党地区与河内地区的重要枢纽,还需深入探讨。

注　释

[1] 杨宽：《战国史料编年辑证·下》，上海人民出版社，2016年。

[2] 李学勤主编：《十三经注疏·史记正义·上》，北京大学出版社，1999年。

[3] 饶宗颐名誉主编，赵善轩导读，赵善轩、耿佳佳译注：《盐铁论》，中信出版社，2014年。

[4] 孙星衍辑：《括地志·第2卷》，中华书局，1991年。

[5] （汉）司马迁：《史记会注考证·7·卷39·晋世家第9·卷44·魏世家第14》，新世界出版社，2009年。

[6] （汉）司马迁：《史记会注考证·7·卷39·晋世家第9·卷44·魏世家第14》，新世界出版社，2009年。

[7] 缪文远、罗永莲、缪伟译注：《战国策》，中华书局，2006年。

[8] 孙星衍辑：《括地志·第1卷》，中华书局，1991年。

[9] （汉）韩婴撰、许维遹校释：《韩诗外传集释》，中华书局，1980年。

[10] （汉）司马迁：《史记会注考证·1·史记索隐序·卷5·秦本纪第5》，新世界出版社，2009年。

[11] （汉）司马迁：《史记会注考证·7·卷39·晋世家第9·卷44·魏世家第14》，新世界出版社，2009年。

[12] （汉）司马迁：《史记·列传·卷1》，三秦出版社，2008年。

[13] （汉）司马迁：《史记》，中华书局，2011年。

[14] （汉）司马迁：《史记》，岳麓书社，2002年。

论辉县孟庄商城的年代

侯卫东[1] 张 玲[2]

（1. 河南大学黄河文明与可持续发展研究中心 开封 475001；
2. 吉林大学边疆考古研究中心 长春 130015）

摘 要：辉县孟庄商城为10余万平方米的小型城邑，平面近长方形，其二里岗文化遗迹遗物丰富。本文根据《辉县孟庄》发掘报告，比较了遗址房基、水井、灰沟、灰坑、墓葬等五类遗迹在各时期的分布情况，认为孟庄商城在二里岗下层二期已经作为城邑被二里岗文化的精英使用，在二里岗上层一期、二期持续使用，殷墟时期则失去了城邑的功能和地位。

关键词：孟庄商城；年代；二里岗时期

一、问题的提出

辉县孟庄遗址位于太行山东南麓及其支脉凤凰山南侧山脚下，古黄河从其东南约30千米处流过（图一）。辉县孟庄遗址发现有多个时期的古文化遗存，最引人注目的是发现了龙山文化时期至商代的城邑[1]，在夏商考古领域具有重要学术地位。

二里头文化时期，偃师二里头都邑主导中原腹地，辉县孟庄城邑所属的辉卫文化西南邻近二里头都邑及其王畿地区，向西可与东下冯文化沟通，东方与岳石文化为邻，北方与下七垣文化（以漳河型文化为主体）相接，呈现出多元文化因素[2]。辉县孟庄遗址的特殊地理位置、多元文化面貌引起学术界的广泛关注。张应桥、徐昭峰先生对辉县孟庄辉卫文化城邑进行了分析，认为是商人先公"八迁之地中的某一地，应该是商某先公所建之都"[3]。袁广阔近年认为辉县孟庄遗址二里头文化时期遗存属于辉卫文化，是二里头文化代表的夏王朝之与国[4]。总之，辉县孟庄辉卫文化城邑无疑是二里头文化晚期太行山东南麓腹地的一个区域中心，与二里头文化和下七垣文化（以漳河型文化为主体）都具有密切关系。

二里岗文化时期，郑州商城取代二里头都邑开始主导中原腹地，辉县孟庄地处郑州商城及其王畿北侧，位于郑州商城向北沟通太行山东麓的交通要道上。学界把目光集中到了辉县孟庄龙山文化和二里头文化时期的城邑上，对二里岗文化时期遗存则缺乏足够的关注，研究深度和广度明显不足。袁广阔认为辉县孟庄二里头时期城邑受到北部漳河系（下七垣文化）势力的破坏，在二里岗文化时期不再使用城邑，仅是一个重要的聚落[5]。秦小丽认为漳河系（下七垣文化）势力的入侵，导致作为伊洛系（二里头文化）势力前线基地的孟庄失去了应有的作用，演变为一般聚落[6]。

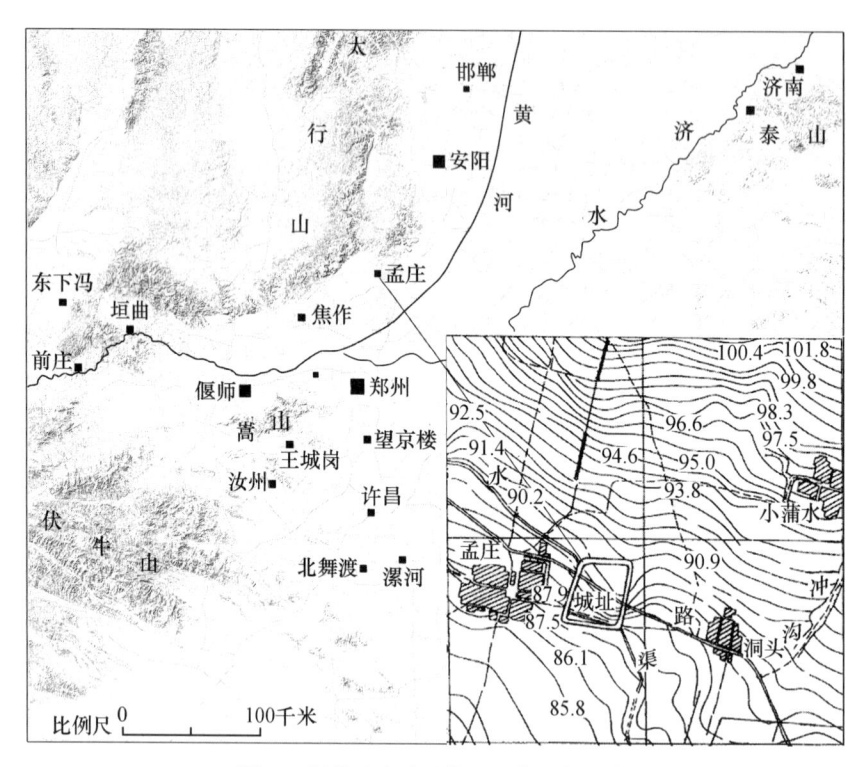

图一 辉县孟庄遗址的地理位置与环境

（图中标注的是商代城邑或二里岗时期青铜器出土地点；右下方孟庄城址及周围地理环境示意图
引自河南省文物考古研究所编：《辉县孟庄》，中州古籍出版社，2003年，图二）

辉县孟庄二里岗时期的遗迹和遗物都比二里头时期（辉卫文化）丰富，更比殷墟时期丰富，还有代表权力和贵族身份的青铜器，说明其在二里岗时期的地位非常重要。辉县孟庄在二里岗时期是否存在城邑，对认识太行山东南麓商代早期的文化和政治格局具有重要意义，本文试对孟庄商城的年代重新进行探讨。

二、孟庄商城的年代

辉卫文化城墙之上、二里岗文化时期遗迹（ⅩⅢT128H77）上面发现夯筑坚实的夯土（夯土1）（图二），此类夯土被西周时期遗迹打破，发掘报告结合城内殷墟文化时期遗迹较多的现象，认为城墙是殷墟时期在二里头时期（辉卫文化）城址基础上修筑的[7]。发掘报告提及夯土1包含少量二里岗时期泥质灰陶片[8]，并将此类夯土的修筑年代上限定在二里岗时期，不过未发现修筑年代为殷墟时期的直接证据，具体修筑和使用年代还需要论证。东城墙中南部ⅩT51内夯土下面紧贴龙山时期城墙外有一个椭圆形坑ⅩT51H18，埋一头完整的猪骨架，发掘报告推测为商代再次建城墙时的奠基遗存，但没有相关遗物的年代信息[9]。

夯土1打破了ⅩⅢT128H77，ⅩⅢT128H77出土陶鬲ⅩⅢT128H77：21的特征介于二里岗时期C1H9、C1H17出土器物之间，大口尊ⅩⅢT128H77：15与捏口罐ⅩⅢT128H77：2、ⅩⅢT128H77：22的特征与本地辉卫文化晚期器物接近[10]（图三）。ⅩⅢT128H77是辉县孟庄遗址二里岗文化第一期的代表，年代相当于二里岗下层一期、二期之际，也是夯土1修筑的年代上限，因此夯土1修筑之后的城墙年代应在二里岗下层二期至殷墟时期之间。

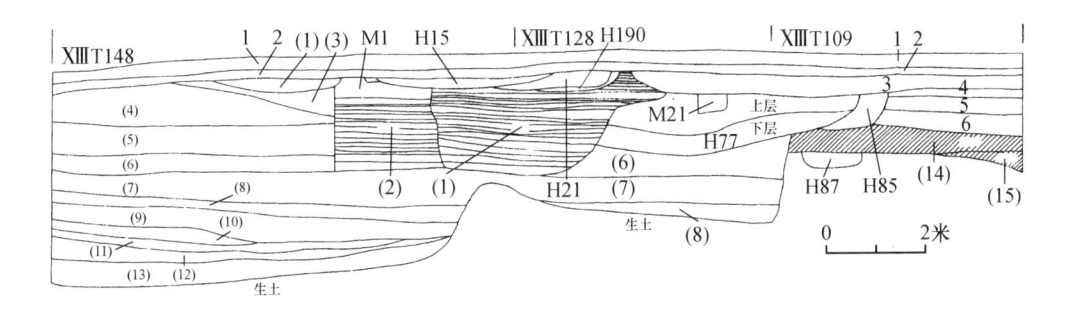

图二　ⅩⅢT109、ⅩⅢT128、ⅩⅢT148东壁地层剖面图
1~6地层　（1）夯土1　（2）夯土2　（3）~（13）辉卫型文化早期夯土　（14）、（15）龙山文化夯土

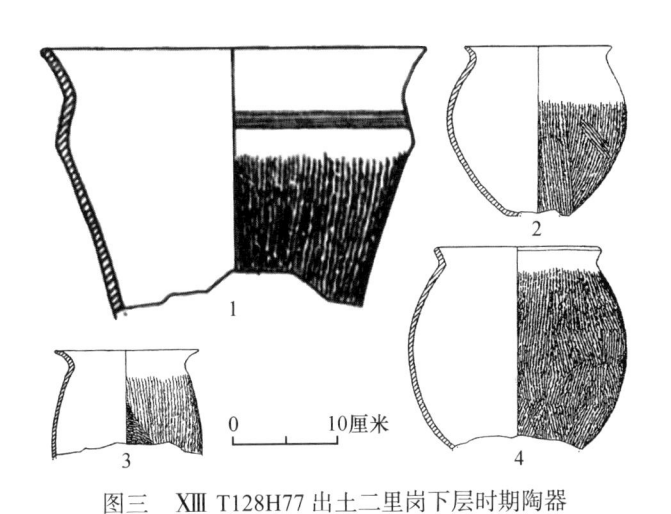

图三　ⅩⅢT128H77出土二里岗下层时期陶器
1.大口尊（ⅩⅢT128H77：15）　2、4.捏口罐（ⅩⅢT128H77：22、ⅩⅢT128H77：2）
3.陶鬲（ⅩⅢT128H77：21）

孟庄城邑包括城垣、护城河、房子、道路、窖穴、给排水设施、垃圾坑、墓葬等一系列遗迹遗物。比较辉卫文化、二里岗文化及殷墟文化内涵，可为考察孟庄城邑的兴衰、判断孟庄商城的修筑和使用年代提供重要证据。根据孟庄发掘报告提供的材料，本文分别从房基、水井、灰沟、灰坑、墓葬等五类遗迹的分布情况进行比较，讨论孟庄遗址在辉卫文化、二里岗文化、殷墟文化等三个阶段的发展变迁。

（一）房基

二里岗文化房基分布区域最广，大部分与辉卫文化房基分布区域相同，且有少量增加，有明显承袭关系。殷墟文化时期房基数量骤降，分布区域变小（表一）。

表一　辉县孟庄遗址房基分布情况

文化类型	VIII区	X区	XIII区	XX区	XXI区
辉卫文化	2	1	1	2	
二里岗文化	2	2	1	2	1
殷墟文化				1	

（二）水井

二里岗文化水井数量最多且分布范围最广，殷墟文化水井的分布区域和数量都明显减少（表二）。

表二　辉县孟庄遗址水井分布情况

文化类型	VIII区	XX区	I区
辉卫文化		1	
二里岗文化	5	4	3
殷墟文化	2		

（三）灰沟

二里岗文化灰沟主要分布在VIII区且数量增加，殷墟文化灰沟最少（表三）。

表三　辉县孟庄遗址灰沟分布情况

文化类型	XIII区	X区	VIII区
辉卫文化	3		
二里岗文化		1	4
殷墟文化	1		

（四）灰坑

辉卫文化灰坑的分布区域都分布有二里岗文化灰坑，且数量都在递增，分布区域也在扩展，说明二里岗文化时期另开辟了新的生活区域。殷墟文化灰坑的分布区域比二里岗文化较为集中，数量也在减少（表四）。

表四　辉县孟庄遗址灰坑分布情况

文化类型	Ⅷ区	Ⅹ区	ⅩⅢ区	ⅩⅤ区	ⅩⅩ区	ⅩⅪ区	Ⅰ区	Ⅸ区	ⅩⅨ区
辉卫文化	37	4	5		25	1			
二里岗文化	42	22	26		84	4	80	4	1
殷墟文化	143	2	31	2	53				1

（五）墓葬

二里岗文化墓葬的分布区域较广，殷墟文化墓葬分布的区域缩小、数量也在减少（表五）。

表五　辉县孟庄遗址墓葬分布情况

文化类型	Ⅷ区	ⅩⅩ区	ⅩⅢ区	ⅩⅪ区	Ⅰ区	Ⅹ区
辉卫文化	16		6	1		
二里岗文化	7	8	7		6	1
殷墟文化	3	8	2			

综上，可以看出二里岗文化遗迹的数量最多、分布区域最广。二里岗文化遗迹不仅在辉卫文化遗迹分布区域内有大量发现，在城东的Ⅰ区也有较广泛的分布。这些现象表明辉县孟庄在二里岗文化时期比辉卫文化时期更繁荣，城邑的功能不仅没有失去，反而进一步加强，城邑应在二里岗文化时期继续维修和使用。殷墟文化时期的遗迹、遗物与二里岗文化时期相比明显减少，有明显的衰落趋势，城邑的功能和地位应当已经丧失。从出土遗物情况来看，辉县孟庄遗址二里岗文化时期出土遗物丰富，殷墟文化时期则很少。

辉县孟庄遗址二里岗文化时期还发现有代表高规格身份的铜器墓ⅩⅩ T30M11 和 ⅩⅩ T31M5，位于城内东北部，其他时期则未发现。ⅩⅩ T30M11 出土铜斝、铜爵、玉柄形器、陶鬲、陶盆，ⅩⅩ T31M5 出土铜鬲、铜斝、铜爵、玉柄形器、陶盆[11]（图四、图五）。ⅩⅩ T30M11 出土的陶鬲、铜斝、铜爵均与郑州二里岗下层二期特征接近，深腹盆有明显的本地辉卫文化风格，该墓的年代相当于二里岗下层二期。XX T31M5 出土的铜鬲、铜斝、铜爵均与郑州二里岗上层一期特征接近，深腹盆仍有本地辉卫文化遗风，该墓的年代相当于二里岗上层一期。

通过对辉县孟庄出土遗迹及高规格遗物的分析和讨论，可以推断孟庄商城至少在二里岗下层二期被二里岗文化的精英使用，并持续至二里岗上层一期、二期，殷墟时期则可能失去了原来的功能和地位。

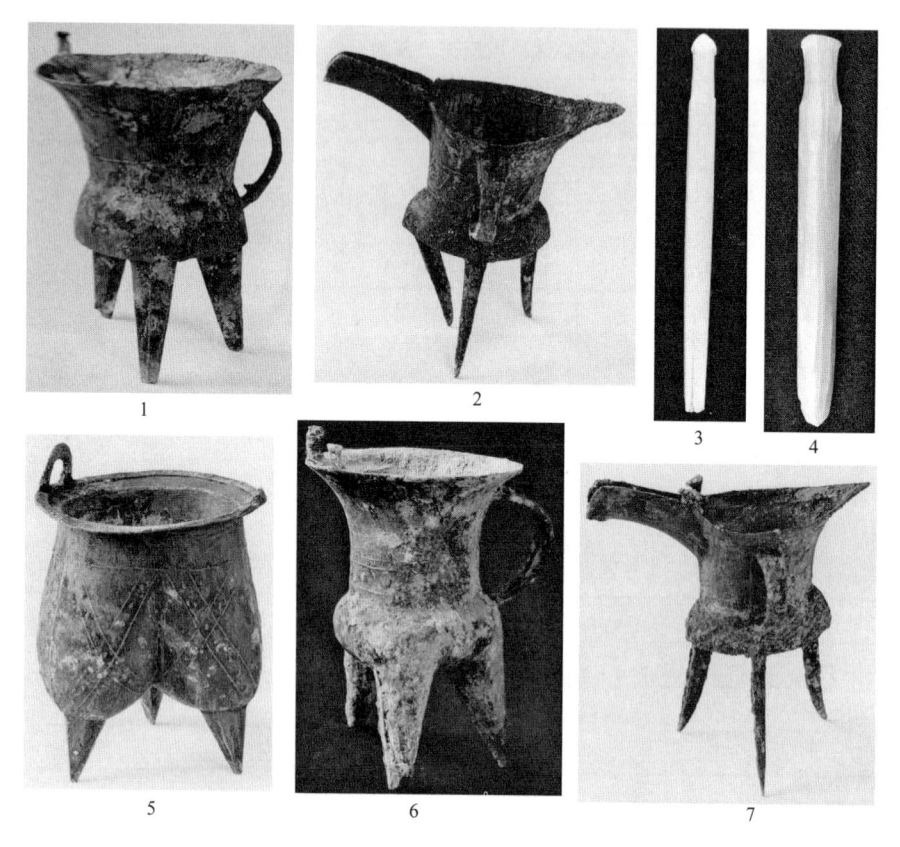

图四　辉县孟庄遗址二里岗时期铜器墓出土铜器、玉器
1、6.铜斝（XX T30M11：5、XX T31M5：2）　2、7.铜爵（XX T30M11：6、XX T31M5：3）
3、4.玉柄形器（XX T30M11：2、XX T31M5：6）　5.铜鬲（XX T31M5：1）

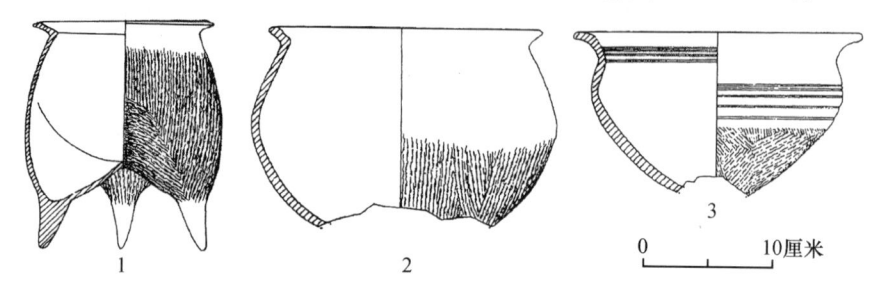

图五　辉县孟庄遗址二里岗时期铜器墓出土陶器
1.鬲（XX T30M11：4）　2、3.深腹盆（XX T30M11：3、XX T31M5：9）

三、结　语

　　孟庄商城是城垣面积为10余万平方米的小型城邑，平面近长方形，夯土城垣外侧有护城河，城门、主干道等城市总体规划的情况尚不清楚，城邑内的功能区划也因材料较少而无法深入讨论。辉县孟庄商城与焦作府城商城[12]的直线距离约50千米，二者同在太行山东南麓辉卫文化故地，并在二里岗文化时期共存，都是商王朝早期控制辉卫文化故地的重镇，对深入认识太行山东南麓早商时期的文化和政治格局具有重要意义。

注　释

[1]　河南省文物考古研究所：《辉县孟庄》，中州古籍出版社，2003年。

[2]　中国社会科学院考古研究所编：《中国考古学·夏商卷》，中国社会科学出版社，2003年，第157、158页。

[3]　张应桥、徐昭峰：《试论辉县孟庄二里头文化时期城址的性质》，《中国历史文物》2008年第1期。

[4]　袁广阔：《二里头文化与辉卫文化的关系》，《夏商都邑与文化（一）》，中国社会科学出版社，2014年，第461~468页。

[5]　河南省文物考古研究所：《辉县孟庄》，中州古籍出版社，2003年，第241页。

[6]　秦小丽：《豫北地区二里头时代的地域间关系：以陶器资料分析为中心》，《华夏考古》2008年第1期。

[7]　河南省文物考古研究所：《辉县孟庄》，中州古籍出版社，2003年，第181、306页。

[8]　河南省文物考古研究所：《辉县孟庄》，中州古籍出版社，2003年，第13页。

[9]　河南省文物考古研究所：《辉县孟庄》，中州古籍出版社，2003年，第306页。

[10]　河南省文物考古研究所：《辉县孟庄》，中州古籍出版社，2003年，第284、288、298页。

[11]　河南省文物考古研究所：《辉县孟庄》，中州古籍出版社，2003年，第259、260、268、270、278、279、284、295页。

[12]　袁广阔、秦小丽：《河南焦作府城遗址发掘报告》，《考古学报》2000年第4期。

（原载《江汉考古》2020年第1期）

河南魏长城与卷长城初探

王 政

（新乡市文物考古研究所　新乡　453000）

摘　要：战国时期魏修筑有长城，分别为河西长城和河南长城，河西长城位于陕西，河南长城位于河南。古籍文献中对魏河南长城多有记载，《后汉书·郡国志》载："（魏）长城自卷经阳武到密。"考古调查表明，郑州和新乡两地都有与魏长城有关的文物遗存。本文介绍了卷长城的调查情况，探索了卷长城与魏长城的关系，认为卷长城是魏长城的北部起点。

关键词：魏长城；卷长城；战国长城

一、河南魏长城

长城是我国古代著名的军事防御工程，其修筑历史上溯春秋下及明清，分布在河北、北京、山西、陕西、河南、甘肃等15个省份，总长超过2.1万千米。长城是一个经久不衰的研究课题，已经形成了一个专门的学科——长城学，其研究范围涉及古代军事、建筑、工程技术、交通、地理、民族等各方面。同时，长城作为世界上最大的人类文化遗产，无论是它所占有的空间，还是它悠久的历史，都在人类文明史上占有重要的地位，也是文化遗产研究的热点。

长城的修建肇始于春秋，公元前7世纪修建的"楚方城"为目前所知最早的长城。其后齐、韩、魏、赵、燕、秦、中山等大小诸侯国家都相继修筑了"诸侯互防长城"，用以自卫。其中，秦、赵、燕三国和北方强大的游牧民族毗邻，在修筑诸侯互防长城同时，又在北部修筑了"拒胡长城"。北方的长城是防御游牧民族的一道军事防线，同时也是游牧文明和农耕文明的分界线。"诸侯互防长城"则东、南、西、北方向各不相同，长度从几百至两千千米不等，多以山、河沿线的险要地形为依托，修筑在国界的边防地区。

河南魏长城是魏国于战国中期在中原地区修筑的一段长城。魏国是战国初期实力最强的大国，魏国夺取秦的河西之地后，在今陕西省华阴市、澄城县、黄龙县、合阳县、韩城市、黄陵县、宜君县和富县等地区，修筑了一条南北走向全长 100 余千米的长城，史称魏河西长城。至战国中期，秦国通过变法，实力渐渐强盛，魏国在与秦国的对抗中逐渐处于下风，公元前 330 年雕阴之战后，"秦败龙贾军，斩首四万五千"，魏再无力与秦抗衡，不得不将黄河以西的 15 座城池拱手奉献予秦，从此秦国收复了河西。因魏国都城安邑濒临秦国，为了为躲避强秦的骚扰，同时也为争霸中原，就迁都至大梁。迁都后，为了拱卫都城，在大梁西又修筑了一条长城，史称魏河南长城。

当前，经文物工作者调查认定的魏长城遗址有三段：郑州市管城回族区圃田乡老庙岗魏长城、青龙山魏长城、新密市西北部嵩山东麓的浮戏山区魏长城。

二、新乡卷长城调查情况

2020 年，新乡市文物考古研究所调查发现了卷长城有关的城址——圈城城址、安城城址、衡雍城址和一段疑似长城墙体的夯土遗迹（图一）。

战国卷长城遗址位于羊池村，现残存约 300 米，宽约 10 米，地面为一隆起状长堤，经初步勘探，上部为黄河淤积，地下 3 米下尚存部分夯土堆积。

卷城城址位于平原示范区圈娄村，面积约 0.1 万平方千米。因历代水患淤积，地表遗物很少。据文献记载，此为春秋、战国时古卷地，西汉曾置卷县，县治设此。聚落呈东西长方形，面积 0.1 万平方米。该遗址是一处偶见战国、汉代陶片的遗址，也见大量宋金陶片。历史文献记载卷长城起点位于卷。

衡雍城遗址位于原武镇北 1 千米处，原（武）师（寨）路西侧，面积约 1 万平方米。该村是古衡雍城遗址，故名古城。衡雍也称垣雍，是晋国召集"践土会盟"称霸之地。1977 年公布为县级文物保护单位。

安城遗址位于原阳县蒋庄乡胡村铺村，面积约 47000 平方米。安城是原阳历史上的重镇。据《原武县志》记载，现在的蒋庄乡胡村铺村是由安城驿演变来的。周代，名安城。明初，为安城县城，后废县改名安城驿。明正统年间，又将安城驿改为胡村铺。1958 年淤灌，胡村铺村民迁至黄河大堤南面。1977 年公布为县级文物保护单位。

三、魏长城与卷长城的关系

魏河南长城在史书中的记载甚少，关于这段长城的修筑时间及目的，见于《史记·魏世家》《史记·六国年表》《竹书纪年》的记载只有寥寥数语。《后汉书·郡国志》"河南尹"条下："卷，有长城，经阳武到密。"说明了这段长城的大概走向和起止

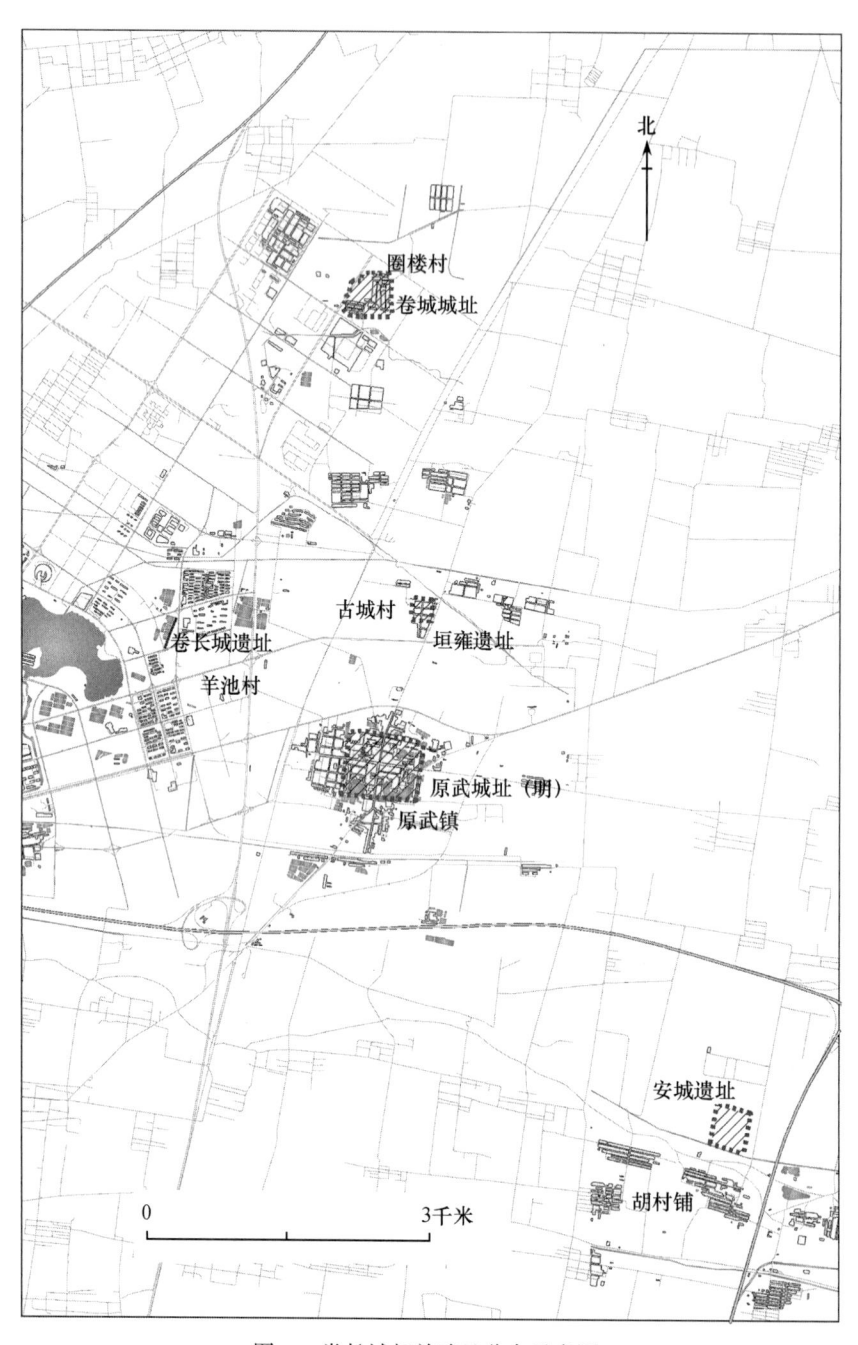

图一　卷长城相关遗址分布示意图

点。《水经注》中济水、阴沟水、渠水诸条中，有多处"绝长城""限长城"的记载，为我们更为明晰地指出了魏河南长城的大体方位。

历代学者们对这段长城的性质和走向一直有不同的争论。由于此段长城处于黄河中下游平原，历史上人口稠密，活动频繁。再加上长城历史久远，保留下来的遗存相对较少，因此在近现代的长城研究中，一直没有得到应有的重视。史念海在《黄河中游战国及秦时诸长城遗址的探索》一文中也说："战国时期，魏国有东西两条长城，东长城在今河南中部郑州附近……且这段长城迄今未闻尚有遗迹，姑置之不论。"[1] 关于其建造者，有魏国和韩国两种说法。魏国说始于北魏的郦道元，他在《水经·济水注》"济渎又东径阳武县故城北，又东绝长城"下引《竹书纪年》"梁惠成王十二年，龙贾帅师筑长城于西边"。可见，郦道元认为起于圈城终于密县的长城就是龙贾所筑的魏河南长城，此一观点为主流。韩国说也起源于《水经注》，《水经·济水注》说："龙贾帅师筑长城于西边，郑筑长城，自亥谷以南。"又似说明此段长城是魏国和韩国合筑的。

关于此段长城的修筑目的，则有防御秦国东进、防御韩国、韩魏边界长城诸多说法。关于长城的具体走向和起止点，自《水经注》之后，历代学者多有考辨，直至近代的王国良《中国长城沿革考》、张维华的《中国长城建制考》对其进行了考据。景爱先生的《中国长城史》考证了魏长城的走向，即"北起原武古黄河之滨，经原阳和今黄河到中牟，然后西南走到古密县"[2]。罗哲文先生的《长城》考证"（魏长城）自阴沟开始，经大河故渎东，在阳武跨过阴沟左右二渎，过北济水、南济水，又经管城，往西南至于密。全长约六百里"[3]。

根据以上文献分析，结合考古调查资料判断，魏长城的范围大致起始于卷，终于密。魏长城被今黄河河道分割为南北两部分，北部在今新乡市平原示范区内，南部在郑州市内。所以，卷长城即魏长城。其起始于圈城、经安城至大梁附近，再拐向郑州莆田青龙山，最后断续修筑到新密境内。

四、小　　结

当前，魏长城的认定段在新密市西北10千米尖山乡。从荥、密交界的香炉山东坡起，跨越香炉山、蜡烛山、沙岗、风门口、南五岭，南到茶庵村北上，全长5.8千米。青龙山段和卷长城段均未进行认定。新乡段的卷长城正在建立文物档案，并申报省级文物保护单位。

建议新乡和郑州两地的文物主管部门有计划地开展长城不同区段、类型考古研究工作，重点解决魏长城遗存的性质、年代、构成等问题，开展魏长城建置、布局、变迁、历史作用等方面研究。新乡和郑州两地的考古单位要充分利用考古学的优势，将长城这一特殊形态的遗址置于田野考古研究范畴内，进一步挖掘长城在时间、空间、文化等诸多维度的历史信息。长城考古研究探索运用遥感、物探等新技术手段，拓展研究视野，提高研究深度和广度。开展多学科合作，如环境考古学、地理信息科学、遥感考古、历史地理学等，共同揭开魏长城的神秘面纱。

注　释

[1]　史念海：《河山集》，生活·读书·新知三联书店，1981年，第436页。
[2]　景爱：《中国长城史》，上海人民出版社，2006年，第103页。
[3]　罗哲文：《长城》，北京出版社，1982年，第18页。

巍巍法相镇青山

——关于卫辉香泉寺石刻研究中的几个问题

霍德柱

(新乡职业技术学院师范学院　新乡　453199)

摘　要：卫辉霖落山香泉寺为豫北名刹，绵延千余年而香火不衰。本文拟从石窟造像、佛经摩崖、古代碑刻、名人题记、楹柱石联等五个方面对香泉寺现存石刻暨有明确记载的古石刻进行统计，梳理出其名称、时间、形制、保存现状、文化内涵等文物信息，并针人们的疑惑进行解读和考释，以期从石刻研究的角度对香泉寺佛教文化的渊源、特征、影响进行深入的探讨和研究。

关键词：卫辉；香泉寺；石窟造像；华严刻经；宋元题记

卫辉香泉寺位于卫辉市西北约二十千米的太行山东麓的霖落山山坳之中。该山山石虽多为凝灰岩，但两边硬度不一，东软西硬，在长年山洪冲刷之下，逐渐生成中有山涧、两边高崖的奇观。香泉寺东西二寺就分别雄峙于两边高崖之上。

关于香泉寺古建筑群的源头，寺中诸多碑刻皆记此地乃魏离宫旧址。元代翰林学士、邑人王恽《游霖落山记》有"寺故址，山中相传昔魏安王起雪宫于此，故宋人石刻皆引魏离宫故事，有'崎岖一径入禅扉，魏主离宫在翠微'之句"[1]的记载，他在《游霖落山杂诗》中更是说："人说魏王曾避暑，殿基犹是旧离宫。"[2]可见此说历史之久、影响之大。战国时期，卫辉曾属魏地，扼古黄河天险，以卫汴梁，故境内魏国旧迹颇多，如娘娘庙村汲冢书出土地、山彪战国古墓群、西北山巅之古长城（亦说为赵长城）等。因此，香泉寺所处之地被传为魏离宫旧址，或有所据，只是时移世易，沧海桑田，目前还没有找到过硬的考古论据，或许王恽当时见到的"殿基"尚有"旧离宫"的痕迹。

关于香泉寺的创建者，一般认为是北齐僧稠禅师。寺中现存明成化九年（1473年）玉道人所撰《重建香泉寺碑》，记有"此寺迹之初也，其传齐僧稠禅师游化之所，因卓锡涌泉，澄洁甘冽。稠掬水，闻其香而记曰：'是地可以建道场矣。'厥后，寺事成，即以'香泉'题其额。有祖方之、安之、朗之、坚之相继居焉，自唐之宋之金之元，盖不知其几草莱而几金石矣。"[3]，颇为翔实。但《续高僧传》卷第十五《齐邺西龙山云门寺释僧稠传》中没有僧稠禅师创建香泉寺的记载，香泉寺别的碑刻中尚有稠禅师活动于唐开元间的记载，而"高齐文宣时距唐开元已一百六十余年，人寿几何？似无久在之理"[4]，说明人们对稠禅师的主要活动年代的认识尚不清晰。元王协一《重修香泉寺记》中有"稠禅师游方飞锡太行中，建寺三十六，同日缔构而成，色身皆现"[5]，可见沿太行山一带古寺院多有为稠禅师所创的传说。古代名僧大德借泉立寺，借寺布道，借僧稠禅之名号以宣传古寺之神奇，亦是常有之事。但香泉寺现存诸多文物皆存北齐特征，故而北齐时建寺当为确论。

又据万天懿《隋西京大兴善寺北天竺沙门那连耶舍传》[6]载，北齐天保七年（556年），由于战乱，那连提黎耶舍离开芮芮国而至京都邺城。文宣帝高洋"极见殊礼"，年届四十的那连提黎耶舍"骨梗雄雅，物议惮之"。高洋将其安置于天平寺中，"请为翻经"。因译经有功，又"冥救显助，立功多矣"，故"授昭玄都，俄转为统"。也就在此时，他"又于汲郡西山建立三寺，依泉旁谷，制极山美；又收养厉疾，男女别坊，四事供承，务令周给"。一般认为，"西山三寺"指香泉寺（东西寺）、六度寺；而"收养厉疾，男女别坊"则是那连提黎耶舍创建"厉人坊"的最早出处。由此可见，那连提黎耶舍直接创建香泉寺的可能性最大。

由北齐至今，香泉寺已历千余年风雨，馨香袅袅，千年不绝，可见文化基因之强劲。在文化传播媒介单一的时代，石刻乃香泉寺千年文化信息的主要承载者。本文意在通过对香泉寺石刻的调查和梳理，去伪存真，以期把握香泉寺千年文化脉搏的跳动规律，从而得到并加深对香泉寺"豫北第一古刹"的全面认知。

一

香泉寺现存石刻，大致分为造像、古碑、华严经摩崖、题名、古楹联五类。五类之中，亦有交叉成分的存在。至于其他零星建筑构件，则不在本文的论述范围之内。这五类石刻皆为就地取材，而霖落山石质驳杂，优劣不一，故大多石刻的自然风化和人为破损严重，亟待保护。限于篇幅，现把调查情况简列如下：

（一）石窟造像

（1）千佛洞。东寺东崖。没有明确纪年，或早于初唐，呈现出朝代叠加的特色。
（2）七尊佛像龛。西寺东崖。没有明确纪年。从造型上看，应为北朝之物。
（3）西寺西佛塔。稠禅师大殿旧址前西侧。唐代。
（4）西寺东佛塔。稠禅师大殿旧址前东侧。唐代。
（5）千佛石阁。西寺稠禅师大殿旧址东侧台阶下。清康熙元年（1662年）。
（6）神头塔。西寺稠禅师大殿旧址正前方，已毁。唐垂拱元年（685年）。
（7）唐尊胜陀罗尼经塔（经幢）。西寺西崖之上。唐开元十六年（728年），比丘法明造。一佛四菩萨。刻《陀罗尼经》，有后序。

（8）尚士恭残造像。原存西寺大殿内。隋大业五年（609年）。

（9）观音大士立像。东寺大殿东侧摩崖石龛。吴道子旧作，明末复刻。

（10）卧佛。东寺大殿正前方。明末。

（二）佛经摩崖

《华严经》。东寺东石壁。没有明确纪年，一般视为北齐刻经，也有人认为属初唐刻经。

（三）古人碑刻

（1）大唐卫州霖落寺大德安禅师塔铭。原砌于神头塔壁，已佚。唐垂拱元年（685年）十月，有残拓传世。

（2）游霖落山记。原立于西寺大殿前。元中统四年（1264年）十二月十五日撰。元延祐元年（1314年）十月立石。王恽撰文，刘希曾校正，李守之书丹篆额。明嘉靖十年（1531年）重刻，现佚。碑阴有官僚士庶题名6列。

（3）重修香泉寺记。元延祐元年（1314年）十月立石。王协一撰文，何守谦正书，韩有邻篆额，王公信刊。记正书，额篆书。碑阴有官僚士庶题名6列。

（4）重建香泉寺碑。原存香泉寺西寺稠禅师大殿前西侧，现移置西寺西高冈上。明成化九年（1473年）十二月立。玉道人撰书并篆额。文中追述了稠禅师创建香泉寺的经过，乃现存碑刻中唯一直接叙述香泉寺创建及发展史者。

（5）汝王令旨。现嵌于西寺大佛殿壁内。明嘉靖十三年（1534年）十月十五日立。揭示了香泉寺曾是汝府"供祝香火寺宇"的事实。

（6）修设水陆供养诸神圣会序。原存西寺西佛塔龛门前，垫作香台，现佚。明万历二十年（1592年）正月立。记载了香泉寺正月初一"接年起会"的民俗。

（7）香泉寺重修水陆宝刹记。原存西寺稠禅师大殿前东侧，现移置西寺西高冈上。明万历四十八年（1620年）立。孙徵兰书。

（8）题香泉。原平卧于东寺小树林中，现佚。明崇祯元年（1628年）四月立。屈可伸书。前诗后序。

（9）香泉寺营造拜殿严饰栋宇修□□□□□□□□□□□德落成碑记。现存东寺。断为两截。明崇祯四年（1631年）九月立，或为少林寺住持心悦随喜大师所书。篆额"潞藩兴造碑记"。

（10）修建天地冥阳水陆圣会刻铭记。现存香泉寺西寺送子奶奶殿前。明崇祯八年

（1635年）望日立石。

（11）修建水陆胜会四载圆满碑记。原碑已佚，有拓。明崇祯十一年（1638年）正月初一立石。

（12）创建香泉寺东山潮音庵碑记。已残，砌于废弃水渠渠壁内。明末。

（13）水陆胜会碑。原置于东寺华严经石壁前小树林中，已佚。清顺治七年（1650年）正月立石。

（14）淇浚两邑各里居善信水陆四祀告备铭于石序。现存卫辉香泉寺东寺大殿西墙边。清顺治十年（1653年）正月。赵完璧撰文，张中道书丹。

（15）创建千佛石阁记。现存西寺稠禅师大殿东侧台阶下。清康熙元年（1662）春末。薄□锦、薄云锦同书丹撰文。

（16）重修香泉寺中殿碑文。已佚。清康熙二年（1662年）。刘源洁撰文。

（17）浚县信众敬佛碑。现作西寺台阶垫脚石。清康熙二十三年（1684年）正月立石。

（18）霖落山香泉寺重修观音殿碑记。摩崖石刻，位于东寺观音大士像之北。清康熙三十五年（1696年）正月刻。崔三统书撰。

（19）永固香火碑。现立于西寺大佛殿前。清嘉庆十三年（1808年）五月初一立石。戴铭撰文，李继侗书丹。无碑阴。

（20）募化碑记。一碑两块，分嵌于东寺西配殿两侧窗户下。清嘉庆十四年（1809年）八月立石。王家烈撰文，郭廷枢书丹。

（21）霖落八景诗并序。现存香泉寺东寺之千佛洞前。清道光十三年（1833年）季秋下浣立石，赵汝棠撰。正书。以"香泉八景"为题。

（22）重修霖落东山观音拜殿广生洞碑记。现存东寺观音大殿前。清道光十三年（1833年）立石。赵珂撰文，赵丙南书丹，赵金城篆额。叙述新乡人赵珂游历霖落山及重葺观音拜殿、广生洞的经过。

（23）重修碑记。现存东寺华严洞前。清同治五年（1866年）十月立石。赵文明撰并书。

（24）香泉寺重修龙王庙碑。现存香泉寺东寺龙王庙后，倒卧于地。民国三十年（1941年）六月十二日立石。无碑阴。

（25）香泉寺石刻全景图。现藏卫辉市博物馆碑林。明代晚期。

（四）名人题记

（1）唐尊胜陀罗尼经幢经文及后记。原刻于西寺外西冈唐尊胜陀罗尼经幢上，已佚。唐开元十六年（728年）。张承福述，崔慧琮书。

（2）多心经香台记。原存稠禅师像前，民国时尚存西寺韦陀龛内，现佚。后周广顺三年（953年）闰正月九日，张庆等书记。

（3）张弪等题名。原存神头塔内。宋真宗景德元年（1004年）二月。

（4）李越、张端题名。现存西寺稠禅师大殿前西侧佛塔之东侧面。宋仁宗至和元年（1054年）六月十九日。

（5）广平宋述子明题名。现存西寺稠禅师大殿前西侧佛塔之西面。宋仁宗至和三年（1056年）闰三月十六日。

（6）吕希绩、吕希纯题记。现存封神谷中部北侧石崖。宋英宗治平四年（1067年）闰月三日。

（7）汲尉一贯道题名。现存于西寺稠禅师殿前东佛塔背面西侧。宋哲宗元祐五年（1090年）九月二十七日，汲尉一贯道书。

（8）段绰等题名。现存于东寺华严经石壁（北）经文脱落之处，位于左侧下。宋哲宗元祐五年（1090年）九月。

（9）鲍寿朋、秦伯仁题名。现存东寺华严经石壁（北）经文脱落之处，位于右上角。宋代。

（10）王衡父、晏安行题名。现存东寺华严经石壁（北）经文脱落之处，位于左上角。宋哲宗元祐六年（1091年）三月初六。

（11）李师贤题名。现存西寺稠禅师大殿前西佛塔之东侧面。宋哲宗绍圣改元（1094年）孟夏二十七日。

（12）公仪等题名。原存西寺稠禅师大殿前东佛塔左侧，已佚。宋哲宗绍圣元年（1094年）重阳后三日。

（13）寇元宗等题名。现存西寺稠禅师大殿前西佛塔背面中间偏上。宋徽宗崇宁二年（1103年）。

（14）任伯和、叶择甫题名。现存西寺稠禅师大殿前西佛塔西面。宋徽宗崇宁二年（1103年）三月十六日。

（15）全魏田摭粹公题记。现存西寺稠禅师大殿前西佛塔背面左下。宋徽宗崇宁二年（1103年）三月二十六日。

（16）吴绍之题名。现存西寺稠禅师大殿前西佛塔东侧面。宋徽宗崇宁三年（1104年）末。

（17）韩秉则等题记。原存西寺稠禅师大殿前东佛塔右侧，已佚。宋徽宗政和五年（1115年）三月二十日。

（18）元规等兄弟题记。现存西寺西佛塔之西侧面。宋徽宗宣和三年（1121年）闰五月。

（19）权邦彦题名。现存西寺稠禅师大殿前西佛塔背面右侧。宋徽宗宣和四年

（1122年）岁除。

（20）张澄弟等题名。已佚，有拓本存世。宋代。

（21）香泉寺钟题识。香泉寺钟之上，已佚。元成宗大德八年（1304年）四月。

（22）文谷题名（一）。现存西寺稠禅师殿前东佛塔背面偏东侧，明嘉靖二十一年（1542年）。东侧有小字"嘉靖壬寅闰五月廿八日，丞汲县苏楠督石工刻"。

（23）文谷题名（二）。现存东寺华严经摩崖北壁经文剥落之处。明嘉靖年间。

（24）文谷题名（三）。现存封神谷入口处东崖。明嘉靖二十一年（1542年）左右。南、北两块。擘窠大字，正书。

（25）《谒胜霖落》诗二首、《读书霖山》诗四首。现存东寺观音大士立像右侧。明万历四十一年（1613年），睡仙孙徵兰笔。属旧作新刻。

（26）潞藩内典宝正陈进避暑在霖落，因雨后晴，有感而作。现存东寺观音大士立像左下侧。明崇祯七年（1634年）仲夏，潞藩内典宝正陈进题。

（27）《香泉大士宫漫兴》《即景次屈太史年丈二律》。现存东寺观音大士立像右侧。明崇祯九年（1636年）十月，孙徵兰书。

（28）《请沐日再过霖落山刹》诗四首。东寺观音大士像北侧，"香泉"二字之下。明崇祯十年（1637年），懒云洞主孙徵兰嗣题。

（29）创建"淑海香天"石坊题名。现存石坊四楞石柱西柱内侧（东面）下部。明崇祯十二年（1639年）二月十三日。

（30）松月禄上人老禅师神位。现存东寺观音大士立像北侧。明崇祯十三年（1640年）三月，屈可伸、孙徵兰仝题。

（31）《香泉四咏》诗。现存东寺观音大士立像右侧最上一块。明崇祯十六年（1643年）四月，孙徵兰偶笔。

（32）出水一泉。现存山涧之西石壁上。清康熙二十二年（1683年）正月。

（33）金粧西寺各位匠人题名。现存东寺观音大士立像左边。清乾隆十四年（1749年）六月十五日。

（34）石谷题记。现存西寺稠禅师殿前东佛塔东面。年代不详。

（35）三大姑忠。现存封神谷中段北侧崖壁。嘉靖七年三月十五日。

（36）"大陈"题名。现存东寺华严经石壁（北）经文脱落之处。年代不详。上有石龛，疑"大陈"上或还有一字。

（37）陶梓题名。现存东寺华严经石壁（北）经文脱落之处，位于右下方。年代不详。正书，右行。

（38）"侍其粹中"题名。现存西寺鸡冠岭最高处石壁之上。年代不详。疑为宋侍其焕题名。

（39）"心台"题刻。现存洗心洞下山径左侧临崖大石之上。年代不详。

（40）"大日本军""日本军入"刻石。现存西寺鸡冠岭最高处石壁之上。1938年。

(五) 古楹联

（1）"淑海香天"石坊楹联。现存东寺南天门"淑海香天"石坊楹柱之上。明崇祯九年（1636年）十月，孙徵兰题。
（2）卧佛像楹联。现存东寺卧佛石像两侧。明末孙徵兰题。
（3）观音大士立像楹联。现存东寺观音大士立像两旁。明末，疑为孙徵兰题。
（4）香泉亭残联四块。一在香泉井旁，垫地用；另三块在砌在废弃水渠之上。明末。

二

千年石刻，千年故事，自然信息驳杂，难辨真伪。但释读碑文，钩稽经典，有的疑难问题还是能够解决的，至少能够找到解决问题的线索。

1. 关于千佛洞的雕刻时间

沿太行一带，前人留下的佛教洞窟很多，以安阳小南海、武安县鼓山、浚县浮邱山、修武百家岩、卫辉香泉寺等最为著名，且一般皆凿有题记或供养人信息，易于辨识年代，唯卫辉香泉寺现存佛雕像没有上述信息，直接影响了对其年代的准确判断。顾燮光《河朔访古新录》卷一《汲县第一·霖落山》："寺前东壁为华严洞，内凿石佛，雕刻颇古。"民国初年，顾燮光河朔访古八年，亲临洞窟，摩挲佛像，但他也仅以"雕刻颇古"概之；但紧接着记述"洞外东、北两崖，摩崖刻《华严品义》全部，惜已剥落，以书法审之，知为北齐时物"[7]。顾燮光对北齐旧物颇为推崇，若他认为千佛洞为北齐时物（或发现了千佛洞为北朝旧物的某些线索），一定会大书特书的，可见他也拿不准千佛洞具体的雕刻时间，或者说他不敢断定千佛洞为北朝旧物。在笔者看来，洞中佛像造型比较丰腴，有雍容华贵之态，线条飘逸柔美，除一尊二菩萨之外，别的佛像灵动自然，毫无拘泥之态，线条已趋繁复精美，与西寺大殿前东西两佛塔上的唐代浮雕颇为类似，所以，定其为初唐之物比较合适。另外，明洪武年间，"烽火以来，残毁殆尽，□而存者停一舍利宝塔、石佛龛三座、祖堂一所，阅岁悠久，风摧雨剥，栋拆梁崩，樵童牧竖每登临而嗟□之，乡之长者不言而可知也"[8]，千佛洞亦遭到巨大破坏。到了明崇祯元年（1628年）四月，翰林院简讨延津人屈可伸与王邦贤游香泉寺时，看到的是"壁间何年刻，剥落半无字。佛像亦磨灭，下身嵌空砌"[9]，可见残损之重。明崇祯四年（1631年）九月，香泉寺立《潞藩兴造碑记》碑[10]，碑中记载"李众守谦"目睹"香泉狼藉，圣像凋残"而"誓发猛力之心，竟起缮修之念"，用尽其财,"不三载而洞像工果,正殿雄成,声鸣四野"。由此看来,在潞王府财力的支持下,千佛洞在明末得到了大规模的修葺。既然经过了多次修补,其雕刻风格就未必局限于某一个朝代。笔者细察洞中大佛像之首,发现其风格明显与身体有异,有后补之嫌;若以此判断所属年代,恐会出错。再者,左右两壁小佛像之间有界格,后边尚有大片空白,或是工程仓促未完,或是专为供养人增补之用。

因此,千佛洞总体上呈现出初唐风格,但细节上亦有其他风格的窜入。

2. 关于东寺建筑群("淑海香天"牌坊、卧佛、白衣大士离宫、观音大士立像等)的创建时间暨香泉寺观音文化的滥觞

香泉寺跨涧为东西二寺,但在明中叶以前,西寺的发展远远超过了东寺。元世祖中统四年(1264年)十二月十五日王恽撰写的《游霖落山记》[11]为香泉寺现存最早的游记。他进入山门之后,先"自绝涧底陟西磴道入寺",游览了西寺之后,再"循东崖而下,抵霖落山足","转而升东北石磴"才到达东寺。在东寺,他只看到了《华严经》壁、千佛洞之"巨龛古佛,护以龙象"、香泉,说明当时东寺是没有现有的寺院建筑的(或者早已毁弃,难觅痕迹)。那么,东寺现存的华丽精美、气势恢宏的"淑海香天"牌坊、卧佛、白衣大士离宫、观音大士立像等建筑暨随处可见的观音文化遗迹源自何时呢?

近来,在广搜地方文献时,找到了明末孙徵兰《霖落山汇作白衣大士离宫记》[12]一文,使上述疑问得到了准确、合理的解释。文中记载,明天启三年(1622年),香泉寺天乐传来,泉出三道,人称吉兆。淇县名士孙徵兰游霖落山,深感赴普陀拜谒观音之不易,欲"移海润于峦腮,以明示洒润寰区"。随即与香泉寺住持松月禅师商议,想在东寺兴建白衣大士离宫,"将此西山作北地南海,请慈悲教主,用作一离宫别馆"。两人心意相通,共同倡导,竭力兴建,于天启七年(1627年)工竣,孙徵兰为之撰记,达到了"原不乞杨柳之灵真,闭眼菩萨坐于无形座上,人自远向普陀求耳"的效果。此乃香泉寺拜谒观音之源,也可以说,香泉寺东寺与观音文化有关的古建暨文物皆与此工程有关。主要有以下几类。

"淑海香天"坊。此坊额有阴阳两面均镌刻楷书"淑海香天"四字,前有"崇祯九载丙子小春",后有"淇园豸绣孙徵兰书"。坊柱下部有捐资者题名,末有"崇祯十二年岁在戊寅二月十三吉日"通高直刻于各列之后。值得注意的是,捐资者皆为女性,这可能与观音本土化后饰以女相有关。

卧佛。位于东寺大殿正前方。根据古代传统寺院的建筑布局,大雄宝殿之前一般为天王殿,主祀弥勒菩萨。结合此像的造型特点,当是弥勒佛无疑。民间称其睡仙,乃把孙徵兰(号睡仙)与卧佛形象混为一谈了;抑或孙徵兰在建造时,有意选择弥勒佛的卧睡之态,暗含自己的修养情趣,也是有可能的。有资料说此乃宋代旧物,恐怕不可信。一者王恽《游霖落山记》中没有记载，二者孙徵兰《霖落山汇作白衣大士离宫记》没有提及，三者遍布寺内外的名人题记中亦未点到，若真的是宋物，即使上述资料中没有踪迹，民国初年顾燮光霖落访古时一定见过此物，却在系列著作中都没有提及，说明他也不认为是宋元之物（顾燮光河朔访古的习惯是元代以前的金石一定著录，元代以后的一般不著录）。另外，卧佛两边楹联的下联末有小字"睡仙"，刻写较浅，容易忽略，这说明此联乃孙徵兰所题，此建筑亦应为孙徵兰出资主建，故卧佛像应该为明代末年所刻。

观音大士立像，俗称"麻姑像"。此乃以山凿龛，阳线刻石。上款"唐吴道子作"，下款"立石霖落山"。从题款的行文习惯看，既然题"唐吴道子作"，就说明此刻乃后人仿刻，并非唐人之物；若是吴道子摩崖飞墨，镌刻入石，是不会如此题款的。再据孙徵兰《霖落山汇作白衣大士离宫记》，孙徵兰提议兴创白衣大士离宫前，香泉寺东寺是没有观音文化痕迹的，所以，此石像不可能早于孙徵兰创建白衣大士离宫之时，即天启七年。又据东寺现存古碑《潞藩兴造碑记》，"李众守谦"目睹"香泉狼藉，圣像凋残；誓发猛力之心，竟起缮修之念"，用尽其财，"不三载而洞像工果，正殿雄成，声鸣四野"。但此次修葺工程浩大，非"李众守谦"所能独自完成，正在困难之际，适遇潞府内翰徐永安、梁栋等游霖落，亲身感受"卫国之胜概"，回府之后，二人向潞王"话写峰影"，潞王"天赋性善，尚义乐施"，故而带头赞襄此事。工程结束之后，香泉寺住持松月禄上人请人于崇祯四年（1631年）九月撰写碑文，以记盛事。潞王参与修建后，"营修拜殿，开拓门阑；严庄殿宇，耀目辉煌；疏甘泉而起潜龙，凿方池而来明月"，可见，现存的麻姑像及其周围建筑（香泉、香泉亭、"飞壁流泉"题刻、"香泉"题刻、孙徵兰诗刻、潞藩内典宝正陈进诗刻等）皆应于此时完成。笔者多次实地踏查，认为麻姑像及其周围建筑的整体设计应为一次成型，布局疏密有致，左右对称，上下相宜，不可能跨越几个朝代而慢慢形成。所以，极有可能是潞府提供珍藏的吴道子所画观音像的真迹（或拓本），让匠人临摹上石，又题"唐吴道子作""立石霖落山"以正视听。因此，此处的吴道子观音大士立像是明末复刻的，不是原物，时间应该在崇祯四年左右。再推而广之，"香泉"二字究竟是大潞王朱翊镠所书，还是小潞王朱常淓所写，就更不应该成为问题了。从年代判断，当然是小潞王所书。人们大多熟悉朱常淓的唐诗草书石刻，对他别的书体并不熟悉，因此往往揣测"香泉"二字为大潞王所书。其实，小潞王也善榜书，清人金志章《集汪秀峰飞鸿堂，观潞琴，同赋》诗中有自注"嗣王常淓善擘窠大书"[13]。结合上述分析，"香泉"二字乃至"飞壁流泉"四字皆应为小潞王所书，写于崇祯四年。在观音大士立像北侧下方，有两块潞藩内典宝正陈进的诗刻，一为崇祯二年六月，一为崇祯七年仲夏。这两块皆为凿崖填置，不是摩崖而成，正说明麻姑像及其周围建筑大概率为一次成型，完成于崇祯四年左右。

观音大士立像周围的孙徵兰诗刻。大士像周围的诗刻，除了潞藩内典宝正陈进的两块诗刻外，其余皆为孙徵兰的诗刻。其中，有"明万历四十有一载，睡仙孙徵兰前孝廉时笔"的，有"崇祯丙子（崇祯九年）小春，制科柱史淇园烟霞主人孙徵兰书"的，有"明崇祯十载，懒云洞主孙徵兰嗣题"的，有"明崇祯十有六载清和节，柏□□叟孙徵兰偶笔"的，仔细分析这四个题款，发现这些诗歌有的是旧作，有的是后作，说明在崇祯四年前后潞王兴建的基础上，直至崇祯十六年（1643年）孙徵兰主持的修葺活动一直没有停止。在这个过程中，孙徵兰对东壁的维修是否与潞王府有交集，应该成为研究潞王府与地方名士交流暨参与社会事务（主要是庙宇兴建）活动的重要线索。后来，随着明末战乱以及明王朝的土崩瓦解，再加上崇祯十三年（1640年）三月"皇明本刹三山受戒一代开山松月禄上人老禅师"[14]的圆寂，香泉寺的修葺活动从高峰跌落，而陷入了低潮。

白衣潮音庵。东山废弃水渠嵌有《创建香泉寺东山潮音庵碑记》残碑，虽立石纪年难觅，但文中有"松月禅师"创建潮音庵的记载，此庵既然为"白衣潮音庵"，应是现在观音大殿的原型。

3. 关于《华严经》摩崖石刻的年代

在太行南麓，摩崖刻经不在少数，但大多有题记，可以判断其准确的刻经时间，这对研究刻经的内容、书法风格、社会风俗、佛教发展、艺术特色等有着重大意义。但香泉寺《华严经》摩崖石刻找不到题记，这实在令人遗憾。笔者曾多次身临其地，仔细测量、研究、判断其刻经的边界范围，认为这两块刻经极有可能根本没有题记。本来以为北壁脱落严重，可能会有题记随之脱落而消失，但经过仔细分辨，其西北角有一小片模泐严重的未剥落的经文，由此可以判断出北壁经文的上部、西边边界；再根据经文内容判断，北壁是不会有题记的。这两块刻经没有题记，正说明其工程拖延的时间比较长，不可能是一时一刻或某些人短时期完成的。

从内容上看，经文取自东晋佛驮跋陀罗译《大方广佛华严经》。东壁刻经，无界格，比较奔放洒脱；从目前残存文字判断，应为《大方广佛华严经》卷第三十《佛不思议法品第二十八之一》、卷三十一《佛不思议法品第二十八之二》等内容。北壁刻经，有界格，比较规整严肃。从目前残存文字判断，应为《大方广佛华严经》卷六《大方广佛华严经贤首菩萨品第八之一》、卷七《贤首菩萨品第八之二》，即"尔时文殊师利以偈问了达深义净德"，"贤首菩萨曰"之内容，皆为七言句，句与句之间有明显间距，但不是由上至下为一行，而是四句竖排，然后换行，形成自右至左之四列。上四列刻完后，再刻下四列。四列与四列之间的间距更宽。现存两个四列比较完整，而第三个四列空间不够，实只有两列。如此构成自上到下之三部分，每一行应有十列五十字。根据内容判断，现存字数最多的一行上边仅缺两字，可见此石壁之顶部经历千年风雨，削减不多。刻经起首处两石壁相交，长年流水成瀑，浸损严重，有数行已无字迹；但根据内容和空间关系判断，似乎不可能从经书首句"深心净信不可坏"刻起，颇为奇怪。罗炤《小南海及香泉寺石窟刻经与僧稠学行——"南朝重义理，北朝重修行"论驳议兼及净土宗祖师》认为，华严洞外崖壁大幅刻经为《华严经·佛不思议法品》等经文，属于北齐时期的华严信仰，"很可能是在僧稠生前镌刻的，早于小南海石窟中窟刻经，能够更加充分地展现出僧稠的华严信仰"，并且强调"香泉寺石窟华严洞刻经与僧稠关系密切，是比迄今所知敦煌写本出现之前的纸质文献、如《续高僧传》等有关僧稠的最早资料还要早一百年左右的原始石刻，并且比小南海石窟刻经能够更加充分地展现僧稠对于佛教义理的了解深度，证明僧稠不仅是一位刻苦修证的禅师，还是精通《华严经》义理的高僧，弥足珍贵，需要引起中国佛教史研究者，特别是南北朝佛教史研究者的重视"[15]。陈汉章《齐香泉寺华严经摩崖碑》认为："《华严经》自唐实叉难陀译三十九品之前，惟东晋天竺佛陀跋陀罗等译三十四品，此摩崖刻亦未全。"[16] 同时，也可以证明顾燮光《河朔访古新录》卷一《汲县第一·霖落山》"洞外东、北两崖，摩崖刻《华严品义》全部"的说法是不严谨的。

从刻写规格和书法特征判断，两壁明显不属同一时期。首先，东壁无界格（亦可能是因为刻写的不是韵语或偈赞，故比较随意），洒脱灵动，不受拘束；北壁有界格（或因刻写的是韵语或偈赞），端正严整。其次，两壁虽同为隶书，但东壁尚存汉隶《礼器》《乙瑛》《石门颂》等韵味，波磔十分明显，甚至于有些夸张，燕尾高挑而突出，结体求方，笔画灵动，少了些北朝书法的雄浑厚重，多了些灵动自由和飘逸洒脱，甚至于有些遒媚。一般认为，因香泉寺现存碑刻大多记载该寺为稠禅师所建，故而该经刻应为稠禅师在世时之物，比安阳小南海的华严刻经要早。若此断为确论，它就应该是北朝书法；但从其书法特征判断，它不属于北朝书法的主流，应属另类，因此更具有重要的研究价值。不过，其北壁刻经的书法特征却与东壁有明显差异。它相对收敛规整了许多，显得更加稳重和楷化，颇为内敛和庄重。笔者认为，两壁所刻有先有后（东壁在前，北壁在后）。刻经之初应有通盘规划，其刻写顺序为先东壁后北壁。因跨越时间较长，或许不是一个时代的作品，有可能一直延续到初唐；当然，也不排除同一时期不同作者同时刻就的现象存在。所以，尽快通过寻找题记、遍查典籍记载或名人诗文等方式找到切实论据，从而断定其刻写时间，对研究河朔地区北朝摩崖刻经的书法艺术流变具有重要的史料价值。

现存关于香泉寺的最早游记是王恽《游霖落山记》。他在文中提到了《华严经》摩崖，"再折而抵华严壁下。壁摩崖为之，作隶书，刻《华严》部，特精致可观，字约万数。木客诞夸，时出光怪"[17]。我们知道，王恽喜爱书法，他经历了宋、金、元的风云变幻，有条件接触到从宋朝宫廷流出的古代书法真迹，故而王恽不仅有深厚的书法理论修养，而且以擅长颜体著称。这些在他的《秋涧集》中都有翔实记载。因此，当他接触到东寺的华严刻经时，不可能不产生浓厚的兴趣；但他没有给出准确的年代断定,说明他也拿不准这些经文的刻写时间,也可以说他不太认同这些石经是北齐旧物。同样,王恽《游霖落山杂诗》之"绝磴穿云老薛苍,扪萝行到赞公房。宝香冷彻华严壁,木客犹夸夜有光",也没有点出华严壁的刻写年代。到了清代,赵珂《重修霖落东山观音拜殿广生洞碑记》:"左有华岩壁,壁上镌《华严经》,八分体,唐人书。"明确指出华严壁属于"唐人书"。民国初年,顾燮光访古霖落,也重点考察了华严刻经。他在民国十九年出版的《河朔访古新录》卷一《汲县第一》中强调:"洞外东、北两崖,摩崖刻《华严品义》全部,惜已剥落;以书法审之,知为北齐时物。"[18]可见,直至今天,华严刻经的年代所书仍无确论。

综上所述,笔者认为香泉寺华严刻经的书法特征夹杂了诸多元素,不能单以北齐或初唐来论定;同样的,其刻写的时间跨度也比较大,保留了自北齐至初唐的艺术风格。

4. 关于《汝王令旨》的真伪

香泉寺的《汝王令旨》碑嵌于西寺大佛殿壁中,不很显眼,一般信士游客不易见到。碑体较小,额身相连,形制略显寒酸;用语通俗,多口语,与动辄上纲上线、大气磅礴的王府巨制相差甚远;更令人诟病的是,文末单行"汝王"两字,未加印章,而卫辉白池禅寺所存明胡宾《重建白池禅寺记赞》[19]仅录入"汝王赞曰",却有"汝王之章"篆印。故而,研究者对《汝王令旨》的真伪产生怀疑,有的甚至认为是寺僧臆造。其之所以藏于偏隅(反而得以传世),恐亦是因为臆造之故。

"令旨"一词,古今所指不一。先是指帝王的命令。《梁书·王僧辩传》:"俄而岳阳奔退,而鲍泉力不能克长沙,世祖乃命僧辩代之……僧辩既入,背泉而坐,曰:'鲍郎,卿有罪,令旨使我镵卿,勿以故意见待。'"到宋、元时,又指太子的命令。宋岳珂《愧郯录·圣旨教令之别》:"国朝所司承旨之别:乘舆称圣旨,中宫称教旨,储闱称令旨。"《元代白话碑集录》载有鄠县草堂寺《阔端太子令旨碑》。另外,金代还曾以皇太后之命为"令旨"。《金史·章宗纪一》:"己亥,迁大行皇帝梓宫于大安殿。癸卯,以皇太后命为令旨。"到了明代,逐渐明确完善了以太子、亲王之令为"令旨"的机制。朱舜水《答安东守约杂问》:"大明之制,亲王、太子不得外交士大夫,惟监国乃得与士大夫相接。太子、亲王不敢用制敕诰诏,止称令旨。太子令旨得颁天下;亲王止行国中,不得出国门;太子令旨止称'敬此''敬遵'。"[20]朱舜水的这篇答问写于晚明永历十四年(亦即鲁监国十五年庚子),回答有关"监国鲁王、永历皇帝族属"之问。我们知道,南明王朝苟延残喘之中对政权更迭的正义性、永历皇帝出身的纯正性等问题的争议很大,皆以是否符合祖制来衡量,所以,朱舜水引经据典,他的论述十分可信。

明代分藩制弊端很大,甚至于与朱元璋的最初设计背道而驰。燕王朱棣起兵夺得天下,使得明代分藩的性质发生了质的改变。自此以后,高度集权的封建王朝对藩王的控制愈加严格。到了汝王、潞王分封卫辉的时代，亲王是不太可能染指地方军政事务的，所谓"亲王令旨"基本上难出王府，形同虚设，意义不大，故方志中没有记载。在这个背景下，香泉寺《汝王令旨》的存世就显得意义尤为重大。

我们现在能直接看到的明藩令旨不多，比较有名的是《燕王令旨》[21]，即燕王朱棣起兵时昭告天下的檄文。其起首处言"燕王令旨。为报父仇事，谕天下藩屏诸王大小各衙门官吏军民人等曰……"与《汝王令旨》之"令旨。说与乡老左右邻住民人知道……"基本相同，可见当时藩王令旨的基本格式、行文习惯即如此。接着，《汝王令旨》指出香泉寺系汝王府"供祝香火寺宇"，不允许无知小民游僧"在内作践、毁损圣像殿宇，亵渎神灵"，因此，特下令旨，进行约束，若有违犯，"许本寺住持赴府指名来启，定行重治不饶"。最后，用"故谕"结尾。立石时间为嘉靖十三年十月十五日。文末单行顶首二字"汝王"。

从格式看，合乎明藩王令旨的基本行文规则。汝王朱佑梈于弘治十四年（1501年）就藩卫辉，嘉靖二十年（1541年）去世。本令旨发出于嘉靖十三年（1534年），此时的汝王府风平浪静，汝王的地位比较稳固；直至嘉靖十八年（1539年），嘉靖南巡至卫辉，即便行宫失火，重责地方官员，但对汝王依然恩礼有加。所以，以汝王当时的地位和社会声誉，这通令旨碑的真实性不容怀疑。

汝王就藩卫辉四十一年，时间可谓不短，但在方志及民间文化中，对汝王的评价比较公允，并没有关于其恶行的记载。可见，汝王就藩卫辉期间，社会声誉还不错。笔者想，这通《汝王令旨》碑的内容应该经得起推敲。当香泉寺寺僧把无知小民游僧"在内作践、毁损圣像殿宇，亵渎神灵"等问题反映给汝王时，既然香泉寺是汝王府的"供祝香火寺宇"，汝王肯定会有所指示的。王府官员据此拟出令旨（甚或口头指令），寺僧请人书丹上石，这个程序是没有问题的。但之所以没有用印玺，或是寺僧仅据口头指令，或是汝王谨慎（不愿也不能参与地方事务，即便是宗教事务）所致，抑或印章繁美，不易刻写。总之，形制、内容的过于简单，印玺的缺乏，使得这通《汝王令旨》的价值大打折扣。即便如此，其内容的真实性是没有问题的。它也为后人了解汝王的生活经历、宗教信仰、权势声誉、明藩令旨的格式及功能演变等提供了宝贵的史料。

5. 关于吕希绩、吕希纯游霖落山题记的考释

此段题记的内容是"神崧吕希绩纪常、希纯子进。治平四年闰月三日，过此"，为摩崖石刻，刻于封神谷（香泉寺碑刻、典籍中的"龙湾"）中部（河道渐呈东西形状）北侧石崖一处较为平整的山石上。共4行，行字不均。高约67、宽约42厘米。刻写较浅，西半部又为流水浸渍，尚可辨认。2020年3月，笔者游览封神谷时偶然发现，才使其重见天日。参考《香泉寺石刻全景图》[22]，龙湾内旧有一处规模较小的庙宇，其位置大致就在此题记所在之处，可见北宋时的龙湾比较繁华热闹，不像现在如此的清冷枯寂。

吕希绩（1042~1099 年），字纪常，寿州（今安徽凤台）人。此人出身名门，身世极为显赫。他是吕夷简之孙，吕公著之次子。与兄吕希哲、弟吕希纯师事邵雍，皆成一代名士。后来，吕希绩以父恩荫补作监簿、秘书郎，任淮西转运付使，知寿州。终因"元祐党祸"之株连而被贬岭南。吕希纯，字子进。科举登第，为太常博士。历宗正、太常、秘书丞，迁著作郎，擢起居舍人，权太常少卿，官至中书舍人、同修国史。受党争牵连，迁延微职，终入崇宁党籍，亦属仕途失意者。所谓"神崧"，宋苏颂《司空平章军国事赠太师开国正献吕公挽辞五首》有"生钟维岳瑞，葬复近神崧"[23]，吕公著葬在新郑县怀忠乡神崧里吕氏墓地。可见，神崧里乃吕氏祖茔所在地。

此处摩崖石刻与北宋吕氏家族有关。吕公著三个儿子中有两个列名于其中。北宋元祐年间，辉县文风很盛，名士辈出，胡俛、胡戬、林舍、林恕、孔叔詹等为领军人物，与苏轼、欧阳修、晁补之等交往颇深。笔者研读过《北宋光录卿致仕孔叔詹墓志》[24]，墓主孔叔詹深受吕夷简赏识，纵横官场，为一方大员，其墓志为文彦博所撰。而林恕曾得惠恭皇后母氏秦国太夫人之恩眷，而成为官场中人。不妨设想，吕希绩、吕希纯曾远赴辉县，或探亲访友，或游学求职。途中在香泉寺短暂逗留，亦属情理之中。

北宋的统治中心在大梁，卫辉、辉县距离开封较近，故而北宋时的香泉寺应是与百泉齐名的佛门圣地。香泉寺碑幢、摩崖上的题记大多为宋代的，其实也证明了这一点。

6. 关于二则"段绰题记"的考释

香泉寺有两则题记与宋代官员段绰有关。一则刻于西寺稠禅师殿前东侧石佛塔背面西侧，即"一圣立、刘仲理、段季山、刘仁仲、段复古、刘明之、杨君锡、才父、孔俊老同从提点文思至此。汲尉一贯道书。□□九月□七日"；一则刻于东寺华严经石壁（北）经文脱落之处，即"提点左厢段绰仲容，率属官王和、刘爕同、稷山令刘苞仁仲、胙城主簿孔唐俊老、邑尉一万贯道、刘伍明之、杨朋君锡、喆才叔弟、侍禁结季山游。庚午九□。男公初槑程□侍行。上僧宗志"。

这两则题记分处两处，实则内容有关联，皆刻于宋元祐五年（1090 年）九月。第一则里的"提点文思"与第二则里的"提点左厢段绰仲容"是一个人，即段绰。段绰时任"文思副使、提点左厢诸监"。

文思院，官署名。宋太宗太平兴国三年（978 年）复置，掌造金银犀玉工巧之物及彩绘装钿等器物，设监官四人，以京朝官、诸司使副、内侍、三班使臣充任。神宗熙宁三年（1070 年）定制，以文、武臣各一人为监官。元丰改制，归少府监。南宋初，随少府监归隶工部，置提辖及监官。文思副使，官名。宋朝初年置，多不领本职，仅为武臣迁转之阶，属西班诸司使。真宗咸平元年（998 年）定同七品，神宗元丰改制改从七品。徽宗政和二年（1112 年）重定武臣阶官名，改武节郎。按有关资料，西夏地方军区机关设左右两厢，共设十二监军司。此处的"左厢诸监"或与此无关。还有一种说法，"提点左厢诸监""提点右厢诸监"分管河南河北诸监公事，为群牧司下属，与北宋马政有关。宋朝设提点，为差遣名目。

关于段绰，《续资治通鉴长编》卷四百六十五《哲宗》："甲戌（元祐五年闰八月十八日，1091 年），太仆寺言：'与左厢根究利害，魏公旦提点诸监司，段绰询访郓州东平监，乞增置棚井，候将来增添马数。申奏取旨。'"[25]《续资治通鉴长编》卷四百十三《元祐三年（戊辰，1088 年）》："辛卯（八月十八日），龙图阁直学士、工部侍郎蔡延庆充太皇太后贺辽国生辰使，皇城使、海州防御使刘永寿副之；给事中顾临充皇帝贺辽国生辰使，文思副使段绰副之；司农少卿向宗旦充太皇太后贺辽国正旦使，西京左藏库使高遵礼副之；户部郎中王同老充皇帝贺辽国正旦使，内殿崇班、合门祗候贾佑副之。"[26] 宋曾巩撰《钦定四库全书·元丰类藁》卷二十一《制诰·内殿承制段绰等知州制》："敕具官某州，有兵民之寄而地在疆场之间，则常择用材武之臣，属之守，御之任，尔以能选，往祗厥服，尚思绥靖，以称简求可。"[27] 今登封初祖庵尚存《达摩颂碑》，由黄庭坚书颂一则"少林九年，垂一则语。直至如今，多方赚举"[28]，由"文思副使、提点左厢诸监段绰"题额为"祖源谛本"，由"朝奉郎、知河南府陵台令兼知永安军同金书兵马司公事、轻车都尉、赐绯鱼袋张宗著"立石。

香泉寺的这两则题记，内容虽有关联，但人员并不完全一样，故不能视为一则。应该是一年之中，段绰两次率人游览香泉寺，故寺僧刻写两次。两相对照，有的信息颇有价值，如段绰字仲容，时任文思副使、提点左厢诸监，其属官有王和、刘燮同，此对北宋元祐年间马政官僚体系的研究有帮助。此外，稷山令刘莒（字仁仲）、胙城主簿孔唐（字俊老）、汲县尉一万（字贯道）等官员，在方志中皆无记载，如此可补史书之阙。

值得注意的是，第二则的内容分刻于两块岩石之上，而岩石高低不同，极容易让人误解为两则题记。顾燮光《河朔访古新录·汲县第一》中就把此题名误分为"元祐庚午三月初六日，主簿孔唐等""段绰等题名"[29] 两项，但不知其"三月初六日"得自何处；不过，他在《河朔金石文字新编》卷九《宋二·汲县香泉寺东寺北石壁宋人摩崖 共五段》[30] 中修正了自己的结论，把两则列为一则，即第五段。

7. 关于权邦彦题名的考释

香泉寺所存权邦彦题名，即"壬寅岁除，河间权邦彦游霖落，晚宿坛山。岂此过清，不可久留者邪"。此题名刻于香泉寺西寺稠禅师大殿前西侧石塔背面右侧。正书，有行意。2 行，每行 13 字。左书（由左至右）。

权邦彦（1080~1133年），宋河间人，字朝美。徽宗崇宁四年进士，授青州教授，调沧州教授。入为太学博士、国子司业。宣和初，迁左司员外郎使辽。还，任集英殿修撰，知易州。钦宗靖康元年（1126年），知冀州。高宗建炎中，知东平府，金人围急，死守数月，城破，犹力战，突围至行在。改江、淮等路制置发运使，有治声。绍兴元年（1131年），召为兵部尚书兼侍读。次年除签书枢密院事，献"十议"以图中兴。寻兼权参知政事。绍兴三年（1133年）卒。有遗稿《瀛海残编》。事见《诚斋集》卷124《枢密兼参知政事权公墓志铭》，《宋史》卷396有传。

历史上的权邦彦是著名的抗金将领。但宣和年间，权邦彦的官职并不显赫。《宋史》卷396《权邦彦传》："宣和二年，使辽。明年，抗表请帝临雍。为学官积十余年，改都官郎中、直秘阁、知易州，移相州，复召为都官郎中。与王黼议不合，镌职，知冀州。金人再入，高宗开大元帅府，起两河兵卫汴京，邦彦提所部兵二千五百人，与宗泽自澶渊趋韦城，据刁马河，诸道兵莫有进者。"[31]此处对权邦彦宣和年间的任职介绍得比较含糊。再按杨万里《枢密兼参知政事权公墓志铭》："宣和初，迁左司员外郎。徽宗有意用公，而公与宰相王黼异议。黼尝欲官饔人子，衣之品服，公言：'孔子惜一繁缨，今以命服服奴人乎？'黼衔之，故恨之。使辽，辽酋面授国书，责公双跪，公曰：'非南朝礼也，行人不敢承命。'辽酋大怒，竟莫夺。公之在辽也，审知女真强盛，日睹官军骄惰，归，言于上：'请檄两河，缮甲兵，固吾圉，益厚北朝之好，无令边臣生事败盟。不然，必有唇亡齿寒之患。'且言帅臣沈积中与詹度不咸，当黜。不报。寻除集英殿修撰，知易州。女真果犯京师，钦宗受禅，公复为左司。靖康元年十月，改宗正少卿，除直徽猷阁，知冀州。辞行，钦宗勉之曰：'兵起北方，士大夫悉求南，卿独请北，真能体国。'公道逢士夫自大名归者，语公'敌且再入，毋往'，公曰：'吾得死所矣。'命驾亟行。高宗皇帝以康王为大元帅，起两河兵入卫王室，以公为计议官。公将冀兵与宗泽兵皆师于澶渊，与泽兵于丁未三月自济径趋吉刁马河拒敌，列砦数十，去京不远。敌骑充斥，诸路兵约同进者不应，泽曰：'是以肉食虎耳。'乃师于曹之南岸。及二圣北狩，上檄诸路追袭，公与泽兵复之卫之滑，敌已渡河。公与泽同表劝进及釐正位号，以系民望者五。上即位，公与泽同往大名，募义兵。"[32]墓志铭的记载比较详尽。宣和元年（1119年）迁左司员外郎，宣和二年（1120年）出使辽国。归朝后，把侦知之敌情上告朝廷，希望朝廷一边备战，一边维持局面，等待时机。但宋徽宗"不报"，权邦彦的警告没起到多大作用。不久，权邦彦"除集英殿修撰，知易州"。等到宣和七年（1125年）金兵进犯，钦宗受禅，权邦彦"复为左司"，开始了自己的抗金生涯。

按，"宣和四年岁除"即宣和四年十二月二十九日（1123年1月28日），权邦彦"游霖落山，晚宿坛山"。那么，一岁之末，天寒地冻，此时"除集英殿修撰，知易州"的权邦彦因何而来，为何而去呢？

今辉县百泉涌金亭有权邦彦诗刻《苏门一首次韵》[33]，前有序："彦寓卫，初春已起，寻山兴。宣和五年正月九日游百门泉，览彦由殿院有诗刻石，因用其韵书之，并律诗奉呈。"中有诗："西山招人巧相逼，兴欲乘风先两腋。夜寒策马古共城，未见春林炫红碧。土膏浮焰远沄沄，野烧旧痕明烁烁。造幽忽觉景物异，心莹如澄眼如拭。山根出泉泉涌窦，泓此一样玻璃色。炯然毛发立可数，我欲探之还杖植。郦元水经陆羽品，甲乙未许来轻敌。径须乘夜掬月影，且试飞桡拨云迹。塞垣奔驰厌长道，貂帽多尘更吹炙。偶来娱此得闲旷，尘土自无何用涤。境清意彻两相会，坐对行吟一倾臆。鸥鹭飞浮亦闲暇，知我忘机群可入。拟将笔力出仿像，但觉才悭费雕刻。荒乘野逸不知倦，是乐个中真自适。暮归穿邑惊市人，应笑新迁二千石。"后有："癸卯七月一日，知县赵参模镌于石。"

既然"彦寓卫"，那么，宣和四年最后一天"游霖落，晚宿坛山"，宣和五年（1123年）正月九日"游百门泉"，那就顺理成章了。只是权邦彦"寓卫"所为何事呢？诗中的"塞垣奔驰厌长道，貂帽多尘更吹炙"可以透漏出许多信息，此时的权邦彦应该生活在军中，连新年前后都不得休息，或积极备战，或与敌拉锯，为国事而奔波。可见，当时的卫辉、辉县已是御敌前线，西北防御辽国，东北警惕金国，腐朽衰落的北宋王朝已处于风雨飘摇之中。但据权邦彦墓志，他此时的官职是"集英殿修撰，知易州"。易州的州治在河北易县，易县在北宋初是抗辽前线，但到了宋真宗景德二年（1005年）宋、辽签订"澶渊之盟"时，宋把易州割让给辽。所以，到了宣和年间，易州实际上是在辽的统治之下。因此，权邦彦以"集英殿修撰"而"知易州"，属于名义上的虚职，使其"檄两河，缮甲兵，固吾圉"得以师出有名。

在国家危亡迫在眉睫之际，权邦彦在朝中受到排挤，然后以"知易州"的名义招抚豪杰，储备物资，巩固自易州沿太行山至卫辉、辉县一带的边防，以达到拱卫首都汴京的战略目的，这应该是权邦彦当时的生活常态。权邦彦曾出使辽国，洞悉敌情，深知朝廷隐忧；但一方面人微言轻，一方面权臣当道，再加上皇帝昏庸，他的备战主张没有得到重视。所以，香泉寺题名中的"岂此过清，不可久留者邪"与《苏门一首次韵》中的"塞垣奔驰厌长道，貂帽多尘更吹炙"所透露出的疲惫、清冷、忧心忡忡就可以理解了。

权邦彦的《苏门一首次韵》是一首和诗，序中的"彦由殿院"不是凡人，是另外一个大名鼎鼎的人物——刘豫。刘豫（1073～1146年），宋景州阜城人，字彦由（一做彦游）。哲宗元符间进士。徽宗宣和中判国子监，除河北提刑。金人南侵，弃官逃匿。高宗建炎中张悫荐知济南府，金人攻济南，豫杀守将关胜，降金。四年，金人册其为帝，国号"大齐"，都大名，后迁汴京。与其子刘麟时诱金人攻宋，且籍民兵三十万入寇，屡为韩世忠、岳飞、杨沂中等所败，金人诘其罪。绍兴七年，被废为蜀王，徙临潢，改封曹王。《宋史》卷475入《叛臣传》[34]。

按，政和二年（1112年）刘豫任殿中侍御史，宣和六年（1124年）刘豫"判国子监，除河北提刑"，故而权邦彦在序中以"彦由殿院"称之。此时的刘豫是朝中大臣，殿中侍御史职在监察文武官员，地位比权邦彦高，故权邦彦"因用其韵书之，并律诗奉呈"。只是，国难当头就像一块试金石，孰优孰劣，孰忠孰奸，妍媸立现。靖康之耻后，刘豫降金，成为"大齐"皇帝，变成了侵略者的奴才；而权邦彦招募义士，奋勇抗战，虽屡有波折，但终成一代抗金名将。他们人生之路迥异的原因，颇令人深思。只是不知道若干年后，权邦彦回忆起宣和五年曾为刘豫之作和诗时，会是一种怎样的复杂心情！

8. 关于三则"文谷题记"的考释

香泉寺有三则与"文谷"有关的题记：第一则"经涉乱流，凭陵迭嶂，始达幽源，而观妙象。文谷"，刻于西寺原稠禅师大殿前东佛塔之阴；第二则"经涉乱流，凭陵迭嶂，始达幽源，而观妙象。胤记"，刻于东寺华严经摩崖北壁之经文脱落处；第三则"绝壁凌霄，孤松挂月，鸿蒙始分，巨灵双辟。笃斋、文谷同题"，刻于封神谷入口处东石壁上，属于摩崖擘窠大字。关于这三则题记的大小、刻写特点、保存状况等，前表有载，此不赘述。

这三则题记虽分处各处，但皆与"文谷"有关。那么，"文谷"是谁？属于哪个朝代？是在什么情况下游香泉寺并题刻于石？

在汲县金石发展史上，民国初年的顾燮光影响很大。他受河北道尹范寿铭之聘，在卫辉住了八年，访古河朔，搜集金石资料，编纂《河朔古迹志》。在此期间，他多次亲赴香泉寺，找寻石刻，精心摹拓，一方面为编书所用，一方面赠寄金石大家以做研究。他尤重元之前的石刻，元之后的一般不录，故而十分注重石刻断代。那么，对于这三则"文谷题记"，他是如何断代的呢？

《河朔访古新录》卷一《汲县第一》："东佛塔宋人题名五段：……又无年月文谷题句按此题句与华严经摩崖胤记题句同。……寺西鸡冠山下石壁文谷擘窠摩崖十八字文曰：'绝壁凌霄，孤松挂月，鸿蒙始分，巨灵双辟。文谷。'元大德八年四月香泉寺钟。"[35]

《河朔金石目》卷一《汲县第一》："香泉东寺华严洞外石壁宋人摩崖题名六段：……胤记题名正书。无年月。""香泉寺东佛塔宋人题名五段：……文谷题字行书。无年月。""文谷摩崖擘窠书十八字正书。无年月。"[36]

《河朔新碑目》上卷《宋》："香泉寺华严洞外石壁题名六段，汲县：……胤记题名正书。无年月。"[37]

《河朔新碑目》中卷《香泉寺》："香泉寺东华严洞外石壁宋人摩崖题名六

段：……胤记题名正书。无年月。""香泉寺东佛塔宋人题名五段：……文谷题字行书。无年月。""文谷摩崖擘窠书十八字正书。无年月。"[38]

《河朔金石文字新编》卷九《宋二·汲县香泉寺东寺北石壁宋人摩崖题名共五段》："第二段：经涉□□，冯陵迭嶂，始达幽源，而观妙象。胤记。"[39]

从上述摘录看，顾燮光认为这三则"文谷题记"皆为宋物。其实，这三则"文谷题记"皆为明人之作。顾燮光之所以出错，主要是受到了周围题记的影响，因为周围题记大多为宋人所书，故而顾燮光犯了经验性错误，也把这三则定为宋人题记了。

首先，这三则题记皆为右行，而香泉寺的宋人题记绝大多数为左行（只有一则为右行），所以，这三则题记大概率不是宋人之作。其次，第一则"文谷题记"的左侧尚有一行小字"嘉靖壬寅闰五月廿八日……丞汲县苏楠督石工刻"。这行字刻在石边，字体与"文谷题记"迥异，字小，中间又有断裂（或有缺字），顾燮光潜意识里认为与"文谷题记"没有关联，把它看成了明人题记而不予著录。其实，这行字是汲县丞苏楠刻写"文谷题记"时所留，与"文谷题记"是一体的。第二则"文谷题记"与第一则内容相同，但署名及字体不同，明显不是一人所书。顾燮光下意识把"胤记"理解为另一个人了。其实，"文谷"指的是山西人孔天胤，"胤记"即指孔天胤所记，"文谷"与"胤记"所指同一。

孔天胤，字汝锡，号文谷，又号管涔山人。山西汾州人。明嘉靖十一年（1532年）榜眼。因宗室外戚不准担任京城官职，故外补陕西按察司佥事、提督学政。不久又降为祁州知州，后擢河南按察司佥事，复以布政司参议提督浙江学政，历陕西按察司、右布政使，转河南左布政使。据载，其为官清正廉明，颇有政声。辞仕回籍后，筑"文苑清居""寄拙园"等，吟诗谈文以终。孔天胤以精研理学闻名于世，收藏并刊刻图书颇多。他广结名士，与谢榛、王世贞、王道行、吕仲和、裴邦奇等交往颇深。著《孔文谷文集》20集、《孔文谷诗集》14卷。近来，有研究者指出他比王世祯更早提出诗歌创作的"神韵说"，更有研究者指出皇皇巨著《金瓶梅》的作者是孔天胤，为《金瓶梅》作者身份的猜测增添了神秘的一页。

查《孔文谷诗集》卷二《泽鸣稿》，有《至辉县分司作》诗[40]。《泽鸣稿》皆录其嘉靖二十年（1541年）之作。此次奔赴辉县，是上任分守河北道左参议。现在苏门山还有他的"仁知动静"碑，撰于嘉靖二十年九月。而"嘉靖壬寅"即嘉靖二十一年（1542年），此乃刻石时间，可见孔天胤在此之前曾莅临香泉寺，或专程而止，抑或赴任途中。孔天胤挥毫留题，题名"文谷"，此乃原稿，刻在东佛塔之上；寺僧或随从官吏仿刻时，有意缀以"胤记"，意在提醒他人。可惜顾燮光未深入研究，误把这二则明人题记视为宋物。

至于封神谷中的"文谷题记"，顾燮光更是判断不清，直接误断为文谷所撰，认为是宋物。其实，这则题记的署名是"笃斋文谷同题"。题记正文是擘窠大字，署名的六个字太小，又分为"笃斋文谷"与"同题"两行（因"文谷"之下山石缺损，故把"同题"二字换行），故极易忽略。"笃斋"之"斋"刻为"斈"，不易辨识。加之石质较差，模糊不清，顾燮光很可能误把"笃斋"当作"文谷"之籍贯或号，又根本没看到"同题"二字（或者顾燮光据拓而释，而拓者漏掉了"同题"），故而粗略地命之为"文谷擘窠摩崖十八字"。

那么，既然是"同题"，"笃斋""文谷"就应是两个人。"文谷"即孔天胤，"笃斋"即汤绍恩。汤绍恩，字汝承，号笃斋，四川安岳人。嘉靖五年（1526年）进士。由户部郎中迁德安知府，移绍兴知府，累官至山东右布政使。致仕归，年九十七卒。为人宽厚俭朴，为政持大体，颇有政声。《明史》有传。

笔者起初也弄不清"笃斋""文谷"之所指。后来，偶然得读苏门山"仁知动静"碑，前有"分守道左参议文谷孔天胤题，副使蜀人笃斋汤绍恩书，分守道左参议竹泷刘琦立"，才弄清了"笃斋""文谷"之身份。说实话，其中没有多少技术含量，只是资料的搜集、整理、比较、研究而已。

所以，香泉寺中的三则"文谷题记"皆为明人所撰所书，与孔天胤、汤绍恩有关。前两则的撰者是孔天胤，书者还不能完全确定是谁，第三则的撰者、书者分别是二人中的哪一个，还有待进一步考证。

风雨无情，山石有意，千年香火，源远流长。石刻以其独特的媒介品质记载了香泉寺的沧桑和优雅。只是沧海桑田，陵谷变迁，或损毁，或湮没，许多珍贵石刻已难觅踪迹。这两年，笔者多次游览霖落，攀葛陟岩，摩挲残石，找到四五处湮没已久的名人题刻，十分兴奋。笔者认为，现在的封神谷（昔日的龙湾）两边的崖壁上一定还残留有文字，东寺半山腰废弃水渠的两壁砌垒的建筑构件中一定还有珍贵的历史信息出现（如题目中的"巍巍法相镇青山"石楹联残件就出土于此），包括两寺之间山涧石壁、洗心洞洞壁、神头塔地宫、稠禅师殿旧址等都有一定的考古价值。期望某一天，有合适的机遇，能有重大的考古成果出现，可以进一步丰富香泉寺的文化内涵，让人们更深层次地感知香泉寺在豫北乃至全国禅宗文化中地位和作用，为香泉寺的进一步发展奠定坚实的基础。

注　释

[1]（元）王恽著，杨亮、钟彦飞点校：《王恽全集汇校·卷第三十六》，中华书局，2013年，总第1786~1788页。按，此文乃卫辉香泉寺发展史上最为著名的一篇游记。文已入碑，原立于西寺大殿之前，清末时尚存，现已难觅。民国初年，顾燮光访古霖落时，尚见到明嘉靖十年重刻之碑。

[2] （元）王恽著，杨亮、钟彦飞点校：选自《王恽全集汇校·卷第二十四·七言绝句》，中华书局，2013年，总第1202、1203页。

[3] （明）玉道人撰：《重建香泉寺碑》，《卫辉历代碑刻·第15》，中州古籍出版社，2013年，第46页。按，该碑现存香泉寺西寺原大殿前。碑座犹存，碑额完整。碑身倒卧于地，断为五块。龙头碑额造型奇特，中有六字两行篆书"重建香泉寺碑"，文字周围有精美纹饰。碑身高165厘米，宽90厘米。正文24行，满行116字；题名4行，按列分排，因陋就简，不甚规范。正书，沉稳恢宏，有沉雄之气；但多用异体字，易误读。此文记载成化九年重建香泉寺之事，并无多少新意。但文中叙述了稠禅师创建香泉寺的经过，以及建浮图、起石塔、大兴佛事、立石香鼎等举动，使后人对香泉寺的发展历程有了比较明晰的印象。它是香泉寺现存碑刻中唯一叙述香泉寺创建及发展史的一通，具有重要的史料价值，弥足珍贵。

[4] 按，见顾燮光《河朔访古随笔》卷下《修武县·百家岩》。

[5] 按，该碑已不存。有拓片存台湾傅斯年图书馆拓片室。高141.5厘米，宽56厘米。额题"重修香泉寺记"，首题"重修香泉寺记"。记18行，行55字。额2行，行3字。正书，额篆书，周刻花纹，有裂纹。河南汲县出土。元王协一撰文，元何守谦正书，元韩有邻篆额，元王公信刊，释本存立石。

[6] 按，见大唐西明寺沙门释道宣《续高僧传》卷第二。

[7] （民国）顾燮光著：《河朔访古新录》卷一《汲县第一·霖落山》，《石刻史料新编》第二辑第十二册，新文丰出版公司，1979年，总第8891页。

[8] 按，见（明）玉道人《重建香泉寺碑》。该碑现存香泉寺西寺原大殿前。

[9] 按，见（明）屈可伸《题香泉》诗。该诗被住持僧慧禄刻石为纪，前诗后序。该碑原平卧于地，置于东寺华严经石壁前侧小树林中。现已无存。

[10] 按，该碑现存卫辉香泉寺东寺。断为两截。

[11] （元）王恽著，杨亮、钟彦飞点校：《王恽全集汇校·卷第三十六》，中华书局，2013年，总第1786~1788页。

[12] 按，孙徵兰《香国楼精选蘷蘷草》第十集，明崇祯刻本，清华大学图书馆古籍阅览室藏。

[13] 选自（清）金志章撰《江声草堂诗集》卷七《渔浦归耕集》，天津图书馆藏清乾隆十九年刻本，《四库全书存目丛书》集部第二七四册，齐鲁书社，1997年，第68页。

[14] 按，此为墓碑状摩崖刻石，现存香泉寺东寺东石壁。

[15] 按，该文见中国古迹遗址保护协会石窟专业委员会、龙门石窟研究院主办：《石窟寺研究·第8辑》，科学出版社，2018年，第106~129页。

[16] 选自（民国）陈汉章著《缀学堂河朔碑刻跋尾》，该文附于民国范寿铭著《循园金石文字跋尾》之后。见于台湾新文丰出版公司编辑部编辑：《石刻史料新编》第二辑第二十册，新文丰出版公司，1979年，总第14484页。

[17] （元）王恽著，杨亮、钟彦飞点校：《王恽全集汇校·卷第三十六》，中华书局，2013年，总第1786~1788页。

[18] （民国）顾燮光著：《河朔访古新录》卷一《汲县第一·霖落山》，《石刻史料新编》第二辑第十二册，新文丰出版公司，1979年，总第8891页。

[19] （明）胡宾撰：《重建白池禅寺记赞》，《卫辉历代碑刻·第18》，中州古籍出版社，2013年，第56、57页。

[20] 摘自朱舜水著《朱舜水文选》，"台湾文献丛刊"第182种朱之瑜编《朱舜水文选》，台湾大通书局，1987年，第45页。

[21] 选自明成祖朱棣撰《燕王令旨一卷》，明钞本。收入《北平图书馆善本书胶片》。

[22] 该石刻现存卫辉市博物馆碑林，嵌壁，方形。

[23] 傅璇琮等主编：《全宋诗》（第十册）卷532《苏颂一四》，北京大学出版社，1992年，总第6436页。

[24] （宋）文彦博撰，刘沁书丹，楚建中篆盖：《宋故朝散大夫守光禄卿致仕上轻车都尉仙源县开国子食邑六百户赐紫金鱼袋孔公墓志铭并序》，台湾东吴大学藏拓，张智玮释读报告《北宋光禄卿致仕孔叔詹墓志》。

[25] （宋）李焘《续资治通鉴长编》卷465《哲宗》，《景印文渊阁四库全书》第321册，台北商务印书馆，1986年，第286页。

[26] （宋）李焘《续资治通鉴长编》卷413《哲宗》，《景印文渊阁四库全书》第321册，台北商务印书馆，1986年，第286页。

[27] （宋）曾巩撰《元丰类藁》卷21《制诰》，《景印文渊阁四库全书》第1098册，台北商务印书馆，1986年，第522页。

[28] 按，该碑现存少林寺初祖庵，有拓本流传。

[29] （民国）顾燮光著：《河朔访古新录》卷一《汲县第一·霖落山》，《石刻史料新编》第二辑第十二册，新文丰出版公司，1979年，总第8891页。

[30] （民国）顾燮光辑：《河朔金石文字新编》卷九《宋二·汲县香泉寺东寺北石壁宋人摩崖题名共五段》，《金石学稿本集成·二辑》，上海书画出版社，2016年，第2、25、117页。

[31] （元）脱脱等撰：《宋史》卷396《权邦彦传》，《宋史》第34册，中华书局，1977年，总第12075页。

[32] （宋）杨万里撰，杨长孺编：《诚斋集》卷124，《景印文渊阁四库全书》第1161册，台北商务印书馆，1986年，第598、599页。

[33] 按，该诗刻现存百泉碑廊，录文于辉县市文学艺术界联合会编：《百泉诗集·宋朝·权邦彦》，1999年，第41、42页。

[34] （元）脱脱等撰：《宋史》卷475《叛臣上·刘豫》，《宋史》第39册，中华书局，1977年，总第13793~13802页。

[35] （民国）顾燮光著：《河朔访古新录》卷一《汲县第一·霖落山》，《石刻史料新编》第二辑第十二册，新文丰出版公司，1979年，总第8891页。

[36] （民国）顾燮光辑：《河朔金石目》卷一《汲县第一·宋》，《石刻史料新编》第二辑第十二册，

新文丰出版公司，1979年，总第8956页。

[37]（民国）顾燮光辑：《河朔新碑目》上卷《宋》，《石刻史料新编》第三辑第三十五册，新文丰出版公司，1986年，第562页。

[38]（民国）顾燮光辑：《河朔新碑目》中卷，《石刻史料新编》第三辑第三十五册，新文丰出版公司，1986年，第572页。

[39]（民国）顾燮光辑：《河朔金石文字新编二集》卷九《宋二·汲县香泉寺东寺北石壁宋人摩崖题名　共五段》，《金石学稿本集成·二辑》，上海书画出版社，2016年，第2、25、116、117页。

[40] 按，该诗见（明）孔天胤撰：《孔文谷诗集·卷二·泽鸣稿》，《明别集丛刊》第二辑第六十六册，黄山书社，2015年，第311、312页。

河南滑县未来大道建筑基址探析

胡玉君　李贵昌　焦　鹏

（安阳市文物考古研究所　安阳　455000）

摘　要：2014年，在滑县县城东南发现一处砖砌建筑基址，由相连的四组建筑构成，包括房屋、庭院、道路、灶、火烧沟、排水沟、池、火道等。从基址内出土器物的形状特征判断其年代当为晚唐至宋初时期，其中的瓷器与同时期的鹤壁窑产品的种类、形制、釉色极为相似，这批瓷器应产自鹤壁窑。从遗迹现象及器物组合分析，该处建筑基址应为一处以棚户式建筑为主的唐宋时期小规模民间制酒作坊遗存。

关键词：滑县；晚唐至宋初；建筑基址；作坊；制酒

2014年8月至10月，安阳市文物考古研究所在河南省滑县未来大道与黄河路交叉口东南角发掘了一处古代建筑遗存，发掘遗址面积800余平方米，发现有房基、墓葬等。

一、遗迹现象

这次发掘的砖砌建筑遗存可分为四组，包括29间房间（编号F1~F29），2座庭院，2条道路，8座灶台，1座烟囱，4条烧土沟，4段空心墙，1条地下烟道，4座池类遗迹，2条水沟和一些柱洞（图一）。

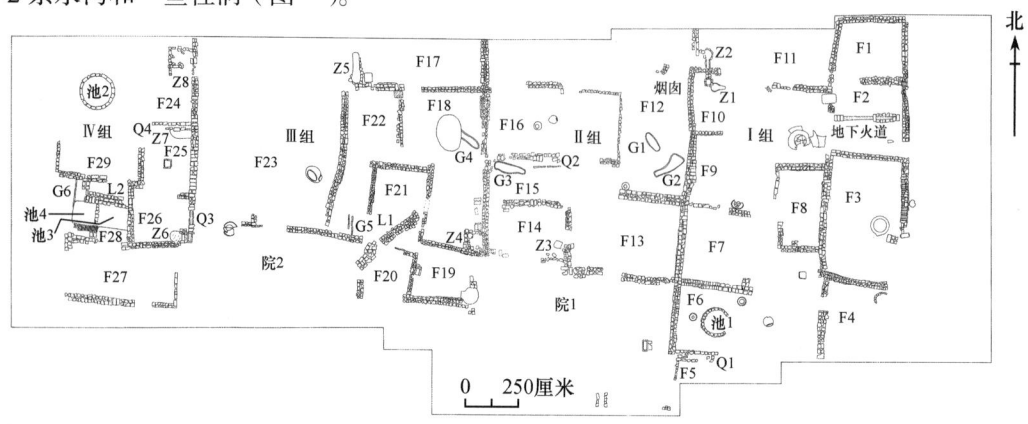

图一　遗址平面图

Ⅰ组建筑位于该建筑基址的东部，其西侧有一南北向的砖砌墙体与Ⅱ组建筑基址相连，墙体共用。Ⅰ组建筑包含11间房间，编号F1~F11。11间房间相互连接，构为一体，内部相通。建筑基址内分布有2座灶，1座圆池，1条地下烟道。

F2位于F1与F3之间，平面呈长方形，东西长3.3、南北宽3~3.3米，四面皆有砖墙，墙体残高0.2~0.35、宽约0.32米。其北墙与F1共用，南墙与F3共用。南墙、西墙和东墙为两排砖并列铺砌，北墙为两排砖并列交叉斜垒。东、西、北三侧各留有一门道。房间正中有1条地下烟道，该烟道埋于当时地面之下，砖砌，东西向，长3.1、宽0.15、深0.1米。在火道上方平铺有一层青砖，东侧部分烟道南、北、东三面皆有青砖围砌，四周和底部有黑色炭灰。在F2与F10之间发现了大型灰陶瓮1件，口径64、腹径110厘米。

F3位于F2与F4之间，平面呈长方形，东西长3.4、南北宽5.4~5.8米，四面皆有砖墙，墙体残高0.18~0.5、宽0.25~0.4米。其北墙、西墙、南墙分别与房间F2、F8、F4共用。北墙、西墙为两排砖并列铺砌，南墙、东墙为两排砖并列交叉斜垒。东南角留有一门道，与外部相通。F3内靠近东墙处放置大型灰陶瓮1件，口径61、腹径91厘米。房间内东北部还发现了大型陶瓮痕迹两处，直径分别为0.98米和1.2米。

F6位于Ⅰ组建筑基址的西南部，平面呈长方形，南北长3、东西宽3.9米，四面砖墙，其四面墙体均与周边房间共用。墙体残高0.21~0.52、宽0.25~0.5米。房间北墙、西墙为两排砖并列铺砌，南墙为空心墙，两侧单砖平砌，中间为空心，空心部分与F5内的灶相连。房间内中部有1砖砌圆池遗迹（池1），从当时地面往上单砖平砌，残高0.08~0.35米，地面以下部分为土圹，深0.73米，其外径1.3、内径1.1米。该圆池较浅，从形制结构来看，应该为蒸馏器基座、冷却池或酒窖。

F10位于Ⅰ组建筑基址的西北部，平面呈长方形，南北长2.7、东西宽6.1米，四面有砖墙，其四面墙体均与周边房间共用。砖墙残高0.25~0.46、宽0.15~0.30米。房间北墙、西墙、东墙为两排砖并列铺砌，南墙为单砖平砌。南、北、东各有一门道，分别与房间F9、F11、F2相通。房间内西北角有一灶（Z1），与房间F11内西南角的Z2相连，共用一烟囱。Z1整体呈"瓢"状，长0.7、宽0.15~0.4、残深0~0.18米，灶内有红色烧土和黑色炭灰分布。其西北端有一方形砖砌烟囱与灶相通。

Ⅱ组建筑基址位于该建筑基址的中部东侧，其东有一南北向隔墙与Ⅰ组建筑基址相连，其西有一南北向隔墙与Ⅲ组建筑基址相连。该组建筑基址包括房间5间，编号F12~F16，庭院1座。5间房间相互连接，构为一体，内部相通。建筑基址内分布有灶1座，烧土沟3条。

F12位于Ⅱ组建筑基址东北角，平面呈长方形，南北长4.5、东西宽3.1米，东、西、南三面有砖墙，北面没有发现砖砌墙体。砖墙残高0.05~0.41、宽0.1~0.5米。其东侧墙体分别与Ⅰ组建筑基址内的F9、F10共用，南墙、西墙分别与F13、F16共用。

房间西南角有一门道，与房间F15、F13相通。房间内发现两条烧土沟（G1、G2），沟内有红烧土和黑色炭灰。G1长1、宽0.4、深0.05米，G2长1.5、宽0.2~0.6、深0.07米。G1和G2应为简易土灶残体。

F14位于F15南侧，东侧与F13相连，西侧与Ⅲ组建筑基址的F18相连，南侧为庭院，平面呈长方形，南北长2.7、东西宽3.6米，四面砖墙，南墙损毁严重，砖墙残高0.05~0.35、宽0.2~0.35米。北墙西端及东墙中部各留一门道，分别与F15、F13相通。房间内东南角有一灶（Z3），损毁严重。

F15位于F14、F16之间，平面呈长方形，南北长2.8、东西宽3.4米，北、西、南三面有砖墙，东面没有发现砖砌墙体。砖墙残高0.2~0.45、宽0.25~0.6米。其北、西、南三面砖墙分别与F16、F18、F14共用。南墙西端有一门道与F14相通。房间北墙为空心墙Q2，北侧双层砖平砌，南侧单砖竖砌，中间为空心，墙宽0.6米。西北角有一烧土沟（G3），长1.5、宽0.2~0.5、深0.3~0.8米，内有红烧土和黑色炭灰，应为简易土灶残体。

Ⅲ组建筑基址位于该建筑基址的中部西侧，其东有一南北向隔墙与Ⅱ组建筑基址相连，其西有一南北向隔墙与Ⅳ组建筑基址相连。该组建筑基址包括房间7间，编号F17~F23，庭院1座。7间房间相互连接，构为一体，内部相通。建筑基址内分布有灶2座，烧土沟1条，排水沟1条，道路1条。

F17位于房间F18、F22北侧，北部没有发掘到边，现存平面呈长方形，南北现存长2.2、东西宽6.4米，东墙和南墙保存较好，西墙损毁严重，由于北部没有发掘到边，没有发现北墙。砖墙残高0.1~0.38、宽0.2~0.35米。其南墙与F18、F22共用。南墙中部有一门道，与F18相通。房间西南角有一灶（Z5），椭圆形，南北长1.4、东西宽0.3~0.45、深0.15~0.24米，内有红烧土和黑色炭灰。Z5东侧有一长0.4、宽0.35米的大方砖，可能为放置物品所用。

F18位于Ⅲ组建筑基址的东侧，东侧有一南北向隔墙与Ⅱ组建筑基址F14~F16相连，北、西、南分别与F17、F22、F21、F19相连，墙体共用。房间平面呈曲尺形，南北长7.4、北部东西宽3.6、南部东西宽2.45~2.85米。F18周边均有砖墙，残高0.3~0.52、宽0.25~0.6米。北墙西北角和西墙南端各有一门道，分别与F17、F22相通。西墙南段中部有一门道，与F21内的路L1相接。房间北部有一烧土沟G4，残长1.15、宽0.3、深0.6米，内有红烧土和黑色炭灰，西侧被一晚期灰坑打破，应为简易土灶残体。房间东南角有一灶Z4，青砖围砌，方形，边长0.9、残高0.05~0.22米，内有红烧土及黑色炭灰。灶内发现一口大底小的红陶罐，罐底为中空的环状。灶的东南方有一个用完整青砖垒筑的方形小台，边长0.36、现存高0.1米，应与灶为一体，当属灶台。

F21位于房间F20、F22、F24之间，平面呈长方形，南北长3.7、东西宽2.5米，四面砖墙，南墙损毁较严重，砖墙残高0.05~0.48、宽0.2~0.3米。四周墙体分别与周边的房间共用。东墙中部、南墙西端和西墙南端各有一门道，分别与房间F18、F20、F22相通。东墙与南墙门道之间有一砖铺道路（L1），单层青砖铺砌，均为残砖，东北—西南向，长3.8、宽0.4~0.7米，西南端连接院2，斜穿过F20、F21，东北端与F18西墙门道相连。

F23位于Ⅲ组建筑基址的西侧，西侧有一南北向隔墙与Ⅳ组建筑基址F24~F26相连，东侧与F22相连，墙体共用，南侧为庭院。房间平面呈长方形，南北长6.4、东西宽6.9米。三面砖墙，北面没有发现砖砌墙体。砖墙残高0.15~0.61米，宽0.2~0.35米。南墙东西两端各有一门道，与庭院相连。房间内地面凹凸不平，整体上北高南低，其东南角有一低洼的浅坑，浅坑应为存水池，晾晒物的积水由北向南流入该浅坑中。浅坑旁有一大陶瓮。该间建筑应为晾晒场所。

院2位于Ⅲ组建筑基址的西南角，为长方形庭院，南北长3.85、东西宽8.7米。F23的南墙、F27的东墙、F20的西墙三面墙体都有门道与院2相通，庭院南面没有发现砖砌墙体。

Ⅳ组建筑基址位于该建筑基址的西部，其东有一南北向隔墙与Ⅲ组建筑基址相连。该组建筑基址包括房间6间，编号F24~F29，庭院1座。6间房间相互连接，构为一体，内部相通。建筑基址内分布有灶3座，池3座，排水沟1条，道路1条。

F26四周分别与房间F27、F28、F25、F23相连，墙体共用。平面呈长方形，南北长2、东西宽2.6米。四面均有砖墙，其中北墙较短，仅存0.55米，砖墙残高0.05~0.46、宽0.25~0.35米。北墙有门道，与F25相通。F26东墙为空心墙，东、西两侧单砖立砌，中间为空心，空心部分每一砖距离有单层立砖作为隔断，墙宽0.25米。房间东南角有一残灶（Z6）。

F28位于房间F26、F27、F29之间，长方形，南北长2.64、东西宽1.85米。三面均有砖墙，与周边房间共用，西面没有发现砖砌墙体，砖墙残高0.15~0.61、宽0.15-0.35米。南墙与北墙的东端各有一门道，分别与F27、F29相通。东墙北部有一门道，与F26相通，同时与房间内的东西向道路（L2）相接，门道处有两层平砖砌作门槛。L2为青砖铺砌，均为残砖，由西向东通往F26西墙门口，长2.2、宽0.5~0.70米。L2南侧有两座方形水池（池3和池4）。池3、池4东西相邻，中间用一条宽0.15米的窄隔梁隔开，隔梁最上面为一层青砖。西侧为池3，长方形，东西长1.45、南北宽1.05米。东侧为池4，正方形，边长1.05米。这两座水池深0.45米，南北边均有排列整齐的立砖。水池北部紧贴L2，池4西北角与一南北向砖砌排水沟G6相连。

池2位于整个建筑基址的西北角，砖砌，圆形，直径1.7米。地面以上部分用单层青砖平铺围砌，高1米，地面以下深2.4米，水池总深3.4米。

二、年　　代

这次发掘出土的遗物主要有瓷器、陶器、石器、铁器及铜钱等百余件，以瓷器为主，瓷器中又以酒具居多。

这次出土的铜钱有"开元通宝""景德元宝""至道元宝"。其中"开元通宝"始铸于唐高祖武德四年（621年），至北宋初年仍有铸造。"至道元宝""景德元宝"分别铸造于北宋初年，具体年代为995～1007年。出土的瓷器中，双耳葫芦瓶、执壶、双耳执壶等器物与《鹤壁窑》[1]一书中晚唐时期的同类器物无论釉色还是器形都极为相似；葵口碗、葵口盘、高足盘、人面高足盘等器物均与陕西蓝田北宋吕大临家族墓地出土的部分瓷器极为相似[2]，为典型的北宋初年器物。故判断该建筑基址的年代应该始建于晚唐，废弃于北宋初年。

这次出土的瓷器中，多数器物与鹤壁窑出土瓷器的施釉技巧和形制特征极为相似，其产地应该在距该遗址60千米左右的鹤壁窑。

三、性　　质

该建筑基址虽分为四组，但组与组之间相互连接，墙体共用。各组内房间布局虽不规则，交错纵横，但房间之间皆有门道相通，互有关联，多数墙体为多间房间共用而非独立存在，所有建筑似一整体，而非以多个家庭形式分别单独存在，与四川宜宾喜捷槽坊头明代白酒作坊遗址的建筑布局较为相似[3]。房间形状大小不一，有长方形的，也有曲尺形的，面积最大的房间44平方米（F23），而最小的只有4平方米（F21）。且每个房间都有一个或多个门道，最多的有四个门道，如F21、F27。现存墙体最高的也仅0.61米，几乎全用半截残砖和碎砖垒砌，少见完整砖。砖多数为青砖，个别为红砖。所用的砖形状大小不一。墙体垒砌不规整，有倾斜甚至弯曲的现象，门口两侧墙体多数不对称。墙体的垒砌方法既不规矩也不统一，有两排并列平铺的，有单排竖砌的，有两排并列交叉斜垒的。砖之间的缝隙有用碎砖填塞的，有用泥填塞的。这些不足以支撑面积较大的建筑。这次发现的房顶建筑构件极少，仅有筒瓦1件，板瓦1件，瓦当6件，同时发现的几处柱洞也较小。从这种墙体体量小且粗糙、垒砌不规整、支柱较细小的情况来看，其是难以支撑厚重的实体屋顶的，其屋顶应该为立柱支撑的茅草屋顶。此处建筑多数为半截砖砌墙体，应该为半开放式的棚户式建筑。该建筑基址无论从房间布局、形状、大小，还是从门道设置、墙体构造及用料等分析，绝非一般民居建筑，理应是一处手工业作坊遗存。

该建筑基址房屋之间相互通连，房间内有砖铺小路、有池、灶、陶瓮，有烧造痕迹。房间内地面为黑色黏土面，较致密，表面凹凸不平，有坑洼现象。这次发现的多处炉灶、烟道（空心墙）、晾堂、池等遗迹，和四川绵竹剑南春酒坊遗址[4]及水井街酒坊遗址[5]等遗址的遗迹组合极为相似。例如，F23与李庄老酒厂[6]的晾堂较为相似，与水井街酒坊遗址的晾堂亦有相似之处，均是用来晾制发酵过的粮食的晾堂。池2与南溪水巷子酒厂[7]和李庄老酒厂的半地穴式窖池形制相近，为半地穴式圆形酒窖。池1保存状况较差，形制不完整，既与池2相似，像是圆形半地穴式酒窖，又与水井街酒坊遗址和李渡无形堂元代烧酒作坊遗址[8]的蒸馏器基座较为类似。池3、池4的结构与水井街酒坊遗址和绵竹剑南春酒坊遗址的酒窖如出一辙，与高县杨氏大曲烧坊[9]的酒窖也极为相似，为典型的地穴式方形土酒窖。唐宋时期，我国已普遍酿制蒸馏酒，而制作蒸馏酒必须蒸酒，遗址内大量的灶应该就是用来蒸酒的。

这次出土的器物中，占比较大的有瓷执壶、瓷双耳罐、陶瓷等，都是用来盛酒的，尤其瓷执壶更是典型的盛酒器。同时，遗址出土的瓮、罐、壶、瓶等容器内的土样经中国社会科学院考古研究所科技中心取样与测试，多数含有植物类遗存，应该是酒液的残留物。

从该遗址的建筑布局及结构、遗迹和遗物的组合不难看出，该遗址不是日常居址，而是唐代晚期至北宋初期的一个与水、与火有关，以棚户式建筑为主，需要大量用水、用火，分工精细，存在植物加工，工作过程中需要加温或发酵以及大量储物和晾晒的场所，而这个场所应该是一处手工业制酒作坊遗址。从遗址面积、遗迹的大小及建筑基址的结构来看，该作坊规模较小，应为民间小型作坊。

从遗迹分布来看，Ⅰ组房间出土2个大瓮，且多大瓮放置痕迹，有唯一一条地下火道，灶较少，应为备料区及存储区。Ⅱ组、Ⅲ组房间分布较多的灶，有晾晒场所，应该是蒸酒区及摊晾区。Ⅳ组房间分布有类似酒窖和蒸馏器基座或冷却池的遗迹，可能是蒸馏区和发酵区。

滑县制酒文化源远流长。滑县在宋代地名为"滑州"，欧阳修在此做滑州通判时开始酿造白酒"冰糖春"，又称"冰糖酒"。听名字好像是甜酒，但其实是白酒。因酿制工序中加了冰糖而得名。冰糖春酒色泽红润，含有一定的营养成分，经常饮用有改善精神、舒筋活血之功效。《大明一统志》载："冰堂，在滑县治，宋欧阳修守郡日建，尝造酒，名'冰堂春'。"南宋陆游在他的名著《老学庵笔记》中有专条记载："承平时，滑州冰堂酒为天下第一。"由此可见，当时滑县区域的酿酒业是比较发达的。《滑县县志》记载："道口大曲，乃道口镇传世佳酿。明天启八年（1628年），道口老街有一酿酒作坊，名'豫道春'。店中所酿之酒，味道醇厚，酒香浓郁；有著名学者题词为证：'名驰冀北三千里，味压江南第一家'。嘉庆皇帝出巡过道口品尝义兴张烧鸡、豫道春老酒后，龙颜大悦，题词：'道口烧鸡义兴张，道口大曲豫道春'。"至今，滑县酿制的"小鸡蹦""道口大曲""豫丰"酒，仍然享誉内外，深受消费者好评。这也从另一个侧面反映出该处确为一处晚唐至宋初的民间制酒作坊遗存。

注 释

[1] 鹤壁市文物工作队:《鹤壁窑》,中州古籍出版社,2009年。

[2] 陕西省考古研究院、陕西历史博物馆、北京大学考古文博学院:《异世同调:陕西蓝田吕氏家族墓地出土文物》,中华书局,2013年。

[3] 四川省文物考古研究院、宜宾市博物院:《四川宜宾喜捷槽坊头明代白酒作坊遗址发掘简报》,《文物》2013年第9期。

[4] 四川省文物考古研究所、德阳市文物考古研究所、绵竹市文物管理所,等:《2004年绵竹剑南春酒坊遗址发掘简报》,《四川文物》2007年第2期。

[5] 成都市文物考古研究所、四川省文物考古研究所:《四川成都水井街酒坊遗址发掘简报》,《文物》2000年第3期。

[6] 四川省文物考古研究院、宜宾市博物馆:《宜宾地区古代酿酒作坊、遗址调查简报》,《四川文物》2013年第4期。

[7] 四川省文物考古研究院、宜宾市博物馆:《宜宾地区古代酿酒作坊、遗址调查简报》,《四川文物》2013年第4期。

[8] 樊昌生、杨军:《破解中国白酒起源之谜 江西李渡无形堂元代烧酒作坊遗址》,《文明》2004年第2期。

[9] 四川省文物考古研究院、宜宾市博物馆:《宜宾地区古代酿酒作坊、遗址调查简报》,《四川文物》2013年第4期。

从新乡市汉墓鼢鼠遗存研究谈考古中鼠类遗存的提取及研究思路与方法

王照魁

（重庆师范大学　重庆　401331）

摘　要： 新乡市汉墓鼢鼠遗存研究显示西汉时期古居民有捕鼠及用其随葬的文化现象，这一认识与考古中鼠类遗存的"后期侵入说"大相径庭，说明考古中鼠类遗存的科学研究仍有待加强。本文在鼠类遗存的标本提取上，结合自己的实践经验，介绍几种常用的提取方法和注意事项。在研究思路和方法上，认为考古中鼠类遗存的文化属性判定，需要充分考察其发掘情境，利用各遗存间的共存关系、联系形式、埋藏特点等，寻找遗存联系形式的必然性，从而得出遗存性质与功能的认识。

关键词： 新乡；鼠类遗存；水洗法；情境分析

一、引　言

2017年7月，河南省新乡市平原新区凤湖Z7雨水泵站施工工地汉墓群中清理出一批鼢鼠类小哺乳动物遗存，计中华鼢鼠（*Eospalax fontanieri*）、东北鼢鼠（*Myospalax psilurus*）2种，标本总数50件，可鉴定标本数40件，最小个体数均为3。在可鉴定标本中，中华鼢鼠骨骼有9件，包括1枚左上第三臼齿、2枚左上门齿、2件左下颌骨、1件右下颌骨、1枚左下门齿、2枚右下门齿；东北鼢鼠骨骼有8件，包括1枚左上门齿、2枚右上门齿、1件左下颌骨、1枚左下门齿、3枚右下门齿。这批鼢鼠遗存均出土于西汉时期的空心砖墓M5中，出土层位位于墓室近底部，上部还有较深厚的淤泥堆积。2019年，重庆师范大学科技考古与文物保护实验室对这批鼢鼠类遗存进行了鉴定、研究，认为这是新乡地区考古中首次发现的鼢鼠遗存，也是我国新石器时代及其以后历史时期考古中发现鼢鼠属材料最多的地点，并对复原新乡地区汉代的生态环境、居住条件等有重要指示意义。值得注意的是，该项研究认为这批鼢鼠是西汉时期古居民对中华鼢鼠、东北鼢鼠进行捕食以及随葬的考古学文化现象[1]。这一认识与以往考古出土鼢鼠类遗存的研究成果大不一样，如20世纪80年代陕西姜寨遗址仰韶文化层中出土的中华鼢鼠骨骼，被认为是后期侵入的[2]。此后，陕北靖边五庄果墚出土的中华盼鼠[3]、陕西横山杨界沙出土的中华鼢鼠和甘肃鼢鼠[4]、陕西扶风案板出土的鼢鼠属[5]等，均沿用了"后期侵入说"。动物考古中，"后期侵入说"在其他鼠类遗存研究中曾被质疑和反驳，如汉景帝阳陵外藏坑发现的褐家鼠遗存，研究者推测是"遗址废弃后进入原遗址所在地"[6]。2019年10月，张琦、侯旭东发文认为，汉景帝阳陵发现的褐家鼠，无法通过打洞方式侵入陵墓，应是景帝生前的饮食习惯在地下世界的反映，而研究者出现误解，是因为站在今人的立场去回望过去，形成了"以今度古"的思维惯性[7]。综合以往考古出土鼠类遗存的研究，可知考古出土鼠类遗存的文化属性认定存在很大差异，这一现象对当下及以后的考古鼠类研究有重大警示意义，所以本文从发掘技术、研究思路与方法两个层面进行探讨，以期对今后的考古鼠类遗存发掘和研究有所裨益。

二、提取技术

当前我国考古发掘任务繁重，各级考古单位发掘水平、科研意识、资源设备等参差不齐，对动植物遗存的采集也受到工期短、任务重、传统经验、价值意识、方法技术等因素的制约，小哺乳动物等细小动物遗存的采集并未普及，所以在我国的田野考古发掘中，有必要提前做好小哺乳动物考古的工作规划[8]，将小哺乳动物考古工作方法纳入田野发掘的工作常态。

田野发掘中动物遗存提取的常用方法是筛选法和水选法，这些方法在欧美和日本应用较早。筛选法是将土样直接放在筛子上筛选，属于干筛法，在最初的应用中筛子孔径过大，细小遗物难以筛选出来，而当筛子孔径较小时，筛子又容易堵塞，影响作业效率，于是人们又发明了水洗法[9]。水洗法是运用水对泥土进行溶解分离，再利用筛子进行筛选的方法。在日本动物考古中，水洗法采用四层网筛，孔径分别为9.52、4、2和1毫米，最开始的操作，是将盛有土样的筛子浮在水桶内的水面上不断晃动，使更小的遗物漏入桶内，经过这一步的粗选后，再将桶内遗物进行4、2和1毫米的网筛细选[10]。该方法后来有所改进，同样的四层网筛，从下往上逐层摞起，网筛孔径也依次增大，水洗时把土样倒入最上层网筛上，用水冲洗后再分层拣选，在9.52毫米孔径的网筛上可以拣到大的贝壳、石器、兽骨等，在4毫米孔径的网筛上可以拣到鱼骨、小型兽骨、小型石器等，在2毫米孔径网筛上可以拣到小型鱼类的椎骨、鱼骨片、炭化作物等，在1毫米孔径的网筛上可以拣到鱼骨细片、小的椎骨等（图一）。

20世纪八九十年代，一些中国学者开始引进水洗法，并进行一些尝试实验，如吴耀利在河南汝州李楼遗址的发掘中，分别制作粗（孔径约2毫米）、中（孔径约1.5毫米）、细（孔径约1毫米）三种网筛，然后将采集的灰土溶于水后，用粗—中—细三种网筛分层筛选，结果获得了粳稻、籼稻、野生稻及小米等黑色炭化物，也获得了鸟禽

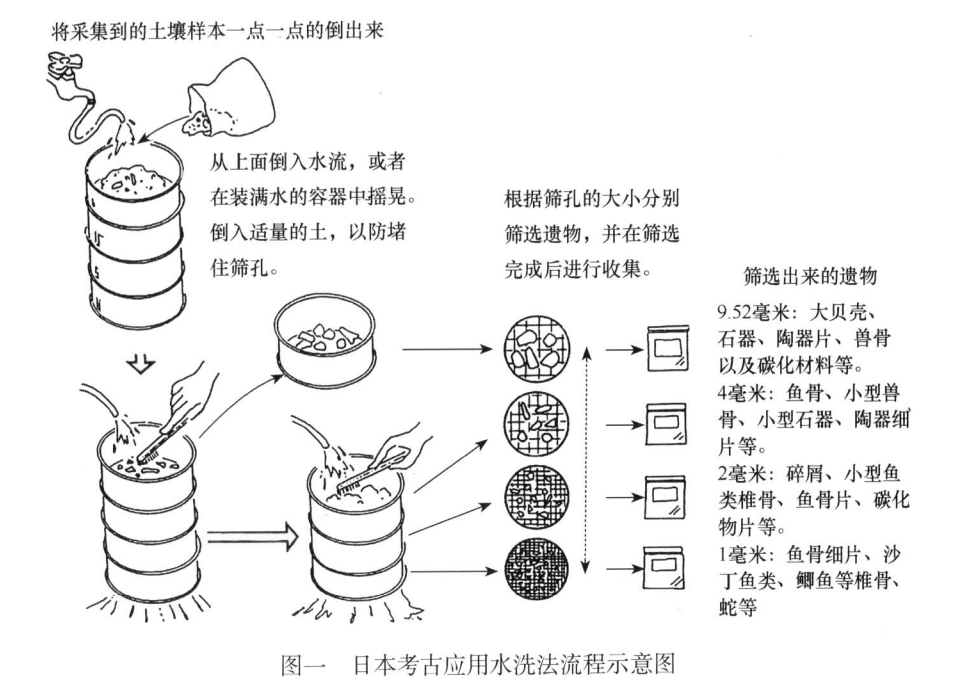

图一　日本考古应用水洗法流程示意图

类股骨、跖骨头和鱼刺、鱼脊刺等动物遗存[11]。作为中国首次水洗法的尝试，对该方法在我国的应用具有重要引导作用。

2020年3月至5月，笔者在杭州市德寿宫遗址发掘中参与了水洗法提取动物标本的工作，所用圆形网筛只有三层，孔径大约10、5和2毫米，网筛从下到上依次摞起，网筛孔径由小渐大；网筛外面套大小合适的方形木框，再将含有漏斗底的大铁桶置于木框之上，漏斗孔刚好位于最上层网筛的中部上方；再配一根粗木棍和一根细木棍，粗木棍一端缠破布等，专门用于堵塞漏斗孔，细木棍用于搅拌。具体操作流程是先将包含动物遗存的土样清理到平坦的专用空地上（图二，1），水洗时，将土样一点点拨到小簸箕上，如发现较大的动物遗存就直接提取（图二，2）；簸箕盛满土样后倒入堵住漏斗孔的大铁桶内，然后注入适量的水，用较细的木棍进行搅拌（图二，3）；当土样溶于水并且没有黏块时，用买来的滤瓢浮选水面上的植物遗存，浮选完成后抽出粗木棍，使溶于水的土样落入下面的网筛上。如此反复几次，当网筛上堆积物较多时，停止水洗，取出网筛一层一层拣选（图二，4）。在拣选过程中，将软体动物、哺乳动物、鸟类等动物遗骸进行分类收集。每一层拣选完后，土样倒入事先铺好的塑料纸上摊开晾晒，各层土样的晾晒不能混淆，晾干后装进蛇皮袋中收集起来。下雨天或者工期不紧时，可以组织人力处理筛选晾干后收集起来的土样，具体操作是用碗瓢等将其挖出，置于平整的木板或桌面上，用镊子、竹签等一点一点拨开查找（图二，5），这时候仍能发现一些小的鱼椎骨和啮齿动物的牙齿等（图二，6），拨找以后的土样才最终处理掉。需要注意的是，收集标本时一定要把标签填写准确、完整，在一个大型考

图二　杭州德寿宫遗址水洗提取标本现场图

古工地用水洗法提取动植物遗存标本，发掘单位众多，工作量又很大，做好所有提取标本的准确、完整标记，既是考古人的基本素养，也为考古材料的科学研究奠定重要基础。

对于小范围的考古发掘，当发现动物遗存集中分布时，可采用整体提取的办法，在不影响其他遗物安全的前提下，将包含动物遗存的土样划出边界，再将边界以外的土样逐层清理，直到包含动物遗存的土样完全裸露，并到达剖面所示的不包含动物遗存的层位，再从下面将包含动物遗存的土样用铁片缓切等方法揭取，揭取时要做好三维坐标、现场发掘情境等信息的记录工作。揭取后的土样做好打包工作，送往实验室进行土样包含物的提取和分析。在实验室处理过程中，如遇到整体较为完整的动物个体时，将土样稀释软化后，再将该动物个体还依照原来的骨骼排列方式逐件提取安放。没有完整的个体时，先使用纯净水对土质黏结块进行稀释软化，再用竹签、镊子等对土质黏结物进行清理和分散。对清理的全部土样，采用筛选法或水洗法进行小哺乳动物标本提取。2012年，重庆老鼓楼衙署遗址考古发掘中，武仙竹等人运用水洗法进行小哺乳动物遗存的提取，所用设备是口径100、50厘米的塑料盆，口径35厘米的塑料桶，用于搅拌的木棒，以及发掘出土的实验用沉积物等。具体步骤是将土样放入100厘米口径的盆或水桶内浸泡，用手捏碎并用木棒反复搅拌；当土样呈稀泥状时，分批量放入小盆内，再加水搅拌，使稀泥状土样溶解为水液状态，待标本等遗物沉积以后，将浊水倒掉，如此反复加水、冲洗，直到冲洗掉大部分泥土，待水质清亮后，缓慢倒掉积水，把冲洗后的剩余物置入标本盘中，用镊子等工具对其进行细致翻动，搜寻小哺乳动物骨骼，最后把发现的小哺乳动物骨骼进行细致拣选、提取。该次实验成功提取到四川短尾鼩（*Anourosorex squamies*）、贵州菊头蝠（*Rhinolophus rex*）等小哺乳动物骨骼标本[12]。新乡汉墓鼢鼠遗存也是运用该方法获得的重要标本。

值得一提的是，重庆师范大学武仙竹教授设计了一款"小哺乳动物考古装置"，该装置包含斜跨带（周面设有锁止扣和至少6个容纳）、肩袋、柔性罐、刻刀（包括刀柄和刀片）等，操作时利用细水管将土壤润湿以降低土壤的硬度，再利用刻刀剥离，由于刻刀刀面上有凸块，可以有效降低水流速度并扩大水流冲击面，从而可以有效避免损伤小哺乳动物遗骸。该装置已成功申请到国家专利[13]。

对于考古中鼠类动物遗存的发现和提取，要特别关注灰坑、水沟、水池、下水道、厕所等遗迹单元，这些是鼠类经常活动的区域，也是人类灭鼠后经常丢弃的区域。运用水洗法进行鼠类标本的提取时，2毫米孔径的网筛上多有鼠类牙齿标本的发现，甚至在筛选后的土样中也能发现鼠类的牙齿标本，所以考古中鼠类遗存标本的提取需要有足够的耐心和细心。

三、研究思路和方法

动物考古中，鼠类遗存的研究多数停留在鉴定阶段，对材料的阐释还停留在生态习性与气候环境的简单对应与推论上，其中鼢鼠类遗存和褐家鼠遗存的"后期侵入说"，还遭到一些学者的质疑和反驳。然而近些年也有一些好的研究成果，如巫山蓝家寨遗址的啮齿目动物遗存研究中，利用小家鼠、褐家鼠的并存现象，反证了蓝家寨遗址在春秋时期已经有较为发达的农业经济生产，它们的最小个体数差异，显示出蓝家寨遗址当时人们的住房可能是以软地面为主（未经烧结或铺有地面砖等）；而白腹巨鼠、赤腹松鼠的存在，可能与古遗址农业生产的环境背景相关[14]。动物考古中鼠类遗存研究在阐释层面的浅化、简单化，是值得动物考古工作者深思的问题。

动物考古作为考古学的分支之一，有赖于均变论、埋藏学以及文化生态学等相关理论的指导和应用[15]。均变论的实质，可用"将今论古"予以概括，在具体应用中，需要对现今动物做深入、全面的考察（如形态特征、栖息环境、生活习性、种群特征等），这样在"论古"的过程中才能得出更加科学合理、不失偏颇的结论。例如，在新乡汉墓出土鼢鼠类遗存研究中，在自然状态下，中华鼢鼠一般是单独活动的，每一个中华鼢鼠都拥有独立的坑窝[16]；东北鼢鼠的生态习性也是独立生活，只有在交配季节才雌雄短期聚于一起[17]。而M5中发现如此多的鼢鼠类遗存，显然与它们独立生活的习性不符，再从考古发现的食鼠现象以及现今一些地区的食鼠习俗考察，可以推断这批鼢鼠材料可能是我国考古中首次发现捕食鼢鼠并使用鼢鼠进行随葬的重要材料。再比如汉景帝阳陵外藏坑发现的褐家鼠遗存，它的埋藏深度远远超过其自然状态下的洞穴深度，所以"后期侵入说"很容易被质疑。现代人大部分不食鼠，但不能以此来推度古人，形成"以今度古"的思维惯性。从以上两个案例可知，动物考古中鼠类遗存研究，在"将今论古"的指导下，需要对鼠类动物的形态特征、栖息环境、生活习性、种群特征等做深入、全面的考察，尤其注意不能站在今人的立场去回望过去，形成"以今度古"的思维惯性。对于考古中鼠类遗存的文化属性判定，需要充分考察其发掘情境，利用各遗存间的共存关系、联系形式、埋藏特点等，寻找遗存联系形式的必然性，从而得出遗存性质与功能的认识。

四、小　　结

新乡市平原新区汉墓群中出土的鼢鼠类遗存，是西汉时期古居民对中华鼢鼠、东北鼢鼠进行捕食以及随葬的考古学文化现象，这一认识与以往的"后期侵入说"不同，是在充分考察鼢鼠的生活习性、种群特征后做出的合理推论。考古中鼠类遗存的"后期侵入说"屡遭质疑和反驳，对当下及以后的考古鼠类研究有重大警示意义。在具体的考古鼠类遗存研究中，需要从一开始的发掘提取层面做准备，在各级考古单位的田野发掘中，有必要提前做好小哺乳动物考古的工作规划，将小哺乳动物考古工作方法纳入田野发掘的工作常态。在具体操作中，要重点对鼠类动物经常活动和被人类灭杀后经常丢弃的区域进行取样，诸如灰坑、水沟、水池、下水道、厕所等遗迹单元。然后用筛选法和水洗法进行提取，野外操作时，可采用三层或四层的网筛进行筛选，需要特别注意2毫米孔径的网筛上多有鼠类牙齿标本的发现，甚至在筛选后的土样中也能发现鼠类的牙齿标本，所以四层的网筛对鼠类的细小牙齿等可能更容易提取；实验室内提取条件相对较好，要注意对保存较为完好个体的标本提取，尽量依照其原有骨骼部位排列进行安放。对于堆积杂乱的土样，需要在充分水洗的基础上，细心认真地挑选鼠类遗存标本。在研究层面，对鼠类材料的阐释要在"将今论古"的思路指导下，充分考察鼠类动物的形态特征、栖息环境、生活习性、种群特征等，尤其不能站在今人的立场去回望过去，形成"以今度古"的思维惯性。对于考古中鼠类遗存的文化属性判定，需要充分考察其发掘情境，结合其栖息环境、生活习性、种群特征等，判定其到底是"后期侵入"还是人类食鼠习俗及用其随葬的考古学文化现象。

注　　释

[1] 王照魁、武仙竹、张自强，等：《新乡市汉墓鼢鼠动物遗骸研究》，《第四纪研究》2021年第1期，第276～283页。

[2] 祁国琴：《姜寨新石器时代遗址动物群的分析》，《姜寨——新石器时代遗址发掘报告》，文物出版社，1988年，第504～538页。

[3] 胡松梅、孙周勇：《陕北靖边五庄果墚动物遗存及古环境分析》，《考古与文物》2005年第6期，第72～84页。

[4] 胡松梅、孙周勇、杨利平，等：《陕北横山杨界沙遗址动物遗存研究》，《人类学学报》2013年第1期，第77~92页。

[5] 侯富任：《陕西扶风案板遗址2012年发掘出土动物遗存研究》，西北大学学位论文，2016年。

[6] 胡松梅、杨武站：《汉阳陵帝陵陵园外藏坑出土的动物骨骼及其意义》，《考古与文物》2010年第5期，第104~110页。

[7] 张琦、侯旭东：《汉景帝不吃老鼠吗？——我们如何看待过去》，《史学月刊》2019年第10期，第47~55页。

[8] 武仙竹、Drozdov N I：《试论动物考古中的小哺乳动物研究》，《人类学学报》2016年第3期，第418~430页。

[9] W. Fredrip Limp: Water separation and flotation process, Journal of Field Archaeology, 1997(1), pp. 337-342.

[10] 熊海堂：《考古发掘中水洗选别法的应用》，《农业考古》1989年第2期，第155~174页。

[11] 吴耀利：《水选法在我国考古发掘中的应用》，《考古》1994年第4期，第363~366页。

[12] 武仙竹、袁东山、Drozdov N I：《重庆老鼓楼衙署遗址四川鼩（Anourosorex squamipes）研究报告》，《第四纪研究》2015年第1期，第199~208页。

[13] 武仙竹：《小哺乳动物考古装置》，重庆市：CN209085970U，2019年7月9日。

[14] 武仙竹、邹后曦、滕明金：《巫山蓝家寨遗址啮齿目动物研究报告》，《边疆考古研究》2015年第1期，第351~358页。

[15] 袁靖著：《中国动物考古学》，文物出版社，2015年，第46~50页。

[16] 刘焕金、李承节：《中华鼢鼠洞穴的研究》，《动物学杂志》1984年第2期，第26~28页。

[17] 苏智峰、赛吉拉乎、吕新龙，等：《东北鼢鼠的生态特性》，《草业科学》1999年第6期，第34~42页。

后　　记

　　本书凝聚了新乡市文物考古研究所（前身是文物工作队）成立35周年的风雨年华，彩版的一张张照片，记录了新乡市考古所35年来的酸甜苦辣，奋斗历程；一篇篇精彩有深度的论文，展现了文物考古工作者丰硕的研究成果。

　　本书由新乡市文物考古研究所所长李慧萍负责编辑，副所长王政、研究室主任郭强也为本书出版做出了很大贡献。科学出版社张亚娜、郑佐一女士为本书的出版付出了辛勤的劳动，在此一并表示感谢！

　　值此《共辉集：辉县考古发掘70周年暨古代文明研讨会纪念文萃》出版之际，正值中国共产党成立100周年及中国考古学诞生100周年的重要历史时刻，向我们伟大的党致敬，向我们伟大的祖国致敬！向中国考古工作者致敬！

编　者
辛丑年孟夏